중학생을 위한

표준
한국어

학습 도구

교사용 지도서

중학생을 위한

표준
한국어

국립국어원 기획 · 심혜령 외 집필

학습 도구

교사용 지도서

마리북스

발간사

국립국어원에서는 교육부 2012년 '한국어 교육과정' 고시에 따라 교육과정을 반영한 학교급별 교재 개발을 진행하였습니다. 이어서 2017년 9월에 '한국어 교육과정'이 개정·고시(교육부 고시 제2017-131호)됨에 따라 2017년에 한국어(KSL) 교재 개발 기초 연구를 수행하였습니다. 그 연구 결과를 바탕으로 초등학교 교재 11권, 중고등학교 교재 6권을 개발하여 2019년 2월에 출판하였습니다.

교재에 이어서 학교 현장에서 다문화가정 학생들의 한국어 의사소통 및 학습 능력을 기르는 데 보탬이 되고자 익힘책을 개발하게 되었습니다. 교재와의 연계성을 높인 내용으로 구성하여 말 그대로 익힘책을 통해 한국어를 더 잘 익힐 수 있도록 노력하였습니다. 더불어 익힘책의 내용을 추가 반영한 지도서를 함께 출판하여 현장에서 애쓰시는 일선 학교 담당자들과 선생님들에게도 교재 사용의 길라잡이를 제공하고자 하였습니다.

'다문화'라는 말이 더 이상 낯설지 않은 한국 사회에서 다문화가정 학생들이 한국 사회 구성원으로서의 정체성 함양에 밑거름이 되는 한국어 능력을 기르는 데 《중고등학생을 위한 표준 한국어》가 도움이 되기를 바랍니다. 국립국어원에서는 이제껏 그래왔듯이 교재 개발 결과가 현장에서 보다 잘 활용될 수 있도록 돕기 위하여 교재 개발은 물론, 교원 연수 등을 통해 지속적으로 다문화가정 학생들의 한국어 능력 향상을 위해 노력하겠습니다.

끝으로 3년간 《중고등학생을 위한 표준 한국어》 교재와 익힘책, 지도서의 개발과 발간을 위해 애써 주신 교재 개발진과 출판사에 깊은 감사의 말씀을 드립니다.

2020년 2월
국립국어원장 소강춘

머리말

본격적인 다문화 사회로 전환되어 가고 있는 한국 사회에서 특히 다문화 배경의 학령기 청소년, 이른바 한국어(KSL) 학습자들에 대한 관심과 배려는 그 결과가 우리 사회의 미래를 좌우하게 될 것이라는 점에서 매우 중요한 사안입니다.

다행히 우리 사회는 이 부분에서 사회적 공감과 정책적 구체화에 일찌감치 눈을 떠 2017년 KSL 학습자의 언어, 문화, 학습의 특수성을 고려한 개정 '한국어 교육과정'을 마련하였고, 그 교육과정의 구체적 구현을 위해 노력해 오고 있습니다. 2019년에는 교육 현장의 다양성을 고려한 모듈형 교재가 새롭게 개발되었고, 이어서 2020년에 그 교재 내용의 효율적 연습을 위한 학생 맞춤형 익힘책도 발간되었습니다. 그리고 이제 새로이 개발된 교재와 익힘책을 가지고 교사가 교육 현장에서 보다 수월하고 효과적으로 가르치는 데에 도움을 주기 위한 교사용 지도서를 개발, 발간합니다. 이로써 현장 적합형 KSL 한국어 교육을 위한 교육 자료 구축의 한 완성을 이루게 되었습니다.

이번에 개발된 교사용 지도서는 교사의 KSL 현장 최적화를 돕기 위한 것입니다. KSL 한국어 교육 경험이 길지 않은 교사도 본 지도서를 참고하면 양질의 수업을 진행할 수 있도록 교육 절차와 교육 내용 등을 교사 언어와 함께 구체적으로 기술하였습니다. 교사의 배경지식과 추가 활동에 대한 아이디어도 '교사 지식'과 '교수-학습 지침'으로 제공하였습니다. 뿐만 아니라 단원별로 필요하거나 수행 과제로 부과할 만한 교육 활동을 제공하여 교사의 편의를 도모하였습니다.

또한 본 지도서는 학령기 청소년 학습자의 특성을 고려한 교수 방안을 마련하는 데에 도움을 줄 수 있도록 했습니다. 성인 학습자에 비해 경험의 폭이 한정되어 있고 학습 동기의 양상도 다른 학령기 청소년 학습자를 배려하여 교사로 하여금 학령기 청소년의 관심사를 이끌어 낼 수 있게 도와주고, 학습자가 간접 경험의 기회를 많이 가질 수 있도록 하는 데에 도움을 주는 장치를 다수 마련하였습니다. 그리고 청소년들이 일상적으로 이용하는 IT(정보통신) 기술의 적용을 감안한 교수 방안도 개발하여 지도서 구성에 반영하였습니다.

이렇듯 KSL 교육 현장 적합형 교육의 완성을 위한 교사용 지도서는 수많은 관계자들의 지원과 노력으로 만들어질 수 있었습니다. 우선 이 새로운 방식의 지도서가 완성될 수 있도록 지원을 아끼지 않으신 교육부와 국립국어원 관계자 여러분께 깊이 감사드립니다. 교사들이 새 시대에 맞는 새 교재 및 익힘책을 사용함에 있어 실질적인 도움을 줄 수 있는 새로운 지도서를 만들어 보자는 의지로 지도서 집필에 열정을 바쳐 노력한 집필진 모두에게 진심에서 우러나오는 감사를 드립니다. 그리고 새로운 방식의 지도서가 빛이 날 수 있도록 편집과 출판에 최선을 다해 주신 출판사 마리북스에도 감사의 말씀을 드립니다.

교사들이 이 지도서를 잘 활용하여 학령기 청소년 학습자의 한국어 교육에서 많은 성취를 이루어 내기를 희망합니다.

2020년 2월

저자 대표 심혜령

일러두기

1. 지도서 소개

《중학생을 위한 표준 한국어 학습 도구 교사용 지도서》는 한국어(KSL) 교재의 교육 목표를 교육 현장에 충분히 구현할 수 있도록 하는 데 목적을 두고 구성하였다. 본 지도서는 다음과 같은 특징을 가지고 있다.

교사 중심 교사용 지도서

- 교육 절차와 교육 내용 등을 상세하고 구체적으로 기술하여 KSL 한국어 교육 경험이 길지 않은 교사도 본 지도서를 참고하면 양질의 수업을 진행할 수 있도록 함.

- 교사가 알고 있어야 할 '교사 지식', 다양한 활동을 기반으로 한 '교수-학습 지침' 등을 상세하고 구체적으로 기술한 지도서를 개발함.

- 단원별로 수행 과제로 부과할 만한 교육 활동을 제공하거나 여건에 따라 마무리 활동을 과제로 전환할 수 있도록 유도하여 교사들의 편의를 도모함.

- 다양한 유형의 지도서 사용자들을 고려해 단계에 맞는 교사 언어를 제공함.

다양한 교육 현장에서의 활용을 고려한 지도서

- 교재의 단원 구성 원리와 교수 절차에 맞춰 개발함으로써 실제 사용상의 효율성을 높인 지도서를 개발함.

- 단원별로 10차시를 적절한 교육 시수로 설정하였으나, 현장의 상황이나 여건에 맞춰 선택적 사용이 가능하도록 내용을 구성함.

- 교재와 익힘책의 긴밀성을 확보하는 방향으로 지도서의 내용을 구성함.

학령기 청소년 학습자의 특성을 고려한 교수 방안

- 성인 학습자에 비해 경험의 폭이 한정되어 있고 학습 동기의 양상도 다른 학령기 청소년 학습자를 배려한 교수 방안을 개발함.

- 교사로 하여금 《중학생을 위한 표준 한국어》에 반영되어 있는 학령기 청소년의 관심사를 이끌어 낼 수 있게 도와주고, 학습자가 간접 경험의 기회를 많이 가질 수 있도록 하는 데에 도움을 주는 장치를 다수 마련함.

- 청소년들이 일상적으로 이용하는 IT(정보통신) 기술의 적용을 감안한 교수 방안을 개발함.

수업 전반의 진행 방식 및 각 단계의 진행 방식의 구체적 방법을 제시하는 지도서

- '교사 지식' 항목을 통해 사전에 교사가 숙지해야 할 내용을 제공하여 지도서가 교사 재교육에 일조할 수 있도록 함.

- '교수-학습 지침' 항목을 두어 교육 내용별 다양한 활동을 제안하고, 교육 현장별로 진도를 융통성 있게 운영할 수 있도록 함.

2. 지도서의 단원 구성

《중학생을 위한 표준 한국어 학습 도구 교사용 지도서》의 단원은 다음과 같은 순서로 구성된다.

> 단원명 ➡ 학습 목표 ➡ 단원 내용 ➡ 수업 개요 ➡ 어휘 및 문법 ➡ 의사소통 한국어의 주요 내용 ➡ 7·8차시 도입을 위한
> 교수-학습 지침 ➡ 9·10차시 도입을 위한 교수-학습 지침 ➡ 익힘책 교수-학습 지침

3. 지도서의 단원별 내용 구성

《중학생을 위한 표준 한국어 학습 도구 교사용 지도서》의 내용 구성과 제시의 특징은 다음과 같다.

① 학습 목표 및 단원 내용 제시

- 지도서의 단원별 제목, 단원 목표, 단원 내용을 명확하게 제시함.
- 단원 내용은 단원에서 학습하게 될 학습 활동, 학습 기능, 학습 주제에 대해 간략하게 제시함.

② 수업 개요

- 학습하기 1(7~8차시)의 학습 목표를 제시함.
- 학습하기 2(9~10차시)의 학습 목표를 제시함.

③ 교수-학습 방법 제시

- 지도서는 수업 과정에 따라 내용을 구성하되 각 영역별로 교수 방법을 제공하여 교사의 지도 방향을 구체화시켜 줌.

> 지시문 제시 ➡ 교사 언어 제시 ➡ 어휘 설명 등 학습 내용 제시 ➡ 과제 활동 제시

④ 의사소통 한국어의 주요 내용

- 단원과 연계된 〈의사소통 한국어〉의 〈꼭 배워요〉에서 학습하는 어휘와 문법을 간략히 제시함.

⑤ 7·8~9·10차시 도입을 위한 교수-학습 지침

- 학습 활동과 연계하여 학습 기능을 익힐 수 있도록 정보를 제시함.
- 교재에 제시된 학습 도구 어휘 및 문법 관련 정보를 체계적으로 설명하기 위해 어휘 및 문법의 정의, 예시, 정보를 제시함.

⑥ 익힘책 교수-학습 지침

- 해당 내용과 연계된 익힘책 내용의 정답과 설명을 제시함으로써 추가적으로 보충 설명할 수 있도록 구성함.

4. 단계별 지도서 세부 사항

1쪽 도입		**삽화** • 해당 단원의 학습 목표 및 주제 등 전체 내용을 조망하고 확인할 수 있는 교재의 단원 시작 페이지 이미지를 제공함. **단원의 시작** • 학습 목표, 단원 내용, 수업 개요, 어휘 및 문법, 〈의사소통 한국어〉 주요 내용의 순으로 구성함.
1, 3차시		**1, 3차시(〈의사소통 한국어〉 〈꼭 배워요〉와 연계할 경우 7, 9차시)** • 도입은 학습하게 될 학습 내용과 활동에 대해 설명하고 핵심적인 주제에 대한 질문을 교사 언어로 제공하여 도입할 수 있도록 구성함. • 전개는 학습하기 1, 2의 본문을 읽기 위해 필요한 어휘와 문법에 대해 설명할 수 있도록 '정의, 예시, 정보, 설명'으로 제시함(어휘에 따라 '정보' 항목은 선택적으로 제시할 수도 있음). - 정의: 한국어기초사전의 의미를 제시함(정의의 의미는 학생들에게 알려 주는 것이 아니라 교사에게 주는 정보임). - 예시: 해당 어휘 의미가 문맥에 잘 나타난 예문을 새롭게 제시함. - 설명: 어휘의 성격에 따라 다르게 적용함. 구체물일 때는 사진이나 실물 자료를 활용하도록 하고, 추상적인 개념일 때는 교사가 수업 시간에 실제 설명하는 방식으로 제시함. - 정보: 유의어, 반의어, 상위어, 하위어 등에 대한 정보를 제시함. • 정리는 학습 내용을 정리하는 질문을 교사 언어로 제시함.

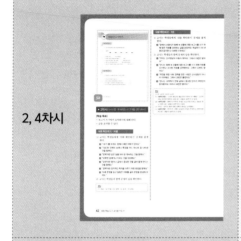

2, 4차시(<의사소통 한국어> <꼭 배워요>와 연계할 경우 8, 10차시)

- 어휘 확인하기, 내용 확인하기, 기능 확인하기, 활동하기의 순으로 구성함.
- '어휘 확인하기'는 수업을 진행하기 용이하도록 해당 어휘의 의미와 정답을 제시함.
- '내용 확인하기'는 수업을 진행하기 용이하도록 관련 질문 및 정답, 정답을 찾아가는 과정을 교사 언어로 제시함.
- '기능 확인하기'는 수업을 진행하기 용이하도록 정답 및 정답을 찾아가는 과정을 교사 언어로 제시함.
- '활동하기'는 수업을 진행하기 용이하도록 활동 관련 질문과 활동 방법, 활동 결과 확인 과정 등을 교사 언어로 제시하고, 예시 답안을 제시함.

2, 4차시

익힘책 교수 - 학습 지침

- 익힘책에 제시된 문제에 대한 의도와 특징을 설명함.
- 익힘책 내용의 정답 및 정답에 대한 설명을 제시함.

익힘책

내용 구성표

단원	주제	꼭 배워요(필수)		더 배워요(선택)		학습 도구(선택)	
		어휘	문법	기능	부가 문법	학습 활동	학습 기능
1	의사 결정	• 성격, 능력 관련 어휘 • 의사 결정 관련 어휘	• -으면 좋겠다 • -기 위해서 • -어 보이다 • -는 편이다	• 추천하기 • 주장하기	• -어야지 • -다고 생각하다 • -어야겠-	계획서 작성하기	• 세부 목표 설정하기 • 순서 정하기
2	환경 미화	• 환경 미화 관련 어휘	• -도록(목적) • -을 테니(까) • -는 대신에 • -어 놓다/두다	• 제안하기 • 요청하기	• -을지 • -어 드리다	협동 학습 하기	• 제안하기: 학습 주제 제안하기 • 조정하기: 학습 범위 조정하기
3	과제	• 과제 관련 어휘	• -잖아(요) • -어 가다 • -으려면 • -어도	• 계획하기 • 문제 해결하기	• 이나 • -거든	보고서 쓰기	• 요약하기 • 정교화하기
4	또래 모임	• 모임 관련 어휘 • 감정 관련 어휘	• -자마자 • -고 말다 • -는다고 • -느냐고	• 경험한 일에 대해 이야기 하기 • 감정 표현하기	• -는구나 • -었었-	모둠 활동 하기	• 정보 수집하기 및 공유하기 • 토의하기
5	독서	• 독서 관련 어휘	• -나 보다 • -을 텐데 • -으라고 • -자고	• 정보 교환하기 • 감상 표현하기	• 이라도 • -는 바람에 • -은 결과	책 읽기	• 주제 찾기 • 추론하기
6	소통	• 통신 관련 어휘	• -고 나다 • -는 중이다 • -는다면 • -을 수밖에 없다	• 정중하게 부탁 하기 • 안내하기	• -대 • -내	필기하기	• 메모하기 • 분류하기
7	여행	• 여행 관련 어휘	• -어 가지고 • -어 오다 • -거든(요) • -어 있다	• 여행 정보 구하기 • 걱정하기	• -으래 • -재	복습하기	• 구성 요소와 속성 확인하기: 배운 내용 전반에 대한 내용 확인하기 • 핵심 정리하기: 핵심 내용 분석 해 내기
8	생활 체육	• 생활 체육 관련 어휘	• 만 아니면 • -었더니 • -는 만큼 • -느라고	• 변명하기 • 자랑하기	• -는 척하다 • -기는	점검하기	• 양상 확인하기 • 관계 파악하기

단원	주제	꼭 배워요(필수)		더 배워요(선택)		학습 도구(선택)	
		어휘	문법	기능	부가 문법	학습 활동	학습 기능
9	공부	• 학습 관련 어휘	• -어서 그런지 • -는 줄 알다/ 모르다 • -었더라면 • -으려다가	• 묻고 답하기 • 후회하기	• -다니 • 에 비하면	문제 풀기	• 문제 해결하기 • 오류 확인하기
10	안전· 보건	• 재난과 질병 관련 어휘	• -는다거나 • 피동 표현 • -을 뿐만 아니라 • -던	• 대처 방법 지시하기 • 질병 예방법 설명하기	• 으로 인해 • -고서	발표하기	• 표현하기 • 재구조화하기
11	고민 상담	• 고민 관련 어휘	• -는 대로 • -는다면서 • -고 보니 • -을걸	• 조언 구하기 • 도움 요청하기	• -는 사이에 • -을 정도로	토론하기	• 질문하기 • 진위 확인하기
12	실습· 실기	• 실습과 실기 관련 어휘	• -을수록 • -던데 • -는 모양이다 • -은 채로	• 경고하기 • 과정 묘사하기	• -을지도 모르다 • -기만 하다	실험하기	• 증명하기 • 비교하기
13	대회 참가	• 대회 관련 어휘	• -는 탓에 • -어 버리다 • -을 뻔하다 • -더라	• 의도 표현하기 • 심정 표현하기	• -기는 하다 • -을 걸 그랬다	평가받기	• 암기하기 • 성찰하기
14	적성 탐색	• 적성과 직업 관련 어휘	• -는 데다가 • -든지 • 사동 표현 • -나 싶다	• 충고하기 • 동의하기	• 뿐 • -더라고요	예습하기	• 예측하기 • 의문 형성하기
15	봉사 활동	• 봉사 활동 관련 어휘	• -을 따름이다 • -는 김에 • -었던 • -고 해서	• 거절하기 • 정보 구하기	• 만 같아도 • 이나마	체험하기	• 묘사하기 • 기술하기
16	진로 상담	• 진학과 취업 관련 어휘	• -는 반면에 • -더라도 • -다시피 • -곤 하다	• 권유하기 • 의견 표현하기	• -다 보면 • 에 따라	학습 반응 하기	• 준거 설정하기 • 가치 판단하기

차례

중등 학습 도구 교사용 지도서

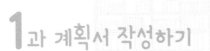

1과 계획서 작성하기

● 학습 목표

● 계획서의 종류와 작성 방법에 대해 안다.
● 주제에 따른 목표를 설정할 수 있다.
● 일의 순서를 정할 수 있다.

● 단원 내용

1. 학습 활동: 계획서 작성하기
2. 학습 기능: 세부 목표 설정하기
　　　　　　　순서 정하기
3. 학습 주제: 시화전 작품 출품 계획
　　　　　　　식물도감

● 수업 개요

1·2차시(학습하기 1): 계획서 작성하기에서 세부 목표
　　　　　　　　　　　설정하기에 대해 안다.
3·4차시(학습하기 2): 계획서 작성하기에서 순서 정하
　　　　　　　　　　　기에 대해 안다.

● 어휘 및 문법

[학습하기 1]

세부, 설정하다, 달성, 해결, 주제, 고려하다, 구체적, 명

확하다, 예상하다, 과정, 중요성, 가치, 드러내다, 제출
하다, -으니

[학습하기 2]

기준, 탐구, 작성하다, 다양성, 관찰하다, 일시, 활동, 도
구, 자료, 수집하다, 사항, 관계, 상황, 에 따라, 에 대해

[알면 쓸모 있는 어휘(익힘책 12쪽)]

효율적, 동기, 대안, 여가, 학업

의사소통 3권 1과 〈꼭 배워요〉의 주요 내용

[어휘]

학급 회의, 반장 선거, 반장, 부반장, 성격, 능력, 활발하다, 사교적
이다, 적극적이다, 외향적이다, 소극적이다, 내성적이다, 리더십
이 있다, 책임감이 있다, 성실하다, 성적이 우수하다, 인상이 좋다,
이미지가 좋다, 외모가 뛰어나다, 의견, 토론하다, 찬성하다, 반대
하다, 의논하다, 결정하다, 투표하다, 단체, 소원, 습기, 절약, 최선,
응원하다, 이성, 자유롭다, 바라다, 밝다

[문법 1] '-으면 좋겠다'
　📄 이제 비가 그만 내리면 좋겠어요.

[문법 2] '-기 위해서'
　📄 자전거를 사기 위해서 용돈을 모아요.

[문법 3] '-어 보이다'
　📄 호민이가 조금 피곤해 보여요.

[문법 4] '-는 편이다'
　📄 호민이는 한국어를 잘하는 편이에요.

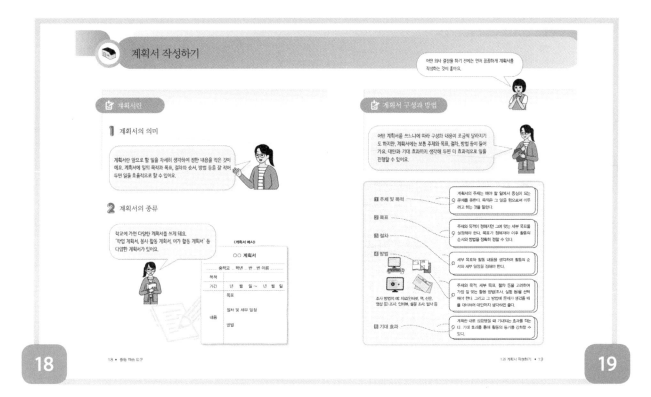

● 1차시(의사소통 〈꼭 배워요〉와 연계할 경우 7차시)

[학습 목표]

• 계획서 작성하기에서 세부 목표 설정하기에 대해 안다.
• 계획서 작성하기에서 세부 목표를 설정할 때 고려할 점에 대해 안다.

본문의 구성과 내용

• 본문은 **국어 교과**의 **계획서 작성하기 활동**에서 하게 되는 **세부 목표 설정하기 학습 기능**을 보여 주고 있다.
• 본문의 내용은 안나가 시화전에 작품을 내기 위해 계획서를 작성하는 과정 중 일부이다. 안나는 주제를 이해한 후 목적을 정하고, 정해진 목적에 따라 '세부 목표 설정하기'를 하고 있다.

도입 - 10분

1) 교사는 학생들에게 교재 18, 19쪽의 학습 활동에 대해 설명한다.

🔲 "(18쪽의 계획서 예시 그림을 가리키며) 이게 뭐예요?"

🔲 "계획서는 앞으로 할 일을 자세히 생각하여 정한 내용을 적은 것이에요."

🔲 "여러분은 어떤 계획서를 써 봤어요?"

🔲 "계획서에는 학업 계획서, 봉사 활동 계획서, 여가 활동 계획서 등이 있어요."

🔲 "계획서에는 무슨 내용이 들어가요?"

🔲 "어떤 계획서를 쓰느냐에 따라 구성과 내용이 조금씩 달라지기는 하지만, 계획서에는 보통 주제와 목표, 절차, 방법 등이 들어가요. 계획서를 구성할 때 대안과 기대 효과까지 생각해 두면 더 효과적으로 일을 진행할 수 있어요."

🔲 "계획서에는 우선 주제와 목적을 써요. 계획서의 주제는 해야 할 일에서 중심이 되는 문제예요. 그리고 목적은 그 일을 해서 이루려고 하는 것을 말해요. 주제와 목적을 정한 다음에 그에 맞는 세부 목표를 정해야 해요."

교수-학습 지침

익힘책 13쪽에 계획서 활용, 계획서 예시, 계획서 작성 시 유의할 점이 추가로 제시되어 있다. 교사는 이를 고려하여 수업을 진행한다.

2) 교사는 학생들에게 학습하기 1에서 배울 학습 기능을 소개한다.

🔲 "목적은 이루려고 하는 일의 방향을 말하고, 목표는 그 목적을 이루기 위해 구체적으로 해야 할 일을 말해요."

🔲 "세부 목표 설정하기란 어떤 목적을 이루기 위해 필요한 문제 해결 방향과 방법을 정하는 것을 말해요. 어떤 일을 진행하기 전에 세부 목표를 세우면 자신이 이루고 싶은 것과 앞으로 일의 진행 방향에 대해 알 수 있어서 일을 진행하기 쉬워요. 학습하기 1에서는 계획서 작성하기에서 세부 목표를 설정하는 방법을 공부할 거예요."

교수-학습 지침

익힘책 14쪽에 글의 주제와 목적에 맞는 세부 목표 설정하기가 추가로 제시되어 있다. 교사는 이를 고려하여 수업을 진행한다.

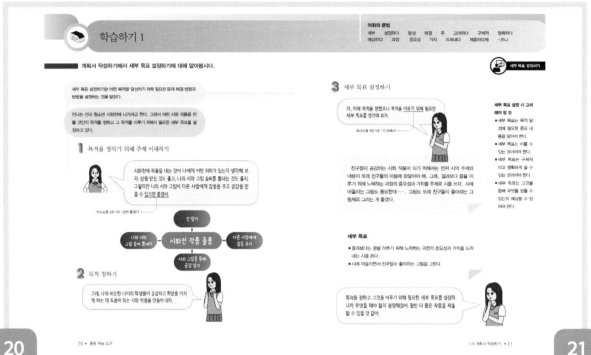

전개 - 30분

1) 교사는 다음에 제시되는 내용을 참고하여 학생들에게 어휘와 문법을 설명한다.

세부	◆ **정의** 자세한 부분. **예** 오늘 할 일의 세부 내용을 공책에 적었다. ● **설명** "계획서를 쓸 때는 무엇을 어떻게 할 것인지, 그 내용을 자세히 써야 해요. 세부 내용을 써야 해요. '세부'는 자세한 부분을 말해요."
설정하다	◆ **정의** 새로 만들어 정하다. **예** 어떤 일을 할 때에는 목표를 설정하고 그에 맞게 자세한 계획을 세워야 한다. ● **설명** "잠을 자기 전에 아침에 일찍 일어나기 위해 알람 시간을 설정해요. '설정하다'는 새로 만들어서 정한다는 뜻이에요."
달성하다	◆ **정의** 목적한 것을 이루다. **예** 목적을 달성하기 위해 열심히 공부했다. ◆ **정보** (비슷한 말) 성취, 성공, 실현, 완수 (반대되는 말) 실패 ● **설명** "여러분이 시험에 합격하는 것을 목적으로 설정했어요. 그런 다음에 시험을 잘 봐서 합격했어요. 여러분은 목적을 달성했어요. '달성하다'는 목적한 것을 이룬다는 뜻이에요."
해결	◆ **정의** 사건이나 문제, 일 등을 잘 처리해 끝을 냄. **예** 우리는 대화로 문제를 해결했다. ◆ **정보** (비슷한 말) 처리 ● **설명** "두 친구가 싸웠어요. 그리고 서로에게 사과를 했어요. 그래서 싸운 문제를 끝냈어요. 사과를 해서 문제를 해결했어요. '해결'은 어떤 사건이나 문제, 일 등을 잘 끝내는 것을 말해요."
주제	◆ **정의** 말이나 글에서 중심이 되는 문제. 소설이나 그림, 영화 등에서 표현하고자 하는 주된 생각. **예** 오늘 강당에서는 가족의 소중함이라는 주제로 강연이 있다. ● **설명** "책, 영화 등을 보면 작가의 생각을 알 수 있어요. 작가가 나타내려고 하는 생각이 주제예요. 만약 영화에서 가족의 소중함을 중심적으로 이야기하면 그 영화의 주제는 가족의 소중함이에요. '주제'는 소설이나 그림, 영화 등에서 지은이가 표현하려고 하는 중심 생각을 말해요."
고려하다	◆ **정의** 어떤 일을 하는 데 여러 가지 상황이나 조건을 신중하게 생각하다. **예** 개인차를 고려해서 수업을 하는 것은 쉽지 않다. ● **설명** "여행을 가기 전에 어떤 것을 생각해요? 그날 날씨가 어떤지, 무엇을 챙길지 등을 생각해요. 여행을 가기 전에 다양한 것을 고려해요. '고려하다'는 어떤 일을 할 때 여러 가지 상황이나 조건을 아주 조심스럽게 생각한다는 뜻이에요."

구체적	◆ **정의** 실제적이고 자세한 것. 예 계획서에는 구체적인 내용이 들어가야 한다. ● **설명** "목표를 설정할 때는 '좋은 시를 쓴다.'라는 것보다 '다른 사람이 공감할 수 있는 좋은 시를 쓴다.'처럼 자세히, 구체적으로 설정해야 해요. '구체적'은 실제적이고 자세한 것을 의미해요."
명확하다	◆ **정의** 분명하고 확실하다. 예 와니는 자기 생각을 명확하게 말해요. ◆ **정보** (반대되는 말) 불명확하다 ● **설명** "편지를 보낼 때는 주소를 분명하게 써야 해요. 주소를 명확하게 쓰지 않아서 주소가 불명확하면 편지를 보낼 수 없어요. '명확하다'는 분명하고 확실하다는 뜻이에요. '명확하다'의 반대되는 말은 '불명확하다'예요."
예상하다	◆ **정의** 앞으로 있을 일이나 상황을 짐작하다. 예 나는 반장 선거에서 내가 반장이 될 거라고 예상했어. ● **설명** "여러분 내일 날씨가 어떨까요? 내일 날씨를 한번 예상해 보세요. '예상하다'는 앞으로 있을 일이나 상황을 미리 생각한다는 뜻이에요."
과정	◆ **정의** 어떤 일이나 현상이 계속 진행되는 동안 혹은 그 사이에 일어난 일. 예 나는 결과보다 과정이 더 중요하다고 생각한다. ● **설명** "어떤 일을 하다가 실패한 경험이 있어요? 누구나 실패를 경험한 적이 있을 거예요. 하지만 저는 이 실패를 성공으로 가는 과정이라고 생각해요. '과정'은 어떤 일이 계속 진행되는 동안 혹은 그 사이에 일어난 일을 의미해요."
중요성	◆ **정의** 귀중하고 꼭 필요한 요소나 성질. 예 일을 진행하면서 계획서 작성의 중요성을 깨달았다. ● **설명** "예를 들어서 여러분이 계획을 세우지 않고 일을 진행하다가 실패했어요. 그래서 계획을 세우지 않은 것을 후회해요. 이때 계획의 중요성을 깨달아요. '중요성'은 중요하고 꼭 필요한 것을 말해요."
가치	◆ **정의** 값이나 중요한 정도. 의미나 중요성. 예 이 책은 세상에 하나밖에 없어서 그 가치가 매우 높다. ● **설명** "이 세상에 이 책이 한 권만 있어요. 똑같은 책이 없어요. 그래서 이 책은 가치가 아주 높아요. '가치'는 값이나 중요한 정도, 의미나 중요성을 말해요."
드러내다	◆ **정의** 태도나 감정, 개성 등을 표현하다. 예 그 소녀의 피아노 연주는 천재성을 드러낸다. ● **설명** "한 아이가 피아노를 잘 쳐요. 아이의 피아노 연주는 그 아이의 천재적인 모습을 표현하는 거예요. 아이의 피아노 연주는 천재적인 모습을 드러내요. '드러내다'는 태도나 감정 등을 표현한다는 의미예요."

제출하다	◆ **정의** 어떤 안건이나 의견, 서류 등을 내놓다. 예 과제는 다음 주까지 제출해야 한다. ● **설명** "이 숙제는 다음 주까지 내야 해요. 다음 주까지 숙제를 제출해야 해요. '제출하다'는 숙제나 과제 등을 내놓는다는 뜻이에요."
-으니	◆ **정의** 앞 내용이 뒤 내용에 대한 이유나 원인, 판단의 근거임을 나타내는 연결 어미. 예 오랜만에 영화를 보니 정말 재미있었다. ◆ **정보** 'ㄹ'을 제외한 받침 있는 동사와 형용사 또는 '-었-', '-겠-' 뒤에 붙여 쓴다. '이다', 받침이 없거나 'ㄹ' 받침인 동사와 형용사 뒤에는 '-니'를 붙여 쓴다. ● **설명** "밖에 바람이 너무 많이 불어요. 창문을 열면 찬 바람이 들어와서 추워요. 그래서 창문을 닫고 싶어요. 바람이 많이 부니 창문을 닫아요. 어떤 행동의 이유를 나타낼 때 '-으니'를 사용해요. '-으니까' 문법과 같은 의미예요."

2) 교사는 학생들에게 교재 20, 21쪽에 제시된 내용을 읽게 한다.

　🔲 "안나가 시화전에 작품을 내기 위해 시와 그림을 만들어야 해요. 어떤 시화를 만들지 시화전 작품 출품의 목적을 정하고 그 목적을 이루기 위한 세부 목표를 정할 거예요. 안나가 어떻게 목적과 목표를 정하는지 한번 읽어 보세요."

3) 교사는 학생들에게 세부 내용을 확인하는 질문을 한다.

　🔲 "시화전에 작품을 내는 게 안나에게 어떤 의미가 있어요?"

　🔲 "안나는 어떤 시화 작품을 만들려고 해요?"

　🔲 "안나가 정한 시의 주제는 뭐예요?"

　🔲 "안나는 어떤 그림을 그리려고 해요?"

　🔲 "안나가 정한 세부 목표는 뭐예요?"

4) 교사는 학생들에게 학습 기능에 대해 확인하는 질문을 한다.

　🔲 "안나는 어떤 순서로 목표를 정했어요?"

　🔲 "안나가 시화 작품을 만들기 위해 목적과 세부 목표를 정했어요. 세부 목표를 설정할 때 무엇을 고려해야 해요?"

정리 - 5분

교사는 학습 내용을 정리하며 수업을 마무리한다.

　🔲 "안나는 어떤 시화 작품을 만들려고 해요?"

　🔲 "친구들이 공감하는 시화 작품이 되기 위해서 시의 주제와 내용이 어때야 해요?"

　🔲 "계획한 목적을 이루기 위해 안나가 설정한 세부 목표는 뭐예요?"

　🔲 "계획서 작성하기에서 세부 목표 설정하기에 대해 배웠어요. 세부 목표를 설정하기 전에 먼저 주제를 이해해야 해요. 주제를 제대로 이해하면 목적을 정하기 쉬워요. 목적을 정한 다음에 주제와 목적에 맞는 세부 목표를 설정해

요. 세부 목표는 자신이 이룰 수 있는 것이어야 하고, 구체적이고 명확하게 설정해야 해요. 세부 목표를 설정한 다음에 구체적인 계획서를 작성할 수 있어요."

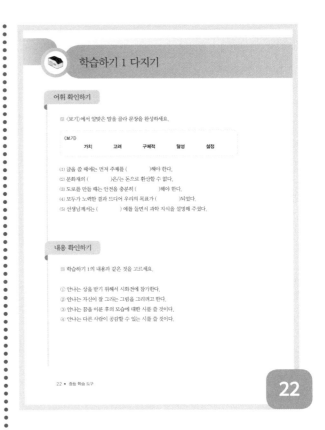

22

● 2차시 (의사소통 〈꼭 배워요〉와 연계할 경우 8차시)

[학습 목표]

- 계획서 작성하기에서 세부 목표 설정하기에 대해 안다.
- 주제에 맞춰 글의 목적을 정하고 세부 목표를 설정할 수 있다.

어휘 확인하기 - 10분

1) 교사는 학생들에게 '어휘 확인하기' 문제를 풀게 한다.
   - 📖 "〈보기〉를 보세요. 앞에서 배운 어휘가 있어요."
   - 📖 "'가치'란 값이나 귀중한 정도, 의미나 중요성을 말해요."
   - 📖 "'고려'는 어떤 일과 관계가 있는 여러 가지 상황이나 조건을 신중하게 생각하는 것이에요."
   - 📖 "'구체적'이란 실제적이고 자세한 것을 말해요."
   - 📖 "'달성'은 목적한 것을 이루는 것이에요."
   - 📖 "'설정'은 새로 만들어 정하는 것을 말해요."
   - 📖 "아래 문장을 읽고 알맞은 어휘를 골라 문장을 완성해 보세요."

2) 교사는 학생들과 함께 문제의 답을 확인한다.

> 정답
> (1) 설정 (2) 가치 (3) 고려 (4) 달성 (5) 구체적

내용 확인하기 - 5분

1) 교사는 학생들에게 '내용 확인하기' 문제를 풀게 한다.
   - 📖 "학습하기 1에서 안나가 시화전에 작품을 출품하기 위해 시화전 작품 출품의 목적과 세부 목표를 정하는 글을 읽었어요. 학습하기 1의 내용과 같은 것을 고르세요."

2) 교사는 학생들과 함께 문제의 답을 확인한다.
   - 📖 "안나는 친구들이 공감하고 희망을 가지게 하는 데 도움이 되는 시를 쓰려고 해요."
   - 📖 "그리고 안나는 결과보다는 꿈을 이루기 위해 노력하는 과정의 중요성과 가치를 주제로 시를 쓰려고 해요."
   - 📖 "시와 함께 그릴 그림은 시에 어울리면서 또래 친구들이 좋아하는 그림체로 그리려고 해요."
   - 📖 "따라서 답은 ④번이에요."

> 정답
> ④
> ① 안나는 또래 친구들이 공감하고 희망을 가지게 하는 데 도움이 되기 위해서 시화전에 참가하는 것이다.
> ② 안나는 시에 어울리면서 또래 친구들이 좋아하는 그림체로 그림을 그릴 것이다.
> ③ 안나는 결과보다 꿈을 이루기 위해 노력하는 과정의 중요성과 가치를 주제로 시를 쓸 것이다.
> ④ (20쪽 본문) '그래. 나와 비슷한 나이의 학생들이 공감하고 희망을 가지게 하는 데 도움이 되는 시화 작품을 만들어 내자.'라는 내용을 보면 알 수 있다.

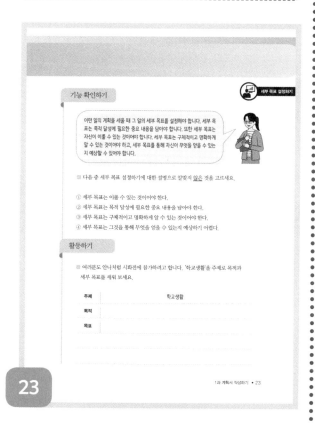

기능 확인하기 - 10분

1) 학습하기 1에서 배운 '세부 목표 설정하기' 기능을

정리한다.
- 📖 "학습하기 1에서 안나가 좋은 시화 작품을 만들기 위해 세부 목표를 설정하고 계획을 세웠어요. 어떤 일의 계획을 세울 때 그 일의 세부 목표를 설정해야 해요. 세부 목표는 목적 달성에 필요한 중요 내용을 담아야 해요. 또한 세부 목표는 자신이 이룰 수 있는 것이어야 해요. 세부 목표는 구체적이고 명확하게 알 수 있는 것이어야 하고 세부 목표를 통해 자신이 무엇을 얻을 수 있는지 예상할 수 있어야 해요."

2) 교사는 학생들에게 '기능 확인하기' 문제를 풀게 한다.
   - 📖 "'다음 중 세부 목표 설정하기에 대한 설명으로 알맞지 않은 것을 고르세요."

3) 교사는 학생들과 함께 문제의 답을 확인한다.
   - 📖 "학습하기 1에서 세부 목표를 설정할 때 고려해야 할 것들에 대해 배웠어요. 세부 목표는 자신이 이룰 수 있는 것이어야 하고 목표를 달성하기 위해 필요한 중요 내용을 담아야 해요. 세부 목표는 구체적이고 명확하게 알 수 있는 것이어야 하고, 세부 목표를 통해 자신이 무엇을 얻을 수 있는지 예상할 수 있어야 해요. 그래서 답은 ④번이에요."

> 정답
> ④

활동하기 - 20분

1) 교사는 학생들에게 '활동하기'의 방법을 설명한 후 활동을 하게 한다.
   - 📖 "이번에는 여러분이 '학교생활'을 주제로 시화전에 참가할 거예요."
   - 📖 "여러분은 '학교생활'을 주제로 어떤 시를 쓰고 싶어요?"
   - 📖 "시와 함께 어떤 그림을 그릴 거예요?"
   - 📖 "아래 계획서에 '학교생활'을 주제로 여러분의 시화전 참가 목적, 세부 목표를 정해서 써 보세요."

교수-학습 지침
학습자가 목적과 세부 목표를 잘 세우지 못한다면 먼저 '학교생활'을 주제로 마인드맵(생각 그물)을 그려 보는 활동을 할 수 있다.

2) 교사는 학생들과 함께 활동의 결과를 확인한다.
   - 📖 "시화전 계획서를 다 썼어요?"
   - 📖 "시화전에 참가하는 목적이 뭐예요?"
   - 📖 "어떤 목표를 설정했어요?"

> 예시 답안
> 주제: 학교생활
> 목적: 상을 받을 수 있는 시를 쓰고 그림을 그린다.
> 목표: 다른 사람들과 다른 특별한 학교생활에 대한 시를 쓴다.
> 　　　시에 어울리는 그림을 그린다.

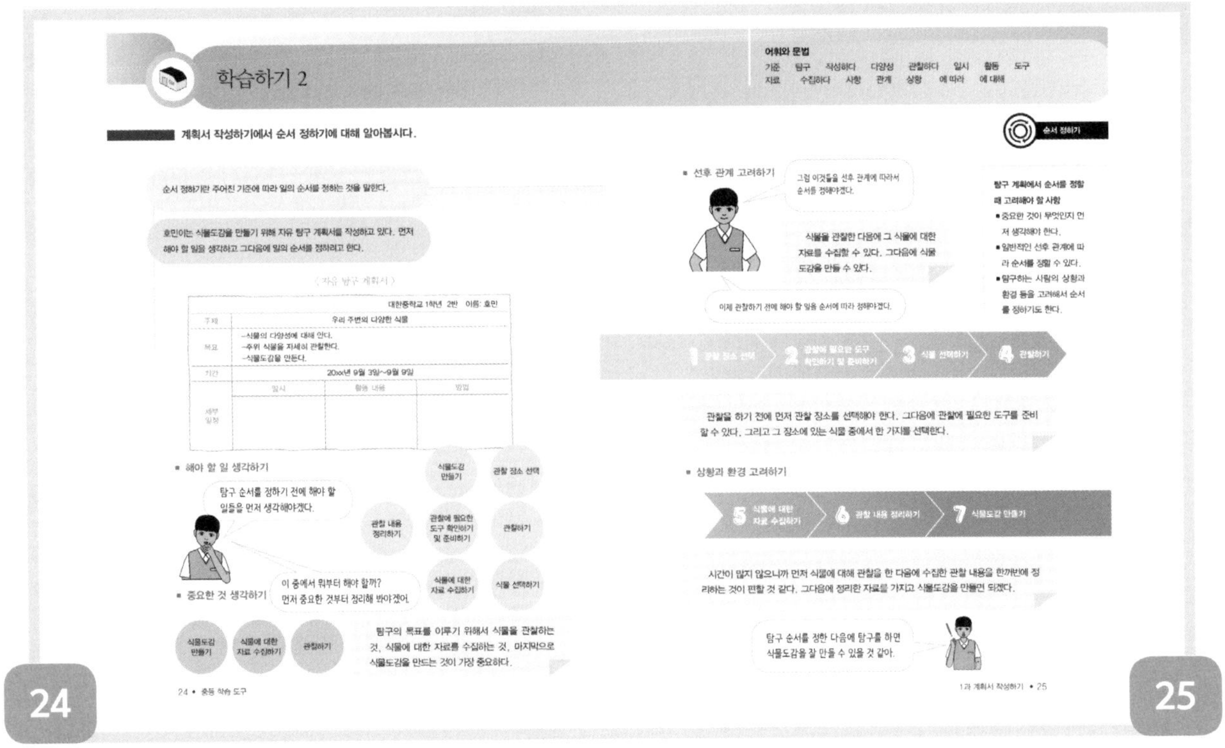
학습하기 2

어휘와 문법
기준 탐구 작성하다 다양성 관찰하다 일시 활동 도구
자료 수집하다 사항 관계 상황 에 따라 에 대해

계획서 작성하기에서 순서 정하기에 대해 알아봅시다.

순서 정하기

순서 정하기란 주어진 기준에 따라 일의 순서를 정하는 것을 말한다.

호민이는 식물도감을 만들기 위해 자유 탐구 계획서를 작성하고 있다. 먼저 해야 할 일을 생각하고 그다음에 일의 순서를 정하려고 한다.

〈자유 탐구 계획서〉

대한중학교 1학년 2반 이름: 호민			
주제	우리 주변의 다양한 식물		
목표	-식물의 다양성에 대해 안다. -주위 식물을 자세히 관찰한다. -식물도감을 만든다.		
기간	20xx년 9월 3일~9월 9일		
세부 일정	일시	활동 내용	방법

탐구의 목표를 이루기 위해서 식물을 관찰하는 것, 식물에 대한 자료를 수집하는 것, 마지막으로 식물도감을 만드는 것이 가장 중요하다.

식물을 관찰한 다음에 그 식물에 대한 자료를 수집할 수 있다. 그다음에 식물도감을 만들 수 있다.

탐구 계획에서 순서를 정할 때 고려해야 할 사항
- 중요한 것이 무엇인지 먼저 생각해야 한다.
- 일반적인 선후 관계에 따라 순서를 정할 수 있다.
- 탐구하는 사람의 상황과 환경 등을 고려해서 순서를 정하기도 한다.

관찰을 하기 전에 먼저 관찰 장소를 선택해야 한다. 그다음에 관찰에 필요한 도구를 준비할 수 있다. 그리고 그 장소에 있는 식물 중에서 한 가지를 선택한다.

시간이 많지 않으니까 먼저 식물에 대해 관찰을 한 다음에 수집한 관찰 내용을 한꺼번에 정리하는 것이 편할 것 같다. 그다음에 정리한 자료를 가지고 식물도감을 만들면 되겠다.

24 • 중등 학습 도구

1과 계획서 작성하기 • 25

24

25

• 3차시(의사소통 〈꼭 배워요〉와 연계할 경우 9차시)

[학습 목표]
- 계획서 작성하기에서 순서 정하기에 대해 안다.
- 자유 탐구 계획서 작성에서 순서를 정할 때 고려할 점에 대해 안다.

본문의 구성과 내용
- 본문은 **과학 교과**의 자유 탐구 **계획서 작성하기 활동**에서 하게 되는 **순서 정하기 학습 기능**을 보여 주고 있다.
- 본문의 내용은 호민이가 식물도감을 만들기 위해 자유 탐구 계획서를 작성하는 과정 중 일부이다. 호민이는 해야 할 일을 생각하고 일의 중요도, 일의 선후 관계와 상황, 환경을 고려하여 순서를 정하고 있다.

도입 - 10분

1) 교사는 교재 18, 19쪽에서 배운 학습 활동에 대해 복습한다.

  교 "앞으로 할 일을 자세히 생각하여 정한 내용을 적은 것을 뭐라고 해요?"

  교 "계획서에는 무슨 내용이 들어가요?"

2) 교사는 학생들에게 학습하기 2에서 배울 학습 기능을 소개한다.

  교 "계획서를 쓸 때 주제 및 목적, 목표가 정해지면 절차를 정해야 해요. 절차는 세부 목표와 활동 내용을 생각하여 활동의 순서와 세부 일정을 정하는 것을 말해요."

  교 "순서 정하기란 주어진 기준에 따라 일의 순서를 정하는 것을 말해요. 학습하기 2에서는 순서를 정하는 과정과 순서를 정할 때 고려해야 할 사항을 공부할 거예요."

교수-학습 지침
익힘책 16쪽에 중요도와 긴급도에 따라 일의 순서를 정하는 방법이 제시되어 있다. 교사는 이를 고려하여 수업을 진행한다.

전개 - 30분

1) 교사는 다음에 제시되는 내용을 참고하여 학생들에게 어휘와 문법을 설명한다.

기준	◆ **정의** 구별하거나 정도를 판단하기 위하여 그것과 비교하도록 정한 대상이나 잣대. 예 사람마다 선택의 기준이 다르다. ● **설명** "옷을 살 때 어떤 사람은 가격을 비교해 보고, 또 어떤 사람은 편리함을 비교해 봐요. 가격이나 편리함 등을 기준으로 해서 옷을 사요. 사람마다 선택의 기준이 달라요. '기준'은 구별하거나 정보를 알기 위해서 그것과 비교할 수 있게 정한 대상을 말해요."
탐구	◆ **정의** 무엇에 대해 파고들어 깊이 연구함. 예 심리학은 인간의 심리를 탐구하는 학문이다. ● **설명** "여러분은 요즘 어떤 것을 깊이 공부해요? 저는 요즘 한국을 알고 싶어서 한국 역사를 깊이 연구해요. 한국 역사를 탐구해요. '탐구'는 어떤 것을 깊이 공부하고 연구하는 것을 말해요."

작성하다	◆ **정의** 원고나 서류 등을 만들다. 예 이 신청서를 작성하여 제출해야 활동에 참가할 수 있다. ● **설명** "지난 수업 시간에 한국 문화에 대해서 글을 썼어요. 한국 문화에 대한 글을 작성했어요. '작성하다'는 서류, 글 등을 만든다는 뜻이에요."
다양성	◆ **정의** 모양, 색, 구성 등이 여러 가지 많은 특성. 예 세계 여러 나라의 영화를 보면 문화적인 다양성을 느낄 수 있다. ● **설명** "나라마다 문화가 다르지요? 세계에는 다양한 문화가 있어요. 여러 문화를 경험하면 문화의 다양성을 알 수 있어요. '다양성'은 무엇이 여러 가지로 많은 것을 의미해요."
관찰하다	◆ **정의** 사물이나 현상을 주의 깊게 자세히 살펴보다. 예 방학 숙제로 식물이 자라는 과정을 관찰했다. ● **설명** "학습하기 2에서 호민이는 식물도감을 만들려고 해요. 식물도감을 만들기 위해 식물이 어떻게 생겼는지, 어떤 색인지 등을 자세히 봤어요. 식물을 관찰했어요. '관찰하다'는 어떤 것을 자세히 본다는 뜻이에요."
일시	◆ **정의** 날짜와 시간. 예 모임 장소와 일시를 사람들에게 알려 주었다. ● **설명** "우리 학교 축제는 20**년 **월 **일 **시에 해요. 학교 축제의 일시는 20**년 **월 **일 **시예요. '일시'는 날짜와 시간을 의미해요."
활동	◆ **정의** 몸을 움직여 행동함. 예 체육 시간에는 활동이 편한 옷으로 갈아입는다. ● **설명** "여러분은 교복을 입고 움직이는 것과 체육복을 입고 움직이는 것 중에서 뭐가 더 편해요? 체육복을 입고 활동하는 게 편하지요? '활동'은 몸을 움직여서 행동하는 것을 말해요."
도구	◆ **정의** 어떤 일을 할 때 쓰이는 기구. 또는 연장. 예 교실을 청소하기 위해 청소 도구를 챙겼다. ● **설명** "여러분은 공부할 때 무엇을 사용해요? 연필, 지우개, 펜 등은 공부할 때 사용하는 도구예요. '도구'는 어떤 일을 할 때 사용하는 기구를 말해요."
자료	◆ **정의** 연구나 조사를 하는 데 기본이 되는 재료. 예 하루 종일 컴퓨터 앞에 앉아서 과제에 필요한 자료를 검색했다. ● **설명** "여러분은 과제할 때 인터넷으로 여러 가지를 찾아보지요? 여러분이 과제를 할 때 인터넷으로 찾은 것이 자료예요. '자료'는 연구나 조사를 할 때 기본이 되는 재료를 의미해요."
수집하다	◆ **정의** 취미나 연구를 위하여 물건이나 자료 등을 찾아서 모으다. 예 과제를 위해 여러 가지 자료를 수집했다. ● **설명** "제 취미는 영화 포스터를 모으는 거예요. 영화 포스터 수집하기가 취미예요. '수집하다'는 취미나 연구를 위해서 물건이나 자료 등을 찾아서 모은다는 뜻이에요."

사항	◆ **정의** 어떤 일이나 사실을 이루는 항목 또는 내용. 예 계획서를 작성할 때 고려해야 할 사항에 대해 알려 줄게요. ● **설명** "학습하기 1에서 세부 목표를 설정할 때 고려해야 할 내용에 대해서 배웠어요. 세부 목표를 설정할 때 고려할 사항에 대해 배웠어요. '사항'은 어떤 일이나 사실을 이루는 내용을 말해요."
관계	◆ **정의** 둘 이상의 사람, 사물, 현상 등이 서로 관련을 맺음. 또는 그런 관련. 예 선영은 친구들과의 관계가 좋은 편이다. ● **설명** "요즘 사람들의 병은 주로 스트레스 때문에 생겨요. 스트레스와 병은 서로 관계가 있어요. '관계'는 둘 이상의 사람, 사물 등이 서로 관련을 맺는 것이나 그런 관련을 말해요."
상황	◆ **정의** 일이 진행되어 가는 형편이나 모양. 예 이 작품은 옛날 상황을 잘 보여 주고 있다. ● **설명** "역사책을 읽으면 과거의 사람들은 어떤 모습이었는지, 어떤 일이 있었는지 등을 알 수 있어요. 과거의 모습과 상황을 알 수 있어요. '상황'은 일이 진행되어 가는 모양을 말해요."
에 따라	◆ **정의** 어떤 상황이나 사실, 기준에 의거함을 나타내는 표현. 예 그 사람은 그날그날 기분에 따라 행동하는 것이 많이 다르다. ◆ **정보** '에 따라서'로 사용하기도 하고, 뒤에 오는 명사를 수식하는 구성으로 '에 따른'을 사용하기도 한다. ● **설명** "생활 계획표를 세워 봤어요? 생활 계획표를 만들고 우리는 그 계획표의 일정을 보고 그대로 행동을 해요. 계획표에 따라 생활해요. '에 따라'는 어떤 상황이나 사실, 기준을 가지고 어떤 행동을 하는 것을 나타내는 표현이에요."
에 대해	◆ **정의** 앞의 내용이 뒤의 상황이나 행동의 대상이 됨을 나타내는 표현. 예 인터넷으로 전통문화에 대해 찾아보고 있어요. ◆ **정보** '에 대하여', '에 대해서'로 사용하기도 한다. 뒤에 오는 명사를 수식하는 구성으로 '-에 대한'으로 사용하기도 한다. 구어보다는 문어에 많이 사용되고, 구어에 사용될 경우에는 격식적인 상황이나 공식적인 상황에서 주로 사용된다. ● **설명** "인터넷으로 전통문화는 무엇인지, 전통문화에는 무엇이 있는지 등을 찾아봤어요. 전통문화에 대해서 찾아봤어요. '에 대해'는 앞의 내용이 뒤의 상황이나 행동의 대상이 되는 것을 나타내는 표현이에요. '에 대해'는 '에 대하여', '에 대해서'로 사용하기도 해요. 뒤에 오는 명사를 꾸밀 때에는 '에 대한'을 사용해요."

2) 교사는 학생들에게 교재 24, 25쪽에 제시된 내용을 읽게 한다.

　📖 "호민이가 식물도감을 만들기 위해서 자유 탐구 계획서를 작성하고 있어요. 먼저 해야 할 일을 생각하고 그다음에 일의 순서를 정하려고 해요. 어떻게 세부 일정의 순서를 정하는지 한번 읽어 보세요."

3) 교사는 학생들에게 세부 내용을 확인하는 질문을

한다.
- 🔲 "호민이의 자유 탐구 목표가 뭐예요?"
- 🔲 "호민이는 탐구 순서를 정하기 전에 먼저 무엇을 했어요?"
- 🔲 "호민이가 해야 할 일들은 뭐예요?"
- 🔲 "호민이는 탐구 순서를 어떻게 정했어요?"
- 🔲 "호민이가 정한 탐구 순서는 뭐예요?"

4) 교사는 학생들에게 학습 기능에 대해 확인하는 질문을 한다.
- 🔲 "탐구 계획에서 순서를 정할 때 가장 먼저 무엇을 고려해야 해요?"
- 🔲 "어떤 방법으로 순서를 정할 수 있어요?"

정리 - 5분

교사는 학습 내용을 정리하며 수업을 마무리한다.
- 🔲 "호민이의 자유 탐구 주제는 뭐예요?"
- 🔲 "호민이의 자유 탐구 목표는 뭐예요?"
- 🔲 "호민이는 탐구 순서를 정하기 전에 무엇을 먼저 생각해 봤어요?"
- 🔲 "탐구 계획서 작성하기에서 순서 정하기에 대해 배웠어요. 호민이는 순서를 정하기 전에 먼저 해야 할 일이 무엇인지 생각했어요. 그다음에 해야 할 일 중에서 중요한 것이 무엇인지 생각했어요. 중요한 일의 선후 관계를 고려해서 순서를 정하고 자신의 상황과 환경을 고려해서 나머지 일의 순서를 정했어요."

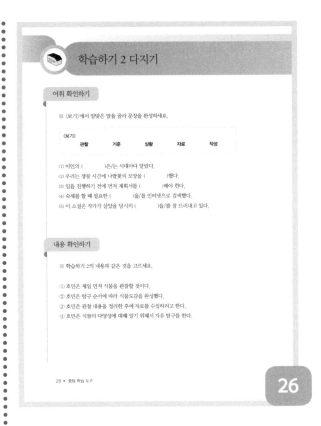

26

● 4차시 (의사소통 〈꼭 배워요〉와 연계할 경우 10차시)

[학습 목표]
- 계획서 작성하기에서 순서 정하기에 대해 안다.
- 일의 순서를 정할 수 있다.

어휘 확인하기 - 10분

1) 교사는 학생들에게 '어휘 확인하기' 문제를 풀게 한다.
- 🔲 "〈보기〉를 보세요. 앞에서 배운 어휘가 있어요."
- 🔲 "'관찰'이란 사물이나 어떤 일을 주의 깊게 자세히 살펴보는 것을 말해요."
- 🔲 "'기준'은 구별하거나 정도를 알기 위해 그것과 비교하도록 정한 대상을 의미해요."
- 🔲 "'상황'은 일이 진행되어 가는 모양을 말해요."
- 🔲 "'자료'는 연구나 조사를 하는 데 기본이 되는 재료를 의미해요."
- 🔲 "'작성'은 글이나 서류 등을 만드는 것을 말해요."
- 🔲 "아래 문장을 읽고 알맞은 어휘를 골라 문장을 완성해 보세요."

2) 교사는 학생들과 함께 문제의 답을 확인한다.

┌─────────────────────────────────────┐
정답
(1) 기준 (2) 관찰 (3) 작성 (4) 자료 (5) 상황
└─────────────────────────────────────┘

내용 확인하기 - 5분

1) 교사는 학생들에게 '내용 확인하기' 문제를 풀게 한다.

   💬 "학습하기 2에서 호민이가 식물도감을 만들기 위해 탐구 순서를 정하는 글을 읽었어요. 학습하기 2에서 배운 내용과 같은 것을 고르세요."

2) 교사는 학생들과 함께 문제의 답을 확인한다.

   💬 "호민이의 자유 탐구의 목표는 식물의 다양성에 대해 알기, 주위 식물을 자세히 관찰하기, 식물도감 만들기예요. 그래서 답은 ④번이에요."

정답
④
① 호민은 관찰 장소 선택을 제일 먼저 할 것이다.
② 호민은 탐구 순서만 정하였다. 아직 식물도감을 완성하지는 못했다.
③ 호민은 자료를 수집한 다음에 관찰 내용을 정리하려고 한다.
④ (24쪽 본문) 호민은 식물의 다양성, 주위 식물 자세히 관찰하기, 식물도감 만들기의 목표를 가지고 있다.

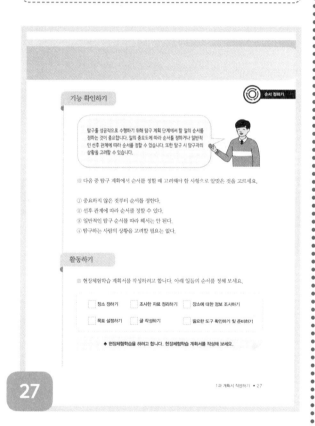

27

1과 계획서 작성하기 • 27

기능 확인하기 - 10분

1) 학습하기 2에서 배운 '순서 정하기' 기능을 정리한다.

   💬 "학습하기 2에서 식물도감을 만들기 위해 자유 탐구 계획서를 작성하면서 탐구 순서를 정하는 것에 대해 배웠어요. 어떤 일을 성공적으로 하기 위해서는 계획할 때 일의 순서를 정하는 것이 중요해요. 이때 일의 중요도에 따라서 순서를 정하거나 일반적인 선후 관계에 따라 순서를 정할 수 있어요. 또한 탐구자의 상황을 고려하여 순서를

정할 수도 있어요."

2) 교사는 학생들에게 '기능 확인하기' 문제를 풀게 한다.

   💬 "'탐구 계획에서 순서 정하기'에 대해 배웠어요. 다음 중 탐구 계획에서 순서를 정할 때 고려해야 할 사항으로 알맞은 것을 고르세요."

3) 교사는 학생들과 함께 문제의 답을 확인한다.

   💬 "탐구 계획에서 순서를 정할 때에는 중요한 것부터 순서 정하기, 일반적인 선후 관계에 따라 순서 정하기, 탐구자의 상황을 고려하여 순서를 정할 수 있어요. 따라서 답은 ②번이에요."

정답
②

활동하기 - 20분

1) 교사는 학생들에게 '활동하기'의 방법을 설명한 후 활동을 하게 한다.

   💬 "여러분이 교실 안에서 공부하는 게 아니라 교실 밖에서 공부를 하려고 해요. 교실 밖에서 직접 체험을 하면서 공부하는 것을 현장체험학습이라고 해요."

   💬 "현장체험학습 계획서를 작성하려고 해요. 아래 일들의 순서를 정해 보세요."

2) 교사는 학생들과 함께 활동의 결과를 확인한다.

   💬 "어떤 순서로 할 거예요?"

   💬 "왜 그렇게 순서를 정했어요?"

   💬 "여러분이 현장체험학습을 하려고 해요. 현장체험학습 계획서를 작성해 보세요."

교수-학습 지침
'현장체험학습 계획서'의 실제 양식을 학생에게 제공하여 실제성을 높인다.

2과 협동 학습 하기

● 학습 목표

- 협동 학습의 절차와 방법에 대해 안다.
- 협동 학습에서 제안하기에 대해 이해한다.
- 협동 학습에서 의견을 조정하는 방법에 대해 안다.

● 단원 내용

1. 학습 활동: 협동 학습 하기
2. 학습 기능: 제안하기: 학습 주제 제안하기
   조정하기: 학습 범위 조정하기
3. 학습 주제: 살기 좋은 도시
   국가지질공원의 암석

● 수업 개요

1·2차시(학습하기 1): 협동 학습 하기에서 제안하기에
   대해 안다.
3·4차시(학습하기 2): 협동 학습 하기에서 조정하기에
   대해 안다.

● 어휘 및 문법

[학습하기 1]
제안하다, 의견, 발표, 구분하다, 설치하다, 근거, 주장

하다, 표현, 단원, 관련, 활용하다, -으며

[학습하기 2]
조정하다, 일치되다, 차이, 조사하다, 대상, 범위, 정보, 타
당성, 합리성, 논의하다, 요청하다, 집중하다, 동의하다

[알면 쓸모 있는 어휘(익힘책 20쪽)]
수행하다, 합하다, 참여하다, 부여하다, 책임, 선정하다

의사소통 3권 2과 〈꼭 배워요〉의 주요 내용

[어휘]

대청소를 하다, 창, 커튼을 치다, 바닥을 쓸다, 청소도구함, 걸레,
쓰레받기, 빗자루, 학사일정, 학급 신문, 학급 게시판, 가정통신문,
학급 문고, 꾸미다, (정보를) 확인하다, 급훈을 정하다, 오리다, 접
다, 미리, 방해, 재료, 질, 화분, 끝내다, 돕다, 붙이다, 쌓다, 옮기다,
이기다, 자라다, 챙기다

[문법 1] '-도록'

   예 나무가 잘 자라도록 매일 물을 주었습니다.

[문법 2] '-을 테니(까)'

   예 기다리고 있을 테니까 천천히 다녀와.

[문법 3] '-는 대신에'

   예 그 물건은 값이 싼 대신에 질이 안 좋아요.

[문법 4] '-어 놓다/두다'

   예 옷걸이에 옷을 걸어 놓아요.

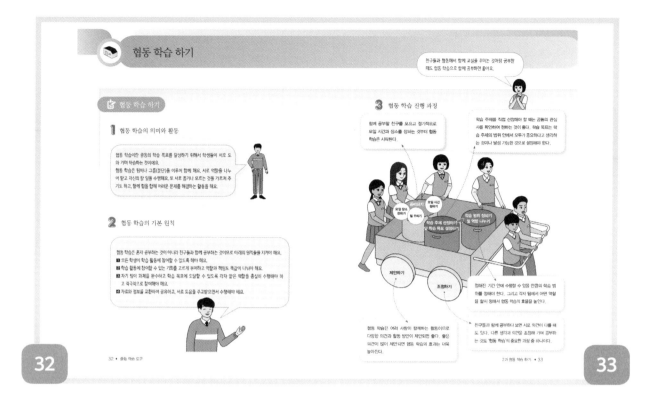

• 1차시 (의사소통 〈꼭 배워요〉와 연계할 경우 7차시)

[학습 목표]
• 협동 학습 하기에서 제안하기에 대해 안다.
• 협동 학습 하기에서 제안하기의 방법에 대해 안다.

본문의 구성과 내용
• 본문은 **사회 교과의 협동 학습 하기 활동**에서 하게 되는 **제안하기 학습 기능**을 보여 주고 있다.
• 본문의 내용은 안나, 정호, 와니가 '살기 좋은 도시 소개'를 주제로 발표하기 위해 협동 학습을 하는 과정 중 일부이다. 각자 어떤 도시를 소개하는 게 좋을지 자신의 의견을 제안하고 있다.

도입 - 10분

1) 교사는 학생들에게 교재 32, 33쪽의 학습 활동에 대해 설명한다.

📱 "협동 학습이란 공동의 학습 목표를 달성하기 위해서 학생들이 서로 도와 가며 학습하는 것이에요. 팀이나 그룹, 분단을 이루어 함께 하며 서로 역할을 나누어 맡아 자신의 할 일을 수행해요."

📱 "여러분은 협동 학습을 해 봤어요?"

📱 "협동 학습을 할 때는 모든 학생이 학습 활동에 참여할 수 있도록 해야 하고, 학습 활동에 참여할 수 있는 기회를 고르게 부여하고 역할과 책임도 똑같이 나눠야 해요. 그리고 자기 팀이 과제를 완수하고 학습 목표에 도달할 수 있도록 각자 맡은 역할을 충실히 수행해야 하고 적극적으로 참여해야 해요. 이 과정에서 자료와 정보를 교환하여 공유하고, 서로 도움을 주고받으면서 학습 활동을 수행해야

해요."

📱 "협동 학습은 준비하기, 학습 주제 선정하기 및 학습 목표 설정하기, 학습 범위 정하기 및 역할 나누기의 순서로 진행돼요. 준비하기 단계에서는 모임 장소 정하기, 팀 꾸리기, 모임 시간 정하기 등을 해요. 그다음에 학습 주제를 선정할 때는 공통의 관심사를 확인하여 정하는 것이 좋아요. 학습 목표는 학습 주제의 범위 안에서 모두가 중요하다고 생각하는 것이나 달성 가능한 것으로 설정해야 해요. 마지막으로 학습 범위는 정해진 기간 안에 할 수 있는 양으로 정해야 해요. 그리고 각자 팀에서 어떤 역할을 할지 정하면 협동 학습의 효율을 높일 수 있어요."

교수-학습 지침
익힘책 21쪽에 협동 학습의 장점, 효과적인 협동 학습 방법, 협동 학습 시 주의할 점이 추가로 제시되어 있다. 교사는 이를 고려하여 수업을 진행한다.

2) 교사는 학생들에게 학습하기 1에서 배울 학습 기능을 소개한다.

📱 "협동 학습은 여러 사람이 함께하는 활동이므로 다양한 의견과 활동 방안이 제안되는 것이 좋아요. 좋은 의견이 많이 제안되면 협동 학습의 효과는 더욱 높아져요."

📱 "제안하기란 일을 좀 더 좋은 방향으로 이끌기 위해 의견을 내는 것을 말해요. 학습하기 1에서는 협동 학습을 할 때 학습 주제를 제안하는 방법을 공부할 거예요."

교수-학습 지침
익힘책 22쪽에 제안하는 상황에서 사용할 수 있는 표현이 추가로 제시되어 있다. 교사는 이를 고려하여 수업을 진행한다.

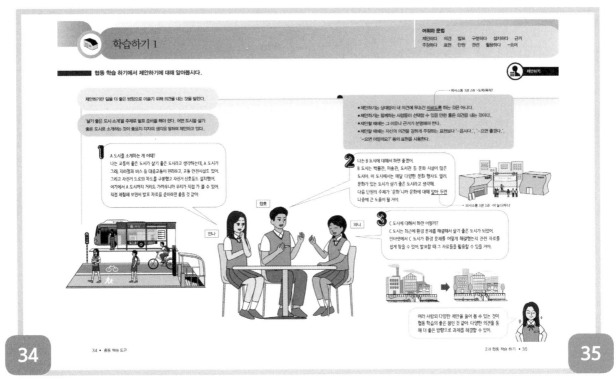

전개 - 30분

1) 교사는 다음에 제시되는 내용을 참고하여 학생들에게 어휘와 문법을 설명한다.

제안하다	◆ **정의** 의견이나 안건으로 내놓다. 例 나는 친구들에게 축구 시합을 하기를 제안했다. ◆ **정보** (비슷한 말) 제의하다, 제언하다 ● **설명** "친구들이 토요일에 모여서 무엇을 할까 고민할 때 '우리 영화 보러 갈까?'라고 자신의 생각을 말해요. '제안하다'는 자신의 생각이나 의견을 말한다는 뜻이에요."
의견	◆ **정의** 어떤 대상이나 현상 등에 대해 나름대로 판단하여 가지는 생각. 例 대화를 할 때 상대방의 의견을 존중해야 한다. ● **설명** "사람마다 어떤 문제에 대한 생각이 달라요. 예를 들어서 '종이 빨대를 사용하면 플라스틱 빨대보다 환경 오염이 적다.'라고 생각하는 사람이 있어요. 또 어떤 사람은 '종이 빨대도 나무로 만들기 때문에 환경 오염과 관계가 있다.'라고 생각해요. 각자 종이 빨대에 대한 의견이 달라요. '의견'은 어떤 대상이나 일 등에 대해 가지는 생각을 말해요."
발표	◆ **정의** 어떤 사실이나 결과, 작품 등을 세상에 드러내어 널리 알림. 例 선영이는 시험이 끝나고 난 뒤부터 합격자 발표가 나기만을 기다렸다. ● **설명** "시험을 본 다음에 시험에 합격했는지, 불합격했는지 어떻게 알 수 있어요? 시험 결과를 발표하는 날에 그 결과를 알 수 있어요. '발표'는 어떤 사실이나 결과, 작품 등을 세상에 알리는 것을 의미해요."
구분하다	◆ **정의** 어떤 기준에 따라 전체를 몇 개의 부분으로 나누다. 例 호민이는 날짜별로 파일을 정리해서 자료를 구분하기 쉽게 만들었다. ◆ **정보** (비슷한 말) 가르다, 나누다, 구별하다 (반대되는 말) 합치다, 모으다, 종합하다 ● **설명** "여러분은 책을 어떻게 정리해요? 어떤 사람은 크기에 따라, 또 어떤 사람은 가나다순으로 책을 구분하여 정리해요. '구분하다'는 어떤 기준에 따라 전체를 몇 개의 부분으로 나눈다는 뜻이에요."
설치하다	◆ **정의** 어떤 목적에 맞게 쓰기 위하여 기관이나 설비 등을 만들거나 제자리에 맞게 놓다. 例 거리마다 가로등을 설치했다. ● **설명** "밤에 길거리가 어두워서 구청에 연락했어요. 구청에서 어두운 길거리에 가로등을 만들어 놓았어요. 가로등을 설치했어요. '설치하다'는 어떤 목적에 맞게 사용하기 위해 만들거나 제자리에 놓는다는 뜻이에요."

근거	◆ **정의** 어떤 일이나 의견 등에 그 근본이 됨. 또는 그런 까닭. **예** 자신의 생각을 주장할 때에는 그 주장의 근거를 함께 말해야 한다. ◆ **정보** (비슷한 말) 까닭, 증거 ● **설명** "다른 사람에게 자신의 의견을 말할 때는 왜 그렇게 생각하는지도 함께 말해야 해요. 이것을 근거라고 해요. 예를 들어서 '물을 아껴 쓰자.'라는 주장이 있어요. 이 주장의 근거는 '지구에서 우리가 사용할 수 있는 물의 양은 모자라다.', '환경 문제가 심각해지고 있다.' 등이에요. '근거'는 어떤 일이나 의견의 이유를 의미해요."
주장하다	◆ **정의** 자신의 의견이나 생각을 굳게 내세우다. **예** 친구가 이유도 없이 주장하는 내용에 우리는 동의할 수 없었다. ◆ **정보** (비슷한 말) 내세우다 ● **설명** "우리는 사람들과 이야기할 때 다른 사람의 의견도 듣고 자신의 의견도 이야기해요. 이때 다른 사람에게 자신의 의견을 강하게 표현하는 것을 주장이라고 해요. '주장하다'는 자신의 의견이나 생각을 강하게 알리는 것을 의미해요."
표현	◆ **정의** 느낌이나 생각 등을 말, 글, 몸짓 등으로 나타내어 겉으로 드러냄. **예** 부모님에게 감사와 사랑의 표현으로 카네이션을 선물했다. ● **설명** "여러분은 어버이날에 부모님께 무엇을 선물해 드려요? 어버이날에는 감사와 사랑의 표현으로 카네이션을 선물해 드려요. '표현'은 느낌이나 생각 등을 말이나 글, 몸 등으로 나타내어 겉으로 드러내는 것을 말해요."
단원	◆ **정의** 서로 관련이 있는 주제나 내용을 중심으로 묶은 학습 단위. **예** 우리는 영어 시간에 한 단원이 끝날 때마다 시험을 본다. ● **설명** "이번 시험은 어디부터 어디까지예요? 1단원부터 4단원까지예요. 지금 우리가 배우는 단원은 몇 단원이에요? 지금 공부하는 단원은 2단원이에요. '단원'은 서로 관련이 있는 주제나 내용을 중심으로 묶는 학습 단위를 말해요."
관련	◆ **정의** 둘 이상의 사람, 사물, 현상 등이 서로 영향을 주고받도록 관계를 맺고 있음. 또는 그 관계. **예** 글쓰기 주제로 미래에 관련된 내용을 쓰려고 한다. ◆ **정보** (비슷한 말) 연관 ● **설명** "글쓰기 주제로 미래에 대한 내용을 쓰려고 해요. 미래와 관련이 있는 내용을 쓸 거예요. '관련'은 둘 이상의 사람, 사물 등이 서로 영향을 주고받게 관계를 가지고 있거나 그 관계를 의미해요."

활용하다	◆ **정의** 어떤 대상이 가지고 있는 쓰임이나 능력을 충분히 잘 이용하다. **예** 다음 미술 시간에는 종이컵을 활용하여 작품을 만들 것이다. ● **설명** "다음 미술 시간에는 종이컵으로 작품을 만들 거예요. 종이컵을 활용하여 작품을 만들어요. '활용하다'는 어떤 대상이 가지고 있는 능력을 충분히 잘 이용한다는 뜻이에요."
-으며	◆ **정의** 두 가지 이상의 동작이나 상태가 함께 일어남을 나타내는 연결 어미. **예** 최근 게임을 하며 식사를 하는 아이들이 늘어나고 있습니다. ◆ **정보** 'ㄹ'을 제외한 받침 있는 동사와 형용사 또는 '-었-', '-겠-' 뒤에 붙여 쓴다. '이다', 받침이 없거나 'ㄹ' 받침인 동사와 형용사에는 '-며'를 붙여 쓴다. ● **설명** "여러분은 두 가지 이상의 행동을 동시에 할 수 있어요? 최근에는 게임을 하면서 식사를 하는 아이들이 많아지고 있어요. 게임을 하며 식사를 하는 아이가 많아요. 어떤 행동이나 상태가 함께 일어날 때 '-으며'를 사용해요."

2) 교사는 학생들에게 교재 34, 35쪽에 제시된 내용을 읽게 한다.

　　교 "안나와 정호, 와니가 '살기 좋은 도시 소개'를 주제로 발표 준비를 하고 있어요. 어떤 도시를 살기 좋은 도시로 소개하는 게 좋을지 각자 제안하고 있어요. 안나와 정호, 와니가 각각 어떤 제안을 하고 있는지 한번 읽어 볼까요?"

3) 교사는 학생들에게 세부 내용을 확인하는 질문을 한다.

　　교 "안나는 어떤 도시를 소개하고 싶어 해요?"

　　교 "A 도시의 장점은 뭐예요?"

　　교 "안나는 왜 A 도시를 소개하고 싶어 해요?"

　　교 "정호는 어떤 도시를 소개하고 싶어 해요?"

　　교 "B 도시는 무엇이 많은 도시예요?"

　　교 "정호는 왜 B 도시를 소개하고 싶어 해요?"

　　교 "와니는 어떤 도시를 소개하고 싶어 해요?"

　　교 "C 도시는 어떻게 해서 살기 좋은 도시가 되었어요?"

　　교 "와니는 왜 C 도시를 소개하고 싶어 해요?"

4) 교사는 학생들에게 학습 기능에 대해 확인하는 질문을 한다.

　　교 "제안하기란 뭐예요?"

　　교 "제안할 때에는 어떤 의견을 제안하는 것이 좋아요?"

　　교 "제안할 때에는 무엇이 분명해야 해요?"

　　교 "제안할 때에는 어떤 표현들을 사용해서 말해요?"

교사는 학습 내용을 정리하며 수업을 마무리한다.

🔲 "안나는 왜 A 도시가 살기 좋은 도시라고 생각해요?"

🔲 "A 도시에 대해 발표를 준비하면 어떤 장점이 있어요?"

🔲 "정호는 왜 B 도시가 살기 좋은 도시라고 생각해요?"

🔲 "B 도시에 대해서 발표를 하면 왜 좋아요?"

🔲 "와니는 왜 C 도시를 하고 싶어 해요?"

🔲 "C 도시를 발표하면 어떤 장점이 있어요?"

🔲 "협동 학습 하기에서 제안하기에 대해 배웠어요. 협동 학습을 할 때 제안하기를 하면 다양한 의견을 들어 볼 수 있어요. 그리고 이렇게 다양한 의견을 통해 더 좋은 방향으로 과제를 해결할 수 있어요."

🔲 "제안하기는 다른 사람에게 자신의 의견을 강하게 주장하는 것이 아니에요. 함께하는 사람들이 선택할 수 있는 좋은 의견을 이야기하는 거예요. 그래서 자신의 의견을 강하게 주장하는 표현보다 '-읍시다', '-으면 좋겠다', '-으면 어떨까요?' 등의 표현을 사용해요. 그리고 제안할 때에는 그 이유나 근거가 분명해야 해요. 이유나 근거가 분명하면 더 좋은 방향으로 과제를 해결할 수 있어요."

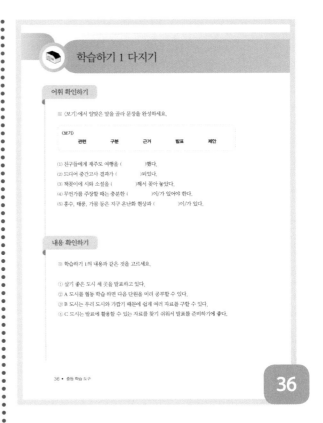

36

● 2차시 (의사소통 〈꼭 배워요〉와 연계할 경우 8차시)

[학습 목표]

• 협동 학습 하기에서 제안하기에 대해 안다.

• 주제에 맞는 자신의 의견을 제안할 수 있다.

어휘 확인하기 - 10분

1) 교사는 학생들에게 '어휘 확인하기' 문제를 풀게 한다.

🔲 "〈보기〉를 보세요. 앞에서 배운 어휘가 있어요."

🔲 "'관련'이란 둘 이상의 사람, 사물, 일 등이 서로 영향을 주고받도록 관계를 맺고 있음, 또는 그 관계를 말해요."

🔲 "'구분'은 어떤 기준에 따라 전체를 몇 개의 부분으로 나누는 것을 말해요."

🔲 "'근거'는 어떤 일이나 의견 등에 그 이유가 되는 것을 의미해요."

🔲 "'발표'는 어떤 사실이나 결과, 작품 등을 세상에 드러내어 널리 알리는 것을 말해요."

🔲 "'제안'은 의견으로 내놓는 것을 의미해요."

🔲 "아래 문장을 읽고 알맞은 어휘를 골라 문장을 완성해 보세요."

2) 교사는 학생들과 함께 문제의 답을 확인한다.

정답

(1) 제안 (2) 발표 3) 구분 (4) 근거 (5) 관련

---

1) 교사는 학생들에게 '내용 확인하기'문제를 풀게 한다.

🔲 "학습하기 1에서 살기 좋은 도시를 소개하기 위해 각자 어떤 도시가 좋을지 제안하는 글을 읽었어요. 학습하기 1에서 배운 내용과 같은 것을 고르세요."

2) 교사는 학생들과 함께 문제의 답을 확인한다.

🔲 "학습하기 1에서 와니가 C 도시에 대해서 이야기했어요. 인터넷에서 C 도시가 환경 문제를 어떻게 해결했는지 쉽게 찾을 수 있어요. C 도시는 발표에 활용할 수 있는 자료를 찾기 쉬워서 발표를 준비하기에 좋아요. 그래서 답은 ④번이에요."

> 정답
> ④
> ① 살기 좋은 도시 중에서 어떤 도시를 소개하는 것이 좋을지 각자 제안하고 있다.
> ② 다음 단원을 미리 공부할 수 있는 도시는 B 도시이다.
> ③ 우리 도시와 가깝기 때문에 쉽게 여러 자료를 구할 수 있는 도시는 A 도시이다.
> ④ (35쪽 본문) '인터넷에서 C 도시가 환경 문제를 어떻게 해결했는지 쉽게 찾을 수 있어. 발표할 때 그 자료들을 활용할 수 있을 거야.'라는 내용을 보면 알 수 있다.

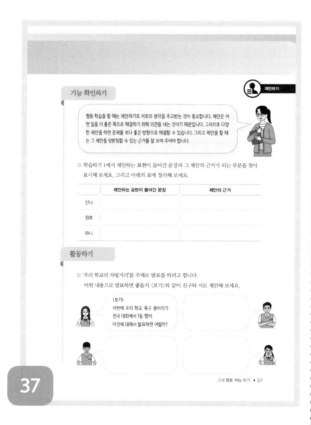

37

1) 학습하기 1에서 배운 '제안하기' 기능을 정리한다.

🔲 "학습하기 1에서 안나와 정호, 와니가 어떤 도시를 살기 좋은 도시로 소개할지 각자 자신의 의견을 제안했어요.

제안은 어떤 일을 더 좋은 쪽으로 해결하기 위해 의견을 내는 것이에요. 그래서 다양한 제안을 해서 문제를 보다 좋은 방향으로 해결할 수 있는 것이 좋아요. 그리고 제안을 할 때는 그 제안을 뒷받침할 수 있는 근거를 잘 보여 주어야 해요."

2) 교사는 학생들에게 '기능 확인하기' 문제를 풀게 한다.

🔲 "학습하기 1에서 '제안하기'에 대해 배웠어요. 학습하기 1에서 제안하는 표현이 들어간 문장과 그 제안의 근거가 되는 부분을 찾아서 표시해 보세요. 그리고 아래의 표에 정리해 보세요."

3) 교사는 학생들과 함께 문제의 답을 확인한다.

🔲 "문제를 다 풀었어요? 함께 문제의 답을 확인해 봐요."

🔲 "안나는 제안을 어떻게 했어요?"

🔲 "안나가 말한 제안의 근거는 뭐예요?"

🔲 "정호의 제안은 뭐예요?"

🔲 "정호가 말한 제안의 근거는 뭐예요?"

🔲 "와니는 뭐라고 제안했어요?"

🔲 "와니의 제안 근거는 뭐예요?"

> 정답
>
> | | 제안하는 표현이 들어간 문장 | 제안의 근거 |
> |---|---|---|
> | 안나 | A 도시를 소개하는 게 어때? | 여기에서 A 도시까지 거리도 가까우니까 우리가 직접 가 볼 수 있어. 직접 체험해 보면서 발표 자료를 준비하면 좋을 것 같아. |
> | 정호 | B 도시에 대해서 하면 좋겠어. | 다음 단원의 주제가 '문화'니까 문화에 대해 알아 두면 나중에 큰 도움이 될 거야. |
> | 와니 | C 도시에 대해서 하면 어떨까? | 인터넷에서 C 도시가 환경 문제를 어떻게 해결했는지 관련 자료를 쉽게 찾을 수 있어. 발표할 때 그 자료들을 활용할 수 있을 거야. |

1) 교사는 학생들에게 '활동하기'의 방법을 설명한 후 활동을 하게 한다.

🔲 "'우리 학교의 자랑거리'를 주제로 발표를 하려고 해요."

🔲 "먼저 아래 〈보기〉를 보세요. 예를 들어서 '이번에 우리 학교 축구 동아리가 전국 대회에서 1등 했어. 이것에 대해서 발표하면 어떨까?'처럼 여러분도 각자 '우리 학교의 자랑거리'에 대한 의견을 써 보세요. 그리고 친구들과 각자 의견을 제안하고, 그중에서 가장 좋은 의견을 선택해 보세요."

🔲 "왜 그 의견을 가장 좋은 의견으로 선택했어요?"

2) 교사는 학생들과 함께 활동의 결과를 확인한다.

🔲 "어떤 의견을 제안했어요?"

🔲 "그렇게 의견을 제안한 이유는 뭐예요?"

🔲 "여러분의 의견 중에서 어떤 의견을 선택했어요?"

🔲 "왜 그 의견을 가장 좋은 의견으로 선택했어요?"

교수-학습 지침

교사는 학생들이 의견을 제안할 때 그 근거와 함께 제안할 수 있도록 지시한다.

예시 답안

- 우리 학교의 급식에 대해서 발표하는 건 어떨까? 언제나 다양한 종류의 맛있는 음식이 나오잖아.

- 우리 학교의 체육관에 대해서 발표하는 게 어때? 우리 학교에는 넓은 체육관이 있어서 비가 오거나 눈이 와도 체육 수업을 할 수 있어. 그리고 축제나 다양한 활동을 할 수 있는 공간이니까 체육관에 대해 발표하면 어떨까?

- 우리 학교의 오랜 역사에 대해서 발표하면 좋을 것 같아. 우리 학교의 역사에 대해서 하면 우리도 깊이 공부할 수 있고 다른 사람들에게 우리 학교를 더 많이 알릴 수 있어.

● 3차시 (의사소통 〈꼭 배워요〉와 연계할 경우 9차시)

[학습 목표]

- 협동 학습 하기에서 조정하기에 대해 안다.
- 협동 학습 하기에서 조정하는 방법에 대해 안다.

본문의 구성과 내용

- 본문은 **과학 교과**의 **협동 학습 하기 활동**에서 하게 되는 **조정하기 학습 기능**을 보여 주고 있다.

- 본문의 내용은 와니와 영수, 호민, 안나, 선영, 정호가 국가지질공원의 암석을 조사하기 위해 협동 학습을 하는 과정 중 일부이다. 학생들은 조사할 대상과 내용, 범위 등에 대해 각자 의견을 제안하고 제안된 의견을 조정하고 있다.

도입 - 10분

1) 교사는 교재 32, 33쪽에서 배운 학습 활동에 대해 복습한다.

　📖 "같은 학습 목표를 달성하기 위해서 학생들이 서로 도와가며 학습하는 것을 뭐라고 해요?"

　📖 "협동 학습을 할 때는 어떤 규칙을 지켜야 해요?"

2) 교사는 학생들에게 학습하기 2에서 배울 학습 기능을 소개한다.

　📖 "협동 학습을 하다 보면 서로 의견이 다를 때도 있어요. 서로 다른 생각과 의견을 조정하면서 공부하는 것도 '협동 학습'의 중요한 과정 중 하나예요."

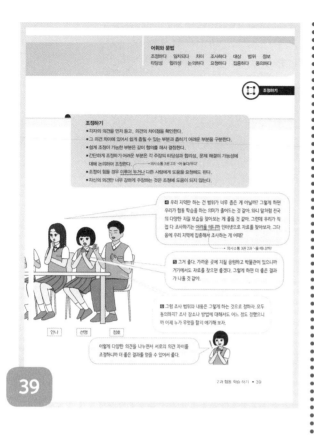

🔲 "조정하기란 여러 사람의 의견이 일치되지 않을 때 서로 의논하고 양보하여 의견을 일치시키거나 의견 차이를 좁히는 것을 말해요. 학습하기 2에서는 협동 학습을 할 때 학습 범위를 조정하는 방법을 공부할 거예요."

교수-학습 지침

익힘책 24쪽에 조정하는 방법이 제시되어 있다. 교사는 이를 고려하여 수업을 진행한다.

전개 - 30분

1) 교사는 다음에 제시되는 내용을 참고하여 학생들에게 어휘와 문법을 설명한다.

조정하다	◆ **정의** 여러 사람의 의견이 일치되지 않을 때 서로 의논하고 양보하여 의견을 일치시키거나 의견 차이를 좁히다. 🔘 토론에서 사회자는 토론을 진행하며 두 의견을 조정한다. ● **설명** "어떤 문제에 대해 서로 의견을 이야기하는데 그 의견이 달라요. 다른 의견들을 하나로 모아야 해요. 서로 다른 의견을 조정해요. '조정하다'는 의견이 다를 때 서로 의논하여 의견을 같게 하거나 차이를 좁히는 것을 말해요."

일치되다	◆ **정의** 비교되는 대상이 서로 다르지 않고 꼭 같거나 들어맞게 되다. 🔘 말과 행동이 일치되지 않으면 다른 사람들에게 믿음을 줄 수 없다. ● **설명** "다른 사람에게 믿음을 주기 위해서는 말과 행동이 다르면 안 돼요. 말과 행동이 일치되어야 해요. '일치되다'는 비교되는 대상이 서로 다르지 않고 꼭 같거나 들어맞게 된다는 뜻이에요."

차이	◆ **정의** 서로 같지 않고 다름. 또는 서로 다른 정도. 🔘 호민이의 생각과 정호의 생각은 서로 차이가 있다. ◆ **정보** (비슷한 말) 차 ● **설명** "사람마다 생각이 같지 않아요. 어느 정도 생각의 차이가 있어요. '차이'는 서로 같지 않고 다름을 말하거나 서로 다른 정도를 말해요. '차이'와 비슷한 말은 '차'예요."

조사하다	◆ **정의** 어떤 일이나 사물의 내용을 알기 위하여 자세히 살펴보거나 찾아보다. 🔘 숙제를 하기 위해 자료를 조사하다 보니 시간 가는 줄 몰랐다. ● **설명** "여러분은 숙제를 할 때 관련 자료를 어디에서 찾아요? 보통 인터넷이나 책 등에서 자료를 조사해요. '조사하다'는 어떤 일이나 내용을 알기 위해 자세히 찾아본다는 뜻이에요."

대상	◆ **정의** 어떤 일이나 행동의 상대. 또는 목표가 되는 사람이나 물건. 🔘 대한중학교는 다음 달에 교내 학생들을 대상으로 시화전을 열기로 했다. ● **설명** "다음 달에 학교에서 시화전을 해요. 시화전에 참가할 수 있는 사람은 우리 학교 1학년 학생이에요. 우리 학교 1학년 학생을 대상으로 시화전을 해요. '대상'은 어떤 일이나 행동의 상대, 또는 목표가 되는 사람이나 물건을 의미해요."

범위	◆ **정의** 일정하게 한정된 구역. 또는 어떤 힘이 미치는 한계. 🔘 시험 범위가 너무 많아서 공부하는 데 시간이 많이 걸린다. ● **설명** "시험공부를 하기 전에 먼저 무엇을 확인해야 해요? 시험에 나오는 내용이 몇 단원부터 몇 단원까지인지 확인해야 해요. 시험공부를 하기 전에 시험 범위를 확인해요."

정보	◆ **정의** 어떤 사실이나 현상을 관찰하거나 측정하여 모은 자료를 정리한 지식. 또는 그 자료. 🔘 안나는 제주도 여행 계획을 세우며 제주도의 관광지 정보를 수집했다. ● **설명** "우리는 여행을 가기 전에 여행지의 유명한 장소나 맛집 등을 조사해요. 여행지의 정보에 대해서 조사해요. '정보'는 어떤 사실이나 일을 관찰하여 모은 자료를 정리한 지식, 또는 그 자료를 말해요."

타당성	◆ **정의** 사물의 이치에 맞아 올바른 성질. 　　囫 호민의 주장에도 상당한 타당성이 있는 것 같아 　　선영이는 고개를 끄덕이며 귀를 기울였다. ● **설명** "친구가 근거를 가지고 의견을 주장하고 있어 요. 그 주장이 틀리지 않고 알맞은 것 같아요. 이때 그 주장에 타당성이 있다고 해요."
합리성	◆ **정의** 논리나 이치에 알맞은 성질. 　　囫 자신의 의견을 주장할 때에는 타당성과 합리성 　　을 가지고 해야 한다. ◆ **정보** (반대되는 말) 비합리성 ● **설명** "회사에서 사원을 뽑을 때 그 사람의 능력이 아 니라 학교 선후배, 고향 친구 등의 조건으로 뽑 아요. 이때 합리성에 맞지 않는다고 해요. '합리 성'은 바르게 생각하고 목적에 맞게 생각하는 과정이나 규칙을 의미해요."
논의하다	◆ **정의** 어떤 문제에 대하여 각자의 생각을 말하고 들으 며 의견을 주고받다. 　　囫 협동 학습 주제에 대해 친구와 논의하였다. ◆ **정보** (비슷한 말) 논하다, 의논하다 ● **설명** "여러 사람이 함께 무슨 일을 할 때에는 혼자 결정하지 말고 같이 논의하는 게 좋아요. '논 의하다'는 어떤 문제에 대해 각자의 생각을 말하 고 들으며 의견을 주고받는다는 뜻이에요. '논 의하다'는 '의논하다', '논하다'와 의미가 비슷 해요."
요청하다	◆ **정의** 필요한 일을 해 달라고 부탁하다. 　　囫 방송국 기자가 나에게 인터뷰를 요청했지만 부 끄러워서 거절했다. ● **설명** "생활하면서 힘들고 어려운 일이 생겼을 때 선 생님에게 상담을 부탁할 수 있어요. 선생님에게 상담을 요청해요. '요청하다'는 필요한 일을 하 기를 부탁한다는 뜻이에요."
집중하다	◆ **정의** 한 가지 일에 모든 힘을 쏟아붓다. 　　囫 영수는 한 번 무언가에 집중하면 누가 말을 걸 어도 모른다. ● **설명** "저는 책을 읽을 때 주변 사람들이 저를 불러도 잘 못 들어요. 책 읽기에 집중해서 다른 사람이 불러도 몰라요. '집중하다'는 한 가지 일에 모든 힘을 쓴다는 뜻이에요."
동의하다	◆ **정의** 같은 의견을 가지다. 　　囫 내 의견에 대해 대부분의 사람들이 동의했다. ◆ **정보** (반대되는 말) 반대하다 ● **설명** "다른 사람과 서로 의견을 주고받을 때 의견이 같을 때도 있고 다를 때도 있어요. 다른 사람의 의견과 내 생각이 같아요. 다른 사람의 의견에 동의해요. '동의하다'는 같은 의견을 가지고 있 다는 뜻이에요."

2) 교사는 학생들에게 교재 38, 39쪽에 제시된 내용을
읽게 한다.
　　圃 "와니와 영수, 호민, 안나, 선영, 정호가 국가지질공원의
　　암석에 대해 조사하기 위해서 조사 대상과 내용, 범위 등
　　에 대해 이야기를 나누고 있어요. 한번 읽어 볼까요?"

3) 교사는 학생들에게 세부 내용을 확인하는 질문을
한다.
　　圃 "와니의 의견은 뭐예요?"
　　圃 "와니가 말한 제안의 근거는 뭐예요?"
　　圃 "영수는 와니의 의견에 대해서 어떻게 생각해요?"
　　圃 "호민이의 의견은 뭐예요?"
　　圃 "안나는 어떻게 하고 싶어 해요?"
　　圃 "친구들이 각자의 의견을 조정했어요. 조사 범위와 내용
　　은 어떻게 하기로 했어요?"
　　圃 "앞으로 친구들은 무엇에 대해서 이야기하려고 해요?"

4) 교사는 학생들에게 학습 기능에 대해 확인하는 질
문을 한다.
　　圃 "조정을 할 때 각자의 의견을 들은 다음에 무엇을 확인해
　　야 해요?"
　　圃 "의견의 차이점을 확인한 후에 무엇을 구분해요?"
　　圃 "조정이 쉽게 가능한 부분은 어떻게 해요?"
　　圃 "쉽게 조정하기 어려운 부분은 어떻게 조정해요?"
　　圃 "구성원끼리 조정하기 힘들 때는 어떻게 해요?"
　　圃 "조정할 때 자신의 의견을 강하게 주장해도 돼요?"

정리 - 5분

교사는 학습 내용을 정리하며 수업을 마무리한다.
　　圃 "전국에 있는 모든 국가지질공원에 직접 가는 것은 왜 안
　　좋아요?"
　　圃 "안나는 어떻게 하고 싶어 해요?"
　　圃 "친구들이 할 협동 학습의 범위는 뭐예요?"
　　圃 "친구들은 앞으로 무엇에 대해서 이야기하려고 해요?"
　　圃 "협동 학습 하기에서 조정하기에 대해 배웠어요. 먼저 각
　　자의 의견을 듣고, 의견의 차이점을 확인해요. 그리고 그
　　의견 차이 중에서 쉽게 좁힐 수 있는 부분과 좁히기 어려
　　운 부분을 구분해요. 쉽게 조정할 수 있는 부분은 함께 이
　　야기해서 결정해요. 조정하기 어려운 부분은 각 주장의
　　타당성과 합리성, 문제 해결의 가능성에 대해 이야기한
　　뒤 조정해요. 조정하기가 힘들 때에는 미루어 두거나 다
　　른 사람에게 도움을 요청해도 돼요. 제안하기와 똑같이
　　조정할 때에도 자신의 의견을 너무 강하게 주장하는 것
　　은 좋지 않아요."
　　圃 "협동 학습을 하면서 다양한 의견을 나누고, 의견을 나누
　　는 과정에서 조정을 하면 더 좋은 결과를 얻을 수 있어요."

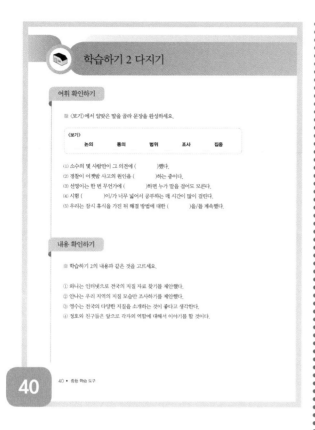

40 · 중등 학습 도구

40

● 4차시 (의사소통 〈꼭 배워요〉와 연계할 경우 10차시)

[학습 목표]
- 협동 학습 하기에서 조정하기에 대해 안다.
- 여러 의견들을 조정할 수 있다.

어휘 확인하기 - 10분

1) 교사는 학생들에게 '어휘 확인하기' 문제를 풀게 한다.
- 💬 "〈보기〉를 보세요. 앞에서 배운 어휘가 있어요."
- 💬 "'논의'는 어떤 문제에 대해 서로 생각을 말하며 의견을 주고받는 것을 말해요."
- 💬 "'동의'는 같은 뜻, 또는 뜻이 같은 것을 말해요."
- 💬 "'범위'는 일정하게 정해진 부분, 또는 어떤 힘이 닿는 한계를 의미해요."
- 💬 "'조사'는 어떤 일이나 사물의 내용을 알기 위해 자세히 살펴보거나 찾아보는 것을 말해요."
- 💬 "'집중'은 한 가지 일에 모든 힘을 쓴다는 뜻이에요."
- 💬 "아래 문장을 읽고 알맞은 어휘를 골라 문장을 완성해 보세요."

2) 교사는 학생들과 함께 문제의 답을 확인한다.

정답
(1) 동의 (2) 조사 (3) 집중 (4) 범위 (5) 논의

내용 확인하기 - 5분

1) 교사는 학생들에게 '내용 확인하기' 문제를 풀게 한다.
- 💬 "학습하기 2에서 국가지질공원의 암석 조사하기를 주제로 협동 학습을 하며 조사할 대상과 내용, 범위 등을 조정하는 내용을 읽었어요. 학습하기 2에서 배운 내용과 같은 것을 고르세요."

2) 교사는 학생들과 함께 문제의 답을 확인한다.
- 💬 "와니는 모든 국가지질공원에 직접 가서 조사하기를 제안했어요."
- 💬 "안나는 우리 지역의 지질 모습만 조사하는 것은 범위가 너무 좁을 것 같다고 생각해요."
- 💬 "영수는 전국의 다양한 지질을 소개하는 것은 범위가 너무 넓다고 생각해요."
- 💬 "학습하기 2 내용에서 마지막 정호의 말을 보세요. 친구들은 앞으로 누가 무엇을 할지, 각자의 역할에 대해서 이야기를 하려고 해요."
- 💬 "그래서 답은 ④번이에요."

정답
④
① 와니는 모든 국가지질공원에 직접 가서 조사하기를 제안했다.
② 안나는 우리 지역의 지질 모습만 조사하는 것은 범위가 너무 좁을 것 같다고 생각한다.
③ 영수는 전국의 다양한 지질을 소개하는 것은 범위가 너무 넓다고 생각한다.
④ (39쪽 본문) '조사 장소나 방법에 대해서도 어느 정도 정했으니까 이제 누가 무엇을 할지 얘기해 보자.'라는 내용을 보면 알 수 있다.

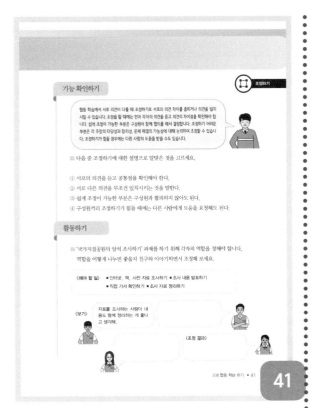

1) 교사는 학생들에게 '활동하기'의 방법을 설명한 후 활동을 하게 한다.

📖 "학습하기 2에서 친구들이 '국가지질공원 암석 조사하기' 과제를 하기 위해서 조사할 대상과 내용, 범위를 정했어요. 이번에는 각자의 역할을 정해야 해요. 아래 〈보기〉를 보면 해야 할 일들이 있어요. 역할을 어떻게 나누면 좋을지 친구와 이야기하면서 조정해 보세요."

교수-학습 지침

앞서 학습하기 1에서 배운 '제안하기' 기능과 이번 학습하기 2에서 배운 '조정하기' 기능을 함께 활용할 수 있도록 한다.

2) 교사는 학생들과 함께 활동의 결과를 확인한다.

📖 "각자 어떤 의견을 제안했어요?"

📖 "그 의견들을 어떻게 조정했어요?"

📖 "그래서 어떻게 하기로 결정했어요?"

기능 확인하기 - 10분

1) 학습하기 2에서 배운 '조정하기' 기능을 정리한다.

📖 "학습하기 2에서 국가지질공원의 암석을 조사하기 위해서 협동 학습을 하면서 의견을 조정하는 것에 대해 배웠어요. 협동 학습을 하면서 서로 의견이 다를 때 조정하기로 서로의 의견 차이를 좁히거나 일치시킬 수 있어요. 조정을 할 때에는 먼저 각자의 의견을 듣고 의견의 차이점을 확인해야 해요. 쉽게 조정이 가능한 부분은 구성원이 함께 협의를 해서 결정해요. 조정하기 어려운 부분은 각 주장의 타당성과 합리성, 문제 해결의 가능성에 대해 논의하여 조정할 수 있어요. 조정하기가 힘들 경우에는 다른 사람의 도움을 받을 수도 있어요."

2) 교사는 학생들에게 '기능 확인하기' 문제를 풀게 한다.

📖 "'협동 학습에서 조정하기'에 대해 배웠어요. 다음 중 조정하기에 대한 설명으로 알맞은 것을 고르세요."

3) 교사는 학생들과 함께 문제의 답을 확인한다.

📖 "조정은 서로 다른 의견 차이를 좁히거나 일치시키는 것이에요. 무조건 일치시키려고 하지 않아도 돼요. 그리고 조정할 때에는 서로의 의견을 듣고 공통점이 아니라 차이점을 확인해야 해요. 구성원과 함께 이야기하면서 쉽게 조정이 가능한 부분은 함께 협의하여 결정해야 해요. 구성원끼리 조정하기가 힘들거나 어려울 때에는 다른 사람에게 도움을 요청해도 돼요. 그래서 답은 ④번이에요."

정답
①

● 메모

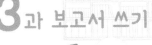

3과 보고서 쓰기

● 학습 목표

- 보고서의 작성 과정과 보고서에 쓸 내용을 안다.
- 자료에서 필요한 정보를 찾아 내용을 요약할 수 있다.
- 정보를 정교화할 수 있다.

● 단원 내용

1. 학습 활동: 보고서 쓰기
2. 학습 기능: 요약하기
          정교화하기
3. 학습 주제: 신사임당
          날씨와 우리 생활

● 수업 개요

1·2차시(학습하기 1): 보고서 쓰기에서 요약하기에 대해 안다.

3·4차시(학습하기 2): 보고서 쓰기에서 정교화하기에 대해 안다.

● 어휘 및 문법

[학습하기 1]

요약하다, 중략, 대표하다, 사회, 정책, 반복되다, 삭제하다

[학습하기 2]

정교화하다, 완성도, 추가하다, 영향, 사례, 전략, 전달하다, 에 비해

[알면 쓸모 있는 어휘(익힘책 28쪽)]

거짓, 서술하다, 일관성, 덧붙이다, 출처

의사소통 3권 3과 〈꼭 배워요〉의 주요 내용

[어휘]

과제, 독후감, 보고서, 영상, 발표, 개인 과제, 모둠 과제, 자료 조사, 검색하다, 조사하다, 참고하다, 작성하다, 파일을 저장하다, 마우스, 키보드, 제출하다, 조별, 두통, 피로, 풀리다, 얼른, 서두르다, 제대로, 담다, 하나하나, 학부모, 바뀌다

[문법 1] '-잖아요'

   예 선생님은 쉬는 시간에 교무실에 계시잖아.

[문법 2] '-어 가다'

   예 과제 준비가 거의 다 되어 가요.

[문법 3] '-으려면'

   예 광화문에 가려면 몇 번 버스를 타야 해요?

[문법 4] '-어도'

   예 약을 먹어도 두통이 낫지 않아요.

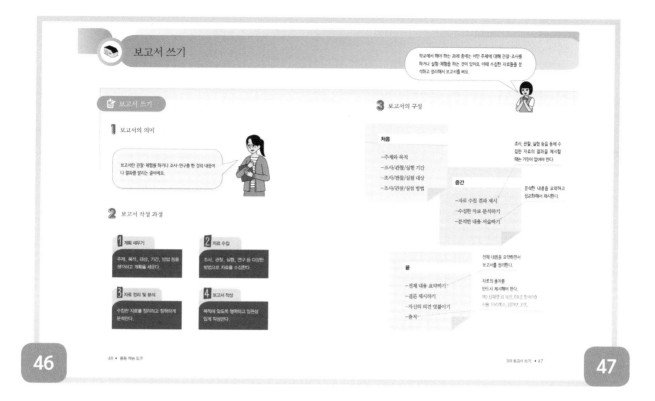

● 1차시 (의사소통 〈꼭 배워요〉와 연계할 경우 7차시)

[학습 목표]

- 보고서 쓰기에서 요약하기에 대해 안다.
- 보고서 쓰기에서 요약하기의 방법에 대해 안다.

본문의 구성과 내용

- 본문은 **국어 교과의 보고서 쓰기 활동**에서 하게 되는 **요약하기 학습 기능**을 보여 주고 있다.
- 본문의 내용은 선영이가 국어 시간에 숙제로 '화폐 속 인물'에 대한 글을 쓰기 위해 보고서를 작성하는 과정 중 일부이다. 선영이는 글의 주제에 맞는 중요한 내용을 중심으로 요약을 하고 있다.

도입 - 10분

1) 교사는 학생들에게 교재 46, 47쪽의 학습 활동에 대해 설명한다.

　📖 "보고서란 관찰·체험을 하거나 조사·연구를 한 것의 내용이나 결과를 알리는 글이에요."

　📖 "보고서를 써 봤어요?"

　📖 "보고서는 계획 세우기, 자료 수집하기, 자료 정리하기 및 분석하기, 보고서 쓰기의 과정으로 작성해요."

　📖 "'계획 세우기' 단계에서는 주제, 목적, 대상, 기간, 방법 등을 생각하고 계획을 세워요. '자료 수집' 단계에서는 조사, 관찰, 실험, 연구 등 다양한 방법으로 자료를 수집해요. '자료 정리 및 분석' 단계에서는 수집한 자료를 정리하고 정확하게 분석해요. 마지막으로 목적에 맞도록 명확하고 일관성 있게 보고서를 작성해요."

　📖 "보고서는 처음, 중간, 끝 세 부분으로 구성해요. 처음에는 보고서의 주제와 목적과 조사/관찰/실험의 기간, 대상, 방법을 써요. 중간에는 자료 수집의 결과와 수집한 자료를 분석한 내용을 써요. 끝에는 전체 내용을 요약하고 결론을 제시하면서 자신의 의견을 덧붙여요. 그러고 마지막에 자료의 출처도 꼭 밝혀야 해요."

교수-학습 지침

익힘책 29쪽에 보고서의 형식이 추가로 제시되어 있다. 교사는 이를 고려하여 수업을 진행한다.

2) 교사는 학생들에게 학습하기 1에서 배울 학습 기능을 소개한다.

　📖 "요약하기란 말이나 글에서 중요한 것을 골라 짧고 간단하게 정리하는 것을 말해요. 학습하기 1에서는 보고서를 쓸 때 요약하는 방법을 공부할 거예요."

교수-학습 지침

익힘책 30쪽에 글을 요약할 때 주의할 점이 제시되어 있다. 교사는 이를 고려하여 수업을 진행한다.

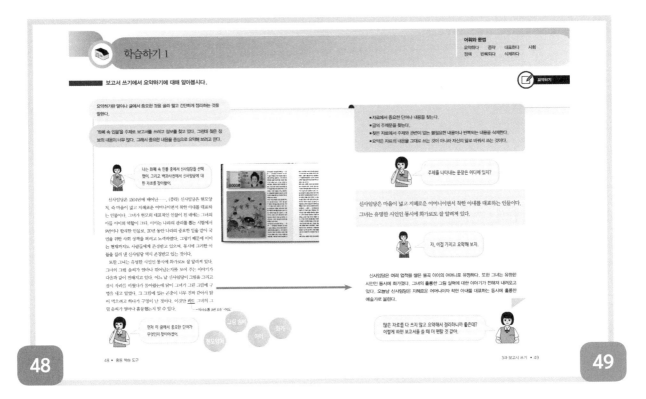

전개 - 30분

1) 교사는 다음에 제시되는 내용을 참고하여 학생들에게 어휘와 문법을 설명한다.

요약하다	◆ 정의 말이나 글에서 중요한 것을 골라 짧게 만들다. 예 이 소설의 주제를 간단히 요약하면, 부모님께 효도해야 된다는 것이다. ◆ 정보 (비슷한 말) 간추리다 ● 설명 "우리는 글을 읽고 다른 사람에게 그 글의 내용을 전달할 때 모든 내용을 그대로 이야기하지 않아요. 어젯밤에 본 드라마 이야기를 할 때를 생각해 보세요. 모든 내용을 하나하나 이야기하지 않고 그중에서 중요한 이야기나 흥미로운 내용 등을 골라서 말해요. 이렇게 드라마의 내용을 요약해서 말해요. '요약하다'란 말이나 글에서 중요한 것을 골라 짧게 만든다는 뜻이에요."
중략	◆ 정의 글이나 말의 중간 부분을 줄임. 예 이 글은 중략이 너무 많아서 내용을 이해하는 것이 쉽지 않다. ● 설명 "전체의 글을 읽을 시간이 없을 때는 중요한 부분을 요약해 놓고, 필요 없는 내용은 뺀 글을 읽으면 글의 내용을 대충 이해할 수 있어요. 이렇게 글의 중간 부분이 없는 글은 중략이 된 글이에요. '중략'이란 글이나 말의 중간 부분을 줄이는 것을 말해요."
대표하다	◆ 정의 전체의 상태나 특징을 어느 하나가 잘 나타내다. 예 한국을 대표하는 의복으로는 한복이 있다. ● 설명 "여러분은 '한국' 하면 어떤 것이 떠올라요? 저는 한국을 생각했을 때 김치가 떠올라요. 이때 '김치는 한국을 대표하는 음식이다.'처럼 이야기할 수 있어요. '대표하다'는 전체의 상태나 특징을 어느 하나가 잘 나타낸다는 말이에요."
사회	◆ 정의 가족, 마을, 회사, 국가 등 공동생활을 하는 사람들의 모든 집단. 예 과학기술의 발달로 정보화 사회가 되었다. ● 설명 "예전에는 과학, 인터넷 등이 지금과 달라서 많은 정보를 빠르게 얻을 수 없었어요. 하지만 지금은 과학이 발전하고 인터넷이 빨라지면서 우리는 언제, 어디서나 정보를 빠르게 얻을 수 있어요. 우리가 지금 살고 있는 시대는 정보화 사회가 되었어요. '사회'는 가족, 마을, 회사, 국가 등 공동생활을 하는 사람들의 모든 집단을 말해요."
정책	◆ 정의 정치적인 목적을 이루기 위한 방법. 예 정부는 경제 발전을 위한 새로운 정책을 발표하였다. ● 설명 "최근 정부에서 환경 문제를 해결하기 위해 다양한 방법을 발표했어요. 정부는 환경 문제를 해결하기 위한 정책을 발표했어요. '정책'은 정치적인 목적을 이루기 위한 방법을 말해요."

반복되다	◆ **정의** 같은 일이 여러 번 계속되다. 　　예 매일 반복되는 일상에 나는 지루함을 느꼈다. ● **설명** "여러분 주변에서 똑같은 일이 계속된 적이 있어요? 체육 수업이 있어서 체육복을 가지고 와야 해요. 그런데 지난주에도 잊어버리고 안 가져왔어요. 그리고 며칠 전에도 안 가져오고 어제도, 오늘도 체육복을 안 가져왔어요. 체육복을 안 가져온 상황이 반복돼요. '반복되다'는 같은 일이 여러 번 계속된다는 뜻이에요."
삭제하다	◆ **정의** 없애거나 지우다. 　　예 나는 자료에서 주제와 관련이 없는 부분을 삭제했다. ◆ **정보** (비슷한 말) 없애다, 지우다 　　(반대되는 말) 부가하다, 첨가하다, 추가하다 ● **설명** "글을 쓸 때 주제와 관련이 없는 부분은 지워야 해요. 글의 주제와 관련이 없는 부분을 삭제해요. '삭제하다'는 어떤 것을 없애거나 지운다는 뜻이에요."

2) 교사는 학생들에게 교재 50, 51쪽에 제시된 내용을 읽게 한다.

　📖 "선영이가 화폐 속 인물에 대한 보고서를 써야 해요. 그래서 화폐 속 인물 중에서 신사임당을 선택했어요. 선영이는 백과사전에서 신사임당에 대한 자료를 찾아봤어요. 찾은 자료를 어떻게 요약했는지 읽어 볼까요?"

3) 교사는 학생들에게 세부 내용을 확인하는 질문을 한다.

　📖 "신사임당은 어떤 인물이에요?"

　📖 "신사임당과 이이는 어떤 관계예요?"

　📖 "이이는 어떤 인물이에요?"

　📖 "이이는 왜 현재까지도 사람들에게 존경받고 있어요?"

　📖 "신사임당은 왜 존경받는 인물이에요?"

　📖 "신사임당의 직업은 뭐예요?"

　📖 "신사임당의 그림 솜씨에 대한 이야기가 있어요. 그 이야기는 어떤 내용이에요?"

　📖 "백과사전 내용을 요약하기 위해서 선영이는 제일 먼저 무엇을 했어요?"

　📖 "이 글에서 선영이가 찾은 중요한 단어는 뭐예요?"

　📖 "중요한 단어를 찾은 다음에 선영이는 무엇을 찾았어요?"

　📖 "이 글의 주제를 나타내는 문장은 뭐예요?"

4) 교사는 학생들에게 학습 기능에 대해 확인하는 질문을 한다.

　📖 "자료의 내용을 요약할 때 먼저 무엇을 찾아요?"

　📖 "자료에서 중요한 단어나 내용을 찾은 다음에 무엇을 찾아요?"

　📖 "자료를 요약할 때 어떤 내용을 삭제해요?"

　📖 "요약은 자료의 내용을 그대로 쓰는 거예요?"

정리 - 5분

교사는 학습 내용을 정리하며 수업을 마무리한다.

　📖 "신사임당은 무엇을 대표하는 인물이에요?"

　📖 "이이는 어떤 인물이에요?"

　📖 "선영이는 자료를 요약하기 위해 먼저 무엇을 찾아봤어요?"

　📖 "자료에서 중요한 단어를 찾은 다음에 무엇을 찾아봤어요?"

　📖 "보고서 쓰기에서 요약하기에 대해 배웠어요. 글을 요약하기 위해서는 자료에서 중요한 단어나 내용을 찾아요. 그리고 글의 주제문을 찾아요. 찾은 자료에서 주제와 관련이 없는 불필요한 내용이나 반복되는 내용을 삭제해요. 요약은 자료의 내용을 그대로 쓰는 것이 아니기 때문에 자신의 말로 바꿔서 작성해야 해요. 글을 요약하면 많은 자료를 다 쓰지 않고 짧고 간단하게 정리할 수 있어서 좋아요. 요약을 한 다음에 보고서를 쓰면 주제에 맞는 중요한 자료를 정리해서 쓸 수 있어서 편리해요."

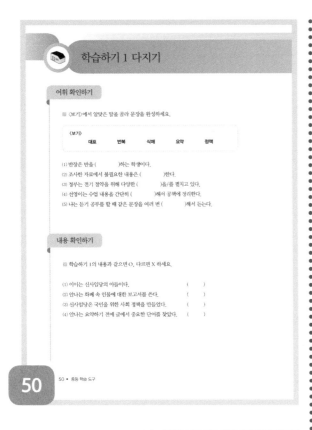

● **2차시**(의사소통 〈꼭 배워요〉와 연계할 경우 8차시)

[학습 목표]

• 보고서 쓰기에서 요약하기에 대해 안다.
• 글을 요약할 수 있다.

어휘 확인하기 - 10분

1) 교사는 학생들에게 '어휘 확인하기' 문제를 풀게
   한다.
   📖 "〈보기〉를 보세요. 앞에서 배운 어휘가 있어요."
   📖 "'대표'란 전체의 상태나 특징을 어느 하나로 잘 나타낸
      것을 말해요."
   📖 "'반복'이란 같은 일을 여러 번 계속하는 것을 말해요."
   📖 "'삭제'란 없애거나 지우는 것을 의미해요."
   📖 "'요약'이란 말이나 글에서 중요한 것을 골라 짧게 만드는
      것을 말해요."
   📖 "'정책'이란 정치적인 목적을 이루기 위한 방법을 말해요."
   📖 "아래 문장을 읽고 알맞은 어휘를 골라 문장을 완성해 보
      세요."
2) 교사는 학생들과 함께 문제의 답을 확인한다.

┌─────────────────────────────────
정답
(1) 대표 (2) 삭제 (3) 정책 (4) 요약 (5) 반복
└─────────────────────────────────

내용 확인하기 - 5분

1) 교사는 학생들에게 '내용 확인하기' 문제를 풀게
   한다.
   📖 "앞에서 선영이가 화폐 속 인물에 대한 보고서를 쓰기 위
      해 찾은 자료를 요약하는 글을 읽었어요. 학습하기 1의 내
      용과 같으면 O, 다르면 X 하세요."
2) 교사는 학생들과 함께 문제의 답을 확인한다.
   📖 "이이는 신사임당의 아들이 맞아요. 그래서 (1)번은 맞아
      요."
   📖 "안나는 화폐 속 인물에 대한 보고서를 쓰기 위해 자료를
      조사하고 조사한 자료를 요약했어요. 그래서 (2)번도 맞
      아요."
   📖 "국민을 위한 사회 정책을 만든 사람은 신사임당이 아니
      라 이이예요. 그래서 (3)번은 틀렸어요."
   📖 "안나는 요약하기 전에 글에서 중요한 단어가 무엇인지
      찾아봤어요. 따라서 (4)번은 맞아요."

┌─────────────────────────────────
정답
(1) O (2) O (3) X (4) O
(1) (48쪽 본문) '그녀가 현모의 대표적인 인물이 된 데에는 그녀의
   아들 이이의 역할이 크다.'라는 내용을 보면 알 수 있다.
(2) (48쪽 본문) '화폐 속 인물을 주제로 보고서를 쓰려고 정보를 찾
   고 있다.'라는 내용을 보면 알 수 있다.
(3) 이이는 국민을 위한 사회 정책을 펴려고 노력했다.
(4) (48쪽 본문) '먼저 이 글에서 중요한 단어가 무엇인지 찾아야겠
   어.'라는 내용을 보면 알 수 있다.
└─────────────────────────────────

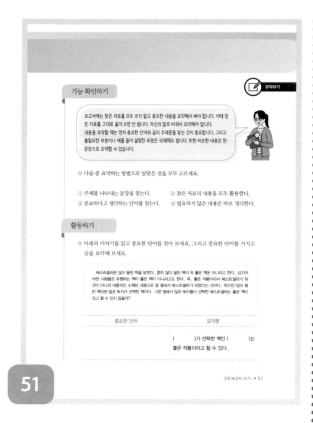

기능 확인하기 - 10분

1) 학습하기 1에서 배운 '요약하기' 기능을 정리한다.

　📖 "학습하기 1에서 선영이가 화폐 속 인물에 대한 보고서를 쓰기 위해 찾은 자료를 요약했어요. 보고서에는 찾은 자료를 모두 쓰지 말고 중요한 내용을 요약해서 써야 해요. 이때 찾은 자료를 그대로 옮겨 쓰면 안 돼요. 자신의 말로 바꿔서 요약해야 해요. 내용을 요약할 때는 먼저 중요한 단어와 글의 주제문을 찾는 것이 중요해요. 그리고 불필요한 부분이나 예를 들어 설명한 부분은 삭제해도 돼요. 또한 비슷한 내용을 한 문장으로 요약할 수도 있어요."

2) 교사는 학생들에게 '기능 확인하기' 문제를 풀게 한다.

　📖 "다음 중 요약하는 방법으로 알맞은 것을 모두 고르세요."

3) 교사는 학생들과 함께 문제의 답을 확인한다.

　📖 "어떤 내용을 요약할 때는 먼저 글에서 중요한 단어와 글의 주제문을 찾아요. 그리고 필요 없는 부분이나 예를 들어 설명한 부분은 삭제해도 돼요. 또한 비슷한 내용은 한 문장으로 요약할 수 있어요. 자료의 내용을 모두 활용하지 않아도 되고 필요하지 않은 내용은 따로 정리하지 않아도 돼요. 그래서 답은 ①번과 ③번이에요."

> 정답
> ①, ③

활동하기 - 20분

1) 교사는 학생들에게 '활동하기'의 방법을 설명한 후 활동을 하게 한다.

　📖 "아래의 이야기를 읽고 중요한 단어를 찾아 보세요. 그리고 중요한 단어를 가지고 글을 요약해 보세요."

　📖 "아래의 글은 '베스트셀러'에 대한 거예요. 베스트셀러가 뭐예요?"

　📖 "아래의 글을 한번 읽어 볼까요?"

　📖 "이 글에서 중요한 단어는 무엇일까요? 중요한 단어를 찾아서 적어 보세요."

　📖 "중요한 단어를 가지고 아래의 요약문을 완성해 보세요."

2) 교사는 학생들과 함께 활동의 결과를 확인한다.

　📖 "이 글에서 중요한 단어는 뭐예요?"

　📖 "이 글의 요약문은 뭐예요?"

> 예시 답안
> 중요한 단어: 베스트셀러, 많이 팔린 책, 좋은 작품, 많은 독자
> 요약문: (많은 독자)가 선택한 책인 (베스트셀러)는 좋은 작품
> 이라고 할 수 있다.

> ### 교수-학습 지침
> 교사는 읽기 후 활동으로 베스트셀러에 대한 학생들의 의견을 들을 수 있다.
> 📖 "여러분은 베스트셀러에 대해서 어떻게 생각해요?"

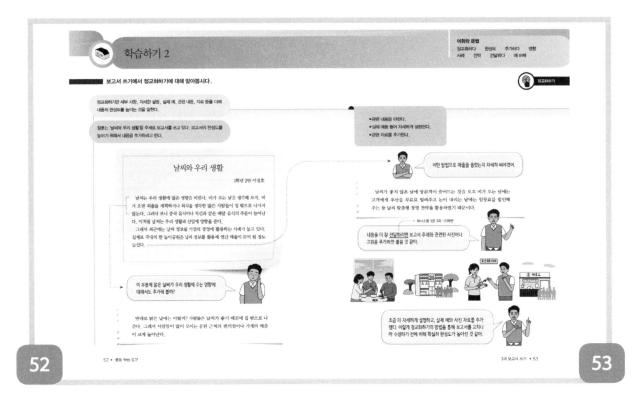

● 3차시 (의사소통 〈꼭 배워요〉와 연계할 경우 9차시)

[학습 목표]
- 보고서 쓰기에서 정교화하기에 대해 안다.
- 보고서 쓰기에서 정교화하는 방법에 대해 안다.

본문의 구성과 내용
- 본문은 **과학 교과의 보고서 작성하기 활동에서 하게 되는 정교화하기 학습 기능**을 보여 주고 있다.
- 정호가 '날씨와 우리 생활'을 주제로 보고서를 쓰는 과정 중 일부이다. 정호는 보고서의 완성도를 높이기 위해서 내용을 정교화하려고 한다.

도입 - 10분

1) 교사는 교재 46, 47쪽에서 배운 학습 활동에 대해 복습한다.
   - 📖 "관찰·체험을 하거나 조사·연구를 한 것의 내용이나 결과를 알리는 글을 뭐라고 해요?"
   - 📖 "보고서는 어떤 순서로 작성해요?"
   - 📖 "보고서는 어떻게 구성해야 해요?"
2) 교사는 학생들에게 학습하기 2에서 배울 학습 기능을 소개한다.
   - 📖 "보고서를 쓸 때 찾은 자료나 분석한 내용을 그대로 쓰지 않고 정교화하여 제시하면 보고서의 내용이 더 풍부해질 수 있어요."
   - 📖 "정교화하기란 세부 사항, 자세한 설명, 실제 예, 관련 내

용, 자료 등을 더해 내용의 완성도를 높이는 것을 말해요. 학습하기 2에서는 보고서를 쓸 때 정교화하는 방법을 공부할 거예요.

교수-학습 지침
익힘책 32쪽에 글을 정교화할 때 주의할 점이 제시되어 있다. 교사는 이를 고려하여 수업을 진행한다.

전개 - 30분

1) 교사는 다음에 제시되는 내용을 참고하여 학생들에게 어휘와 문법을 설명한다.

정교화하다	◆ **정의** 빈틈이 없고 자세하게 만들다. 또는 그렇게 되다. 📱 이번 글쓰기 대회에서 낮은 점수를 받은 이유는 내용을 좀 더 정교화하지 못했기 때문이다. ● **설명** "보고서를 쓰거나 어떤 글을 쓸 때 내용을 자세하게 써야 해요. 그럼 글이 더 풍부해지고 글을 읽는 사람이 이해하는 데 도움이 돼요. 글을 쓸 때는 내용을 정교화해야 해요. '정교화하다'란 빈틈이 없고 자세하게 만든다는 뜻이에요."

완성도	◆ **정의** 어떤 일이나 예술 작품 등이 질적인 면에서 이루어진 정도. 예 작품의 완성도를 높이기 위해 여러 번 고쳐 썼다. ● **설명** "미술 시간에 그림을 그려서 제출해야 해요. 그림을 다 그렸지만 아직 내 마음에 들지 않고 부족한 느낌이 들어요. 그래서 더 완벽하게 완성시키기 위해 계속해서 그림을 그리고 고쳐요. 완성도를 높이기 위해서 그림을 계속해서 그려요. '완성도'란 어떤 일이나 예술 작품 등이 질적인 면에서 이루어진 정도를 의미해요."
추가하다	◆ **정의** 나중에 더 보태다. 예 독자들의 흥미를 끌기 위해 새로운 내용을 추가했다. ● **설명** "보고서를 쓰다가 내용이 부족하면 자료를 더 찾아서 내용을 더해요. 내용을 추가해요. '추가하다'는 나중에 더하여 채운다는 뜻이에요."
영향	◆ **정의** 어떤 것의 효과나 작용이 다른 것에 미치는 것. 예 아이는 부모의 영향을 많이 받는다. ● **설명** "아이들은 부모님의 말이나 행동 등을 똑같이 따라 해요. 아이의 말과 행동은 부모의 영향을 많이 받아요. '영향'은 어떤 것의 효과나 작용이 다른 것에 미치는 것을 말해요."
사례	◆ **정의** 이전에 실제로 일어난 예. 예 안나는 구체적인 사례를 들어 자신의 주장이 옳음을 밝혔다. ◆ **정보** (비슷한 말) 보기, 본보기, 예 ● **설명** "글을 쓰거나 다른 사람에게 주장할 때 실제 예를 함께 이야기하면 다른 사람을 이해시키는 데 도움이 돼요. 예를 들어서 플라스틱을 사용하는 것은 자연과 환경에 나쁜 영향을 줘요. 이에 대한 실제 예, 사례에는 바닷속 동물이 플라스틱을 먹고 죽는 일이 있어요. '사례'란 이전에 실제로 일어난 예를 말해요."
전략	◆ **정의** 사회적 활동을 하는 데 필요한 방법과 계획. 예 영수의 공부 전략을 따라 해서 나도 성적이 올랐다. ● **설명** "여러분만의 공부 방법이 있어요? 공부를 잘하는 친구는 매일 수업 전에 미리 공부하고 수업 시간에는 수업을 열심히 듣고 수업이 끝난 다음에는 수업 내용을 요약해요. 여러분도 이 친구의 공부 전략을 따라 해 보려고 해요. '전략'이란 사회적 활동을 하는 데 필요한 방법과 계획을 말해요."

전달하다	◆ **정의** 내용이나 뜻을 전하여 알게 하다. 또는 사물을 다른 대상에게 전하여 받게 하다. 예 선생님께서는 간단한 안내 사항만을 우리에게 전달하시고 교실을 나가셨다. ● **설명** "다음 주에 수학여행을 갈 거예요. 수학여행과 관련해 안내 사항을 여러분에게 전해요. 안내 사항을 전달해요. '전달하다'는 내용이나 뜻을 전해 알게 한다는 뜻이에요. 물건을 다른 사람에게 전한다는 뜻으로도 써요."
에 비해	◆ **정의** 앞에 오는 말과 비교해서 뒤의 내용과 같은 결과가 있음을 나타내는 표현. 예 노력에 비하여 얻은 것이 적다. ◆ **정보** '에 비하여', '에 비해서', '에 비하면'으로 사용하기도 한다. ● **설명** "이번 중간고사 때 국어 시험은 조금 쉬웠어요. 그런데 국어 시험과 비교했을 때 수학 시험은 좀 더 어려웠어요. 국어 시험에 비해 수학 시험은 어려웠어요. 어떤 내용을 비교할 때 '에 비해'를 사용해요."

2) 교사는 학생들에게 교재 52, 53쪽에 제시된 내용을 읽게 한다.
>   "정호가 '날씨와 우리 생활'을 주제로 보고서를 쓰고 있어요. 보고서의 완성도를 높이기 위해서 내용을 추가하여 정교화하려고 해요. 보고서를 어떻게 정교화하는지 한번 읽어 볼까요?"

3) 교사는 학생들에게 세부 내용을 확인하는 질문을 한다.
>   "비가 오는 날은 우리 생활에 어떤 영향을 미쳐요?"
>   "날씨는 우리 생활뿐만 아니라 무엇에도 영향을 줘요?"
>   "최근 날씨와 관련하여 어떤 사례가 늘고 있어요?"
>   "정호는 보고서를 어떻게 정교화했어요?"
>   "정호는 어떤 내용을 추가했어요?"
>   "정호는 무엇을 자세히 작성했어요?"
>   "한 기업에서 매출을 올리기 위해 어떤 전략을 활용했어요?"
>   "기업이 활용한 날씨 맞춤형 경영 전략의 예는 뭐예요?"
>   "정호는 보고서의 내용을 더 잘 전달하기 위해서 무엇을 추가했어요?"

4) 교사는 학생들에게 학습 기능에 대해 확인하는 질문을 한다.
>   "(52쪽의 노란색 부분을 가리키며) 정호는 보고서의 완성도를 높이기 위해서 어떤 방법을 사용하여 보고서를 정교화했어요?"
>   "(53쪽의 노란색 부분을 가리키며) 여기에서 정호가 사용한 정교화하기 방법은 뭐예요?"
>   "마지막으로 정호가 내용을 더 잘 전달하기 위해 어떤 정교화하기 방법을 사용했어요?"

교사는 학습 내용을 정리하며 수업을 마무리한다.

🔲 "정호가 쓴 보고서의 주제는 뭐예요?"

🔲 "날씨는 우리 생활에 어떤 영향을 줘요?"

🔲 "비가 오는 날은 우리에게 어떤 영향을 줘요?"

🔲 "맑은 날에는 어때요?"

🔲 "한 기업이 사용한 매출 올리는 방법은 뭐예요?"

🔲 "정호는 내용을 더 잘 전달하기 위해 무엇을 추가했어요?"

🔲 "보고서 쓰기에서 정교화하기에 대해 배웠어요. 글을 정교화하는 방법에는 관련 내용 더하기, 실제 예를 들어 자세하게 설명하기, 관련 자료 추가하기 등이 있어요. 이렇게 보고서 주제와 관련된 사진이나 그림, 자료 등을 추가하면 내용을 보다 더 잘 전달할 수 있어요. 또한 정교화하기 방법을 통해 보고서를 작성하면 보다 완성도가 높은 보고서를 만들 수 있어요."

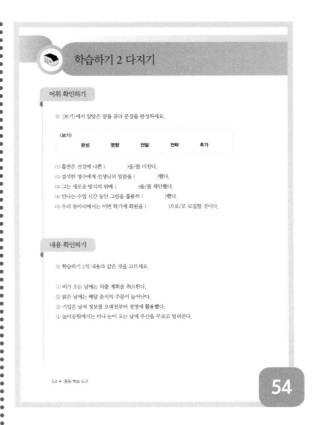

54

● **4차시**(의사소통 〈꼭 배워요〉와 연계할 경우 10차시)

[학습 목표]

• 보고서 쓰기에서 정교화하기에 대해 안다.

• 주제에 맞춰 글을 정교화할 수 있다.

어휘 확인하기 - 10분

1) 교사는 학생들에게 '어휘 확인하기' 문제를 풀게 한다.

🔲 "〈보기〉를 보세요. 앞에서 배운 어휘가 있어요."

🔲 "'완성'이란 완전하게 다 이룬 것을 말해요."

🔲 "'영향'이란 어떤 것의 효과나 작용이 다른 것에 미치는 것을 의미해요."

🔲 "'전달'이란 내용이나 뜻을 전하여 알게 하는 것을 말해요."

🔲 "'전략'이란 사회적 활동을 하는 데 필요한 방법과 계획을 의미해요."

🔲 "'추가'란 나중에 더 더하여 채우는 것을 말해요."

🔲 "아래 문장을 읽고 알맞은 어휘를 골라 문장을 완성해 보세요."

2) 교사는 학생들과 함께 문제의 답을 확인한다.

정답
(1) 영향 (2) 전달 (3) 전략 (4) 완성 (5) 추가

1) 교사는 학생들에게 '내용 확인하기' 문제를 풀게 한다.

　📖 "앞에서 정호가 '날씨와 우리 생활'에 대한 보고서를 쓰면서 글을 정교화하는 내용을 읽었어요. 아래 문장을 읽고 학습하기 2의 내용과 같은 것을 고르세요."

2) 교사는 학생들과 함께 문제의 답을 확인한다.

　📖 "학습하기 2의 내용을 보면 비가 오면 많은 사람들이 집 밖으로 나가지 않아요. 비가 오는 날에는 외출 계획을 취소하는 거예요. 그래서 답은 ①번이에요."

정답

①

① (52쪽 본문) '비가 오면 외출을 계획하거나 외식을 생각한 많은 사람들이 집 밖으로 나가지 않는다.'라는 내용을 보면 알 수 있다.
② 맑은 날이 아니라 비가 오면 중국 음식이나 치킨과 같은 배달 음식의 주문이 늘어난다.
③ 최근에는 기업이 날씨 정보를 경영에 활용하는 사례가 늘고 있다. 오래전부터 활용했는지 안 했는지는 알 수 없다.
④ 놀이공원에서는 비가 오는 날에는 우산을 무료로 빌려주고 눈이 내리는 날에는 입장료를 할인해 준다.

55

3과 보고서 쓰기 • 55

---

1) 학습하기 2에서 배운 '정교화하기' 기능을 정리한다.

　📖 "앞에서 정호가 '날씨와 우리 생활'에 대한 보고서를 쓰면서 내용을 정교화하는 과정을 보았어요. 보고서에서 부족한 부분을 확인하여 내용을 구체화하고 상세화하는 것이 좋아요. 이런 것이 바로 정교화하기예요. 자세한 설명,

실제 예, 관련 내용, 관련 자료 등을 추가함으로써 정교화할 수 있어요. 그렇게 하면 보고서의 내용이 더 풍부해지고 보고서의 완성도도 높일 수 있어요."

2) 교사는 학생들에게 '기능 확인하기' 문제를 풀게 한다.

　📖 "다음 중 정교화하기의 방법으로 알맞지 않은 것을 고르세요."

3) 교사는 학생들과 함께 문제의 답을 확인한다.

　📖 "정교화하기는 사진이나 그림 자료를 더하거나 내용에 대한 실제 예를 추가하기, 더 자세하기 쓰기 등의 방법이 있어요. 비슷한 내용의 글을 한 문장으로 정리하는 것은 정교화 방법이 아니라 글의 내용을 요약하는 방법이에요. 그래서 답은 ④번이에요."

정답

④

---

1) 교사는 학생들에게 '활동하기'의 방법을 설명한 후 활동을 하게 한다.

　📖 "'기후와 주거 생활'을 주제로 보고서를 작성하고 있어요. 아래 글을 읽고 정교화하기 방법을 사용하여 보고서를 완성해 보세요."

교수-학습 지침

- 교사는 학생들에게 한국의 주거 문화인 마루와 온돌에 대해서 관련 자료와 함께 설명해 준다.
- 교사는 학생들이 인터넷 검색을 통해 보고서를 완성할 수 있도록 지시한다.

---

2) 교사는 학생들과 함께 활동의 결과를 확인한다.

　📖 "어떤 내용을 추가했어요?"

예시 답안

　기후는 주거 생활에 여러 가지 영향을 미친다. 한국의 마루와 온돌처럼 세계 여러 나라에는 기후의 영향을 받아 생긴 주거 문화가 있다. 예를 들어 알래스카는 1년 중 대부분이 눈과 얼음으로 덮여 있어서 나무가 자라지 못하는 기후이다. 이러한 기후의 특성으로 알래스카 사람들은 얼음과 눈을 이용하여 만든 집인 이글루에서 생활한다. 또 다른 예로 몽골은 비가 거의 오지 않고 하루 동안의 기온 변화가 큰 편이다. 몽골 사람들은 햇볕에 말려서 만든 흙벽돌로 지은 집이나 천막식 이동 주택인 게르에서 생활을 한다. 동남아시아의 경우에는 온도가 높고 강수량이 많아서 열을 피해 만든 수상 가옥이 대표적인 주거 형태이다.
　이처럼 기후는 우리의 주거 생활에 영향을 미쳐 나라마다 주거 형태와 특징 등이 모두 다르게 나타난다.

4과 모둠 활동 하기

● 학습 목표

- 모둠 활동의 진행 과정을 안다.
- 정보를 수집하고 수집한 정보를 공유할 수 있다.
- 토의에 대해 알고 토의를 통해 자신의 의견을 전달할 수 있다.

● 단원 내용

1. 학습 활동: 모둠 활동 하기
2. 학습 기능: 정보 수집하기 및 공유하기
토의하기
3. 학습 주제: 교통 약자의 이동권 보호를 위한 노력
생활 속 과학 원리

● 수업 개요

1·2차시(학습하기 1): 모둠 활동 하기에서 정보 수집하기 및 공유하기에 대해 안다.

3·4차시(학습하기 2): 모둠 활동 하기에서 토의하기에 대해 안다.

● 어휘 및 문법

[학습하기 1]

공유하다, 이동, 설문, 다수, 특정, 현장, 기록, 사실성, 판단하다, 태도, 시각

[학습하기 2]

토의하다, 공동, 관심사, 바람직하다, 집단, 구성원, 원리, 일상생활, 만족하다, -음

[알면 쓸모 있는 어휘(익힘책 36쪽)]

소요, 최선, 배분하다, 돌아보다, 조율하다

의사소통 3권 4과 〈꼭 배워요〉의 주요 내용

[어휘]

여가 활동을 즐기다, 공연 관람, 야외 활동, 캠프, 마음을 나누다, 우정, 기쁨, 어려움, 오해하다, 당황하다, 실망하다, 속상하다, 마음이 무겁다, 사이가 나빠지다, 사과하다, 긴장하다, 화해하다, 마음이 가볍다, 감정, 기회, 공연장, 뮤지컬, 봉사 활동, 신청자, 들다, 모집하다, 마치다, 지다

[문법 1] '-자마자'

　　예 저는 보통 밥을 먹자마자 이를 닦아요.

[문법 2] '-고 말다'

　　예 늦잠을 자서 학교에 지각하고 말았다.

[문법 3] '-는다고'

　　예 내일은 날씨가 많이 춥다고 해.

[문법 4] '-느냐고'

　　예 의사 선생님이 나에게 어디가 아프냐고 물어보셨어요.

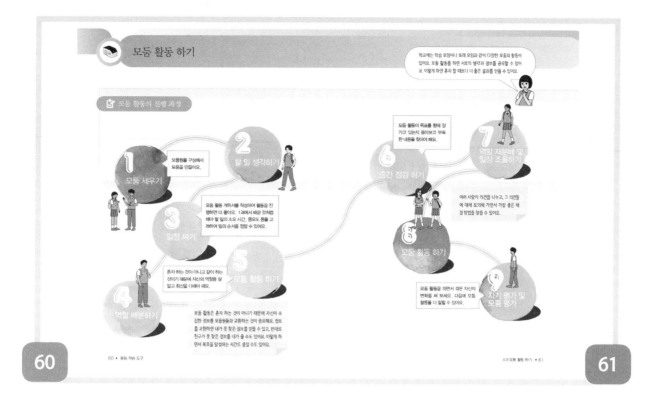

● 1차시 (의사소통 〈꼭 배워요〉와 연계할 경우 7차시)

[학습 목표]

• 모둠 활동 하기에서 정보 수집하기 및 공유하기에
대해 안다.

• 모둠 활동 하기에서 정보 수집하기 및 공유하기의
방법에 대해 안다.

본문의 구성과 내용

• 본문은 **사회 교과의 모둠 활동 하기 활동**에서 하게 되는 **정보
수집하기 및 공유하기 학습 기능**을 보여 주고 있다.

• 본문의 내용은 안나, 호민, 정호, 선영이 '교통 약자의 이동권
보호를 위한 노력'을 주제로 모둠 활동을 하는 과정 중 일부이
다. 주제와 관련된 정보를 각자 수집하여 모으고, 모은 정보를
함께 나누면서 정보의 가치와 의미에 대해 이야기하며 정보를
공유하고 있다.

도입 - 10분

1) 교사는 학생들에게 교재 60, 61쪽의 학습 활동에 대
해 설명한다.

📖 "(60, 61쪽의 순서가 그려진 그림을 가리키며) 무슨 순서
일까요?"

📖 "모둠 활동이란 같은 목적을 가진 사람들이 모여 그 목적
을 이루기 위해 함께 하는 것을 말해요."

📖 "모둠 학습을 해 봤어요?"

📖 "모둠 학습은 어떻게 진행돼요?"

📖 "모둠 활동은 모둠 세우기, 할 일 생각하기, 일정 짜기, 역

할 배분하기, 모둠 활동 하기, 중간 점검 하기, 역할 재분
배하기 및 일정 조율하기, 모둠 활동 하기, 자기 평가하기
및 모둠 평가하기의 순서로 진행돼요."

📖 "모둠 활동은 혼자 하는 것이 아니기 때문에 자신이 수집
한 정보를 모둠원들과 교환하는 것이 중요해요. 정보를
교환하면 내가 못 찾은 정보를 얻을 수 있고, 반대로 친구
가 못 찾은 정보를 내가 줄 수도 있어요. 이렇게 하면서 목
표를 달성하는 시간도 줄일 수도 있어요."

교수-학습 지침

익힘책 37쪽에 모둠 활동을 하는 이유, 모둠 구성원의 역할, 모
둠 활동을 할 때 주의할 점이 추가로 제시되어 있다. 교사는 이
를 고려하여 수업을 진행한다.

2) 교사는 학생들에게 학습하기 1에서 배울 학습 기능
을 소개한다.

📖 "정보 수집 및 공유하기는 필요한 자료를 찾아서 모으고,
모은 자료를 다른 사람들과 함께 나누어 가지는 것이에
요. 학습하기 1에서는 모둠 활동을 할 때 정보를 수집하고
공유하는 방법을 공부할 거예요."

교수-학습 지침

익힘책 38쪽에 정보 수집 시 고려할 사항이 제시되어 있다. 교
사는 이를 고려하여 수업을 진행한다.

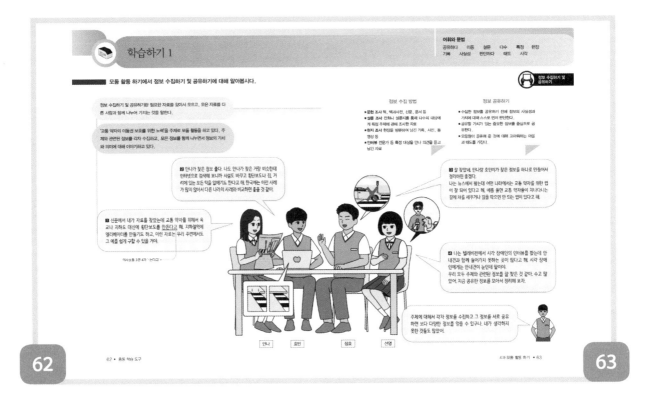

전개 - 30분

1) 교사는 다음에 제시되는 내용을 참고하여 학생들에게 어휘와 문법을 설명한다.

공유하다	◆ **정의** 두 사람 이상이 어떤 것을 함께 가지고 있다. 예 인터넷을 통해 많은 자료를 사람들과 공유할 수 있다. ◆ **정보** (반대되는 말) 독점하다, 독차지하다 ● **설명** "휴대 전화로 뉴스 기사나 글을 보다가 재미있는 내용을 다른 사람에게 전달해 본 적이 있어요? 재미있는 내용을 다른 사람에게 공유해요. '공유하다'는 두 사람 이상이 어떤 것을 함께 가지고 있다는 뜻이에요."
이동	◆ **정의** 움직여서 옮김. 또는 움직여서 자리를 바꿈. 예 도시로 이동하는 인구가 해마다 늘고 있다. ◆ **정보** (반대되는 말) 고정, 부동 ● **설명** "음악 수업은 음악실에서, 미술 수업은 미술실에서 수업을 해요. 이렇게 교실을 이동해서 수업을 해요. '이동'은 움직여서 자리를 바꾸는 것을 의미해요."
설문	◆ **정의** 어떤 사실을 조사하기 위해서 여러 사람에게 질문함. 또는 그러한 질문. 예 우리 학교에서는 학생들을 대상으로 수학여행 장소에 대한 설문 조사를 하고 있다. ● **설명** "우리 반 친구들의 취미에 대해 조사하는 숙제가 있어요. 그래서 친구들의 취미가 무엇인지 조사하기 위해서 친구들에게 질문을 해요. 친구들에게 설문 조사를 해요. '설문'은 어떤 사실을 조사하기 위해서 여러 사람에게 질문하는 것을 말해요."

다수	◆ **정의** 많은 수. 예 다수의 의견도 중요하지만 소수의 의견도 중요하다. ◆ **정보** (비슷한 말) 상당수, 여럿 (반대되는 말) 소수 주로 '다수(의)~'로 사용된다. ● **설명** "취미에 대해서 설문 조사한 결과 많은 학생들이 '음악 듣기'라고 대답했어요. 다수의 학생들이 '음악 듣기'라고 답했어요. '다수'는 많은 수를 말해요."
특정	◆ **정의** 특별히 가리켜 분명하게 정함. 예 환경 보호는 특정 국가만의 문제가 아니라 우리 모두의 과제이다. ◆ **정보** (반대되는 말) 불특정 ● **설명** "환경 보호는 어떤 한 나라에서만 해야 하는 일이 아니에요. 특정 국가만 해야 하는 문제가 아니라 우리 모두가 해야 하는 일이에요. '특정'은 특별히 가리켜 분명하게 정하는 것을 의미해요."
현장	◆ **정의** 일이 벌어졌거나 벌어지고 있는 곳. 예 직접 현장에 가서 살펴보면 더 많은 정보를 얻을 수 있다. ◆ **정보** (비슷한 말) 현지 ● **설명** "역사에 대해 공부할 때 역사와 관련된 그 장소에 직접 가 보면 더 많은 정보를 얻을 수 있어요. 현장에 가면 더 많은 것을 알 수 있어요. '현장'이란 어떤 일이 일어났거나 일어나고 있는 곳을 의미해요."

기록	◆ **정의** 어떤 사실이나 생각을 적거나 영상으로 남김. 또는 그런 글이나 영상. 📖 수첩에 할 일을 기록하는 습관을 가져야 한다. ● **설명** "여러분은 자신의 생각이나 하루 동안 경험한 일에 대해서 써요? 저는 밤에 잠을 자기 전에 오늘 하루에 대한 이야기를 간단히 기록해요. '기록하다'는 어떤 사실이나 생각을 적거나 영상으로 남기는 것을 말해요."
사실성	◆ **정의** 실제 있는 그대로를 보여 주려고 하는 특성. 📖 배우들의 사투리 연기는 드라마의 사실성을 높여 주었다. ● **설명** "사람들은 사실성이 높은 역사 드라마를 좋아해요. '사실성'이란 실제 있는 그대로를 보여 주려고 하는 특성을 말해요."
판단하다	◆ **정의** 논리나 기준에 따라 어떠한 것에 대한 생각을 정하다. 📖 하늘이 흐리고 바람이 많이 부는 것을 보고 비가 올 것이라고 판단했다. ● **설명** "오늘 비가 내릴지 안 내릴지에 대한 생각을 무엇을 보고 정할 수 있어요? 하늘에 구름이 많고 흐려요. 그리고 바람도 많이 불어요. 이런 것을 보고 비가 올 것이라고 판단해요. '판단하다'는 기준에 따라 어떠한 것에 대한 생각을 정한다는 뜻이에요."
태도	◆ **정의** 몸을 움직이거나 어떤 일을 대하는 마음이 드러난 자세. 📖 정호는 수업 태도가 좋지 않아서 늘 선생님께 혼이 났다. ● **설명** "수업 시간에 졸거나 친구들과 이야기하지 않고 바른 자세로 수업을 들어요. 수업 태도가 좋은 학생이에요. '태도'는 몸을 움직이거나 어떤 일을 대하는 마음이 드러난 자세를 의미해요."
시각	◆ **정의** 물체의 모양이나 움직임, 빛깔 등을 보는 눈의 감각. 📖 고양이는 어둠 속에서도 잘 볼 수 있도록 시각이 발달했다. ● **설명** "어떤 방에 들어갔는데 그 방에는 빛이 하나도 없어요. 이때 여러분은 주변을 잘 볼 수 있을까요? 너무 어두워서 주변에 무엇이 있는지 잘 볼 수 없어요. 하지만 고양이는 어둠 속에서도 잘 볼 수 있도록 시각이 발달했어요. '시각'이란 물체의 모양이나 움직임, 빛 등을 보는 눈의 감각을 의미해요. 수업이나 발표를 할 때 다른 사람들의 이해를 돕기 위해서 여러 가지 사진이나 그래프, 표 등을 보여 주지요? 이처럼 눈으로 볼 수 있는 자료를 시각 자료라고 해요."

2) 교사는 학생들에게 교재 62, 63쪽에 제시된 내용을 읽게 한다.
　📖 "안나와 호민, 정호, 선영이가 '교통 약자의 이동권 보호를 위한 노력'을 주제로 모둠 활동을 하고 있어요. 주제와 관련된 정보를 각자 수집하여 모으고, 모은 정보의 가치와 의미에 대해 이야기하면서 정보를 공유하고 있어요. 어떤 내용인지 한번 읽어 볼까요?"

3) 교사는 학생들에게 세부 내용을 확인하는 질문을

한다.
　📖 "안나는 어디에서 자료를 찾았어요?"
　📖 "안나가 신문에서 찾은 자료는 어떤 내용이에요?"
　📖 "호민이는 어디에서 자료를 찾았어요?"
　📖 "호민이가 인터넷에서 찾은 자료는 어떤 내용이에요?"
　📖 "정호는 어디에서 자료를 찾았어요?"
　📖 "정호가 뉴스에서 본 자료는 어떤 내용이에요?"
　📖 "선영이는 어디에서 자료를 찾았어요?"
　📖 "정호가 텔레비전에서 본 자료는 어떤 내용이에요?"

4) 교사는 학생들에게 학습 기능에 대해 확인하는 질문을 한다.
　📖 "정보를 수집하는 방법에는 무엇이 있어요?"
　📖 "문헌 조사는 어떻게 하는 조사 방법이에요?"
　📖 "설문 조사란 뭐예요?"

정리 - 5분

교사는 학습 내용을 정리하며 수업을 마무리한다.
　📖 "모둠 활동의 주제가 뭐예요?"
　📖 "교통 약자를 위해서 육교나 지하도 대신에 무엇을 만든다고 해요?"
　📖 "호민이가 찾은 정보는 무슨 내용이에요?"
　📖 "안나, 호민, 정호, 선영이 사용한 정보 수집 방법은 뭐예요?"
　📖 "모둠 활동하기에서 정보 수집 및 공유하기에 대해 배웠어요. 정보를 수집하는 방법에는 문헌 조사, 설문 조사, 현지 조사, 인터뷰가 있어요. 문헌 조사는 책이나 백과사전, 신문, 문서 등에서 자료를 찾는 것을 말해요. 설문 조사는 전화나 설문지를 통해 다수의 대상에게 특정 주제에 관해 조사한 자료예요. 현지 조사는 현장을 방문하여 남긴 기록, 사진 동영상 등을 말해요. 마지막으로 인터뷰는 전문가 등 특정 대상을 만나서 의견을 듣고 남긴 자료예요. 이렇게 수집한 정보를 공유하기 전에 먼저 정보의 사실성과 가치에 대해 스스로 판단해야 해요. 그리고 그중에서 공유할 가치가 있는 중요한 정보를 중심으로 공유해야 해요. 이때 모둠원이 공유해 준 것에 대해 고마워하는 마음과 태도를 가지는 것이 중요해요."
　📖 "모둠 활동을 할 때 주제에 대해서 각자 정보를 수집하고 그 정보를 서로 공유하면 보다 다양한 정보를 얻을 수 있어요. 내가 생각하지 못했거나 찾지 못한 자료를 얻을 수 있어서 도움이 돼요."

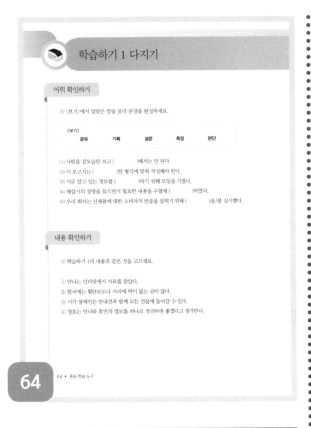

● 2차시 (의사소통 〈꼭 배워요〉와 연계할 경우 8차시)

[학습 목표]

• 모둠 활동하기에서 정보 수집하기 및 공유하기에 대해 안다.

• 주제에 알맞은 정보를 수집하고 찾은 정보를 공유할 수 있다.

어휘 확인하기 - 10분

1) 교사는 학생들에게 '어휘 확인하기' 문제를 풀게 한다.

📖 "〈보기〉를 보세요. 앞에서 배운 어휘가 있어요."

📖 "'공유'란 두 사람 이상이 어떤 것을 함께 가지고 있는 것을 말해요."

📖 "'기록'이란 어떤 사실이나 생각을 적거나 영상으로 남기는 것을 말해요."

📖 "'설문'이란 어떤 사실을 조사하기 위해서 여러 사람에게 질문하는 것을 의미해요."

📖 "'특정'이란 특별히 가리켜 분명하게 정하는 것을 말해요."

📖 "'판단'은 논리나 기준에 따라 어떠한 것에 대한 생각을 정하는 것을 말해요."

📖 "아래 문장을 읽고 알맞은 어휘를 골라 문장을 완성해 보세요."

2) 교사는 학생들과 함께 문제의 답을 확인한다.

정답
(1) 판단 (2) 특정 (3) 공유 (4) 기록 (5) 설문

내용 확인하기 - 5분

1) 교사는 학생들에게 '내용 확인하기' 문제를 풀게 한다.

📖 "'교통 약자의 이동권 보호를 위한 노력'을 주제로 정보를 수집하고 수집한 정보를 공유하는 글을 읽었어요. 아래 문장을 읽고 학습하기 1에서 배운 내용과 같은 것을 고르세요."

2) 교사는 학생들과 함께 문제의 답을 확인한다.

📖 "안나는 인터넷이 아니라 신문에서 자료를 찾았어요. 호민이의 말을 보면 시설도 바꾸고 횡단보도나 집, 거리에 있는 모든 턱을 없애는 경우가 있다고 해요. 그런데 한국에는 이런 사례가 많지 않다고 해요. 선영이의 말을 보면 시각 장애인이 안내견과 함께 들어가지 못하는 곳이 많다고 해요. 정호는 안나와 호민이의 정보를 하나로 만들어서 정리하면 좋겠다고 말했어요. 그래서 답은 ④번이에요."

정답
④
① 안나는 인터넷이 아니라 신문에서 자료를 찾았다.
② 한국에는 횡단보도나 거리에 턱이 없는 사례가 많지 않다.
③ 시각 장애인의 인터뷰에서 안내견과 함께 들어가지 못하는 곳이 많다고 했다.
④ (63쪽 본문) '안나와 호민이가 찾은 정보를 하나로 만들어서 정리하면 좋겠다.'라는 내용을 보면 알 수 있다.

1) 교사는 학생들에게 '활동하기'의 방법을 설명한 후 활동을 하게 한다.

　📖 "학습하기 1에서 친구들이 '교통 약자의 이동권 보호를 위한 노력'을 주제로 모둠 활동을 했어요. 이번에는 다른 나라의 '교통 약자의 이동권 보호를 위한 노력'에 대해서 각자 정보를 수집해 보세요. 그리고 찾은 자료를 친구들과 공유해 보세요."

교수-학습 지침

교사는 학생들에게 찾은 정보의 가치와 사실성에 대해 판단한 뒤 자료를 공유할 수 있도록 지시한다.

2) 교사는 학생들과 함께 활동의 결과를 확인한다.

　📖 "자신이 수집한 정보와 친구가 공유해 준 정보에 대해 이야기해 봐요."

　📖 "무슨 정보를 찾았어요?"

　📖 "친구가 공유해 준 정보는 무슨 내용이에요?"

예시 답안

　네덜란드는 장애인들이 대중교통을 이용할 때 불만이 생기면 즉시 정부 웹사이트를 통해 민원 신고가 가능하다. 또한 대중교통 관련 시설 공무원들에게는 적극적으로 장애인을 돕도록 교육하고 있다. 그리고 모든 버스가 바닥이 낮아 휠체어를 탄 사람들이 편리하게 승하차할 수 있고 소리와 화면을 통해 역을 안내해 준다. 지하철도 모든 역에 오르막길이 설치되어 있고 승강장과 지하철의 높이가 같아 쉽게 오르내릴 수 있다.

　미국의 경우 1990년에 만든 미국 장애인 법을 통해 장애인들이 버스, 기차 등 대중교통을 이용할 때 불편 없이 이용할 수 있도록 할 것을 법으로 정해 놓았다. 또한 저상버스가 있고 지하철에는 휠체어를 타고 들어갈 수 있는 비상 출입구가 있다. 현재 미국은 휠체어 사용자가 탑승 가능한 지역 간 버스 100%를 목표로 하고 있다.

　방콕은 지하철 3칸에 하나씩 장애인을 위한 별도 공간을 갖추고 있다. 또한 장애인 시설이 있는 전용 칸의 입구는 엘리베이터와의 이동 거리가 가장 짧다. 또한 연결 통로도 넓다.

　이외에도 현재 호주, 영국, 미국은 휠체어 사용 장애인의 고속버스 접근성을 높이기 위해서 국가에서 관련 법을 만들고 있다고 한다.

65

기능 확인하기 - 10분

1) 학습하기 1에서 배운 '정보 수집하기 및 공유하기' 기능을 정리한다.

　📖 "학습하기 1에서 안나와 호민, 정호, 선영이가 '교통 약자의 이동권 보호를 위한 노력'을 주제로 모둠 활동을 하면서 각자 정보를 수집하고 수집한 정보를 공유했어요. 모둠 활동을 할 때 정보를 수집하고 그 정보를 모둠원에게 공유하는 것은 매우 중요해요. 정보 수집 방법에는 문헌조사, 설문 조사, 현지 조사, 인터뷰가 있어요. 수집한 정보를 공유하기 전에 정보의 사실성과 그 가치에 대해 스스로 판단해야 해요. 그리고 공유할 때에는 공유할 가치가 있는 중요한 정보를 중심으로 해야 해요."

2) 교사는 학생들에게 '기능 확인하기' 문제를 풀게 한다.

　📖 "다음 중 정보 수집하기 및 공유하기에 대한 설명으로 알맞지 않은 것을 고르세요."

3) 교사는 학생들과 함께 문제의 답을 확인한다.

　📖 "책이나 신문, 설문 조사, 현지 조사, 전문가 인터뷰 등을 통해 정보를 수집할 수 있어요. 수집한 정보를 공유할 때는 정보의 사실성과 그 가치에 대해 스스로 판단하고 확인한 뒤에 해야 해요. 그래서 답은 ③번이에요."

정답
③

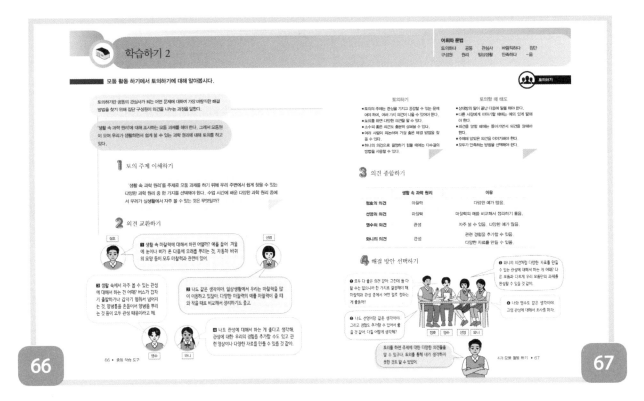

● 3차시 (의사소통 〈꼭 배워요〉와 연계할 경우 9차시)

[학습 목표]

- 모둠 활동 하기에서 토의하기에 대해 안다.
- 모둠 활동 하기에서 토의하는 방법과 태도에 대해 안다.

본문의 구성과 내용

- 본문은 과학 교과의 **모둠 활동 하기** 활동에서 하게 되는 **토의하기 학습 기능**을 보여 주고 있다.
- 본문의 내용은 정호와 선영, 영수, 와니가 우리 주변에서 쉽게 찾을 수 있는 다양한 과학 원리 중에서 한 가지를 선택하기 위해 토의하는 과정 중 일부이다. 친구들은 토의를 통해 각자 자신의 의견을 말하고 의견을 종합하여 해결 방안을 선택하고 있다.

도입 - 10분

1) 교사는 교재 62, 63쪽에서 배운 학습 활동에 대해 복습한다.
   - 🔲 "같은 목적을 가진 사람들이 모여 그 목적을 이루기 위해 함께 하는 것을 뭐라고 해요?"
   - 🔲 "모둠 학습은 어떻게 진행돼요?"
   - 🔲 "모둠 학습을 하면 뭐가 좋아요?"
2) 교사는 학생들에게 학습하기 2에서 배울 학습 기능을 소개한다.
   - 🔲 "한 사람의 지식이나 정보의 양, 생각할 수 있는 범위에는 한계가 있어요. 모둠 활동을 할 때 문제가 있으면 여러 사람이 의견을 나누고, 그 의견들에 대해 토의해 가면서 가장 좋은 해결 방법을 찾을 수 있어요."
   - 🔲 "토의의 주제는 찬성과 반대로 나뉘는 주제가 아니라 다양한 의견이 나올 수 있는 주제여야 해요. 또한 모둠원이 모두 관심을 가지고 공감할 수 있는 것이어야 해요. 토의 주제에 대한 결론은 여러 가지가 될 수 있어요."
   - 🔲 "토의하기란 공동의 관심사가 되는 어떤 문제에 대하여 가장 바람직한 해결 방법을 찾기 위해 집단 구성원이 의견을 나누는 과정을 말해요. 학습하기 2에서는 모둠 활동을 할 때 토의하는 과정과 방법을 공부할 거예요."

교수-학습 지침

익힘책 40쪽에 토의의 종류가 제시되어 있다. 교사는 이를 고려하여 수업을 진행한다.

전개 - 30분

1) 교사는 다음에 제시되는 내용을 참고하여 학생들에게 어휘와 문법을 설명한다.

토의하다	◆ **정의** 여러 사람이 어떤 문제에 대해 자세히 따지고 의논하다.
	🔲 **예** 오늘 우리 반은 회의 시간에 반장 선거 방법에 대해 토의하기로 했다.
	● **설명** "오늘 회의 시간에는 반장을 어떻게 뽑을지 이야기를 하려고 해요. 반장 선거 방법에 대해 토의할 거예요. '토의하다'란 여러 사람이 어떤 문제에 대해 자세히 의논하는 것을 말해요."

공동	◆**정의** 둘 이상의 사람이나 단체가 어떤 일을 함께 하거나 동등한 자격으로 관계됨. 囫 우리 둘은 점수가 똑같아서 공동 일 위로 상을 받았다. ◆**정보** (비슷한 말) 합동 (반대되는 말) 단독 ●**설명** "선영이와 영수가 함께 대회에 나갔어요. 그런데 두 사람의 점수가 똑같아요. 그래서 공동 일 위로 상을 받았어요. '공동'이란 둘 이상의 사람이나 단체가 어떤 일을 함께하거나 같은 자격으로 관계되는 것을 의미해요."
관심사	◆**정의** 관심을 끄는 일이나 대상. 囫 환경 보호는 세계적으로 공통된 관심사 중 하나이다. ◆**정보** (비슷한 말) 관심거리 ●**설명** "여러분은 요즘 무엇에 관심이 많아요? 여러분의 관심사는 뭐예요? '관심사'란 관심을 끄는 일이나 대상을 말해요."
바람직하다	◆**정의** 좋다고 생각할 만하다. 囫 운동은 꾸준히 규칙적으로 하는 것이 바람직하다. ◆**정보** (비슷한 말) 바람직스럽다 ●**설명** "어떤 날은 운동을 하고, 또 어떤 날은 귀찮아서 운동을 안 해요. 이렇게 하는 건 좋지 않아요. 운동은 꾸준히 규칙적으로 하는 게 좋아요. 운동은 꾸준히 규칙적으로 하는 게 바람직해요. '바람직하다'란 좋다고 생각할 만하다는 뜻이에요."
집단	◆**정의** 여럿이 모여서 이룬 무리나 단체. 囫 벌은 개미처럼 집단을 이루고 산다. ◆**정보** (반대되는 말) 개인 ●**설명** "개미는 혼자서 생활하지 않고 다른 개미들과 함께 모여 생활해요. 벌도 똑같아요. 벌도 개미처럼 집단을 이루고 살아요. '집단'이란 여럿이 모여서 이룬 무리나 단체를 말해요."
구성원	◆**정의** 어떤 조직이나 단체를 이루고 있는 사람들. 囫 우리 가족 구성원은 어머니, 아버지, 형, 누나, 그리고 나까지 모두 다섯 명이다. ●**설명** "여러분의 가족은 모두 몇 명이에요? 제 가족은 모두 다섯 명이에요. 저의 가족 구성원은 어머니, 아버지, 형, 누나, 그리고 저까지 모두 다섯 명이에요. '구성원'이란 어떤 단체를 이루고 있는 사람들을 의미해요."
원리	◆**정의** 사물 또는 일의 본질이나 바탕이 되는 법칙. 囫 다음 과학 시간에는 무지개가 생기는 원리를 배워볼 거예요. ●**설명** "여러분은 무지개를 본 적이 있어요? 무지개는 어떻게 생기는 걸까요? 무지개는 물, 빛, 공기가 만나 만들어져요. 무지개가 생기는 원리에 대해 공부해요. '원리'란 어떤 것이 원래 가지고 있는 특성이나 바탕이 되는 목적이나 중요한 뜻을 말해요."

일상생활	◆**정의** 특별한 일이 없는 보통 때의 생활. 囫 일상생활에서 꼭 필요한 물건들을 생필품이라고 한다. ●**설명** "물, 음식, 옷 등은 우리가 생활하는 데 꼭 필요한 물건이에요. 특별한 생활을 할 때 필요한 게 아니라 보통 우리가 생활할 때 필요한 물건이죠. 일상생활에서 꼭 필요한 물건들이에요. '일상생활'이란 특별한 일이 없는 보통 때의 생활을 의미해요. 지금의 일상생활과 미래의 일상생활은 어떻게 다를까요?"
만족하다	◆**정의** 기대하거나 필요한 것이 부족함 없거나 마음에 들다. 囫 나는 지금의 생활에 만족하고 있다. ◆**정보** (비슷한 말) 만족스럽다, 족하다, 충족하다 (반대되는 말) 불만족하다 ●**설명** "여러분은 지금의 생활이 마음에 들어요? 지금 생활에 만족해요? '만족하다'는 기대하거나 필요한 것이 부족함 없거나 마음에 든다는 뜻이에요."
-음	◆**정의** 앞의 말이 명사의 기능을 하게 하는 어미. 囫 통신이 발전함에 따라 이제는 외국에 있는 사람과도 쉽게 연락할 수 있다. ◆**정보** 'ㄹ'을 제외한 받침 있는 동사와 형용사 또는 '-었-', '-겠-' 뒤에 붙여 쓴다. '이다', 받침이 없거나 'ㄹ' 받침인 동사와 형용사 뒤에는 '-ㅁ'을 붙여 쓴다. ●**설명** "통신이 발전해서 이제 외국에 있는 사람과도 쉽게 연락할 수 있어요. 통신이 발전함에 따라 외국에 있는 사람과 쉽게 연락할 수 있어요. '-음'은 앞의 말을 명사로 바꿔 주는 역할을 해요."

2) 교사는 학생들에게 교재 66, 67쪽에 제시된 내용을 읽게 한다.
- 囧 "정호와 선영, 영수, 와니가 우리 주변에서 쉽게 찾을 수 있는 다양한 과학의 원리 중에서 한 가지를 선택하기 위해 토의하고 있어요. 어떤 내용인지 한번 읽어 볼까요?"

3) 교사는 학생들에게 세부 내용을 확인하는 질문을 한다.
- 囧 "정호는 무엇에 대해서 하고 싶어 해요?"
- 囧 "정호가 말한 마찰력의 예에는 무엇이 있어요?"
- 囧 "선영이는 무엇에 대해서 하고 싶어 해요?"
- 囧 "선영이는 왜 마찰력에 대해서 하고 싶어 해요?"
- 囧 "마찰력에 대해서 하면 무엇이 좋아요?"
- 囧 "영수는 무엇에 대해서 하고 싶어 해요?"
- 囧 "영수가 말한 관성의 예에는 무엇이 있어요?"
- 囧 "와니는 무엇에 대해서 하고 싶어 해요?"
- 囧 "관성에 대해서 하면 무엇이 좋아요?"
- 囧 "정호와 선영, 영수, 와니는 무엇에 대해서 조사하기로 결정했어요?"
- 囧 "왜 그렇게 결정했어요?"

4) 교사는 학생들에게 학습 기능에 대해 확인하는 질

문을 한다.

- ▣ "토의의 주제는 어떤 문제여야 해요?"
- ▣ "토의의 장점은 뭐예요?"
- ▣ "하나의 의견으로 결정하기 힘들 때에는 어떤 방법을 사용하여 정할 수 있어요?"
- ▣ "토의를 할 때에는 어떤 태도를 가져야 해요?"

정리 - 5분

교사는 학습 내용을 정리하며 수업을 마무리한다.

- ▣ "정호, 선영, 영수, 와니는 무엇을 주제로 토의를 하고 있어요?"
- ▣ "정호와 선영이는 무엇에 대해서 하고 싶어 해요?"
- ▣ "영수와 와니는 무엇에 대해서 하고 싶어 해요?"
- ▣ "토의를 통해 어떤 해결 방법을 선택했어요?"
- ▣ "모둠 활동하기에서 토의하기에 대해 배웠어요. 토의의 주제는 관심을 가지고 공감할 수 있는 문제여야 해요. 그리고 여러 가지 의견이 나올 수 있는 주제여야 해요. 토의를 하면 다양한 의견을 알 수 있고 소수의 좋은 의견도 살펴볼 수 있어요. 토의를 하면 여러 사람이 의논하여 가장 좋은 해결 방법을 찾을 수 있어서 좋아요. 토의를 하다가 하나의 의견으로 결정하기 어려울 때에는 다수결의 방법을 사용할 수 있어요."
- ▣ "토의할 때에는 상대방의 말이 끝난 다음에 말을 해야 해요. 그리고 다른 사람에게 이야기할 때에는 예의 있게 말해야 해요. 의견을 말할 때에는 돌아가면서 의견을 말해야 하고, 주제와 알맞은 의견을 이야기해야 해요. 마지막으로 모두가 만족하는 방법을 선택해야 해요."
- ▣ "토의를 하면 주제에 대한 다양한 의견들을 알 수 있어서 좋아요. 또한 토의를 하면 내가 생각하지 못한 것도 알 수 있어요."

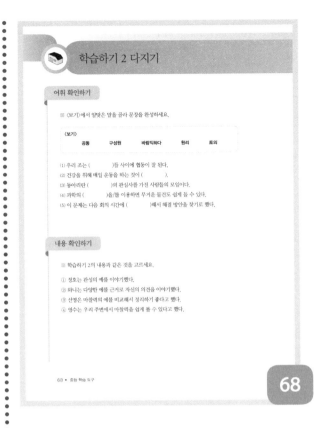

● 4차시 (의사소통 〈꼭 배워요〉와 연계할 경우 10차시)

[학습 목표]

- 모둠 활동 하기에서 토의하기에 대해 안다.
- 주제에 맞춰 토의를 할 수 있다.

어휘 확인하기 - 10분

1) 교사는 학생들에게 '어휘 확인하기' 문제를 풀게 한다.
   - ▣ "〈보기〉를 보세요. 앞에서 배운 어휘가 있어요."
   - ▣ "'공동'이란 둘 이상의 사람이나 단체가 어떤 일을 함께 하거나 같은 자격으로 관계된 것을 말해요."
   - ▣ "'구성원'이란 어떤 단체를 이루고 있는 사람들을 의미해요."
   - ▣ "'바람직하다'란 좋다고 생각할 만하다는 뜻이에요."
   - ▣ "'원리'란 어떤 것이 원래 가지고 있는 특성이나 바탕이 되는 이치를 말해요."
   - ▣ "'토의'란 여러 사람이 어떤 문제에 대해 자세히 의논하는 것을 말해요."
   - ▣ "아래 문장을 읽고 알맞은 어휘를 골라 문장을 완성해 보세요."

2) 교사는 학생들과 함께 문제의 답을 확인한다.

> 정답
> (1) 구성원 (2) 바람직하다 (3) 공동 (4) 원리 (5) 토의

1) 교사는 학생들에게 '내용 확인하기' 문제를 풀게 한다.

　📖 "앞에서 '생활 속 과학 원리'에 대해 조사하는 모둠 활동을 하면서 토의하는 글을 읽었어요. 아래 문장을 읽고 학습하기 2에서 배운 내용과 같은 것을 고르세요."

2) 교사는 학생들과 함께 문제의 답을 확인한다.

　📖 "정호는 마찰력의 예를 이야기했어요. 그리고 와니는 자신의 의견을 말할 때 다양한 예를 제시하지 않았어요. 선영이는 마찰력의 예를 마찰력이 클 때와 작을 때로 비교해서 정리하기 좋다고 했어요. 영수는 우리 주변에서 마찰력이 아니라 관성을 자주 볼 수 있다고 했어요. 그래서 답은 ③번이에요."

정답
③
① 정호는 마찰력의 예를 이야기했다.
② 와니는 자신의 의견을 말할 때 다양한 예를 제시하지 않았다.
③ (66쪽 본문) '다양한 마찰력의 예를 마찰력이 클 때와 작을 때로 비교해서 정리하기도 좋고.'라는 내용을 보면 알 수 있다.
④ 영수는 우리 주변에서 마찰력이 아니라 관성을 자주 볼 수 있다고 말했다.

4과 모둠 활동 하기 • 69

69

1) 학습하기 2에서 배운 '토의하기' 기능을 정리한다.

　📖 "학습하기 2에서 '생활 속 과학 원리'를 주제로 토의하는 것에 대해 배웠어요. 모둠 활동은 혼자 하는 것이 아니기

때문에 다른 사람과 토의하는 것이 중요해요. 한 사람의 지식 양, 생각할 수 있는 범위에는 한계가 있기 때문이지요. 토의를 진행하면 여러 의견을 나누면서 그 의견들을 비교하고 종합하여 가장 바람직한 해결 방법을 찾을 수 있어요. 또한 다른 사람의 의견을 들으면서 자신이 생각하지 못한 것에 대해서도 알 수 있어요."

2) 교사는 학생들에게 '기능 확인하기' 문제를 풀게 한다.

　📖 "다음 중 토의의 주제로 알맞은 것을 모두 고르세요."

3) 교사는 학생들과 함께 문제의 답을 확인한다.

　📖 "토의의 주제는 다양한 의견이 나올 수 있는 문제여야 해요. ①번은 '착한 거짓말을 해도 된다.'와 '착한 거짓말을 하면 안 된다'로 찬성과 반대의 두 가지 입장으로 나뉘어요. ④번도 마찬가지로 찬반 의견으로 나뉘기 때문에 토의의 주제로 알맞지 않아요. 그래서 답은 ②번과 ③번이에요."

정답
②, ③

1) 교사는 학생들에게 '활동하기'의 방법을 설명한 후 활동을 하게 한다.

　📖 "학습하기 2에서 친구들이 '생활 속 과학 원리'에 대해서 토의하는 것을 읽었어요. 이번에는 여러분이 아래 주제에 대해서 토의를 해 볼 거예요. 먼저 토의 주제를 보고 자신의 의견을 아래 표에 써 보세요. 그리고 친구와 의견을 이야기하면서 토의를 해 보세요. 여러 가지 의견 중에서 가장 좋은 방법을 한 가지 선택하세요. 그리고 그 방법을 선택한 이유를 말해 보세요."

교수-학습 지침
- 교사는 교재에 제시된 주제 이외에 현재 교실에서 벌어지는 문제를 주제로 하여 토의를 진행할 수 있다.
- 교사는 토의를 진행할 때 모든 학생들이 한 가지씩 의견을 제시할 수 있도록 한다. 토의를 진행하면서 하나의 의견으로 결정하기 어려울 때에는 다수결의 방법을 사용할 수 있도록 지시한다.

2) 교사는 학생들과 함께 활동의 결과를 확인한다.

　📖 "각자 어떤 의견을 제안했어요?"

　📖 "그 의견들 중에서 어떤 의견을 선택했어요?"

　📖 "왜 그렇게 하기로 결정했어요?"

5과 책 읽기

● 학습 목표

- 책 읽기의 과정과 방법에 대해 안다.
- 글의 주제를 찾을 수 있다.
- 추론하며 읽을 수 있다.

● 단원 내용

1. 학습 활동: 책 읽기
2. 학습 기능: 주제 찾기
   추론하기
3. 학습 주제: 경쟁
   야구 선수 찾기

● 수업 개요

1·2차시(학습하기 1): 책 읽기에서 주제 찾기에 대해
안다.
3·4차시(학습하기 2): 책 읽기에서 추론하기에 대해
안다.

● 어휘 및 문법

[학습하기 1]

파악하다, 독자, 수단, 개인적, 측면, 발휘하다, 발전하다, 주의하다, 추구하다, 종합하다, 보완하다, 핵심, 으로써

[학습하기 2]

추론하다, 결론, 제시하다, 원칙, 일반적, 인과, 유추, 참, 인정하다, -으므로

[알면 쓸모 있는 어휘(익힘책 44쪽)]

배경지식, 의도, 깨닫다, 교양, 자극하다, 유발하다

의사소통 3권 5과 〈꼭 배워요〉의 주요 내용

[어휘]

꺼내다, 꽂다, 권하다, 반납하다, 대출하다, 프린터, 복사하다, 제목, 저자, 인물, 배경, 줄거리, 감상, 공감하다, 감동이다, 지루하다, 대형, 도서, 목록, 벨, 열, 벌써, 꼼짝, 드디어, 놓다, 누르다

[문법 1] '-나 보다'

 와니가 전화를 안 받아. 벌써 자나 봐.

[문법 2] '-을 텐데'

 책이 많아서 무거울 텐데 내가 같이 들어 줄까?

[문법 3] '-으라고'

 반장이 이 책을 읽으라고 추천해 줬어.

[문법 4] '-자고'

 친구들에게 떡볶이를 먹자고 했어요.

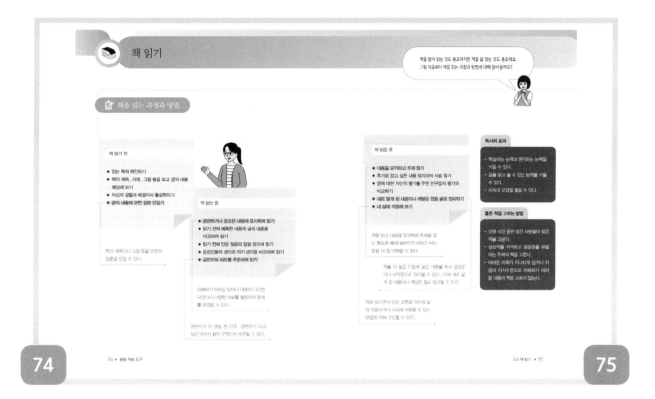

● **1차시**(의사소통 〈꼭 배워요〉와 연계할 경우 7차시)

[학습 목표]
- 책 읽기에서 주제 찾기에 대해 안다.
- 책 읽기에서 글의 주제 찾기를 하는 방법에 대해 안다.

본문의 구성과 내용
- 본문은 **국어 교과의 책 읽기 활동**에서 하게 되는 **주제 찾기 학습 기능**을 보여 주고 있다.
- 본문의 내용은 호민이가 국어 시간에 숙제로 '경쟁'에 대한 글을 읽는 과정 중 일부이다. 호민이는 글을 읽고 글의 주제를 찾고 있다.

도입 - 10분

1) 교사는 학생들에게 교재 74, 75쪽의 학습 활동에 대해 설명한다.

   📖 "여러분은 책을 잘 읽기 위한 자신만의 방법이 있어요?"

   📖 "책을 읽는 과정에는 책 읽기 전, 책 읽는 중, 책 읽은 후의 세 가지 단계가 있어요. 각 단계에서 어떻게 하면 책을 잘 이해할 수 있는지 단계별로 책 읽는 방법에 대해서 알아볼 거예요."

   📖 "먼저 책 읽기 전에는 읽는 목적을 확인하고 책의 제목, 차례, 그림 등을 보고 글의 내용을 예상해 볼 수 있어요. 그리고 자신의 경험과 배경지식을 활성화할 수 있고 글의 내용에 대한 질문을 만들 수 있어요."

   📖 "책을 읽으면서 궁금하거나 중요한 내용에 표시하며 읽기도 하고 읽기 전에 예상한 내용과 글의 내용을 비교하며 읽을 수도 있어요. 또한 읽기 전에 만든 질문의 답을 찾으

며 읽을 수 있어요. 책에 등장하는 인물의 생각과 자신의 생각을 비교하며 읽을 수 있어요. 그리고 글쓴이가 글을 쓴 이유, 글쓴이가 하고 싶은 이야기가 무엇인지 생각해 보면서 읽기도 해요."

   📖 "마지막으로 책 읽은 후에는 책 내용을 요약하고 주제를 찾아요. 책의 내용을 요약하고 글의 주제를 찾으면 글쓴이가 하려고 하는 말을 더 잘 이해할 수 있어요. 추가로 알고 싶은 내용을 정리하여 자료를 찾기도 하고 글에 대한 자신의 평가를 주변 친구들의 평가와 비교해도 좋아요. 책을 읽고 나서 새로 알게 된 내용이나 깨달은 점을 글로 정리할 수도 있어요. 또한 책을 읽으면서 얻은 교훈을 자신의 삶이나 사회에 적용하는 방법에 대해 고민해 볼 수 있어요."

   📖 "독서를 하면 뭐가 좋을까요?"

   📖 "책을 읽으면 학습하는 능력과 생각하는 능력을 키울 수 있어요. 또한 글을 읽고 쓸 수 있는 능력을 키울 수도 있고 지식과 교양을 쌓을 수 있어요."

   📖 "그럼 좋은 책을 고르려면 어떻게 해야 할까요?"

   📖 "오랜 시간 동안 많은 사람들이 읽은 책을 고르는 게 좋아요. 그리고 스스로 상상하게 만들고 궁금하게 만드는 주제의 책을 골라요. 마지막으로 어려운 어휘가 너무 많거나 지금 자신의 수준보다 높은 내용의 책은 고르지 않는 게 좋아요."

교수-학습 지침
익힘책 45쪽에 도서 분류와 책 읽는 방법이 추가로 제시되어 있다. 교사는 이를 고려하여 수업을 진행한다.

2) 교사는 학생들에게 학습하기 1에서 배울 학습 기능을 소개한다.

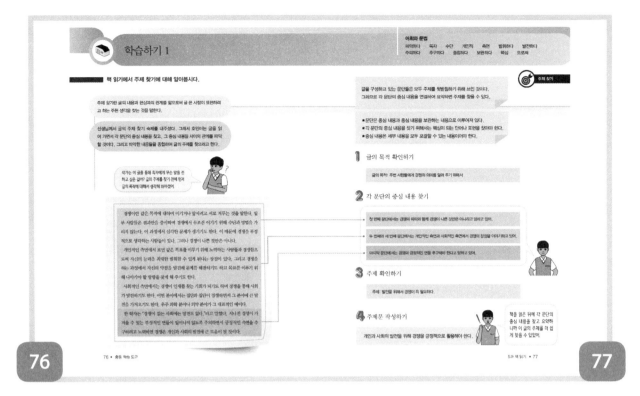

📖 "책을 읽으면서 주제를 찾으면 읽은 내용을 더 명확히 이해할 수 있고 글쓴이가 하고 싶은 말이 무엇인지 알 수 있어요."

📖 "주제 찾기란 글을 쓴 사람이 표현하려고 하는 중심 생각을 찾는 것을 말해요. 학습하기 1에서는 책 읽기에서 주제 찾는 방법을 공부할 거예요."

교수-학습 지침
익힘책 46쪽에 주제와 문단에 대한 설명이 제시되어 있다. 교사는 이를 고려하여 수업을 진행한다.

전개 - 30분

1) 교사는 다음에 제시되는 내용을 참고하여 학생들에게 어휘와 문법을 설명한다.

파악하다	◆ 정의 어떤 일이나 대상의 내용이나 상황을 확실하게 이해하여 알다. 📖 국어 시험에는 글을 읽고 글쓴이의 생각을 파악하는 문제가 많이 나온다. ● 설명 "국어 시험에는 글을 읽고 글쓴이의 생각이 무엇인지 이해하여 답을 찾는 문제가 많이 나와요. 국어 시험에는 글쓴이의 생각을 파악하는 문제가 많아요. '파악하다'는 어떤 일이나 대상의 내용이나 상황을 확실하게 이해하여 안다는 뜻이에요."

독자	◆ 정의 책이나 신문, 잡지 등을 읽는 사람. 📖 이 책은 다양한 그림으로 독자의 흥미를 끌고 있다. ● 설명 "책에 재미있는 사진이나 그림이 있으면 책을 읽는 사람들의 흥미를 끌어요. 독자의 흥미를 끄는 책이에요. '독자'란 책이나 신문, 잡지 등을 읽는 사람을 말해요."
수단	◆ 정의 어떤 목적을 이루기 위하여 쓰는 방법이나 도구. 📖 책은 작가의 생각을 효과적으로 전달하는 수단이다. ● 설명 "책은 작가가 하고 싶은 말, 작가의 생각을 효과적으로 전달해 주는 도구예요. 책은 작가의 생각을 효과적으로 전달하는 수단이에요. '수단'이란 어떤 목적을 이루기 위해 쓰는 방법이나 도구를 말해요."
개인적	◆ 정의 개인이 가진 것. 또는 개인과 관계되는 것. 📖 사람마다 취향이 다르지만 나는 개인적으로 공포 영화를 좋아한다. ● 설명 "여러분은 어떤 장르의 영화를 좋아해요? 저는 개인적으로 액션 영화를 좋아해요. '개인적'이란 개인이 가진 것, 또는 개인과 관계되는 것을 의미해요."
측면	◆ 정의 사물이나 현상의 한 부분. 또는 한쪽 면. 📖 앞으로 무엇을 할지 결정할 때는 여러 측면에서 고민한 후에 결정해야 한다. ● 설명 "앞으로 무엇을 할지 결정할 때는 여러 면에서 고민해야 해요. 다양한 측면에서 고민해 본 다음에 결정하는 게 좋아요. '측면'이란 물건이나 상태의 한 부분이나 한쪽 면을 의미해요."

발휘하다	◆ **정의** 재능이나 실력 등을 잘 나타내다. **예** 박 선수는 한 경기에 세 골을 넣으며 자신의 실력을 발휘했다. ● **설명** "축구 경기에서 한 선수가 세 골을 넣으면서 자신의 실력을 보여 주었어요. 이 선수는 축구 경기에서 자신의 실력을 발휘했어요. '발휘하다'는 재능이나 실력 등을 잘 나타낸다는 뜻이에요."
발전하다	◆ **정의** 더 좋은 상태나 더 높은 단계로 나아가다. **예** 사회가 발전하면서 힘보다는 기술과 지식의 중요성이 강조되고 있다. ● **설명** "사회가 점점 좋아지면서 힘보다는 기술과 지식이 더 중요해지고 있어요. 사회가 발전하면서 기술과 지식이 더 중요해지고 있어요. '발전하다'는 더 좋은 상태나 더 높은 단계로 나아간다는 뜻이에요."
주의하다	◆ **정의** 마음에 새겨 두고 조심하다. **예** 여기는 바닥이 미끄러우니까 넘어지지 않도록 주의하세요. ● **설명** "눈이 왔을 때 무엇을 조심해야 해요? 눈이 왔을 때는 길이 미끄러우니까 주의해서 걸어야 해요. '주의하다'는 마음속으로 깊이 기억하고 조심한다는 뜻이에요."
추구하다	◆ **정의** 목적을 이루기 위해 계속 따르며 구하다. **예** 나만의 독특한 음악 스타일을 추구하며 꾸준히 노력해 왔다. ● **설명** "이 가수는 자신만의 독특한 음악 스타일을 만들기 위해 계속해서 자신만의 스타일로 노래를 만들어요. 이 가수는 자신만의 음악 스타일을 추구해요. '추구하다'는 목적을 이루기 위해 계속 따르며 구한다는 뜻이에요."
종합하다	◆ **정의** 관련되는 여러 가지를 모아 하나로 합치다. **예** 안나는 중간고사 성적과 기말고사 성적을 종합해서 평균을 계산했다. ◆ **정보** (반대되는 말) 구분하다, 나누다 ● **설명** "전체 시험의 평균 점수는 어떻게 계산해요? 각 과목의 점수를 종합해서 계산해요. '종합하다'는 관련되는 여러 가지를 모아 하나로 합친다는 뜻이에요."
보완하다	◆ **정의** 모자라거나 부족한 것을 보충하여 완전하게 하다. **예** 나는 여러 자료를 보면서 보고서의 내용을 수정하고 보완해서 다시 제출했다. ● **설명** "보고서를 작성할 때 내용이 조금 부족해서 자료를 찾고 내용을 더해 보고서를 완성했어요. 보고서의 내용을 보완했어요. '보완하다'는 모자라거나 부족한 것을 보충하여 완전하게 한다는 뜻이에요."

핵심	◆ **정의** 가장 중심이 되거나 중요한 부분. **예** 공부할 시간이 부족해서 교과서의 핵심 내용만 보았다. ● **설명** "공부할 시간이 부족할 때 어떤 내용을 보는 게 좋을까요? 전체 내용을 다 읽을 수 없으니까 가장 중요한 부분만 읽어요. 핵심 부분만 봐요. '핵심'은 가장 중심이 되거나 중요한 부분을 의미해요."
으로써	◆ **정의** 앞에 오는 말이 뒤에 오는 말의 이유가 됨을 나타내는 조사. **예** 책을 읽음으로써 다양한 것을 알 수 있다. ◆ **정보** '-음으로써'로 쓴다. ● **설명** "저는 이 세상의 다양한 정보를 얻고 싶어요. 그래서 책을 읽어요. 책을 읽음으로써 다양한 것을 알 수 있어요. '으로써'는 이유를 나타낼 때 사용해요."

2) 교사는 학생들에게 교재 76, 77쪽에 제시된 내용을 읽게 한다.

　📖 "호민이가 숙제로 '경쟁'에 대한 글을 읽고 주제를 찾아야 해요. 글을 읽고 글의 주제를 어떻게 찾는지 한번 읽어 볼까요?"

3) 교사는 학생들에게 세부 내용을 확인하는 질문을 한다.

　📖 "경쟁의 의미가 뭐예요?"

　📖 "어떤 사람들은 경쟁을 부정적인 것이라고 생각한다고 해요. 그 사람들은 왜 경쟁을 부정적인 것이라고 생각해요?"

　📖 "하지만 경쟁이 나쁜 것만은 아니에요. 개인적인 측면에서의 경쟁은 어떤 장점이 있어요?"

　📖 "사회적인 측면에서 경쟁은 어떤 장점이 있어요?"

　📖 "경쟁이 개인과 사회의 발전에 큰 도움이 되려면 어떻게 해야 해요?"

　📖 "이 글의 목적은 뭐예요?"

　📖 "호민이가 찾은 첫 번째 문단의 중심 내용은 뭐예요?"

　📖 "두 번째와 세 번째 문단의 중심 내용은 뭐예요?"

　📖 "마지막 문단의 중심 내용은 뭐예요?"

　📖 "호민이는 각 문단의 중심 내용을 찾은 다음에 무엇을 확인했어요?"

　📖 "이 글의 주제는 뭐예요?"

　📖 "호민이는 이 글의 주제문을 뭐라고 작성했어요?"

4) 교사는 학생들에게 학습 기능에 대해 확인하는 질문을 한다.

　📖 "호민이가 글의 주제를 찾기 위해서 가장 먼저 무엇을 확인했어요?"

　📖 "글의 목적을 확인한 다음에 무엇을 찾았어요?"

　📖 "주제를 찾으려면 어떻게 해야 해요?"

　📖 "문단은 어떤 내용들로 이루어져 있어요?"

　📖 "각 문단의 중심 내용을 찾기 위해서는 어떤 것을 찾아야 해요?"

　📖 "중심 내용은 어떤 내용이어야 해요?"

교사는 학습 내용을 정리하며 수업을 마무리한다.

📖 "경쟁이란 뭐예요?"

📖 "경쟁의 장점에는 무엇이 있어요?"

📖 "호민이는 주제를 찾기 위해서 먼저 무엇을 확인했어요?"

📖 "책 읽기에서의 주제 찾기에 대해 배웠어요. 글을 읽고 글의 주제를 찾으려면 우선 글의 목적을 확인해야 해요. 그리고 각 문단의 중심 내용을 찾아야 해요. 모든 문단은 중심 내용과 중심 내용을 보완하는 내용으로 이루어져 있어요. 각 문단의 중심 내용을 찾기 위해서는 핵심이 되는 단어나 표현을 찾아야 해요. 이때 중심 내용은 세부 내용을 모두 포괄할 수 있는 내용이어야 해요. 각 문단의 중심 내용을 종합해서 요약하면 주제를 정리할 수 있어요. 주제를 확인한 다음에 주제문을 작성해요."

📖 "책을 읽고 각 문단의 중심 내용을 찾고 요약하면 글쓴이의 목적과 글의 주제를 더 쉽게 찾을 수 있어요."

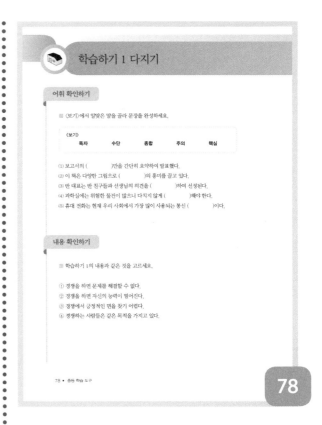

78

● **2차시**(의사소통 〈꼭 배워요〉와 연계할 경우 8차시)

[학습 목표]

• 책 읽기에서 주제 찾기에 대해 안다.

• 글을 읽고 글의 주제를 찾아 주제문을 작성할 수 있다.

어휘 확인하기 - 10분

1) 교사는 학생들에게 '어휘 확인하기' 문제를 풀게 한다.

📖 "〈보기〉를 보세요. 앞에서 배운 어휘가 있어요."

📖 "'독자'란 책이나 신문, 잡지 등을 읽는 사람을 의미해요."

📖 "'수단'이란 어떤 목적을 이루기 위해 쓰는 방법이나 도구를 말해요."

📖 "'종합'은 관련되는 여러 가지를 모아 하나로 합치는 것이에요."

📖 "'주의'는 마음속 깊이 생각하고 조심하는 것을 말해요."

📖 "'핵심'이란 가장 중심이 되거나 중요한 부분을 말해요."

📖 "아래 문장을 읽고 알맞은 어휘를 골라 문장을 완성해 보세요."

2) 교사는 학생들과 함께 문제의 답을 확인한다.

```
정답
(1) 핵심   (2) 독자   (3) 종합   (4) 주의   (5) 수단
```

내용 확인하기 - 5분

1) 교사는 학생들에게 '내용 확인하기' 문제를 풀게 한다.
   📖 "앞에서 호민이가 '경쟁'에 대한 글을 읽고 글의 주제를 찾는 글을 읽었어요. 학습하기 1의 내용과 같은 것을 고르세요."

2) 교사는 학생들과 함께 문제의 답을 확인한다.
   📖 "학습하기 1에서 경쟁이란 같은 목적에 대하여 이기거나 앞서려고 서로 겨루는 것을 말한다고 했어요. 그래서 답은 ④번이에요."

정답
④
① 경쟁을 하는 과정에서 자신의 약점을 발견해 문제를 해결하기도 한다.
② 경쟁함으로써 자신의 능력을 최대한 발휘할 수 있게 된다는 장점이 있다.
③ 경쟁을 부정적으로 생각하는 사람들이 있지만 경쟁이 나쁜 것만은 아니다. 개인적·사회적 측면에서 경쟁의 긍정적인 면을 찾을 수 있다.
④ (76쪽 본문) '경쟁이란 같은 목적에 대하여 이기거나 앞서려고 서로 겨루는 것을 말한다.'라는 내용을 보면 알 수 있다.

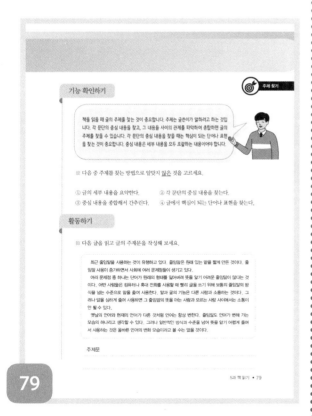

79

기능 확인하기 - 10분

1) 학습하기 1에서 배운 '주제 찾기' 기능을 정리한다.
   📖 "앞에서 호민이가 글을 읽고 글의 주제를 찾는 과정을 보았어요. 책을 읽을 때 글의 주제를 찾는 것이 중요해요. 주제는 글쓴이가 말하려고 하는 것이에요. 각 문단의 중

심 내용을 찾고, 그 내용들 사이의 관계를 파악하여 종합하면 글의 주제를 찾을 수 있어요. 각 문단의 중심 내용을 찾을 때는 핵심이 되는 단어나 표현을 찾는 것이 중요해요. 이때 중심 내용은 세부 내용을 모두 포괄하는 내용이어야 해요."

2) 교사는 학생들에게 '기능 확인하기' 문제를 풀게 한다.
   📖 "다음 중 주제를 찾는 방법으로 알맞지 않은 것을 고르세요."

3) 교사는 학생들과 함께 문제의 답을 확인한다.
   📖 "주제는 각 문단의 중심 내용을 찾고, 찾은 중심 내용들을 종합하여 요약하면 찾을 수 있어요. 글의 세부 내용을 요약하는 것은 주제를 찾는 방법이 아니에요. 그래서 답은 ①번이에요."

정답
①

활동하기 - 20분

1) 교사는 학생들에게 '활동하기'의 방법을 설명한 후 활동을 하게 한다.
   📖 "글의 주제를 찾기 위해서 먼저 각 문단의 중심 내용을 찾아야 해요. 중심 내용을 찾을 때는 핵심이 되는 단어나 표현을 찾아야 해요. 그리고 각 문단의 중심 내용을 요약하면 주제를 확인할 수 있어요. 주제를 확인한 다음에 글의 주제문을 작성해요."
   📖 "다음 글을 읽고 글의 주제문을 작성해 보세요."

2) 교사는 학생들과 함께 활동의 결과를 확인한다.
   📖 "이 글의 주제문은 뭐예요?"

예시 답안
주제문: 줄임말 사용을 줄이자.

교수-학습 지침
교사는 읽기 전 또는 읽은 후 활동으로 줄임말에 대해 이야기를 나눌 수 있다.
📖 "여러분은 줄임말을 자주 사용해요?"
📖 "여러분이 자주 사용하는 줄임말은 뭐예요?"
📖 "여러분은 줄임말에 대해서 어떻게 생각해요?"

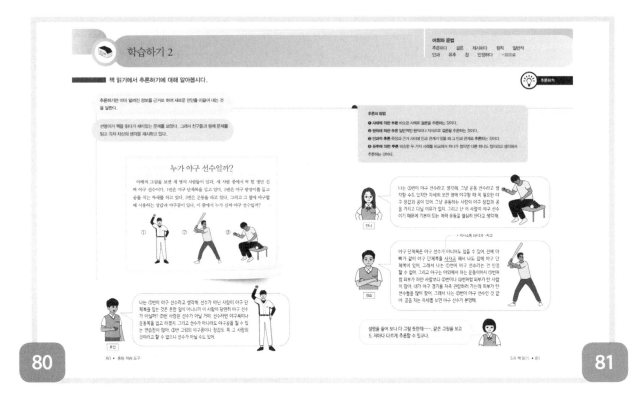

● **3차시** (의사소통 〈꼭 배워요〉와 연계할 경우 9차시)

[학습 목표]

- 책 읽기에서 추론하기에 대해 안다.
- 책 읽기에서 추론하기의 방법에 대해 안다.

본문의 구성과 내용

- 본문은 **책 읽기 활동**에서 하게 되는 **추론하기 학습 기능**을 보여 주고 있다.
- 본문의 내용은 호민이와 안나, 정호가 책을 읽고 문제를 푸는 과정 중 일부이다. 친구들은 문제를 읽고 답을 추론하고 있다.

도입 - 10분

1) 교사는 교재 74, 75쪽에서 배운 학습 활동에 대해 복습한다.
   - 📖 "책을 잘 읽으려면 책 읽기 전에 어떤 것을 하면 좋아요?"
   - 📖 "책의 내용을 요약하고 글의 주제를 찾는 건 책 읽기의 과정 중 언제 하는 거예요?"
   - 📖 "책을 읽으면 어떤 효과가 있어요?"
   - 📖 "좋은 책을 고르는 방법에는 뭐가 있어요?"

2) 교사는 학생들에게 학습하기 2에서 배울 학습 기능을 소개한다.
   - 📖 "추론하며 글을 읽으면 글에 직접 드러나지 않은 내용에 대해서 생각해 볼 수 있어서 글을 더 잘 이해할 수 있어요. 추론하며 읽기란 글에 드러나 있지 않은 내용까지도 미루어 파악해 내는 읽기 방법이에요."

- 📖 "추론하기란 이미 알려진 정보를 근거로 하여 새로운 판단을 이끌어 내는 것을 말해요. 학습하기 2에서는 책을 읽을 때 추론하는 방법을 공부할 거예요."

교수-학습 지침

익힘책 48쪽에 추론을 할 때 주의할 점이 제시되어 있다. 교사는 이를 고려하여 수업을 진행한다.

전개 - 30분

1) 교사는 다음에 제시되는 내용을 참고하여 학생들에게 어휘와 문법을 설명한다.

추론하다	◆ **정의** 미루어 생각하여 옳고 그름을 따지다. 📗 유물을 통해 옛날 사람들의 생활 방식을 추론할 수 있다. ● **설명** "박물관에 가면 옛날 사람들이 사용한 물건을 볼 수 있어요. 이런 물건을 보면 옛날 사람들이 어떻게 생활했는지 생각해 볼 수 있어요. 옛날 사람들의 생활 방식을 추론할 수 있어요. '추론하다'는 미루어 생각하여 옳고 그름을 따진다는 뜻이에요."
결론	◆ **정의** 어떤 문제에 대하여 마지막으로 내린 판단. 또는 말이나 글을 마무리하는 부분. 📗 다양한 의견을 듣고 나서 결론을 내렸다. ● **설명** "축제 때 무엇을 할지 학급 회의를 했어요. 반장이 학생들의 의견을 모아 무엇을 할지 결론을 내렸어요. '결론'은 어떤 문제에 대해 마지막으로 내린 판단을 말해요. 또는 말이나 글을 마무리하는 부분을 의미하기도 해요."

제시하다	◆ **정의** 무엇을 하고자 하는 생각을 말이나 글로 나타내어 보이다. ◘ 과학자는 환경 오염 문제를 해결할 방법을 제시하였다. ● **설명** "과학자는 환경 오염 문제를 해결할 방법을 사람들에게 보여 주었어요. 과학자는 환경 오염 문제를 해결할 방법을 제시했어요. '제시하다'는 무엇을 하려고 하는 생각을 말이나 글로 나타내어 보인다는 뜻이에요."
원칙	◆ **정의** 어떤 행동이나 이론 등에서 일관되게 지켜야 하는 기본적인 규칙이나 법칙. ◘ 선생님은 지각하는 사람은 벌을 받는다는 원칙을 정해 놓았다. ◆ **정보** (비슷한 말) 법칙, 규칙, 법 ● **설명** "우리 반에는 어떤 규칙이 있어요? 지각을 하면 벌을 받는다는 원칙이 있어요. '원칙'은 어떤 행동이나 이론 등에서 똑같이 지켜야 하는 기본적인 규칙을 말해요."
일반적	◆ **정의** 전문적이거나 특별한 분야에 속하지 않는 것. ◘ 이 책은 내용이 일반적이지 않아서 이해하기 조금 어렵다. ◆ **정보** (비슷한 말) 보편적 　　(반대되는 말) 전문적 ● **설명** "이 책은 전문적인 내용을 담고 있어서 어려워요. 책 내용이 일반적이지 않아서 이해하기 어려워요. '일반적'은 전문적이거나 특별한 분야에 속하지 않는 것을 말해요."
인과	◆ **정의** 원인과 결과. ◘ 어떤 문제를 해결하기 위해서는 먼저 인과 관계를 살펴야 한다. ● **설명** "어떤 문제를 해결하려면 먼저 그 문제의 원인과 결과의 관계를 살펴야 해요. 인과 관계를 알아야 해요. '인과'란 원인과 결과를 의미해요."
유추	◆ **정의** 같거나 비슷한 성질을 가진 것을 통해 다른 사물이나 현상을 미루어 짐작함. ◘ 비슷한 과거의 사례 분석을 통해 이번 사건의 원인도 유추할 수 있다. ◆ **정보** (비슷한 말) 짐작 ● **설명** "'가다'를 '-아/어요' 문법으로 바꿔 쓰면 '가요'라고 써요. '타다'는 '타요'라고 고쳐 써요. 그럼 '사다'는 어떻게 바꾸면 되는지 유추해 보세요. '유추'란 같거나 비슷한 성질을 가진 것을 통해 다른 사물이나 상태를 미루어 생각하는 것을 말해요."
참	◆ **정의** 사실이나 이치에 조금도 어긋남이 없는 것. ◘ 인터넷에서 찾은 정보가 참인지 거짓인지 어떻게 구분할 수 있을까? ◆ **정보** (비슷한 말) 진실 　　(반대되는 말) 거짓 ● **설명** "인터넷에서 자료를 찾아보면 사실인 정보도 있고 사실이 아닌 정보도 있어요. 참인 정보와 거짓인 정보를 구분할 줄 알아야 해요. '참'은 사실에 조금도 틀리지 않는 것을 말해요."

인정하다	◆ **정의** 어떤 것이 확실하다고 여기거나 받아들이다. ◘ 친구가 자신의 잘못을 인정하고 사과했다. ● **설명** "친구가 실수로 제 발을 밟았어요. 친구는 자기가 잘못했다고 했어요. 자신의 잘못을 인정했어요. '인정하다'는 어떤 것이 확실하다고 생각하거나 받아들인다는 뜻이에요."
-으므로	◆ **정의** 원인이나 이유를 나타내는 연결 어미. ◘ 정말 최선을 다했으므로 더 이상 아쉬움은 없다. ◆ **정보** 'ㄹ'을 제외한 받침 있는 동사와 형용사 또는 '-었-', '-겠-' 뒤에 붙여 쓴다. '이다', 받침이 없거나 'ㄹ' 받침인 동사와 형용사에는 '-므로'를 붙여 쓴다. ● **설명** "달리기 대회에서 저는 정말 많이 노력했어요. 최선을 다해서 열심히 했어요. 그래서 더 이상 아쉽지 않아요. 최선을 다했으므로 아쉬움이 없어요. '-으므로'는 원인이나 이유를 나타낼 때 사용해요."

2) 교사는 학생들에게 교재 80, 81쪽에 제시된 내용을 읽게 한다.
　　◨ "호민이와 안나, 정호가 책에서 찾은 추론 문제를 함께 풀고 있어요. 누가 야구 선수인지 추론하는 문제예요. 각자 어떻게 답을 추론하고 있는지 한번 읽어 볼까요?"

3) 교사는 학생들에게 세부 내용을 확인하는 질문을 한다.
　　◨ "호민이는 어떤 사람이 야구 선수라고 생각해요?"
　　◨ "호민이는 왜 ①번이 야구 선수라고 생각해요?"
　　◨ "호민이는 ②번은 왜 야구 선수가 아니라고 생각해요?"
　　◨ "호민이는 ③번은 왜 야구 선수가 아니라고 생각해요?"
　　◨ "안나는 누가 야구 선수라고 생각해요?"
　　◨ "안나는 왜 ③번이 야구 선수라고 생각해요?"
　　◨ "정호는 누가 야구 선수라고 생각해요?"
　　◨ "정호는 왜 ②번이 야구 선수라고 생각해요?"
　　◨ "정호는 왜 ①번이 야구 선수가 아니라고 생각해요?"

4) 교사는 학생들에게 학습 기능에 대해 확인하는 질문을 한다.
　　◨ "추론의 방법에는 무엇이 있어요?"
　　◨ "사례에 의한 추론은 뭐예요?"
　　◨ "원칙에 의한 추론은 뭐예요?"
　　◨ "주장과 근거 사이에 인과 관계가 있을 때 그 인과 관계로 추론하는 방법은 뭐예요?"
　　◨ "비슷한 두 가지 사례를 비교해서 하나가 참이면 다른 하나도 참이라고 생각하는 추론의 방법은 뭐예요?"
　　◨ "호민이가 사용한 추론하기 방법은 뭐예요?"
　　◨ "안나는 어떤 방법으로 추론했어요?"
　　◨ "정호가 사용한 추론 방법은 뭐예요?"

정리 - 5분

교사는 학습 내용을 정리하며 수업을 마무리한다.
　　◨ "호민이는 왜 ①번이 야구 선수라고 생각해요?"

- 🔲 "안나는 왜 ③번이 야구 선수라고 생각해요?"
- 🔲 "정호는 ①번과 ③번이 왜 야구 선수가 아니라고 생각해요?"
- 🔲 "호민, 안나, 정호의 추론 내용은 같아요?"
- 🔲 "책 읽기에서의 추론하기에 대해 배웠어요. 추론의 방법에는 사례에 의한 추론, 원칙에 의한 추론, 인과적 추론, 유추에 의한 추론이 있어요. 사례에 의한 추론은 비슷한 사례로 결론을 추론하는 것이에요. 증거로 제시한 사례가 믿을 수 있는 것인지 확인하는 것이 중요해요. 원칙에 의한 추론은 일반적인 원칙이나 지식으로 결론을 추론하는 것이에요. 듣는 사람이 일반적으로 동의할 수 있는 원칙을 제시하는 것이 중요해요. 인과적 추론은 주장과 근거 사이에 인과 관계가 있을 때 그 인과 관계로 추론하는 것이에요. 원인이 잘못되면 잘못된 결론이 나오므로 원인이 무엇인지 잘 파악해야 해요. 마지막으로 유추에 의한 추론은 비슷한 두 가지 사례를 비교해서 하나가 참이면 다른 하나도 참이라고 생각해서 추론하는 것이에요. 이때 비교하는 사례가 비슷하다는 것이 인정되어야 해요."
- 🔲 "호민이와 안나, 정호의 추론 내용을 보면 각각의 생각들이 모두 달라요. 같은 그림을 보고서도 이렇게 사람마다 다르게 추론할 수 있어요."

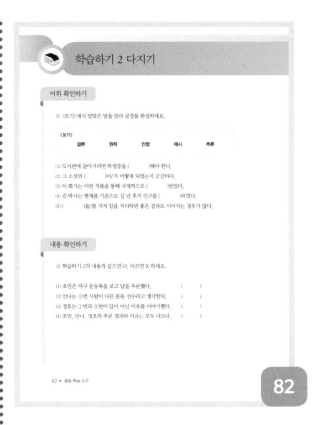

● 4차시(의사소통 〈꼭 배워요〉와 연계할 경우 10차시)

[학습 목표]
- 책 읽기에서 추론하기에 대해 안다.
- 그림을 보고 답을 추론할 수 있다.

어휘 확인하기 - 10분

1) 교사는 학생들에게 '어휘 확인하기' 문제를 풀게 한다.
   - 🔲 "〈보기〉를 보세요. 앞에서 배운 어휘가 있어요."
   - 🔲 "'결론'은 어떤 문제에 대하여 마지막으로 내린 판단을 의미해요."
   - 🔲 "'원칙'은 어떤 행동이나 이론 등에서 똑같이 지켜야 하는 기본적인 규칙을 말해요."
   - 🔲 "'인정'은 어떤 것이 확실하다고 생각하거나 받아들이는 것을 말해요."
   - 🔲 "'제시'는 무엇을 하려고 하는 생각을 말이나 글로 나타내어 보이는 것을 말해요."
   - 🔲 "'추론'은 미루어 생각하여 옳고 그름을 따지는 것을 말해요."
   - 🔲 "아래 문장을 읽고 알맞은 어휘를 골라 문장을 완성해 보세요."
2) 교사는 학생들과 함께 문제의 답을 확인한다.

정답
(1) 제시 (2) 결론 (3) 인정 (4) 추론 (5) 원칙

1) 교사는 학생들에게 '내용 확인하기' 문제를 풀게 한다.

　📖 "앞에서 호민이와 안나, 정호가 글을 읽고 답을 추론하는 과정을 봤어요. 학습하기 2의 내용과 같으면 O, 다르면 X 하세요."

2) 교사는 학생들과 함께 문제의 답을 확인한다.

　📖 "호민이는 선수가 아닌 사람이 야구 단체복을 입는 것은 흔한 일이 아니라고 말했어요. 그래서 (1)번은 맞아요. 안나는 ③번 사람이 야구 선수이기 때문에 옆에 야구공과 장갑이 있다고 생각해요. 그래서 (2)번은 틀렸어요. 정호의 말을 보면 ①번이 답이 아닌 이유는 설명했지만 ③번이 답이 아닌 이유는 설명하지 않았어요. 그래서 (3)번은 틀렸어요. 호민과 안나, 정호의 추론 결과와 이유는 모두 다르게 나타났어요. 그래서 (4)번은 맞아요."

정답

(1) O　(2) X　(3) X　(4) O

(1) (81쪽 본문) '선수가 아닌 사람이 야구 단체복을 입는 것은 흔한 일이 아니니까 이 사람이 당연히 야구 선수가 아닐까?', '선수라면 야구복이나 운동복을 입고 하겠지.'라는 내용을 보면 알 수 있다.

(2) 안나는 ③번이 야구 선수라고 생각한다.

(3) 정호는 ①번이 답이 아닌 이유는 설명했지만 ③번이 답이 아닌 이유는 설명하지 않았다.

(4) (81쪽 본문) '같은 그림을 보고도 저마다 다르게 추론할 수 있구나.'라는 내용을 보면 알 수 있다.

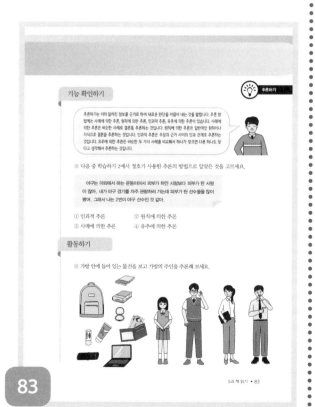

---

1) 학습하기 2에서 배운 '추론하기' 기능을 정리한다.

　📖 "앞에서 호민이와 안나, 정호가 문제를 해결하기 위해서 답을 추론하는 과정을 보았어요. 추론하기는 이미 알려진 정보를 근거로 하여 새로운 판단을 이끌어 내는 것을 말해요. 추론 방법에는 사례에 의한 추론, 원칙에 의한 추론, 인과적 추론, 유추에 의한 추론이 있어요. 사례에 의한 추론은 비슷한 사례로 결론을 추론하는 것이에요. 원칙에 의한 추론은 일반적인 원칙이나 지식으로 결론을 추론하는 것이에요. 인과적 추론은 주장과 근거 사이의 인과 관계로 추론하는 것이에요. 유추에 의한 추론은 비슷한 두 가지 사례를 비교해서 하나가 맞으면 다른 하나도 맞다고 생각해서 추론하는 것이에요."

2) 교사는 학생들에게 '기능 확인하기' 문제를 풀게 한다.

　📖 "아래 내용은 학습하기 2에서 정호가 말한 것이에요. 정호가 사용한 추론의 방법을 찾아보세요."

3) 교사는 학생들과 함께 문제의 답을 확인한다.

　📖 "정호는 야구 선수들은 대부분 피부가 탔다고 생각해요. 그래서 이 문제에서도 피부가 하얀 사람보다는 피부가 탄 사람이 야구 선수일 거라고 생각해요. 이렇게 두 가지 사례를 비교해서 하나가 맞으면 다른 하나도 맞다고 생각해서 하는 추론의 방법을 유추에 의한 추론이라고 해요. 그래서 답은 ④번이에요."

정답

④

---

1) 교사는 학생들에게 '활동하기'의 방법을 설명한 후 활동을 하게 한다.

　📖 "아래 가방 안에 들어 있는 물건을 보고 가방의 주인을 추론해 보세요. 가방 안에 책, 입술 보호제, 핸드크림, 거울, 필통, 노트북, 지갑이 있어요. 오른쪽에 보면 여학생, 남학생, 30대 정도의 여자 직장인, 50대 남자 직장인이 있어요. 이 가방은 네 사람 중에서 누구의 것일까요? 자신의 생각을 아래에 적고 친구의 생각과 비교해 보세요."

2) 교사는 학생들과 함께 활동의 결과를 확인한다.

　📖 "이 가방은 누구의 것이라고 생각해요?"

　📖 "왜 그렇게 생각했어요?"

　📖 "다른 친구들의 생각과 같아요? 달라요?"

교수-학습 지침

교사는 학습자들이 자유롭게 추론을 할 수 있게 한다. 이때 각자 어떤 추론의 방법을 사용하였는지 함께 이야기하게 한다.

6과 필기하기

● 학습 목표

- 수업을 들으면서 필기하는 방법에 대해 안다.
- 필기할 때 메모하기를 활용할 수 있다.
- 핵심 개념을 중심으로 정보를 분류할 수 있다.

● 단원 내용

1. 학습 활동: 필기하기
2. 학습 기능: 메모하기
　　　　　　　분류하기
3. 학습 주제: 소설의 개념과 구성
　　　　　　　태양계 행성 분류

● 수업 개요

1·2차시(학습하기 1): 필기하기에서 메모하기에 대해
　　　　　　　　　　안다.
3·4차시(학습하기 2): 필기하기에서 분류하기에 대해
　　　　　　　　　　안다.

● 어휘 및 문법

[학습하기 1]

현실, 상상하다, 삶, 요소, 효과적, 질서, 독특하다, 배경,
배치하다, 마무리, 시대, 공간, 전개되다

[학습하기 2]

분류하다, 특징, 존재하다, 공통점, 차이점, 성질, 성분

[알면 쓸모 있는 어휘(익힘책 52쪽)]

예시, 보충하다, 요약정리, 코넬식 필기법

의사소통 3권 6과 〈꼭 배워요〉의 주요 내용

[어휘]

검색창, 인터넷 화면, 로그인, 아이디, 비밀번호, 로그아웃, 버튼,
올리다, 파일, 보내다, 다운로드하다(내려받다), 보내다, 공유하
다, 소식을 주고받다, 동영상, 범위, 빈자리, 사용법, 서비스, 설명
서, 수도, 수도꼭지, 새벽, 온라인, 응급실, 새로, 맞다, 불만족스
럽다

[문법 1] '-고 나다'

　　　예 화장실을 사용하고 나서 불을 꺼 주세요.

[문법 2] '-는 중이다'

　　　예 동생은 지금 세수하는 중이에요.

[문법 3] '-는다면'

　　　예 이 일에 찬성한다면 큰 박수를 보내 주세요.

[문법 4] '-을 수밖에 없다'

　　　예 약속에 늦어서 택시를 탈 수밖에 없다.

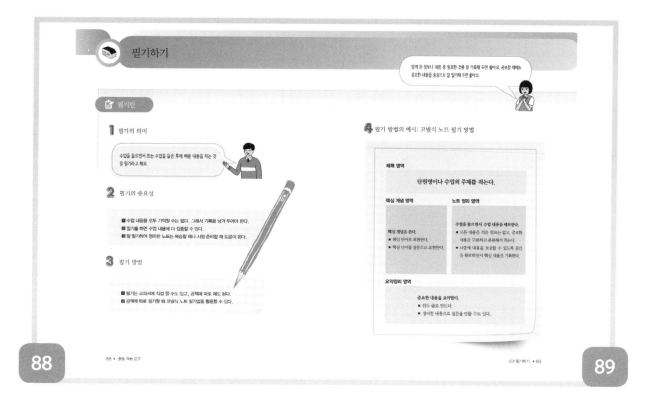

● **1차시**(의사소통 〈꼭 배워요〉와 연계할 경우 7차시)

[학습 목표]

• 필기하기에서 메모하기에 대해 안다.
• 필기하기에서 메모하기의 방법에 대해 안다.

본문의 구성과 내용

• 본문은 **국어 교과의 필기하기 활동**에서 하게 되는 **메모하기 학습 기능**을 보여 주고 있다.
• 본문의 내용은 호민이가 '소설의 개념 및 구성'에 대해 수업을 듣고 있는 과정 중 일부이다. 호민이는 수업을 들으면서 배운 내용을 책에 메모하고 있다.

도입 - 10분

1) 교사는 학생들에게 교재 88, 89쪽의 학습 활동에 대해 설명한다.

🔲 "필기가 뭐예요?"

🔲 "필기란 수업을 들으면서 또는 수업을 들은 후에 배운 내용을 적는 것을 말해요."

🔲 "필기를 해 봤어요?"

🔲 "왜 필기해요?"

🔲 "우리는 수업을 듣고 수업의 내용을 모두 기억할 수 없어요. 그래서 수업 내용에 대해 그 기록을 남겨야 해요. 수업을 들으면서 필기를 하면 수업 내용에 더 집중할 수 있어요."

🔲 "어떻게 필기해요?"

🔲 "필기는 교과서에 직접 할 수도 있고, 공책에 따로 해도 돼요."

교수-학습 지침

익힘책 53쪽에 필기를 잘하는 방법과 과목별 필기법이 추가로 제시되어 있다. 교사는 이를 고려하여 수업을 진행한다.

2) 교사는 학생들에게 학습하기 1에서 배울 학습 기능을 소개한다.

🔲 "수업을 들으면서 필기할 때 수업 내용을 메모해요. 메모하기란 어떤 내용을 잊어버리지 않기 위해 중요한 점을 간단하고 짧게 적어 두는 것을 말해요. 학습하기 1에서는 필기하기에서 메모하는 방법을 공부할 거예요."

교수-학습 지침

익힘책 54쪽에 독서하면서 메모를 하면 좋은 점과 독서하면서 책의 빈 공간에 메모하면 좋을 내용이 제시되어 있다. 교사는 이를 고려하여 수업을 진행한다.

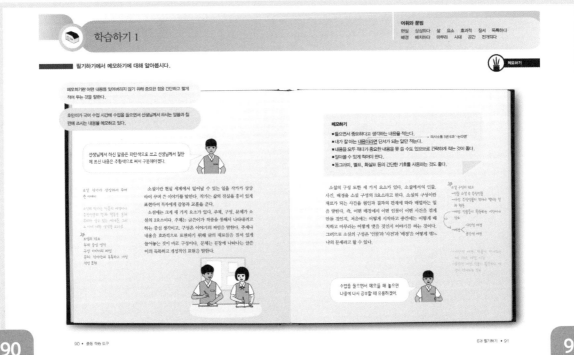

전개 - 30분

1) 교사는 다음에 제시되는 내용을 참고하여 학생들에게 어휘와 문법을 설명한다.

현실	◆ **정의** 현재 실제로 있는 사실이나 상태. **예** 영수는 현실에 만족하지 않고 끊임없이 새로운 것에 도전한다. ◆ **정보** (비슷한 말) 사실, 실재, 실제 (반대되는 말) 이상, 공상, 꿈 ● **설명** "잠을 잘 때 꿈을 꾸지요? 꿈속에서는 하늘을 날거나 내가 다른 사람이 되기도 해요. 꿈속의 이야기는 현실이 아니에요. '현실'은 현재 실제로 있는 사실이나 상태를 의미해요."
상상하다	◆ **정의** 실제로 없는 것이나 경험하지 않은 것을 머릿속으로 그려 보다. **예** 과학 기술의 발달로 사람들이 상상하는 것이 현실이 되었다. ◆ **정보** (반대되는 말) 경험하다 ● **설명** "10년 뒤 여러분은 어떤 모습을 하고 있을까요? 10년, 20년 뒤에는 우리의 생활도 많이 달라질까요? 미래에 대해서 상상해 봐요. '상상하다'는 실제로 없는 것이나 경험하지 않은 것을 머릿속으로 그려 본다는 뜻이에요."

삶	◆ **정의** 사는 일. 또는 살아 있음. **예** 이 영화는 한 사람의 삶에 대해 이야기하고 있다. ◆ **정보** (비슷한 말) 목숨, 생, 생명 (반대되는 말) 죽음 ● **설명** "이 영화는 주인공의 생활에 대해 이야기하고 있어요. 주인공의 삶에 대한 영화예요. '삶'이란 사는 일, 또는 살아 있음을 의미해요."
요소	◆ **정의** 무엇을 이루는 데 반드시 있어야 할 중요한 성분이나 조건. **예** 성공을 이루는 요소는 재능보다 노력과 성실이다. ● **설명** "성공하기 위해서는 어떤 조건들이 필요할까요? 성공을 위해 필요한 중요한 조건, 요소에는 무엇이 있어요? 성공을 이루는 요소는 노력과 성실 등이 있어요. '요소'란 무엇을 이루는 데 반드시 있어야 할 중요한 조건을 말해요."
효과적	◆ **정의** 어떠한 것을 하여 좋은 결과가 얻어지는 것. **예** 선영이는 시간을 효과적으로 활용해서 공부와 일을 함께 했다. ● **설명** "좋은 성적을 받기 위해서 어떤 방법으로 공부하는 게 좋을까요? 효과적인 공부 방법에는 무엇이 있을까요? '효과적'이란 어떤 것을 해서 좋은 결과가 얻어지는 것을 의미해요."
질서	◆ **정의** 사람들이나 물건들이 혼란스럽지 않게 정돈되어 있는 모습. 또는 그러기 위하여 지켜야 하는 규칙. **예** 책장에 책을 질서 있게 정리해 두었다. ● **설명** "저는 책장에 책을 가나다순으로 정리해요. 책을 질서 있게 정리해요. '질서'란 사람들이나 물건들이 정리되어 있는 모습이나 그러기 위해 지켜야 하는 규칙을 의미해요."

독특하다	◆ **정의** 다른 것과 비교하여 특별하게 다르다. 📖 이 채소는 향이 독특해서 좋아하는 사람과 못 먹는 사람이 확실하게 나뉜다. ◆ **정보** (반대되는 말) 평범하다 ● **설명** "채소마다 다른 냄새가 나요. 그런데 이 채소는 다른 채소들과 다르게 아주 특별한 냄새가 나요. 이 채소의 냄새는 독특해요. '독특하다'는 다른 것과 비교하여 특별하게 다르다는 뜻이에요."
배경	◆ **정의** 문학 작품에서, 시간적, 공간적, 사회적 환경. 📖 이 소설은 농촌을 배경으로 하고 있다. ● **설명** "이 소설은 한국의 농촌에서 생긴 일에 대한 내용이에요. 한국의 농촌을 배경으로 쓴 소설이에요. '배경'이란 문학 작품에서 시간적, 공간적, 사회적 환경을 의미해요."
배치하다	◆ **정의** 사람이나 물건 등을 알맞은 자리에 나누어 놓다. 📖 우리 학교에서는 새 학년이 되면 학생의 성적을 고려해서 반을 배치한다. ● **설명** "학년마다 반이 바뀌어요. 우리 학교에서는 새 학년이 되면 학생의 성적을 고려해서 반을 나누어요. 성적에 따라 반을 배치해요. '배치하다'란 사람이나 물건 등을 알맞은 자리에 나누어 놓는다는 뜻이에요."
마무리	◆ **정의** 논설문에서 글의 끝맺는 부분. 또는 일을 끝냄. 📖 이 책은 생활 속에서 에너지를 아끼는 방법밖에 없다고 마무리 짓고 있다. ◆ **정보** (비슷한 말) 결론, 맺음말 　　(반대되는 말) 시작 ● **설명** "어떤 책을 읽었는데 마지막 부분이 조금 부족한 것 같아요. 이 책은 마무리가 조금 부족하다고 말할 수 있어요. '마무리'는 글이 끝나는 부분을 말해요."
시대	◆ **정의** 역사적으로 어떤 특징을 기준으로 나눈 일정한 기간. 📖 오늘날은 가지고 있는 정보의 양이 힘이 되는 정보화 시대이다. ● **설명** "오늘날은 가지고 있는 정보의 양이 힘이 되는 때예요. 정보의 양이 힘이 되는 정보화 시대예요. '시대'란 역사적으로 어떤 특징을 기준으로 나눈 일정한 기간을 의미해요."
공간	◆ **정의** 어떤 일을 하기 위한 특정한 장소. 📖 도서관은 조용히 책을 읽거나 공부할 수 있는 공간이다. ● **설명** "도서관은 무엇을 하는 장소예요? 도서관은 조용히 책을 읽거나 공부할 수 있는 공간이에요. '공간'이란 어떤 일을 하기 위한 특정한 장소를 말해요."
전개되다	◆ **정의** 자세한 내용이 진행되어 펼쳐지다. 📖 소설의 뒷부분이 어떻게 전개되는지 이미 알고 있어서 별로 재미가 없다. ● **설명** "소설의 뒷부분이 어떻게 진행될지 미리 알면 재미가 없어요. 소설의 내용이 앞으로 어떻게 전개될지 알고 있으면 별로 재미가 없어요. '전개되다'란 자세한 내용이 진행되어 펼쳐진다는 뜻이에요."

2) 교사는 학생들에게 교재 90, 91쪽에 제시된 내용을 읽게 한다.

　🖥 "호민이가 국어 수업을 들으면서 선생님께서 하시는 말씀과 선생님께서 칠판에 쓰시는 내용을 메모하고 있어요. 어떤 내용인지 한번 읽어 볼까요?"

3) 교사는 학생들에게 세부 내용을 확인하는 질문을 한다.

　🖥 "호민이는 선생님께서 하신 말씀과 칠판에 쓰신 내용을 어떻게 구분해서 메모했어요?"

　🖥 "호민이는 수업 내용을 어디에 메모했어요?"

　🖥 "소설이란 어떤 이야기를 말해요?"

　🖥 "소설의 요소에는 무엇이 있어요?"

　🖥 "소설의 3요소 중 주제는 뭐예요?"

　🖥 "소설의 구성이란 무엇이에요?"

　🖥 "소설의 3요소 중 문체는 뭐예요?"

　🖥 "소설의 구성의 3요소에는 무엇이 있어요?"

4) 교사는 학생들에게 학습 기능에 대해 확인하는 질문을 한다.

　🖥 "메모할 때에는 어떤 것을 적어야 해요?"

　🖥 "잘 알고 있는 내용도 다 메모하는 것이 좋을까요?"

　🖥 "잘 알고 있는 내용일 때에는 어떤 말만 적는 것이 좋아요?"

　🖥 "메모는 왜 간략하게 적는 것이 좋아요?"

　🖥 "메모를 적을 때에는 어떤 글씨로 써야 해요?"

　🖥 "메모를 할 때 글자 말고 또 무엇을 사용하는 것이 좋아요?"

정리 - 5분

교사는 학습 내용을 정리하며 수업을 마무리한다.

　🖥 "소설이란 뭐예요?"

　🖥 "소설의 3요소는 뭐예요?"

　🖥 "소설의 구성 요소는 몇 가지가 있어요?"

　🖥 "소설의 구성 요소는 무엇이에요?"

　🖥 "호민이는 수업을 들으면서 무엇을 메모했어요?"

　🖥 "호민이는 메모를 할 때 어떤 방법을 사용했어요?"

　🖥 "필기하기에서 메모하기에 대해 배웠어요. 메모는 들으면서 중요하다고 생각하는 내용을 간단하고 짧게 적는 것을 말해요. 내용을 모두 적다가 중요한 내용을 못 쓸 수도 있으므로 간략하게 적는 것이 좋아요. 따라서 자신이 잘 아는 내용이라면 단서가 되는 말만 적어요. 그리고 메모할 때는 자신이 알아볼 수 있게 적어야 해요. 또한 동그라미, 별표, 화살표 등의 간단한 기호를 사용하는 것도 좋은 방법이에요."

　🖥 "수업을 들으면서 배운 내용을 간단하게 메모해 놓으면 복습할 때나 시험 보기 전에 다시 공부할 때 유용해요."

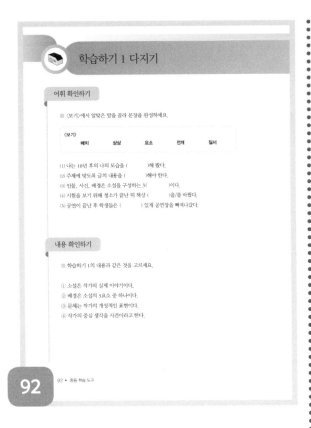

1) 교사는 학생들에게 '내용 확인하기' 문제를 풀게 한다.

📖 "앞에서 호민이가 수업을 들으면서 메모한 내용을 읽었어요. 학습하기 1에서 배운 내용과 같은 것을 고르세요."

2) 교사는 학생들과 함께 문제의 답을 확인한다.

📖 "소설은 현실 세계에서 일어날 수 있는 일을 작가가 상상하여 꾸며 쓴 이야기예요. 소설에서의 배경은 소설 구성의 3요소 중 하나예요. 문체는 문장에 나타나는 글쓴이의 독특하고 개성적인 표현이에요. 마지막으로 작가의 중심 생각은 사건이 아니라 주제예요. 사건은 등장인물이 겪거나 벌이는 일과 행동을 말해요. 그래서 답은 ③번이에요."

정답
③
① 소설은 현실 세계에서 일어날 수 있는 일을 작가가 상상하여 꾸며 쓴 이야기이다.
② 배경은 소설 구성의 3요소 중 하나이다.
③ (90쪽 본문) '문체는 문장에 나타나는 글쓴이의 독특하고 개성적인 표현을 말한다.'라는 내용을 보면 알 수 있다.
④ 작가의 중심 생각은 주제이다. 사건은 등장인물이 겪거나 벌이는 일과 행동을 말한다.

● 2차시 (의사소통 〈꼭 배워요〉와 연계할 경우 8차시)

[학습 목표]

• 필기하기에서 메모하기에 대해 안다.
• 영상을 보면서 메모할 수 있다.

어휘 확인하기 - 10분

1) 교사는 학생들에게 '어휘 확인하기' 문제를 풀게 한다.

📖 "〈보기〉를 보세요. 앞에서 배운 어휘가 있어요."

📖 "'배치'란 사람이나 물건 등을 알맞은 자리에 나누어 놓는 것을 말해요."

📖 "'상상'이란 실제로 없는 것이나 경험하지 않은 것을 머릿속으로 그려 보는 것을 의미해요."

📖 "'요소'란 무엇을 이루는 데 반드시 있어야 할 중요한 조건을 말해요."

📖 "'전개'란 자세한 내용이 진행되어 펼쳐져 나가는 것을 말해요."

📖 "'질서'란 사람들이나 물건들이 정리되어 있는 모습, 또는 그러기 위해 지켜야 하는 규칙을 말해요."

📖 "아래 문장을 읽고 알맞은 어휘를 골라 문장을 완성해 보세요."

2) 교사는 학생들과 함께 문제의 답을 확인한다.

정답
(1) 상상 (2) 전개 (3) 요소 (4) 배치 (5) 질서

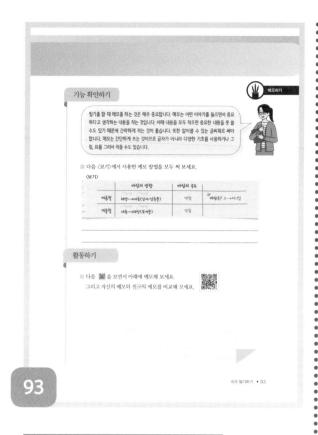

기능 확인하기 - 10분

1) 학습하기 1에서 배운 '메모하기' 기능을 정리한다.

　📺 "학습하기 1에서 호민이가 국어 수업을 들으면서 메모하는 과정을 보았어요. 메모는 어떤 이야기를 들으면서 중요하다고 생각하는 내용을 적는 것이에요. 이때 내용을 모두 적으면 중요한 내용을 못 쓸 수도 있기 때문에 간략하게 적는 것이 좋아요. 또한 알아볼 수 있는 글씨체로 써야 해요. 메모는 간단하게 쓰는 것이므로 글자가 아니라 다양한 기호를 사용하거나 그림, 표를 그려서 적을 수도 있어요."

2) 교사는 학생들에게 '기능 확인하기' 문제를 풀게 한다.

　📺 "다음 〈보기〉에서 사용한 메모 방법을 모두 써 보세요."

3) 교사는 학생들과 함께 문제의 답을 확인한다.

　📺 "〈보기〉에서 어떤 메모 방법을 사용했어요?"

　📺 "〈보기〉를 보면 표를 그려서 메모를 했어요. 표 안의 내용을 보면 검정색, 파란색, 빨간색을 사용하여 색깔로 중요도를 구분했어요. 그리고 화살표, 별표 등의 기호를 사용했어요."

정답
- 표를 그려서 메모했다.
- 화살표, 별표 등의 기호를 사용했다.
- 검은색, 파란색, 빨간색 등의 색깔로 중요도를 구분했다.

활동하기 - 20분

1) 교사는 학생들에게 '활동하기'의 방법을 설명한 후 활동을 하게 한다.

　📺 "학습하기 1에서 호민이가 수업을 들으면서 메모하는 과정을 보았어요. 이번에는 여러분이 영상을 보면서 메모를 할 거예요. 영상을 보면서 여러분이 중요하다고 생각하는 내용을 간단하게 메모해 보세요. 메모를 할 때에는 알아볼 수 있는 글씨체로 써야 해요. 그리고 화살표나 별표 등의 기호를 사용하거나 그림, 표를 그려서 메모해도 좋아요."

교수-학습 지침
교사는 교과서에 제시되어 있는 QR 코드의 내용으로 메모하기 활동을 진행한다. 또는 이전에 수업했던 자료 혹은 이후 수업에 필요한 내용의 영상을 통해 메모하기 활동을 진행해도 좋다.

2) 교사는 학생들과 함께 활동의 결과를 확인한다.

　📺 "어떤 내용을 메모했어요?"

　📺 "자신이 쓴 메모와 친구가 쓴 메모를 비교해 보세요. 내용이 비슷해요?"

　📺 "자신이 사용한 메모하기 방법과 친구가 사용한 메모하기 방법을 비교해 보세요."

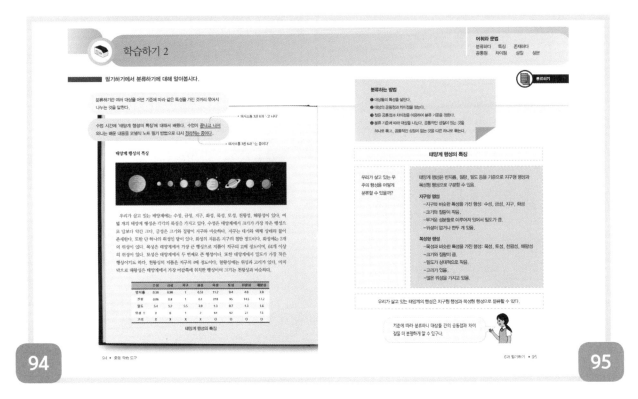

● 3차시 (의사소통 〈꼭 배워요〉와 연계할 경우 9차시)

[학습 목표]
- 필기하기에서 분류하기에 대해 안다.
- 필기하기에서 분류하는 방법에 대해 안다.

본문의 구성과 내용
- 본문은 과학 교과의 **필기하기 활동**에서 하게 되는 **분류하기 학습 기능**을 보여 주고 있다.
- 본문의 내용은 와니가 수업 시간에 배운 '태양계 행성의 특징'을 분류하여 정리하는 과정 중 일부이다. 와니는 코넬식 노트 필기 방법으로 수업 내용을 정리하면서 태양계 행성을 분류하고 있다.

도입 - 10분

1) 교사는 교재 88, 89쪽에서 배운 학습 활동에 대해 복습한다.
　📖 "(89쪽의 코넬식 노트 필기 방법 그림을 가리키며) 이게 뭐예요?"
　📖 "필기는 교과서에 직접 할 수도 있고 공책에 따로 해도 돼요. 잘 정리한 필기는 복습할 때나 시험 준비할 때 도움이 돼요. 공책에 필기하는 방법 중에 코넬식 노트 필기 방법이 있어요. 코넬식 노트 필기 방법은 단원명이나 수업의 주제를 쓰는 '제목 영역', 중요한 단어를 쓰는 '핵심 개념 영역', 핵심 개념의 내용을 설명하는 '노트 정리 영역'과 배운 내용을 정리하는 '요약정리 영역'으로 나누어서 내용을 성리하는 것이에요. 노트 정리할 때 중요한 내용을 분류해서 적으면 나중에 보기 편해요."

2) 교사는 학생들에게 학습하기 2에서 배울 학습 기능을 소개한다.
　📖 "필기를 할 때에 공통점이 있는 것끼리 묶어서 분류해서 정리하면 특징을 더 잘 이해할 수 있어요."
　📖 "분류하기란 여러 대상을 어떤 기준에 따라 같은 특성을 가진 것끼리 묶어서 나누는 것을 말해요. 학습하기 2에서는 필기를 할 때 분류하는 방법을 공부할 거예요."

교수-학습 지침
익힘책 56쪽에 분류와 분석의 차이가 제시되어 있다. 교사는 이를 고려하여 수업을 진행한다.

전개 - 30분

1) 교사는 다음에 제시되는 내용을 참고하여 학생들에게 어휘와 문법을 설명한다.

분류하다	◆ **정의** 여럿을 종류에 따라서 나누다. 📝 서점 직원은 새로 들어온 책들을 주제별로 분류해서 정리했다. ● **설명** "서점에 가면 역사, 예술, 문학 등 주제에 따라 책이 나누어져 있어요. 서점 직원은 책을 주제별로 분류해서 정리해요. '분류하다'란 여럿을 종류에 따라서 나눈다는 뜻이에요."

특징	◆ **정의** 다른 것에 비해 특별히 달라 눈에 띄는 점. 　　**예** 사진과 그림이 많은 것이 이 책의 특징이며 장점이다. ● **설명** "이 책은 다른 책과 다르게 사진과 그림이 많아요. 사진과 그림이 많은 것이 이 책의 특징이에요. '특징'이란 다른 것에 비해 특별히 달라 눈에 띄는 점을 말해요."
존재하다	◆ **정의** 실제로 있다. 　　**예** 이 세상에는 다양한 언어와 문자가 존재한다. ◆ **정보** (비슷한 말) 실존하다 ● **설명** "이 세상에는 어떤 언어가 있어요? 한국어, 영어, 중국어, 베트남어, 러시아어 등 다양한 언어가 있어요. 이렇게 다양한 언어가 존재해요. '존재하다'란 실제로 있다는 뜻이에요."
공통점	◆ **정의** 여럿 사이에 서로 같은 점. 　　**예** 우리는 같은 동네에 살고 취미가 같다는 등의 공통점이 많아서 친구가 되었다. ◆ **정보** (비슷한 말) 동일점, 유사점 　　(반대되는 말) 차이점 ● **설명** "와니와 안나는 어떤 점이 같을까요? 두 사람 모두 여자예요. 그리고 두 사람 다 학생이에요. 와니와 안나는 여자와 학생이라는 공통점이 있어요. '공통점'이란 여럿 사이에 서로 같은 점을 말해요."
차이점	◆ **정의** 서로 같지 않고 다른 점. 　　**예** 분홍색과 핑크색은 말만 다르고 색에는 차이점이 없다. ◆ **정보** (비슷한 말) 상이점 　　(반대되는 말) 공통점 ● **설명** "분홍색과 핑크색은 같은 색이에요? 다른 색이에요? 분홍색과 핑크색은 말만 달라요. 색에는 다른 점이 없어요. 차이점이 없어요. '차이점'이란 서로 같지 않고 다른 점을 말해요."
성질	◆ **정의** 사물이나 현상이 가지고 있는 고유의 특징. 　　**예** 기름은 물과 섞이지 않는 성질이 있다. ● **설명** "물에 기름을 넣으면 두 가지가 하나가 돼요? 물과 기름은 섞어도 하나가 되지 않아요. 물과 기름은 섞이지 않는 성질을 가지고 있기 때문이에요. '성질'이란 사물이나 상태가 처음부터 가지고 있는 특징을 말해요."
성분	◆ **정의** 무엇을 구성하여 이루고 있는 부분이나 요소. 　　**예** 물은 생명체를 구성하는 가장 기본적인 성분이다. ◆ **정보** (비슷한 말) 요소 ● **설명** "우리 몸에는 무엇이 가장 많을까요? 그것은 바로 물이에요. 물은 사람과 같은 생명체를 구성하는 가장 기본적인 부분, 성분이에요. '성분'이란 무엇을 구성하여 이루고 있는 부분이나 요소를 의미해요."

2) 교사는 학생들에게 교재 94, 95쪽에 제시된 내용을 읽게 한다.

　🖭 "와니가 수업 시간에 '태양계 행성의 특징'에 대해서 배웠

어요. 배운 내용을 코넬식 노트 필기 방법으로 다시 정리하고 있어요. 내용을 어떻게 분류해서 적었는지 한번 읽어 볼까요?"

3) 교사는 학생들에게 세부 내용을 확인하는 질문을 한다.
　🖭 "우리가 살고 있는 태양계에는 어떤 행성들이 있어요?"
　🖭 "여덟 개의 태양계 행성은 각각의 특징이 있어요. 수성은 어떤 특징을 가지고 있어요?"
　🖭 "금성은 어떤 특징이 있어요?"
　🖭 "지구는 어떤 특징을 가지고 있어요?"
　🖭 "화성의 특징은 뭐예요?"
　🖭 "목성의 특징은 뭐예요?"
　🖭 "토성은 어떤 특징을 가지고 있어요?"
　🖭 "천왕성은 지구보다 얼마나 커요?"
　🖭 "천왕성은 또 어떤 특징이 있어요?"
　🖭 "마지막으로 해왕성은 어떤 특징이 있어요?"
　🖭 "와니는 배운 내용을 어떻게 정리했어요?"
　🖭 "와니는 태양계 행성을 어떻게 분류했어요?"
　🖭 "태양계 행성의 분류 기준이 뭐예요?"
　🖭 "지구형 행성은 뭐예요?"
　🖭 "지구형 행성에는 무엇이 있어요?"
　🖭 "지구형 행성의 특징은 뭐예요?"
　🖭 "목성형 행성은 뭐예요?"
　🖭 "목성형 행성에는 무엇이 있어요?"
　🖭 "목성형 행성은 어떤 특징을 가지고 있어요?"

4) 교사는 학생들에게 학습 기능에 대해 확인하는 질문을 한다.
　🖭 "어떤 대상을 분류하기 위해서 가장 먼저 무엇을 해야 해요?"
　🖭 "대상의 특성을 살핀 다음에 무엇을 찾아요?"
　🖭 "공통점과 차이점을 이용해서 무엇을 정해요?"
　🖭 "분류 기준을 정한 다음에 어떻게 해요?"

정리 - 5분

교사는 학습 내용을 정리하며 수업을 마무리한다.
　🖭 "와니는 어떤 방법을 사용해서 배운 내용을 정리했어요?"
　🖭 "우리가 살고 있는 태양계에는 몇 개의 행성들이 있어요?"
　🖭 "각 행성들은 어떤 특징을 가지고 있어요?"
　🖭 "태양계 행성은 무엇과 무엇으로 분류할 수 있어요?"
　🖭 "태양계 행성을 분류하는 기준은 뭐예요?"
　🖭 "지구형 행성의 특징은 무엇이에요?"
　🖭 "목성형 행성의 특징은 뭐예요?"
　🖭 "필기하기에서 분류하기에 대해 배웠어요. 분류를 할 때에는 분류하려고 하는 대상의 특성을 먼저 살펴봐야 해요. 그리고 대상의 공통점과 차이점을 찾아요. 찾은 공통점과 차이점을 이용하여 분류 기준을 정하여 분류 기준

에 따라 나눠요. 이때 공통적인 성질이 있는 것을 하나로 묶고, 공통적인 성질이 없는 것들을 다른 하나로 묶어요."

📺 "기준에 따라 대상을 분류하면 대상들 사이의 공통점과 차이점을 분명하게 알 수 있어요."

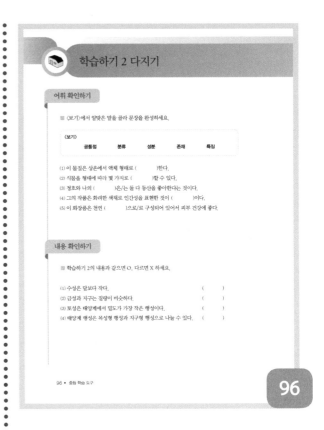

96

● 4차시 (의사소통 〈꼭 배워요〉와 연계할 경우 10차시)

[학습 목표]

- 필기하기에서 분류하기에 대해 안다.
- 대상을 살펴 분류 기준을 세우고 기준에 따라 대상을 분류할 수 있다.

어휘 확인하기 - 10분

1) 교사는 학생들에게 '어휘 확인하기' 문제를 풀게 한다.

📺 "〈보기〉를 보세요. 앞에서 배운 어휘가 있어요."

📺 "'공통점'이란 여럿 사이에 서로 같은 점이에요."

📺 "'분류'란 여럿을 종류에 따라 나누는 것을 말해요."

📺 "'성분'이란 무엇을 구성하여 이루고 있는 부분이나 요소를 말해요."

📺 "'존재'란 실제로 있는 것을 말해요."

📺 "'특징'은 다른 것에 비해 특별히 달라 눈에 띄는 점이에요."

📺 "아래 문장을 읽고 알맞은 어휘를 골라 문장을 완성해 보세요."

2) 교사는 학생들과 함께 문제의 답을 확인한다.

정답
(1) 존재 (2) 분류 (3) 공통점 (4) 특징 (5) 성분

내용 확인하기 - 5분

1) 교사는 학생들에게 '내용 확인하기' 문제를 풀게 한다.

   ▣ "앞에서 태양계 행성의 분류에 대한 글을 읽었어요. 학습하기 2의 내용과 같으면 O, 다르면 X 하세요."

2) 교사는 학생들과 함께 문제의 답을 확인한다.

   ▣ "학습하기 2를 보면 수성은 달보다 약간 더 큰 행성이에요. 그래서 (1)번은 틀려요. 금성과 지구는 질량이 비슷하고 토성은 태양계에서 밀도가 가장 작은 행성이에요. 그리고 본문에서 태양계 행성은 반지름, 질량, 밀도 등을 기준으로 지구형 행성과 목성형 행성으로 나눌 수 있어요. 그래서 (2)번, (3)번, (4)번은 맞아요."

> **정답**
> (1) X (2) O (3) O (4) O
> (1) 수성은 달보다 약간 더 큰 행성이다.
> (2) (94쪽 본문) '금성은 크기와 질량이 지구와 비슷하다.'라는 내용을 보면 알 수 있다.
> (3) (94쪽 본문) '토성은 태양계에서 두 번째로 큰 행성이다. 또한 태양계에서 밀도가 가장 작은 행성이기도 하다.'라는 내용을 보면 알 수 있다.
> (4) (95쪽 본문) '태양계 행성은 반지름, 질량, 밀도 등을 기준으로 지구형 행성과 목성형 행성으로 구분할 수 있음.'이라는 내용을 보면 알 수 있다.

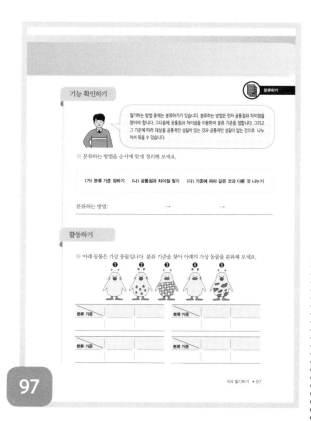

97

기능 확인하기 - 10분

1) 학습하기 2에서 배운 '분류하기' 기능을 정리한다.

   ▣ "학습하기 2에서 '태양계 행성'을 분류하는 것을 통해 분류하기에 대해 배웠어요. 분류하기는 여러 대상을 어떤 기준에 따라 같은 특성을 가진 것끼리 묶어서 나누는 것을 말해요. 분류할 때에는 먼저 대상들의 공통점과 차이점을 찾아야 해요. 그다음에 공통점과 차이점을 이용하여 분류 기준을 정해요. 그리고 그 기준에 따라 대상을 공통적인 성질이 있는 것과 공통적인 성질이 없는 것으로 나누어서 묶어요."

2) 교사는 학생들에게 '기능 확인하기' 문제를 풀게 한다.

   ▣ "'필기하기에서 분류하기'에 대해 배웠어요. 분류하는 방법을 순서에 맞게 정리해 보세요."

3) 교사는 학생들과 함께 문제의 답을 확인한다.

   ▣ "분류할 때에는 우선 대상들을 살펴 대상들의 공통점과 차이점을 찾아요. 그리고 찾은 공통점과 차이점을 가지고 분류 기준을 정해요. 그다음에 분류 기준에 따라 같은 것과 다른 것으로 나누어 분류해요. 그래서 답은 (나)→(가)→(다)예요."

> **정답**
> (나) → (가) → (다)

활동하기 - 20분

1) 교사는 학생들에게 '활동하기'의 방법을 설명한 후 활동을 하게 한다.

   ▣ "학습하기 2에서 '태양계 행성'을 분류 기준에 따라 어떻게 분류하는지 보았어요. 이번에는 여러분이 아래의 가상 동물들을 분류할 거예요. 먼저 가상 동물들의 특징을 살펴보고 공통점과 차이점을 찾아보세요. 그리고 분류 기준을 세우고 기준에 따라 가상 동물들을 분류해 보세요."

   ▣ "❶번 가상 동물은 어떤 특징을 가지고 있어요?"

   ▣ "❷번 가상 동물은 어떤 특징을 가지고 있어요?"

   ▣ "❸번 가상 동물은 어떤 특징을 가지고 있어요?"

   ▣ "❹번 가상 동물은 어떤 특징을 가지고 있어요?"

   ▣ "마지막으로 ❺번 가상 동물은 어떤 특징을 가지고 있어요?"

   ▣ "동물들을 어떤 기준으로 분류할 수 있어요?"

   ▣ "아래의 표에 분류 기준을 쓰고 그 기준에 따라 가상 동물을 분류해 보세요."

2) 교사는 학생들과 함께 활동의 결과를 확인한다.

   ▣ "표에 가상 동물의 분류 기준을 쓰고 가상 동물을 분류했어요? 함께 문제의 답을 확인해 봐요."

> **정답**
>
> | 분류 기준 | 세모 모양 | 동그라미 모양 |
> |---|---|---|
> | 더듬이 모양 | ❶, ❸, ❺ | ❷, ❹ |
>
> | 분류 기준 | 동그라미 모양 | 오리 입 |
> |---|---|---|
> | 입 모양 | ❶, ❷, ❺ | ❸, ❹ |
>
> | 분류 기준 | 있음 | 없음 |
> |---|---|---|
> | 무늬 | ❷, ❸, ❺ | ❶, ❹ |
>
> | 분류 기준 | 있음 | 없음 |
> |---|---|---|
> | 수염 | ❶, ❷, ❹ | ❸, ❺ |

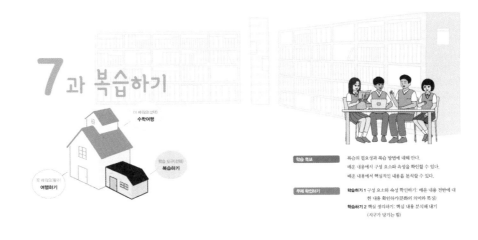

7과　　복습하기

● 학습 목표

- 복습의 필요성과 복습 방법에 대해 안다.
- 배운 내용에서 구성 요소와 속성을 확인할 수 있다.
- 배운 내용에서 핵심적인 내용을 분석할 수 있다.

● 단원 내용

1. 학습 활동: 복습하기
2. 학습 기능: 구성 요소와 속성 확인하기: 배운 내용 전반에 대한 내용 확인하기
   핵심 정리하기: 핵심 내용 분석해 내기
3. 학습 주제: 문화의 의미와 특징
   지구가 당기는 힘

● 수업 개요

1·2차시(학습하기 1): 복습하기에서 구성 요소와 속성 확인하기에 대해 안다.

3·4차시(학습하기 2): 복습하기에서 핵심 정리하기에 대해 안다.

● 어휘 및 문법

[학습하기 1]

속성, 개념, 물질적, 필수적, 제도, 관념, 유지하다, 부가, 적용하다, 양식, 문자, 기술, 안정

[학습하기 2]

체계적, 분석하다, 사물, 위치, 상관, 작용하다, 단위

[알면 쓸모 있는 어휘(익힘책 60쪽)]

향상하다, 규칙적, 꾸준히, 틀, 합치다, 소모하다

의사소통 3권 7과 〈꼭 배워요〉의 주요 내용

[어휘]

자유 여행, 단체 여행, 배낭여행, 짐을 싸다, 세면도구, 비상약, 여행 안내서, 경비, 숙소, 민박, 호텔, 볼거리, 먹을거리, 기념품, 경치가 멋지다, 꽃밭, 박, 올림픽, 정문, 주인아주머니, 천년, 기대하다, 빠뜨리다, 아끼다, 입원하다, 젖다, 체하다, 심하다, 저렴하다

[문법 1] '-어 가지고'

　　　예 늦게 일어나 가지고 지각했어요.

[문법 2] '-어 오다'

　　　예 드디어 기대해 온 배낭여행을 갈 수 있게 되었어요.

[문법 3] '-거든'

　　　예 정호는 인기가 많아. 생각도 깊고 마음도 넓거든.

[문법 4] '-어 있다'

　　　예 양말이 아직도 젖어 있어요.

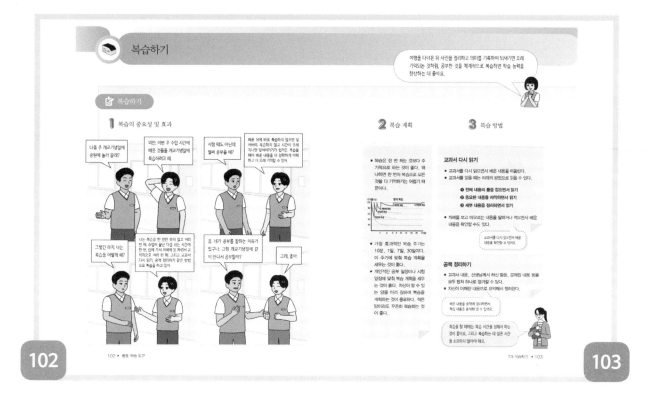

● 1차시 (의사소통 〈꼭 배워요〉와 연계할 경우 7차시)

[학습 목표]
- 복습하기에서 구성 요소와 속성 확인하기에 대해 안다.
- 복습하기에서 구성 요소와 속성을 확인하는 방법에 대해 안다.

본문의 구성과 내용
- 본문은 **사회 교과**의 복습하기 활동에서 하게 되는 **구성 요소와 속성 확인하기 학습 기능**을 보여 주고 있다.
- 본문의 내용은 정호가 사회 시간에 배운 '문화의 의미와 특징'에 대해 복습하는 과정 중 일부이다. 정호는 문화의 개념과 속성을 이해하기 위해 문화를 구성하는 요소를 확인하고 있다.

도입 - 10분

1) 교사는 학생들에게 교재 102, 103쪽의 학습 활동에 대해 설명한다.
- 📖 "복습을 해 봤어요?"
- 📖 "복습은 어떤 효과가 있을까요?"
- 📖 "배운 뒤에 복습을 하지 않으면 잊어버리기 쉬워요. 그래서 배운 내용을 더 정확하게 이해하고 더 오래 기억하기 위해서는 복습을 해야 해요."
- 📖 "복습은 한 번 하는 것보다 여러 번 하는 것이 더 좋아요. 왜냐하면 한 번의 복습으로 모든 것을 다 기억하기는 어렵기 때문이에요. 가장 효과적인 복습 주기는 10분, 1일, 7일, 30일이에요. 이 주기에 맞춰서 복습 계획을 세우는 게 좋아요. 그리고 복습할 때는 적은 양이라도 꾸준히 하는 게 좋아요."

- 📖 "복습 방법에는 어떤 방법들이 있어요?"
- 📖 "복습 방법에는 교과서 다시 읽기와 공책 정리하기 방법이 있어요."
- 📖 "교과서를 다시 읽으면서 복습을 하면 배운 내용을 확인할 수 있어요. 교과서를 다시 읽을 때는 전체 내용의 틀을 잡으면서 읽기, 중요한 내용을 파악하면서 읽기, 세부 내용을 정리하면서 읽기의 방법으로 진행할 수 있어요."
- 📖 "교과서 앞부분에 있는 차례를 보고 떠오르는 내용을 말하거나 적으면서 배운 내용을 확인해 볼 수도 있어요."
- 📖 "공책을 정리하면서 복습할 때는 교과서 내용, 수업 시간에 선생님께서 하신 말씀, 문제집 내용 등을 모두 합쳐 하나로 정리할 수 있어요. 이때 자신이 이해한 내용으로 요약해서 정리하면 보기도 쉽고 시험 보기 전에 도움이 될 거예요."

교수-학습 지침
익힘책 61쪽에 효과적인 복습법과 복습 방법이 추가로 제시되어 있다. 교사는 이를 고려하여 수업을 진행한다.

2) 교사는 학생들에게 학습하기 1에서 배울 학습 기능을 소개한다.
- 📖 "복습할 때 구성 요소와 속성 확인을 통해 개념을 더 정확히 이해할 수 있어요."
- 📖 "구성 요소와 속성 확인하기란 대상이 어떤 부분들로 이루어져 있는지를 알고 그것들의 특징을 분명하게 확인하는 것을 말해요. 학습하기 1에서는 복습하기에서 구성 요소와 속성을 확인하는 방법을 공부할 거예요."

교수-학습 지침
익힘책 62쪽에 구성 요소 및 속성의 의미, 한글의 속성과 구성 요소가 제시되어 있다. 교사는 이를 고려하여 수업을 진행한다.

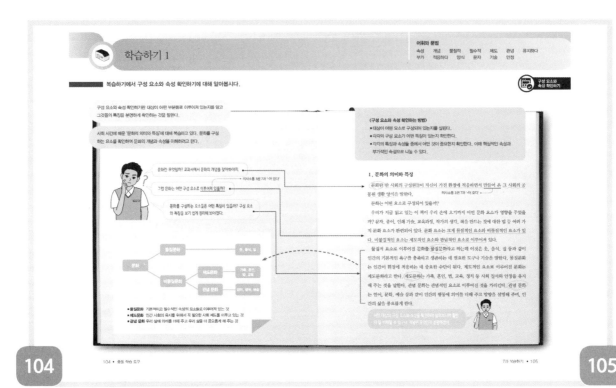

전개 - 30분

1) 교사는 다음에 제시되는 내용을 참고하여 학생들에게 어휘와 문법을 설명한다.

속성	◆ **정의** 사물이 본래부터 가지고 있는 특징이나 성질. ㉠ 인간은 함께 어울려 살아야 하는 속성을 가지고 있다. ◆ **정보** (비슷한 말) 특성, 특징 ● **설명** "사람은 태어났을 때부터 죽을 때까지 혼자서 생활할 수 있을까요? 사람은 가족, 학교, 회사 등의 사회 속에서 생활을 해요. 사람은 함께 어울려 살아야 하는 속성을 가지고 있어요. '속성'이란 사물이 처음부터 가지고 있는 특징이나 성질을 의미해요."
개념	◆ **정의** 어떤 사실이나 관념, 사물에 대한 많은 구체적인 예나 특성을 통해 얻은 일반적인 지식이나 생각. ㉠ 수학 문제를 풀기 위해서는 수학의 기본 개념부터 이해해야 한다. ● **설명** "시험을 볼 때 문제의 답을 찾기 위해서는 그 문제에 대한 일반적인 지식이나 생각 등을 알아야 해요. 문제를 풀기 위해서는 그것에 대한 개념을 알아야 답을 쉽게 찾을 수 있어요. '개념'이란 어떤 사실이나 사물에 대한 구체적인 예, 특징 등을 통해 얻은 일반적인 지식이나 생각을 의미해요."
물질적	◆ **정의** 물질에 관련된 것. ㉠ 이 지역은 홍수로 큰 피해를 입어 정부의 물질적인 도움이 필요하다. ◆ **정보** (반대되는 말) 정신적 ● **설명** "지난번에 홍수 때문에 이 지역은 큰 피해를 입었다고 해요. 그래서 정부에서 생활용품, 물, 음식 등 물질적인 도움을 주었어요. '물질적'이란 돈, 물건과 같은 물질에 관련된 것을 말해요."
필수적	◆ **정의** 꼭 있어야 하거나 해야 하는 것. ㉠ 산소는 모든 동식물의 생존에 필수적인 요소이다. ● **설명** "우리가 살아가는 데 꼭 필요한 것은 뭐가 있을까요? 공기, 물 등은 우리가 생활하는 데 꼭 필요한 것들이에요. 우리가 살아가는 데 공기와 물은 필수적이에요. '필수적'이란 꼭 있어야 하거나 해야 하는 것을 말해요."
제도	◆ **정의** 관습, 도덕, 법률 등의 규범이나 사회 구조의 체계. ㉠ 조선 시대에는 신분 제도가 있었다. ● **설명** "지금은 없지만 예전에 조선 시대에는 기준에 따라 사람의 등급을 나누는 신분 제도가 있었어요. '제도'란 규칙이나 법, 또는 사회를 이루는 체계를 의미해요."
관념	◆ **정의** 현실과는 차이가 있는 추상적이고 공상적인 생각. ㉠ 사람들은 철학이 일상생활과 멀리 떨어진 관념만을 다룬다고 생각한다. ● **설명** "이 책의 주인공은 계획도 없이 언젠가는 성공할 거라는 생각을 가지고 있어요. 주인공은 언젠가는 성공할 거라는 관념에 빠져 있어요. '관념'이란 형태와 성질이 없고 실제로 있지 않거나 이루어질 가능성이 없는 일을 생각하는 것을 말해요."

유지하다	◆ **정의** 어떤 상태나 상황 등을 그대로 이어 나가다. 예 건강을 유지하기 위해 아침마다 운동을 꾸준히 한다. ● **설명** "지금 건강한 상태를 그대로 20대, 30대, 40대까지 이어 나가려면 어떻게 해야 할까요? 지금의 건강을 유지하기 위해서 아침마다 운동을 꾸준히 하는 게 좋아요. '유지하다'란 어떤 상태나 상황을 그대로 이어 나간다는 뜻이에요."
부가	◆ **정의** 주된 것에 덧붙이거나 이미 있는 것에 더함. 예 이 휴대 전화에는 카메라 기능을 포함하여 다양한 부가 기능이 있다. ● **설명** "예전에는 휴대 전화로 전화하는 것과 문자 보내는 기능 정도만 있었어요. 그런데 요즘 휴대 전화에는 카메라, 게임, 인터넷 등 다양한 기능이 더해져 있어요. 전화와 문자 외에 다양한 부가 기능이 있어요. '부가'란 중심이 되는 것에 덧붙이거나 이미 있는 것에 더하는 것을 의미해요."
적응하다	◆ **정의** 어떠한 조건이나 환경에 익숙해지거나 알맞게 변화하다. 예 안나는 다른 사람들보다 새로운 환경에 잘 적응하는 편이다. ● **설명** "여행을 가면 집이 아닌 새로운 환경에서 잠을 자요. 이때 어떤 사람은 새로운 환경에 익숙해지지 못해서 잠을 못 자기도 해요. 하지만 새로운 환경에 잘 적응하는 사람은 다른 장소에 가도 잠을 잘 자요. '적응하다'란 어떤 조건이나 환경에 익숙해지거나 알맞게 변화한다는 뜻이에요."
양식	◆ **정의** 오랜 시간을 거쳐 오면서 자연스럽게 정해진 공통의 방식. 예 문화마다 생활 양식이 다르다. ● **설명** "문화마다 사람을 대하는 방식이 달라요. 동양에서는 모르는 사람과는 인사를 잘 하지 않지만, 서양에서는 모르는 사람과도 가볍게 눈 인사를 하기도 해요. 이렇게 생활 양식이 달라요 '양식'이란 오랜 시간을 지나오면서 자연스럽게 정해진 공통의 방식을 의미해요."
문자	◆ **정의** 언어의 소리나 뜻을 눈으로 볼 수 있도록 적은 기호 체계. 예 아이들은 보통 말을 먼저 배운 뒤 문자를 익히고 글을 쓴다. ● **설명** "아이들은 보통 글을 쓰는 것보다 말하는 것을 먼저 배워요. 말을 배운 다음에 글자를 익혀요. 문자를 익혀요. 한글은 한국의 문자의 이름이에요. '문자'란 언어의 소리나 뜻을 눈으로 볼 수 있도록 적은 것을 말해요."

기술	◆ **정의** 과학 이론을 실제로 적용하여 인간 생활에 쓸모가 있게 하는 수단. 예 이 회사는 최신 기술을 사용하여 새로운 제품을 만들었다. ● **설명** "최근 한 휴대 전화 회사에서 반으로 접는 스마트폰을 만들었어요. 휴대 전화를 반으로 접는 기술을 사용해서 새로운 제품을 만들었어요. '기술'이란 과학 이론을 실제로 사용하여 인간 생활에 쓸모가 있게 하는 수단을 의미해요."
안정	◆ **정의** 변하거나 흔들리지 않고 일정한 상태를 유지함. 예 그 신문에서는 무엇보다 사회의 안정을 유지하는 것이 중요하다고 주장했다. ● **설명** "전쟁이 끝난 다음에 국가는 국가와 사회가 흔들리지 않고 일정한 상태를 유지하기 위해 노력해요. 국가는 안정을 갖기 위해 노력해요. '안정'이란 변하거나 흔들리지 않고 일정한 상태를 유지하는 것을 말해요."

2) 교사는 학생들에게 교재 104, 105쪽에 제시된 내용을 읽게 한다.
> 🔟 "정호가 사회 시간에 배운 '문화의 의미와 특징'에 대해 복습하고 있어요. 문화를 구성하는 요소를 확인함으로써 문화의 개념과 속성을 이해하려고 해요. 구성 요소와 속성을 어떻게 확인하는지 한번 읽어 볼까요?"

3) 교사는 학생들에게 세부 내용을 확인하는 질문을 한다.
> 🔟 "문화의 의미는 뭐예요?"
> 🔟 "문화는 어떤 구성 요소로 이루어져 있어요?"
> 🔟 "물질적 요소로 이루어진 문화를 뭐라고 해요?"
> 🔟 "물질문화는 뭐예요?"
> 🔟 "제도적인 요소로 이루어진 문화를 뭐라고 해요?"
> 🔟 "제도문화란 뭐예요?"
> 🔟 "관념적인 요소로 이루어진 문화를 뭐라고 해요?"
> 🔟 "관념문화는 어떤 특징이 있어요?"

4) 교사는 학생들에게 학습 기능에 대해 확인하는 질문을 한다.
> 🔟 "구성 요소와 속성을 확인하려면 먼저 무엇을 살펴야 해요?"
> 🔟 "대상의 구성 요소를 찾은 다음에 무엇을 확인해요?"
> 🔟 "구성 요소의 특징을 확인한 뒤 무엇을 확인해요?"
> 🔟 "속성은 어떻게 나뉘어요?"

정리 - 5분

교사는 학습 내용을 정리하며 수업을 마무리한다.
> 🔟 "정호는 개념과 속성을 이해하기 위해 무엇을 확인했어요?"
> 🔟 "문화란 뭐예요?"
> 🔟 "문화는 어떤 구성 요소로 이루어져 있어요?"
> 🔟 "물질문화의 예 세 가지는 뭐예요?"
> 🔟 "제도문화란 뭐예요?"

ⓜ "관념 문화는 어떤 특징이 있어요?"

ⓜ "복습하기에서의 구성 요소와 속성 확인하기에 대해 배웠어요. 구성 요소와 속성 확인할 때에는 먼저 대상이 어떤 요소로 구성되어 있는지를 살펴요. 그리고 각각의 구성 요소가 어떤 특징이 있는지 확인해요. 그다음에 각각의 특징과 속성들 중에서 어떤 것이 중요한지 확인해요. 이때 핵심적인 속성과 부가적인 속성으로 나눌 수 있어요."

ⓜ "어떤 대상의 구성 요소와 속성을 확인하여 살펴보면 훨씬 더 잘 이해할 수 있어요. 이렇게 하면 개념에 대해 분명하게 알 수 있어요."

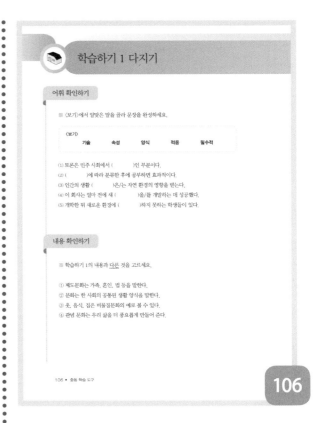

● 2차시 (의사소통 〈꼭 배워요〉와 연계할 경우 8차시)

[학습 목표]
- 복습하기에서 구성 요소와 속성 확인하기에 대해 안다.
- 대상을 살펴어 구성 요소와 속성을 확인할 수 있다.

어휘 확인하기 - 10분

1) 교사는 학생들에게 '어휘 확인하기' 문제를 풀게 한다.

ⓜ "〈보기〉를 보세요. 앞에서 배운 어휘가 있어요."

ⓜ "'기술'이란 과학 이론을 실제로 사용하여 인간 생활에 쓸모가 있게 하는 수단을 말해요."

ⓜ "'속성'이란 사물이 처음부터 가지고 있는 특징이나 성질을 말해요."

ⓜ "'양식'이란 오랜 시간을 지나오면서 자연스럽게 정해진 공통의 방식을 의미해요."

ⓜ "'적응'이란 어떤 조건이나 환경에 익숙해지거나 알맞게 변화하는 것을 말해요."

ⓜ "'필수적'이란 꼭 있어야 하거나 해야 하는 것을 말해요."

ⓜ "아래 문장을 읽고 알맞은 어휘를 골라 문장을 완성해 보세요."

2) 교사는 학생들과 함께 문제의 답을 확인한다.

정답
(1) 필수적 (2) 속성 (3) 양식 (4) 기술 (5) 적응

1) 교사는 학생들에게 '내용 확인하기' 문제를 풀게 한다.
   - 🔲 "앞에서 정호가 문화의 개념과 특징에 대해 복습을 하면서 문화의 구성 요소와 속성을 확인하는 글을 읽었어요. 학습하기 1의 내용과 다른 것을 고르세요."

2) 교사는 학생들과 함께 문제의 답을 확인한다.
   - 🔲 "학습하기 1의 내용을 보면 제도문화는 가족, 혼인, 법, 교육, 정치 등 사회 질서와 안정을 유지해 주는 것을 말해요."
   - 🔲 "문화는 한 사회의 구성원들이 자신이 가진 환경에 적응하면서 만들어 온 그 사회의 공통된 생활 양식을 말해요."
   - 🔲 "관념문화는 언어, 문학, 예술 등과 같이 인간의 행동에 의미를 더해 주고 방향을 설명해 주며, 인간의 삶을 풍요롭게 해 줘요."
   - 🔲 "옷, 음식, 집은 물질문화의 예로 볼 수 있다고 했어요. 그래서 답은 ③번이에요."

정답
③
① (89쪽 본문) '제도문화는 가족, 혼인, 법, 교육, 정치 등 사회 질서와 안정을 유지해 주는 것을 말한다.'라는 내용을 보면 알 수 있다.
② (89쪽 본문) '문화란 한 사회의 구성원들이 자신이 가진 환경에 적응하면서 만들어 온 그 사회의 공통된 생활 양식을 말한다.'라는 내용을 보면 알 수 있다.
③ 옷, 음식, 집은 물질문화의 예로 볼 수 있다.
④ (89쪽 본문) '관념문화는 언어, 문학, 예술 등과 같이 인간의 행동에 의미를 더해 주고 방향을 설명해 주며, 인간의 삶을 풍요롭게 한다.'라는 내용을 보면 알 수 있다.

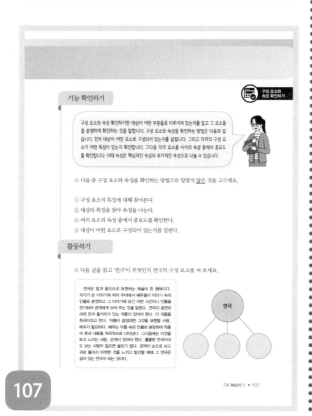

1) 학습하기 1에서 배운 '구성 요소와 속성 확인하기' 기능을 정리한다.
   - 🔲 "앞에서 문화의 개념과 특징에 대해 복습을 하면서 문화의 구성 요소와 속성을 확인하는 것을 배웠어요. 구성 요소와 속성 확인하기란 대상이 어떤 부분들로 이루어져 있는지를 알고 그 요소들을 분명하게 확인하는 것을 말해요. 구성 요소와 속성을 확인할 때에는 먼저 대상이 어떤 요소로 구성되어 있는지를 살펴요. 그다음에 각각의 구성 요소가 어떤 특징이 있는지 확인해요. 그리고 각각 요소들 사이의 속성 중에서 중요도를 확인해요. 이때 속성은 핵심적인 속성과 부가적인 속성으로 나눌 수 있어요."

2) 교사는 학생들에게 '기능 확인하기' 문제를 풀게 한다.
   - 🔲 "다음 중 구성 요소와 속성을 확인하는 방법으로 알맞지 않은 것을 고르세요."

3) 교사는 학생들과 함께 문제의 답을 확인한다.
   - 🔲 "구성 요소와 속성을 확인할 때는 먼저 대상이 어떤 요소로 구성되어 있는지를 살펴요. 그리고 각각의 구성 요소가 어떤 특징이 있는지 살펴봐요. 그다음에 각각 요소들 사이의 속성 중에서 중요도를 확인해요. 따라서 답은 ②번이에요."

정답
②

---

1) 교사는 학생들에게 '활동하기'의 방법을 설명한 후 활동을 하게 한다.
   - 🔲 "아래에 '연극'에 대한 글이 있어요. 다음 글을 읽고 '연극'이 무엇인지 연극의 구성 요소를 써 보세요."

2) 교사는 학생들과 함께 문제의 답을 확인한다.
   - 🔲 "연극의 의미는 뭐예요?"
   - 🔲 "연극이 공연되려면 무엇이 필요해요?"
   - 🔲 "연극의 작품을 뭐라고 해요?"
   - 🔲 "작품이 결정된 다음에 무엇이 필요해요?"
   - 🔲 "작품과 배우, 또 무엇이 필요해요?"
   - 🔲 "연극의 구성 요소에는 무엇이 있어요?"

정답

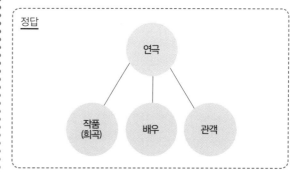

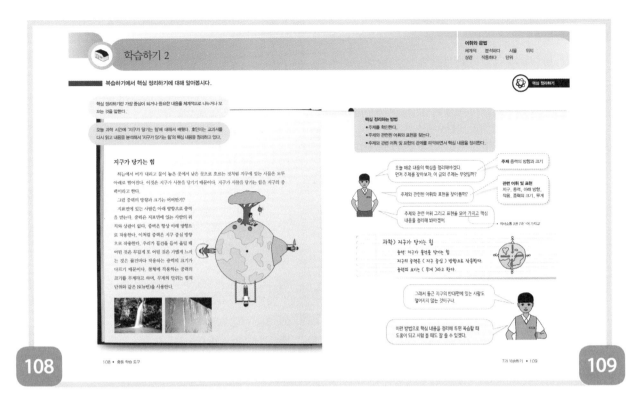

● 3차시 (의사소통 〈꼭 배워요〉와 연계할 경우 9차시)

[학습 목표]
- 복습하기에서 핵심 정리하기에 대해 안다.
- 복습하기에서 핵심을 정리하는 방법에 대해 안다.

본문의 구성과 내용
- 본문은 **과학 교과의 복습하기 활동**에서 하게 되는 **핵심 정리하기 학습 기능**을 보여 주고 있다.
- 본문의 내용은 호민이가 '지구가 당기는 힘'을 복습하는 과정 중 일부이다. 호민이는 글의 주제를 찾고, 주제와 관련된 어휘와 표현을 찾아 핵심을 정리하고 있다.

도입 - 10분

1) 교사는 교재 102, 103쪽에서 배운 학습 활동에 대해 복습한다.
   - 📖 "복습은 왜 해야 할까요?"
   - 📖 "복습을 하면 어떤 효과가 있어요?"
   - 📖 "복습 계획은 어떻게 세우는 게 좋아요?"
   - 📖 "복습 방법에는 무엇이 있어요?"

2) 교사는 학생들에게 학습하기 2에서 배울 학습 기능을 소개한다.
   - 📖 "복습할 때 핵심 내용을 분석해서 정리할 수 있어요. 핵심은 가장 중심이 되거나 중요한 부분이에요. 정해진 시간 내에 모든 내용을 외울 수 없으니까 핵심이 무엇인지 판단하여 중요한 내용을 집중적으로 공부하는 것이 필요해요."

📖 "핵심 정리하기란 가장 중심이 되거나 중요한 내용을 체계적으로 나누거나 모으는 것을 말해요. 학습하기 2에서는 복습하기에서 핵심을 정리하는 방법을 공부할 거예요."

교수-학습 지침
익힘책 64쪽에 핵심 정리하는 방법이 제시되어 있다. 교사는 이를 고려하여 수업을 진행한다.

전개 - 30분

1) 교사는 다음에 제시되는 내용을 참고하여 학생들에게 어휘와 문법을 설명한다.

체계적	◆ **정의** 전체가 일정한 원리에 따라 단계적으로 잘 짜여진 것.
	📖 **예** 공부를 잘하기 위해서는 학습 내용을 체계적으로 정리할 줄 알아야 한다.
	● **설명** "여러분만의 공부 방법이 있어요? 공부를 잘하기 위해서는 학습 내용을 단계적으로 잘 정리할 줄 알아야 해요. 배운 내용을 체계적으로 정리해야 해요."

분석하다	◆ **정의** 더 잘 이해하기 위하여 어떤 현상이나 사물을 여러 요소나 성질로 나누다. **예** 선생님은 복잡한 모양의 그래프를 하나하나 분석해 주셨다. ● **설명** "그래프의 모양이 너무 복잡해서 이해할 수 없어요. 그래서 제가 하나하나 나누어서 설명해 줬어요. 그래프를 하나하나 분석해서 알려 줬어요. '분석하다'란 더 잘 이해하기 위해 어떤 현상이나 사물을 여러 요소나 성질로 나눈다는 뜻이에요."
사물	◆ **정의** 직접 보거나 만질 수 있게 일정한 모양과 성질을 갖추고 있는, 세상 온갖 물건. **예** 나는 이 세상에 존재하는 모든 사물을 그림으로 표현하고 싶다. ● **설명** "미술 시간에 교실에 있는 물건을 그려요. 교실에 있는 사물을 그려요. '사물'이란 직접 보거나 만질 수 있게 일정한 모양과 성질을 갖추고 있는, 세상 온갖 물건을 의미해요."
위치	◆ **정의** 일정한 곳에 자리를 차지함. 또는 그 자리. **예** 식당 위치를 찾지 못해 한참 걸어다녔다. ◆ **정보** (비슷한 말) 곳, 자리 ● **설명** "우리 교실은 5층에서 제일 오른쪽에 있어요. 우리 교실의 위치는 5층 오른쪽 끝이에요. '위치'란 일정한 곳에 자리를 차지한 것이나 그 자리를 말해요."
상관	◆ **정의** 서로 관련을 맺음. **예** 이번 정전 사고는 에어컨 사용량과 상관이 있다. ● **설명** "여름에 너무 더워서 매일 에어컨을 하루 종일 켜 놓았어요. 그런데 어느 날 갑자기 모든 전기가 끊어졌어요. 관리실에 물어보니까 에어컨을 너무 많이 사용해서 전기가 끊어진 거라고 해요. 전기가 끊어진 것은 에어컨 사용량과 상관이 있어요. '상관'은 서로 관련을 맺는 것을 말해요."
작용하다	◆ **정의** 어떠한 현상이나 행동을 일으키거나 영향을 주다. **예** 물건이 위에서 아래로 떨어지는 것은 중력이 작용하기 때문이다. ● **설명** "비가 오면 물이 위에서 아래로 떨어져요. 물건도 마찬가지예요. 모든 물건은 위에서 아래로 떨어져요. 왜냐하면 지구에는 중력이라는 힘이 영향을 주기 때문이에요. 중력이 작용하기 때문에 위에서 아래로 물건이 떨어져요. '작용하다'란 어떤 행동을 일으키거나 영향을 준다는 뜻이에요."
단위	◆ **정의** 미터, 리터, 그램과 같이 길이, 양, 무게 등을 수로 나타낼 때 기초가 되는 기준. **예** 한국의 화폐 단위는 '원'이다. ● **설명** "한국에서는 1000원, 5000원, 10000원 등 돈을 말할 때 '원'이라고 해요. 미국에서는 '달러'라고 하지요? 한국의 화폐 단위는 '원', 미국의 화폐 단위는 '달러'예요. '단위'란 미터, 리터, 그램과 같이 길이, 양, 무게 등을 수로 나타낼 때 기초가 되는 기준을 말해요."

2) 교사는 학생들에게 교재 108, 109쪽에 제시된 내용을 읽게 한다.

  📖 "호민이가 '지구가 당기는 힘'에 대해서 복습하면서 핵심 내용을 정리하고 있어요. 먼저, 주제를 찾고 주제와 관련된 어휘와 표현을 찾아서 핵심 내용을 정리하려고 해요. 어떻게 핵심 내용을 정리하는지 한번 읽어 볼까요?"

3) 교사는 학생들에게 세부 내용을 확인하는 질문을 한다.

  📖 "지구에 있는 사물은 모두 아래로 떨어지는데 그 이유는 뭐예요?"

  📖 "지구가 사물을 당기는 힘을 뭐라고 해요?"

  📖 "지표면에 있는 사람은 어느 방향으로 중력을 받아요?"

  📖 "중력은 어느 방향으로 작용해요?"

  📖 "중력의 크기는 뭐라고 해요?"

  📖 "우리가 물건을 들 때 어떤 것은 무겁게 또 어떤 것은 가볍게 느끼는데, 그 이유는 뭐예요?"

  📖 "무게의 단위는 뭐예요?"

  📖 "호민이는 핵심 내용을 정리하기 위해 먼저 무엇을 찾았어요?"

  📖 "이 글의 주제는 뭐예요?"

  📖 "호민이는 글의 주제를 찾은 다음에 무엇을 찾았어요?"

  📖 "호민이가 찾은 주제와 관련된 어휘와 표현은 뭐예요?"

  📖 "호민이는 글의 주제, 주제와 관련된 어휘 및 표현을 찾은 다음에 무엇을 했어요?"

4) 교사는 학생들에게 학습 기능에 대해 확인하는 질문을 한다.

  📖 "핵심을 정리하려면 무엇을 먼저 확인해야 해요?"

  📖 "주제를 확인한 다음에 무엇을 찾아야 해요?"

  📖 "주제, 관련 어휘 및 표현을 찾은 다음에 어떻게 하면 핵심을 정리할 수 있어요?"

정리 - 5분

교사는 학습 내용을 정리하며 수업을 마무리한다.

  📖 "호민이는 어떻게 복습을 하고 있어요?"

  📖 "사물은 왜 모두 아래로 떨어져요?"

  📖 "지구가 사물을 당기는 힘을 뭐라고 해요?"

  📖 "중력은 어느 방향으로 작용해요?"

  📖 "우리는 물건을 들어 올릴 때 어떤 것은 무겁게, 어떤 것은 가볍게 느껴요. 왜 물건마다 무게가 다르다고 느끼는 거예요?"

  📖 "호민이는 배운 내용의 핵심을 정리하기 위해서 먼저 무엇을 찾았어요?"

  📖 "글의 주제가 뭐예요?"

  📖 "주제를 찾은 다음에 무엇을 찾아봤어요?"

  📖 "오늘 배운 내용에서 호민이가 찾은 주제와 관련된 어휘와 표현은 뭐예요?"

  📖 "호민이는 핵심 내용을 어떻게 정리했어요?"

  📖 "복습하기에서의 핵심 내용 정리하기에 대해 배웠어요."

핵심을 정리하려면 먼저 글의 주제를 확인해야 해요. 그리고 주제와 관련된 어휘와 표현을 찾아요. 찾은 주제와 관련 어휘 및 표현의 관계를 파악하면서 핵심 내용을 정리할 수 있어요."

📺 "핵심 내용을 정리해 두면 복습할 때나 시험 볼 때 도움이 돼요."

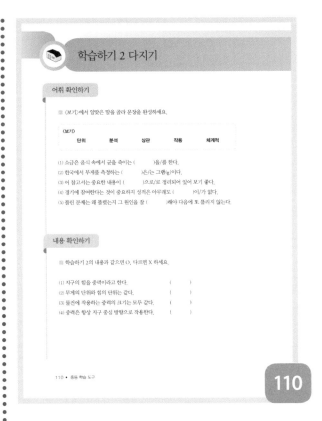

110

● 4차시(의사소통 〈꼭 배워요〉와 연계할 경우 10차시)

[학습 목표]
• 복습하기에서 핵심 정리하기에 대해 안다.
• 글을 읽고 핵심 내용을 정리할 수 있다.

어휘 확인하기 - 10분

1) 교사는 학생들에게 '어휘 확인하기' 문제를 풀게 한다.
  📺 "〈보기〉를 보세요. 앞에서 배운 어휘가 있어요."
  📺 "'단위'란 미터, 리터, 그램과 같이 길이, 양, 무게 등을 수로 나타낼 때 기초가 되는 기준을 말해요."
  📺 "'분석'이란 더 잘 이해하기 위하여 어떤 현상이나 사물을 여러 요소나 성질로 나누는 것을 말해요."
  📺 "'상관'은 서로 관련을 맺는 것을 의미해요."
  📺 "'작용'이란 어떤 행동을 일으키거나 영향을 주는 것이에요."
  📺 "'체계적'이란 전체가 일정한 원리에 따라 단계적으로 잘 만들어진 것을 말해요."
  📺 "아래 문장을 읽고 알맞은 어휘를 골라 문장을 완성해 보세요."
2) 교사는 학생들과 함께 문제의 답을 확인한다.

정답
(1) 작용 (2) 단위 (3) 체계적 (4) 상관 (5) 분석

1) 교사는 학생들에게 '내용 확인하기' 문제를 풀게 한다.
   - "앞에서 호민이가 '지구가 당기는 힘'에 대해 복습하면서 핵심 내용을 정리하는 글을 읽었어요. 학습하기 2의 내용과 같으면 O, 다르면 X 하세요."

2) 교사는 학생들과 함께 문제의 답을 확인한다.
   - "학습하기 2의 내용을 보면 중력은 지구의 힘이 아니라 지구가 당기는 힘이에요. 그래서 (1)번은 틀려요. 무게의 단위는 힘의 단위와 같은 뉴턴을 사용해요. (2)번은 맞아요. 우리가 물건을 들어 올릴 때 어떤 것은 무겁게 또 어떤 것은 가볍게 느끼는 것은 물건마다 작용하는 중력의 크기가 다르기 때문이라고 했어요. 그래서 (3)번은 틀려요. 중력은 항상 아래 방향, 지구의 중심 방향으로 작용해요. 그래서 (4)번은 맞아요."

정답
(1) X (2) O (3) X (4) O
(1) 지구가 당기는 힘을 중력이라고 한다.
(2) (108쪽 본문) '무게의 단위는 힘의 단위와 같은 N(뉴턴)을 사용한다.'라는 내용을 보면 알 수 있다.
(3) 물건에 작용하는 중력의 크기는 물건마다 다르다.
(4) (108쪽 본문) '중력은 항상 아래 방향으로 작용한다.'라는 내용을 보면 알 수 있다.

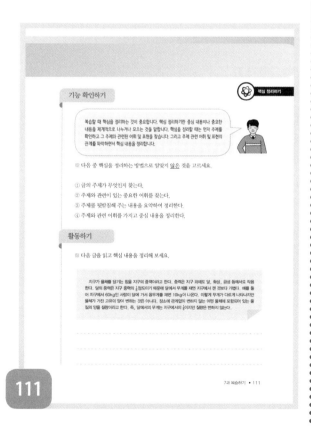

111

1) 학습하기 2에서 배운 '핵심 정리하기' 기능을 정리한다.
   - "앞에서 호민이가 핵심 내용을 정리하는 과정을 보았어

요. 핵심 정리하기란 중심 내용이나 중요한 내용을 체계적으로 나누거나 모으는 것을 말해요. 핵심을 정리할 때는 먼저 주제를 확인하고 주제와 관련된 어휘와 표현을 찾아요. 그리고 주제와 관련 어휘 및 표현의 관계를 파악하면서 핵심 내용을 정리해요."

2) 교사는 학생들에게 '기능 확인하기' 문제를 풀게 한다.
   - "다음 중 핵심을 정리하는 방법으로 알맞지 않은 것을 고르세요."

3) 교사는 학생들과 함께 문제의 답을 확인한다.
   - "핵심을 정리할 때는 먼저 글의 주제를 확인해요. 그리고 주제와 관련된 어휘와 표현을 찾아요. 그다음에 글의 주제와 관련 어휘 및 표현의 관계를 파악하면서 핵심 내용을 정리해요. 주제를 뒷받침해 주는 내용을 요약하여 정리하는 것은 핵심을 정리하는 방법이 아니에요. 그래서 답은 ③번이에요."

정답
③

1) 교사는 학생들에게 '활동하기'의 방법을 설명한 후 활동을 하게 한다.
   - "다음 글은 학습하기 2에서 배운 내용의 뒷이야기예요. 다음 글을 읽고 핵심 내용을 정리해 보세요."
   - "이 글의 주제는 뭐예요?"
   - "주제와 관련된 어휘 및 표현은 무엇이 있어요?"
   - "주제와 관련 어휘 및 표현의 관계를 파악하면서 핵심 내용을 정리해 보세요."

2) 교사는 학생들과 함께 활동의 결과를 확인한다.
   - "이 글의 핵심 내용은 뭐예요?"

예시 답안
- 달의 중력은 지구 중력의 ⅙ 정도이다.
- 질량이란 장소에 관계없이 변하지 않는 어떤 물체에 포함되어 있는 물질의 양을 말한다.
- 중력의 크기는 무게이고, 중력의 크기가 변해도 물체의 질량은 변하지 않는다.

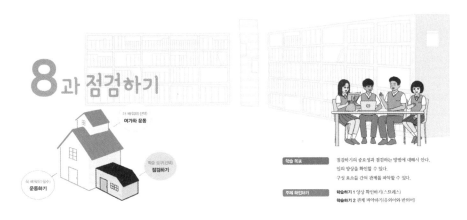

8과　점검하기

● 학습 목표

- 점검하기의 중요성과 점검하는 방법에 대해서 안다.
- 일의 양상을 확인할 수 있다.
- 구성 요소들 간의 관계를 파악할 수 있다.

● 단원 내용

1. 학습 활동: 점검하기
2. 학습 기능: 양상 확인하기
　　　　　　　관계 파악하기
3. 학습 주제: 스트레스
　　　　　　　유의어와 반의어

● 수업 개요

1·2차시(학습하기 1): 점검하기에서 양상 확인하기에
　　　　　　　　　　대해 안다.
3·4차시(학습하기 2): 점검하기에서 관계 파악하기에
　　　　　　　　　　대해 안다.

● 어휘 및 문법

[학습하기 1]

양상, 점검, 심리적, 내부, 진행되다, 바탕, 극복하다

[학습하기 2]

논리적, 이론, 필연적, 사실적, 변화, 실체, 기능적, 유형, 공존, 대립, 모순

[알면 쓸모 있는 어휘(익힘책 68쪽)]

하나하나, 살피다, 생각 그물, 수준, 수필

의사소통 3권 8과 〈꼭 배워요〉의 주요 내용

[어휘]

줄넘기, 조깅, 오래달리기, 볼링, 배구, 체조, 요가, 씨름, 벌리다, 돌리다, 굽히다, 펴다, 숨이 차다, 땀이 나다, 근육이 생기다, 공포, 덜, 모기, 무조건, 저축, 평소, 피하다

[문법 1] '만 아니면'
　　　에 매운 음식만 아니면 다 잘 먹어요.

[문법 2] '-었더니'
　　　에 조깅을 했더니 숨이 차요.

[문법 3] '-는 만큼'
　　　에 운동을 하는 만큼 체력이 좋아질 거예요.

[문법 4] '-느라고'
　　　에 길을 찾느라고 약속 시간에 늦었어요.

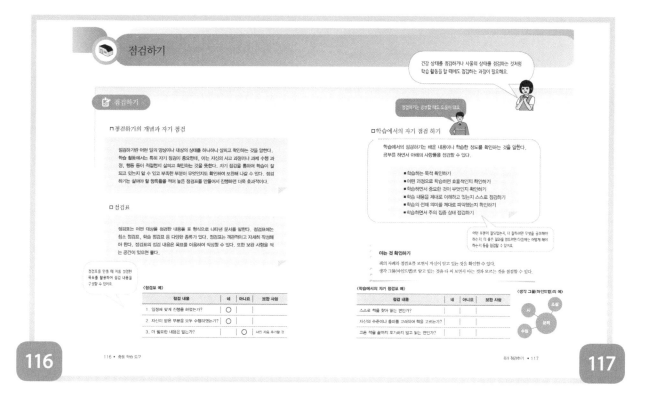

● 1차시(의사소통 〈꼭 배워요〉와 연계할 경우 7차시)

[학습 목표]

- 점검하기에서 양상 확인하기에 대해 안다.
- 점검하기에서 양상 확인하기의 효과에 대해 안다.

본문의 구성과 내용

- 본문은 **과학 교과의 점검하기 활동**에서 하게 되는 **양상 확인하기 학습 기능**을 보여 주고 있다.
- 본문의 내용은 안나가 '스트레스'에 관한 글을 읽고 스트레스를 점검하는 과정 중 일부이다. 안나는 스트레스 점검표를 통해 자신의 스트레스 양상을 확인하고 있다.

도입 - 10분

1) 교사는 학생들에게 교재 116, 117쪽의 학습 활동에 대해 설명한다.

▥ "(116쪽에 점검표 예시 그림을 가리키며) 이게 뭐예요?"

▥ "점검하기란 어떤 일의 양상이나 대상의 상태를 하나하나 살피고 확인하는 것을 말해요. 이때 점검표를 만들어서 진행하면 더욱 효과적이에요. 점검표는 점검한 내용을 표로 나타낸 것을 말해요."

▥ "언제 자기 점검을 해요?"

▥ "학습 활동에서는 자기 점검이 특히 중요해요. 자신의 사고 과정이나 과제 수행 과정, 행동 등이 적절한지 살피고 확인하는 것을 말해요. 자기 점검을 통하여 학습이 잘되고 있는지 알 수 있고 부족한 부분이 무엇인지도 확인하여 보완해 나갈 수 있어요. 예를 들어서 모둠 활동하는 과

정 중에서 중간 점검을 할 때 점검표를 활용하면 현재 일이 진행되고 있는 모습과 상황을 파악할 수 있어요."

▥ "점검표를 작성해 봤어요?"

▥ "점검표에는 청소 점검표, 학습 점검표 등이 있어요."

▥ "점검표를 어떻게 작성해요?"

▥ "점검표를 작성할 때는 객관적이고 자세히 작성해야 해요. 그리고 점검표의 점검 내용은 목표를 이용하여 작성할 수 있어요. 보완 사항을 적는 공간이 있으면 더 좋아요."

▥ "(117쪽에 학습에서의 자기 점검표 예시 그림을 가리키며) 이게 뭐예요?"

▥ "공부를 할 때도 자기 점검을 할 수 있어요. 배운 내용이나 학습한 정도를 확인해요. 공부를 하면서 학습 목적, 효율적인 학습 방법, 학습하면서 중요한 것 등을 점검할 수 있어요. 어떤 부분이 잘 학습되었는지, 더 잘하려면 무엇을 공부해야 하는지, 더 좋은 결과를 얻으려면 다음에는 어떻게 해야 하는지 등을 알 수 있어요."

▥ "학습에서 어떻게 자기 점검을 해요?"

▥ "아는 것을 확인하는 자기 점검표를 이용하거나 생각 그물(마인드맵)로 아는 것을 다 써 보면 아는 것과 모르는 것을 점검할 수 있어요."

교수-학습 지침

익힘책 69쪽에 점검하기의 필요성, 학습 점검표와 글쓰기 점검표의 예가 추가로 제시되어 있다. 교사는 이를 고려하여 수업을 진행한다.

2) 교사는 학생들에게 학습하기 1에서 배울 학습 기능을 소개한다.

▥ "양상 확인하기란 사물이나 현상의 모양이나 상태를 알

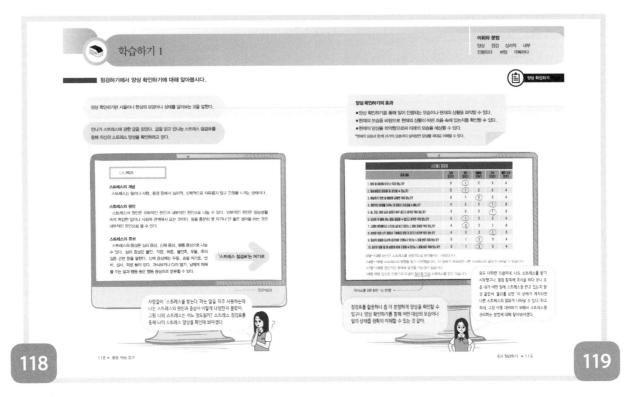

아보는 것을 말해요. 학습하기 1에서는 점검하기에서 양상 확인을 통해 얻을 수 있는 효과를 공부할 거예요."

교수-학습 지침
익힘책 70쪽에 양상에 대한 설명이 제시되어 있다. 교사는 이를 고려하여 수업을 진행한다.

전개 - 30분

1) 교사는 다음에 제시되는 내용을 참고하여 학생들에게 어휘와 문법을 설명한다.

양상	◆ **정의** 사물이나 현상의 모양이나 상태.
	㉔ 시대 변화와 함께 삶의 양상이 많이 달라졌다.
	● **설명** "과거 우리 생활의 모습과 현재 우리 생활의 모습은 많이 달라요. 우리 삶의 양상이 많이 달라졌어요. '양상'이란 사물이나 현상의 모양이나 상태를 의미해요."

점검	◆ **정의** 낱낱이 검사함. 또는 그런 검사.
	㉔ 우리는 체육 대회 때 인원 점검을 마친 후 경기를 시작했다.
	◆ **정보** (비슷한 말) 검사
	● **설명** "체육 대회를 시작하기 전, 수학여행을 떠나기 전에 선생님들은 학생이 모두 왔는지 확인을 해요. 모든 학생이 잘 왔는지 점검을 해요. '점검'이란 하나하나 검사하는 것을 말해요."

심리적	◆ **정의** 마음의 상태와 관련된 것.
	㉔ 화목한 가정에서 자란 사람은 심리적으로 안정되어 있다.
	◆ **정보** (비슷한 말) 심적, 내적
	● **설명** "시험을 보기 전에 긴장되고 떨리지요? 시험을 보기 전에는 보통 심리적으로 불안해요. '심리적'이란 마음의 상태와 관련된 것을 말해요."

내부	◆ **정의** 사물의 안쪽 공간. 또는 조직이나 구조의 안쪽 범위.
	㉔ 이 집은 밖에서 보기에는 좁아 보이지만 실제 내부는 넓다.
	◆ **정보** (비슷한 말) 안, 안쪽, 내면 (반대되는 말) 외부, 겉
	● **설명** "우리 학교는 밖에서 보기에는 좁아 보이지만 실제로 안쪽 공간은 넓어요. 학교의 내부가 넓어요. '내부'란 사물의 안쪽 공간을 의미해요."

진행되다	◆ **정의** 일 등이 계속해서 되어 가다.
	㉔ 미리 계획을 세워 둔 덕분에 아무 문제없이 일이 진행되었다.
	● **설명** "어떤 일을 하기 전에 미리 계획을 세우는 것이 좋아요. 계획을 세운 다음에 일을 시작하면 문제없이 일을 계속할 수 있어요. 미리 계획을 세우면 일이 잘 진행될 거예요. '진행되다'는 일 등이 계속해서 되어 간다는 뜻이에요."

바탕	◆ **정의** 사물이나 현상을 이루는 근본. 🔲 이 영화는 실제 일어난 사건을 바탕으로 만들어졌다. ● **설명** "영화나 드라마는 작가가 상상한 이야기를 쓴 것도 있지만 실제 일어난 일로 만든 작품도 있어요. 실제로 일어난 일을 바탕으로 만든 영화나 드라마도 있어요. '바탕'이란 사물이나 상태를 이루는 기초를 의미해요."
극복하다	◆ **정의** 나쁜 조건이나 힘든 일 등을 이겨 내다. 🔲 이 소설은 청소년들이 친구들과의 갈등을 극복하는 과정을 보여 주고 있다. ◆ **정보** (비슷한 말) 뛰어넘다, 물리치다, 이기다 ● **설명** "여러분은 요즘 뭐 때문에 힘들어요? 시험공부, 과제, 미래에 대한 고민 등 힘들고 어려운 점들이 많지요? 하지만 이런 것들을 이겨 내면 앞으로 더 나은 미래가 올 거예요. 어려운 점을 극복하면 더 좋은 미래가 와요. '극복하다'란 나쁜 조건이나 힘든 일 등을 이겨 낸다는 뜻이에요."

2) 교사는 학생들에게 교재 118, 119쪽에 제시된 내용을 읽게 한다.
🔲 "안나가 스트레스에 관한 글을 읽고 스트레스 점검표를 통해 자신의 스트레스 양상을 확인하려고 해요. 안나의 스트레스 양상은 어떤지 한번 읽어 볼까요?"

3) 교사는 학생들에게 세부 내용을 확인하는 질문을 한다.
🔲 "스트레스의 개념은 뭐예요?"
🔲 "스트레스의 원인은 뭐예요?"
🔲 "스트레스의 외부적인 원인은 뭐예요?"
🔲 "내부적인 원인에는 어떤 것이 있어요?"
🔲 "스트레스의 증상에는 무엇이 있어요?"
🔲 "심리 증상의 예로 무엇이 있어요?"
🔲 "신체 증상에는 어떤 것들이 있어요?"
🔲 "스트레스의 행동 증상은 뭐예요?"
🔲 "안나는 스트레스 점검표를 통해 무엇을 확인했어요?"
🔲 "스트레스 점검표를 통해 확인한 안나의 스트레스 점검 결과는 뭐예요?"
🔲 "스트레스 양상을 확인한 안나는 앞으로 무엇에 대해서 알아보려고 해요?"

4) 교사는 학생들에게 학습 기능에 대해 확인하는 질문을 한다.
🔲 "양상을 확인하면 무엇을 파악할 수 있어요?"
🔲 "현재의 상황이 어떤지 알기 위해서는 무엇을 확인해야 해요?"
🔲 "현재의 양상을 파악하면 무엇을 예상할 수 있어요?"
🔲 "양상을 제대로 이해하려면 무엇을 살펴봐야 해요?"

정리 - 5분

교사는 학습 내용을 정리하며 수업을 마무리한다.
🔲 "안나가 인터넷에서 무엇에 관한 글을 읽었어요?"

🔲 "스트레스란 뭐예요?"
🔲 "스트레스의 원인은 뭐예요?"
🔲 "스트레스의 증상에는 무엇이 있어요?"
🔲 "안나는 스트레스에 관한 글을 읽고 무엇을 확인했어요?"
🔲 "안나의 스트레스 양상은 어때요?"
🔲 "스트레스 양상을 확인한 뒤 안나는 앞으로 무엇에 대해 찾아보려고 해요?"
🔲 "점검하기에서 양상 확인하기에 대해 배웠어요. 양상 확인하기를 통해 일이 진행되고 있는 모습이나 현재의 상황을 파악할 수 있어요. 그리고 현재의 모습을 바탕으로 현재의 상황이 어떤 흐름 속에 있는지를 확인할 수 있어요. 현재의 양상을 파악함으로써 미래의 모습을 예상할 수도 있어요. 현재의 모습뿐만 아니라 과거의 모습까지 살펴보면 양상을 제대로 이해할 수 있어요. 이렇게 점검하기에서 점검표를 활용하여 양상을 확인하면 어떤 대상의 모습이나 일의 상태를 정확히 이해할 수 있어요."

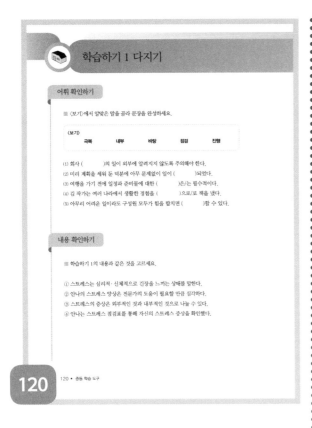

내용 확인하기 - 5분

1) 교사는 학생들에게 '내용 확인하기' 문제를 풀게
한다.
  - 📖 "앞에서 안나가 스트레스에 관한 글을 읽고 점검표를 통해 자신의 스트레스 양상을 확인하는 글을 읽었어요. 학습하기 1의 내용과 같은 것을 고르세요."
2) 교사는 학생들과 함께 문제의 답을 확인한다.
  - 📖 "학습하기 1을 보면 스트레스는 일이나 사람, 환경 등에서 심리적, 신체적으로 자유롭지 않고 긴장을 느끼는 상태라고 했어요."
  - 📖 "안나의 스트레스 점검 결과는 15점이에요. 전문가의 도움이 필요한 것은 결과가 19점 이상일 때예요."
  - 📖 "스트레스의 증상은 심리 증상, 신체 증상, 행동 증상으로 나눌 수 있어요."
  - 📖 "안나는 스트레스 점검표를 통해 자신의 스트레스 양상을 확인했어요."
  - 📖 "그래서 답은 ①번이에요."

정답
①
① (102쪽 본문) '스트레스는 일이나 사람, 환경 등에서 심리적, 신체적으로 자유롭지 않고 긴장을 느끼는 상태이다.'라는 내용을 보면 알 수 있다.
② 안나의 스트레스 점검 결과는 15점이다. 전문가의 도움이 필요한 것은 결과가 19점 이상일 때이다.
③ 스트레스의 증상은 심리 증상, 신체 증상, 행동 증상으로 나눌 수 있다. 스트레스의 원인은 외부적인 원인과 내부적인 원인으로 나눌 수 있다.
④ 안나는 스트레스 점검표를 통해 자신의 스트레스 양상을 확인했다.

● 2차시 (의사소통 〈꼭 배워요〉와 연계할 경우 8차시)

[학습 목표]
- 점검하기에서 양상 확인하기에 대해 안다.
- 대상의 양상을 확인할 수 있다.

어휘 확인하기 - 10분

1) 교사는 학생들에게 '어휘 확인하기' 문제를 풀게
한다.
  - 📖 "〈보기〉를 보세요. 앞에서 배운 어휘가 있어요."
  - 📖 "'극복'이란 나쁜 조건이나 힘든 일을 이겨 내는 것을 말해요."
  - 📖 "'내부'란 사물의 안쪽 공간을 의미해요."
  - 📖 "'바탕'이란 사물이나 현상을 이루는 기초예요."
  - 📖 "'점검'은 하나하나 검사하는 것을 말해요."
  - 📖 "'진행'은 일 등을 계속해서 해 나가는 것이에요."
  - 📖 "아래 문장을 읽고 알맞은 어휘를 골라 문장을 완성해 보세요."
2) 교사는 학생들과 함께 문제의 답을 확인한다.

정답
(1) 내부 (2) 진행 (3) 점검 (4) 바탕 (5) 극복

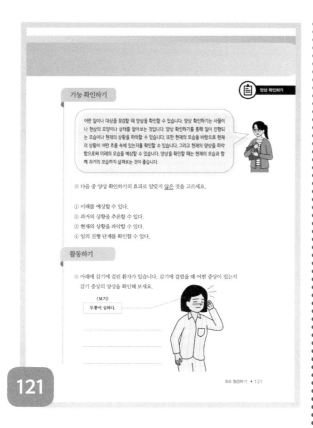

기능 확인하기 - 10분

1) 학습하기 1에서 배운 '양상 확인하기' 기능을 정리한다.

   📖 "앞에서 스트레스 점검표를 통해 스트레스 양상을 확인하는 것에 대해 배웠어요. 양상 확인하기는 사물이나 현상의 모양이나 상태를 알아보는 것이에요. 양상 확인하기를 통해 일이 진행되고 있는 모습이나 현재의 상황을 파악할 수 있어요. 또한 현재의 모습을 바탕으로 현재의 상황이 어떤 흐름 속에 있는지를 확인할 수 있어요. 현재의 양상을 파악함으로써 미래의 모습을 예상할 수 있어요. 양상을 확인할 때는 현재의 모습과 함께 과거의 모습까지 살펴보는 것이 좋아요."

2) 교사는 학생들에게 '기능 확인하기' 문제를 풀게 한다.

   📖 "다음 중 양상 확인하기의 효과로 알맞지 않은 것을 고르세요."

3) 교사는 학생들과 함께 문제의 답을 확인한다.

   📖 "양상을 확인하면 일이 진행되고 있는 모습이나 현재의 상황을 파악할 수 있어요. 또한 현재 상황이 어떤 흐름 속에 있는지를 확인할 수 있고 현재의 양상을 파악함으로써 미래의 모습을 예상할 수 있어요. 양상 확인을 통해 과거의 상황을 추론할 수는 없어요. 따라서 답은 ②번이에요."

> 정답
> ②

활동하기 - 20분

1) 교사는 학생들에게 '활동하기'의 방법을 설명한 후 활동을 하게 한다.

   📖 "아래에 감기에 걸린 환자가 있어요. 감기에 걸렸을 때 어떤 증상이 있는지 감기 증상의 양상을 확인해 보세요."

2) 교사는 학생들과 함께 활동의 결과를 확인한다.

   📖 "감기 증상의 양상을 다 썼어요? 함께 문제의 답을 확인해 봐요."

> 예시 답안
>
> 코가 막힌다, 콧물이 난다, 입맛이 없다, 온몸이 떨린다, 열이 난다, 기침을 한다, 기침이 심하다, 근육이 아프다, 힘이 없다 등

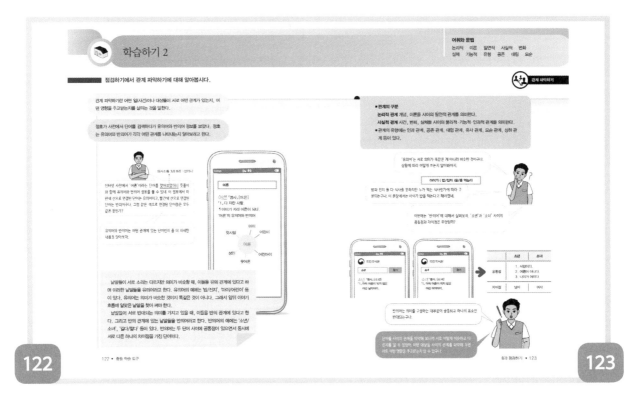

● **3차시**(의사소통 〈꼭 배워요〉와 연계할 경우 9차시)

[학습 목표]

• 점검하기에서 관계 파악하기에 대해 안다.
• 점검하기에서 관계의 구분과 유형에 대해 안다.

본문의 구성과 내용

• 본문은 국어 교과의 점검하기 활동에서 하게 되는 관계 파악 하기 학습 기능을 보여 주고 있다.
• 본문의 내용은 정호가 사전을 검색하는 과정에서 발견한 '유의 어와 반의어'가 각각 어떤 관계를 나타내고 있는지 파악하고 있다.

도입 - 10분

1) 교사는 교재 116, 117쪽에서 배운 학습 활동에 대해 복습한다.

📖 "어떤 일의 양상이나 대상의 상태를 하나하나 살피고 확인하는 것을 뭐라고 해요?"

📖 "언제 점검해요?"

📖 "점검한 내용을 표로 나타낸 것을 뭐라고 해요?"

📖 "점검표에는 어떤 내용이 들어가요?"

📖 "공부하면서 자기 점검을 할 때는 무엇을 점검해요?"

2) 교사는 학생들에게 학습하기 2에서 배울 학습 기능을 소개한다.

📖 "학습을 하면서 학습하는 목적 확인하기, 어떤 과정으로 학습하면 효율적인지 확인하기, 학습하면서 중요한 것이

무엇인지 확인하기, 학습 내용을 제대로 이해하고 있는지 스스로 점검하기, 학습의 전체 의미를 제대로 파악했는지 확인하기, 학습히먼시 주의 집중 상태 섬검하기 등을 통해 자기 점검할 수 있어요. 어떤 부분이 잘 되었는지, 더 잘하려면 무엇을 공부해야 하는지, 더 좋은 결과를 얻으려면 다음에는 어떻게 해야 하는지 등을 점검하여 그 관계들을 파악할 수 있어요."

📖 "관계 파악하기란 어떤 일(사건)이나 대상들이 서로 어떤 관계가 있는지, 어떤 영향을 주고받는지를 살피는 것을 말해요. 어떤 대상을 점검할 때 관계를 파악하면 대상을 제대로 이해할 수 있어요. 학습하기 2에서는 점검하기에서 관계를 파악하는 방법을 공부할 거예요."

교수-학습 지침

익힘책 72쪽에 관계의 유형의 예가 제시되어 있다. 교사는 이를 고려하여 수업을 진행한다.

1) 교사는 다음에 제시되는 내용을 참고하여 학생들에게 어휘와 문법을 설명한다.

논리적	◆ **정의** 논리에 맞는 것. 例 세상에는 논리적으로 설명할 수 없는 신기한 일이 많다. ◆ **정보** (반대되는 말) 감상적, 비논리적, 직관적 ● **설명** "'지구 반대편의 물은 아래에서 위로 흐른다.'라는 문장이 있어요. 이 말이 맞아요? 모든 물은 위에서 아래로 흘러요. 모든 사람이 알고 있는 논리예요. 따라서 '지구 반대편의 물은 아래에서 위로 흐른다.'라는 말은 논리적이지 않아요."
이론	◆ **정의** 어떤 이치나 지식을 논리적으로 일반화한 명제의 체계. 例 선생님은 새로운 경제 이론에 대해 설명했다. ● **설명** "과학자는 자신의 생각이 맞는지 확인하기 위해 많은 실험을 해요. 그리고 실험을 통해 자신의 생각이 맞으면 그 생각을 일반화하여 정리해요. 이렇게 해서 과학자는 이론을 발표해요. 예를 들어서 어떤 사람이 '물건마다 중력의 힘이 다르다.'라고 생각해요. 이게 맞는 내용인지 확인하기 위해 가벼운 물건, 무거운 물건 등 다양한 무게의 물건을 위에서 아래로 떨어뜨려요. 그리고 위에서 아래까지 도착하는 시간을 적어요. 그 결과 무거운 물건은 더 빠르게, 가벼운 물건은 더 천천히 내려온다는 사실을 깨달아요. 그래서 과학자는 '물건마다 중력의 힘이 다르다.'라는 이론을 만들어요. '이론'이란 어떤 지식을 논리적으로 일반화한 것이에요."
필연적	◆ **정의** 어떤 일의 결과나 사물의 관계가 반드시 그렇게 될 수밖에 없는 것. 例 정보화 사회에서는 인터넷의 사용은 필연적인 것이다. ◆ **정보** (반대되는 말) 우연적 ● **설명** "지금 우리가 살고 있는 시대는 가지고 있는 정보의 양이 힘이 되는 정보화 시대예요. 더 많은 정보를 더 빠르게 얻기 위해서는 반드시 인터넷이 필요해요. 인터넷의 사용은 필연적인 거예요. '필연적'이란 어떤 일의 결과나 사물의 관계가 반드시 그렇게 될 수밖에 없는 것을 의미해요."
사실적	◆ **정의** 실제 있는 그대로를 보여 주는 것. 例 이 그림 속 인물들은 동작 하나하나가 사실적으로 표현되어 있어서 정말 살아 움직이는 것 같다. ● **설명** "어떤 그림을 보면 인물을 정말 실제와 똑같이 그려서 이게 그림인지, 사진인지 헷갈리기도 해요. 사실적으로 표현해서 정말 살아 움직이는 것 같아요. '사실적'이란 실제 있는 그대로를 보여 주는 것을 말해요."

변화	◆ **정의** 무엇의 모양이나 상태, 성질 등이 달라짐. 例 컴퓨터는 사람들의 생활에 큰 변화를 가져왔다. ● **설명** "작년과 지금의 여러분은 어떻게 달라졌어요? 키, 외모, 생각 등의 변화가 생겼어요. '변화'란 무엇의 모양이나 상태 등이 달라지는 것을 말해요."
실체	◆ **정의** 어떤 사물이나 일의 실제 모습이나 상태. 例 과학자는 호수에 사는 동물의 실체를 알아냈다. ● **설명** "우리는 아주 깊은 바닷속에 살고 있는 동물에 대해서는 잘 모른다고 해요. 그 동물이 어떻게 생겼는지, 어떤 종류가 있는지 아직 다 알지 못해요. 동물의 실체를 알지 못해요. '실체'란 어떤 사물이나 일의 실제 모습이나 상태를 말해요."
기능적	◆ **정의** 일정한 역할이나 작용과 관련된 것. 例 정호는 옷을 고를 때 디자인보다 기능적인 측면을 고려한다. ● **설명** "저는 옷을 고를 때 디자인보다 옷이 가진 기능을 더 중요하게 생각해요. 요즘 체온을 유지하고 몸을 더 따뜻하게 하는 기능을 가진 옷이 많이 나와요. 저는 디자인보다 이런 기능적인 측면을 더 고려해서 옷을 사는 편이에요. '기능적'이란 일정한 역할이나 작용과 관련된 것을 말해요."
유형	◆ **정의** 성질이나 특징, 모양 등이 비슷한 것끼리 묶은 하나의 무리. 또는 그 무리에 속하는 것. 例 시험에서 새로운 유형의 문제가 나와서 학생들이 어려워했다. ◆ **정보** (비슷한 말) 종류, 타입 ● **설명** "시험 문제의 종류에는 번호를 선택하는 문제, 간단하게 답을 쓰는 문제, 긴 문장을 쓰는 문제 등이 있어요. 시험 문제의 유형이 다양해요. '유형'이란 성질이나 특징, 모양 등이 비슷한 것끼리 묶은 하나의 무리나 그 무리에 포함되는 것을 의미해요."
공존	◆ **정의** 두 가지 이상의 현상이나 성질, 사물이 함께 존재함. 例 이 마을은 전통적인 집과 현대적인 집이 함께 있어서 마치 과거와 현재가 공존하고 있는 것 같다. ● **설명** "서울에 가면 경복궁과 높은 현대적인 건물을 함께 볼 수 있어요. 과거의 모습과 현재의 모습이 함께 있어요. 과거와 현재가 공존하는 것 같아요. '공존'이란 두 가지 이상의 현상이나 성질, 사물이 함께 존재하는 것이에요."
대립	◆ **정의** 생각이나 의견, 입장이 서로 반대되거나 맞지 않음. 例 내 생각과 다른 사람의 생각이 대립하는 경우가 있다. ● **설명** "사람마다 생각이나 의견이 달라요. 그 생각이나 의견이 반대되기도 해요. 생각이나 의견이 서로 대립해요. '대립'이란 생각이나 의견 등이 서로 반대되거나 맞지 않는 것을 말해요."

<table>
<tr>
<td rowspan="3">모순</td>
<td>◆ 정의 어떤 사실의 앞뒤, 또는 두 사실이 서로 어긋나 이치에 맞지 않음.

📓 그 사람이 어제 한 말과 오늘 한 말은 모순되었다.</td>
</tr>
<tr>
<td>● 설명 "여기에 모든 것을 다 자를 수 있는 가위가 있어요. 그리고 절대 찢어지거나 잘라지지 않는 종이가 있어요. 그럼 이 가위로 이 종이를 자를 수 있을까요? 이런 것을 모순이라고 해요. '모순'이란 어떤 사실의 앞뒤, 또는 두 사실이 서로 어긋나 맞지 않는 것을 말해요."</td>
</tr>
</table>

2) 교사는 학생들에게 교재 122, 123쪽에 제시된 내용을 읽게 한다.

　📓 "정호가 사전에서 단어를 검색하다가 유의어와 반의어 정보를 봤어요. 정호는 유의어와 반의어가 각각 어떤 관계를 나타내고 있는지 자세히 알아보려고 해요. 유의어와 반의어의 관계 파악을 어떻게 하는지 한번 읽어 볼까요?"

3) 교사는 학생들에게 세부 내용을 확인하는 질문을 한다.

　📓 "정호가 사전에 '어른'을 검색했더니 어떤 정보들이 있었어요?"

　📓 "유의어는 뭐예요?"

　📓 "반의어는 뭐예요?"

　📓 "반의어의 특징은 뭐예요?"

　📓 "밥과 진지는 유의어와 반의어 중에서 어떤 관계의 단어예요?"

　📓 "밥과 진지는 어떻게 달라요?"

　📓 "소년과 소녀는 어떤 관계의 단어예요?"

　📓 "소년과 소녀의 공통점은 뭐예요?"

　📓 "소년과 소녀의 차이점은 뭐예요?"

4) 교사는 학생들에게 학습 기능에 대해 확인하는 질문을 한다.

　📓 "관계는 어떻게 구분할 수 있어요?"

　📓 "논리적 관계는 뭐예요?"

　📓 "사실적 관계는 무엇을 의미해요?"

　📓 "관계의 유형에는 무엇이 있어요?"

정리 - 5분

교사는 학습 내용을 정리하며 수업을 마무리한다.

　📓 "유의어란 뭐예요?"

　📓 "반의어는 뭐예요?"

　📓 "밥과 진지는 어떤 관계의 단어예요?"

　📓 "소년과 소녀는 어떤 관계에 있어요?"

　📓 "소년과 소녀의 차이점은 뭐예요?"

　📓 "점검하기에서의 관계 파악하기에 대해 배웠어요. 관계는 논리적 관계와 사실적 관계로 구분할 수 있어요. 논리적 관계는 개념, 이론들 사이의 필연적인 관계를 의미해요. 사실적 관계는 사건, 변화, 실체들 사이의 물리적·기능적·인과적 관계를 의미해요. 관계의 유형에는 인과 관계, 공존 관계, 대립 관계, 유사 관계, 모순 관계, 상하 관계 등이 있어요."

📓 "정호가 유의어와 반의어의 관계를 파악한 것처럼 단어들 사이의 관계를 파악하면 서로 어떻게 비슷하고 다른지를 알 수 있어요. 이처럼 어떤 대상들 사이의 관계를 파악해 두면 서로 어떤 영향을 주고받는지 알 수 있어요."

124

---

1) 교사는 학생들에게 '내용 확인하기' 문제를 풀게 한다.

　📖 "앞에서 정호가 사전을 검색하는 과정에서 발견한 '유의어와 반의어'가 각각 어떤 관계를 나타내고 있는지 파악하는 글을 읽었어요. 학습하기 2의 내용과 같은 것을 고르세요."

2) 교사는 학생들과 함께 문제의 답을 확인한다.

　📖 "유의 관계에 있는 단어는 서로 소리는 다르지만 의미가 비슷해요. 유의어는 의미가 비슷한 것이지 똑같은 것이 아니기 때문에 앞뒤 이야기 흐름에 알맞은 낱말을 찾아 써야 해요. 반의 관계에 있는 단어는 둘 사이에 공통점이 있으면서 동시에 서로 다른 하나의 차이점을 가진 단어예요. 정호는 반의 관계인 '소년'과 '소녀' 사이의 공통점과 차이점을 사전 검색을 통해 알아봤어요. 그래서 답은 ④번이에요."

> **정답**
> ④
> ① 유의 관계에 있는 단어는 의미가 비슷한 것이지 똑같은 것이 아니기 때문에 언제나 바꿔서 사용하면 안 된다. 앞뒤 이야기 흐름에 알맞은 단어를 찾아 써야 한다.
> ② 유의어는 서로 소리는 다르지만 의미가 비슷한 단어이다.
> ③ 반의 관계에 있는 단어는 공통점이 있으면서 동시에 서로 다른 하나의 차이점을 가지고 있다.
> ④ (123쪽 본문) 정호는 '소년'과 '소녀' 사이의 공통점과 차이점을 알아보기 위해 사전으로 단어를 검색했다.

● **4차시** (의사소통 〈꼭 배워요〉와 연계할 경우 10차시)

[학습 목표]

- 점검하기에서 관계 파악하기에 대해 안다.
- 단어들 사이의 관계를 파악할 수 있다.

어휘 확인하기 – 10분

1) 교사는 학생들에게 '어휘 확인하기' 문제를 풀게 한다.

　📖 "〈보기〉를 보세요. 앞에서 배운 어휘가 있어요."

　📖 "'공존'이란 두 가지 이상의 현상이나 성질, 사물이 함께 존재하는 것을 의미해요."

　📖 "'논리적'이란 바르게 생각하는 과정이나 원리에 맞는 것을 말해요."

　📖 "'대립'은 생각이나 의견 등이 서로 반대되거나 맞지 않는 것이에요."

　📖 "'실체'란 어떤 사물이나 일의 실제 모습이나 상태예요."

　📖 "'이론'은 어떤 지식을 논리적으로 일반화한 것을 말해요."

　📖 "아래 문장을 읽고 알맞은 어휘를 골라 문장을 완성해 보세요."

2) 교사는 학생들과 함께 문제의 답을 확인한다.

> **정답**
> (1) 대립　(2) 공존　(3) 실체　(4) 이론　(5) 논리적

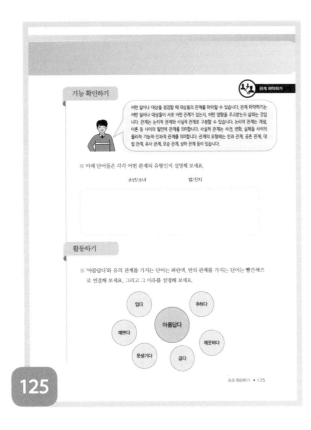

기능 확인하기 - 10분

1) 학습하기 2에서 배운 '관계 파악하기' 기능을 정리 한다.

🖥 "앞에서 유의어와 반의어의 관계를 파악하는 것에 대해 배웠어요. 관계 파악하기는 어떤 일이나 대상들이 서로 어떤 관계가 있는지, 어떤 영향을 주고받는지 살피는 것 이에요. 관계는 논리적 관계와 사실적 관계로 구분할 수 있어요. 논리적 관계는 개념, 이론들 사이의 필연적 관계 를 의미해요. 사실적 관계는 사건, 변화, 실체들 사이의 물 리적·기능적·인과적 관계를 의미해요. 관계의 유형에는 인과 관계, 공존 관계, 대립 관계, 유사 관계, 모순 관계, 상 하 관계 등이 있어요."

2) 교사는 학생들에게 '기능 확인하기' 문제를 풀게 한다.

🖥 "아래 단어들은 각각 어떤 관계의 유형인지 설명해 보세 요."

3) 교사는 학생들과 함께 문제의 답을 확인한다.

🖥 "소년과 소녀, 밥과 진지는 어떤 관계의 유형이라고 생각 해요?"

🖥 "왜 그렇게 생각해요?"

🖥 "소년과 소녀는 공통점이 있으면서 동시에 서로 다른 하 나의 차이점을 가진 단어예요. 그래서 소년과 소녀의 관 계 유형은 대립 관계예요. 반대로 밥과 진지는 서로 소리 는 다르지만 의미가 비슷해요. 그래서 밥과 진지의 관계 유형은 유사 관계예요."

> 정답
> - 소년/소녀: 대립 관계
> - 밥/진지: 유사 관계

활동하기 - 20분

1) 교사는 학생들에게 '활동하기'의 방법을 설명한 후 활동을 하게 한다.

🖥 "아래에 '아름답다'와 유의 관계를 가지는 단어와 반의 관 계를 가진 단어들이 있어요. '아름답다'와 유의 관계를 가 지는 단어는 파란색, 반의 관계를 가지는 단어는 빨간색 선으로 연결해 보세요."

2) 교사는 학생들과 함께 문제의 답을 확인한다.

🖥 "'아름답다'와 파란색으로 연결한 단어는 뭐예요?"

🖥 "'아름답다'와 빨간색으로 연결한 단어는 뭐예요?"

🖥 "'아름답다'와 반의 관계를 가지는 단어들은 각각 어떤 공 통점과 차이점을 가지고 있어요?"

교수-학습 지침

교사는 학생들이 반의 관계를 가지는 단어 사이의 공통점과 차 이점에 대해 설명하도록 한다. 이때 학습자가 어려워하면 인터 넷이나 사전 검색을 통해 찾아볼 수 있게 한다.

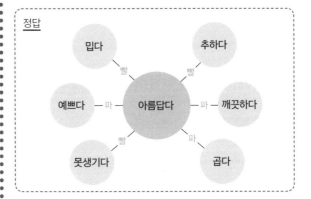

● 메모

9과	문제 풀기

● 학습 목표

- 문제 해결 능력을 키운다.
- 문제 풀이 과정에서 일으킨 오류를 확인하고 정리하는 방법을 안다.

● 단원 내용

1. 학습 활동: 문제 풀기
2. 학습 기능: 문제 해결하기
   오류 확인하기
3. 학습 주제: 고령화 현상
   일차 방정식

● 수업 개요

1·2차시(학습하기 1): 문제 풀기에서 문제 해결하기에
　　　　　　　　　　대해 안다.
3·4차시(학습하기 2): 문제 풀기에서 오류 확인하기에
　　　　　　　　　　대해 안다.

● 어휘 및 문법

[학습하기 1]
방안, 보장, 평균, 장려하다, 단서, 변동, 소재, 해당, 비율, 차지하다, 대비하다, 지원하다, 확대하다, 강화하다

[학습하기 2]
오류, 출처, 응용력, 유형별, 표시하다, 확실히, 완벽하다, 기본적

[알면 쓸모 있는 어휘(익힘책 76쪽)]
길잡이, 단락, 공식, 용어, 범주, 속하다

의사소통 4권 1과 〈꼭 배워요〉의 주요 내용

[어휘]

귀를 기울이다, 집중하다, 공통점, 찾아내다, 차이점, 구별하다, 필기하다, 공식, 암기하다, 요점 정리, 참고서, 살펴보다, 오답 노트, 인터넷 강의, 단골, 렌즈, 용어, 우승, 원리, 작품, 일교차, 꼼꼼히, 오히려, 넘치다, 맞히다, 서운하다, 솔직하다, 신중하다, 사랑스럽다

[문법 1] '-어서 그런지'

　　예 깔끔한 건 좋은데 그림이 별로 없어서 그런지 좀 재미없어 보여.

[문법 2] '-는 줄 알다/모르다'

　　예 참고서를 가지고 온 줄 알았는데 찾아보니까 가방에 없네.

[문법 3] '-었더라면'

　　예 수학 공식을 외웠더라면 몇 문제는 더 답을 맞힐 수 있었을 것 같은데.

[문법 4] '-으려다가'

　　예 신청해서 들으려다가 귀찮아서 신청 안 했어.

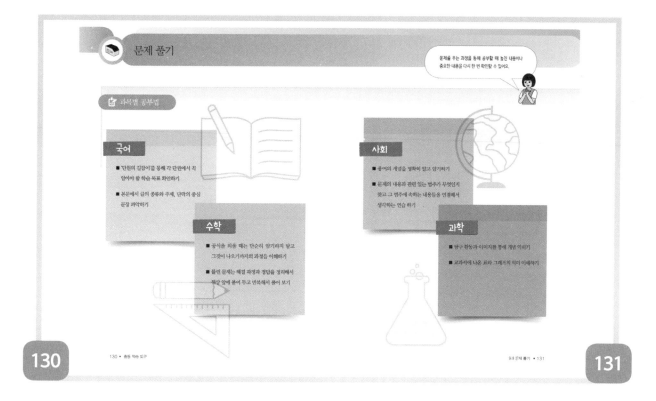

● 1차시 (의사소통 〈꼭 배워요〉와 연계할 경우 7차시)

[학습 목표]
- 문제 풀기에서 문제 해결하기에 대해 안다.
- 문제 풀기에서 문제 해결을 위한 단서를 찾는 방법에 대해 안다.

본문의 구성과 내용
- 본문은 **사회 교과의 문제 풀기 활동**에서 하게 되는 **문제 해결하기 기능**을 보여 주고 있다.
- 본문의 내용은 자습 시간에 정호가 사회 문제집에 있는 문제를 푸는 상황이다. 정호는 문제에 나오는 〈보기〉의 내용을 확인하고 문제를 해결하고 있다.

도입 - 10분

1) 교사는 학생들에게 교재 130, 131쪽의 학습 활동에 대해 설명한다.

📖 "여러분은 시험 문제를 풀기 위해 어떻게 공부해요?"

📖 "국어는 어떻게 공부해요?"

📖 "국어책을 보면 각 단원에 단원의 길잡이가 있어요. 단원의 길잡이에는 꼭 알아야 할 학습 목표가 있어요. 학습 목표를 확인하고 공부하면 좋아요. 그리고 글을 읽을 때 본문에서 글의 종류와 주제, 단락의 중심 문장을 파악하면서 읽는 것이 좋아요."

📖 "수학은 어떻게 공부하는 것이 좋을까요?"

📖 "수학 공식을 외울 때는 단순히 암기하지 말고 공식을 통해 답이 나오기까지의 과정을 이해하는 것이 중요해요.

그리고 틀린 문제는 해결 과정과 정답을 정리해서 책상 앞에 붙여 두고 반복해서 풀어 보는 것이 좋아요."

📖 "사회 과목은 어떻게 공부해요?"

📖 "사회 과목을 공부하다 보면 용어들이 많이 나와요. 이 용어들을 그냥 암기하기보다는 용어의 개념을 명확히 알고 암기하는 것이 좋아요. 그리고 평소에 문제의 내용과 관련 있는 범주가 무엇인지 찾고 그 범주에 속하는 내용을 연결해서 생각하는 연습을 하면 시험을 잘 볼 수 있어요."

📖 "여러분은 과학 공부를 어떻게 해요?"

📖 "과학은 개념을 익힐 때 탐구 활동과 이미지를 통해서 익히는 것이 좋아요. 그리고 교과서에 표나 그래프가 나오면 그것을 그냥 보는 것이 아니라 의미를 이해하면서 보는 것이 중요해요."

교수-학습 지침
익힘책 77쪽에 문제 풀기의 정의, 문제 풀기의 기본, 여러 가지 문제 유형과 표현 방식이 추가로 제시되어 있다. 교사는 이를 고려하여 수업을 진행한다.

2) 교사는 학생들에게 학습하기 1에서 배울 학습 기능을 소개한다.

📖 "문제를 풀기 위해 먼저 무엇을 해야 할까요?"

📖 "문제를 풀기 전에 먼저 문제를 이해하는 것이 중요해요. 문제를 명확하게 이해하면 문제가 요구하는 것이 무엇인지 알 수 있고 그 문제를 해결할 방법을 찾을 수 있어요."

📖 "과목별 공부법을 확인하다 보면 각 과목의 문제를 어떻게 해결할 수 있는지 알 수 있어요. 이렇게 문제 해결하기란 문제의 원인을 밝히고 그 원인을 근거로 삼아 해결 방안을 제시하는 것을 말해요. 학습하기 1에서는 문제 풀기에서 문제를 해결하는 방법을 공부할 거예요."

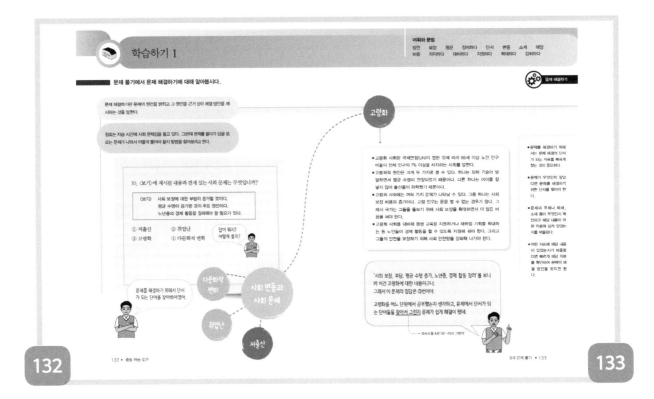

교수-학습 지침
익힘책 78쪽에 문제 해결이 이루어지는 일반적인 단계에 대한 내용이 추가로 제시되어 있다. 교사는 이를 고려하여 수업을 진행한다.

전개 - 30분

1) 교사는 다음에 제시되는 내용을 참고하여 학생들에게 어휘와 문법을 설명한다.

방안	◆ **정의** 일을 처리할 방법이나 계획. 📖 학급 문고를 잘 운영할 수 있는 새로운 방안을 찾아봅시다. ◆ **정보** (비슷한 말) 방책 ● **설명** "교실의 에어컨이 고장이 났어요. 어떻게 해야 돼요? 해결 방안에 대해 같이 생각해 봐요. '방안'은 방법이나 계획을 말해요."
보장	◆ **정의** 잘못되는 일이 없도록 보증하거나 보호함. 📖 모든 일에 최선을 다한다면 장래는 보장이 될 것이다. ● **설명** "여러분, 여행자 보험을 알아요? 여행을 하다 보면 물건을 분실하기도 해요. 여행자 보험을 들면 분실한 물건에 대해 보장을 받을 수 있어요. '보장'은 어떤 일이 잘못되지 않게 지켜 주는 것을 말해요."

평균	◆ **정의** 수나 양, 정도의 중간값을 갖는 수. 📖 안나의 휴대 전화 사용 요금은 한 달 평균 5만 원 정도이다. ◆ **정보** (비슷한 말) 평균값, 평균치 ● **설명** "여러분, 시험 점수의 평균을 구할 수 있어요? 평균은 모든 과목 점수를 더하고, 더한 값을 과목 수로 나누면 알 수 있어요. '평균'은 숫자나 양의 중간값이 되는 수예요."
장려하다	◆ **정의** 좋은 일을 하도록 권하거나 북돋아 주다. 📖 선생님은 아이들에게 독서를 장려하려고 월말에 독서왕을 뽑아 선물을 주셨다. ● **설명** "저는 여러분이 책을 많이 읽으면 좋겠어요. 책을 읽으면 다양한 지식과 정보를 얻을 수 있고 생각을 넓힐 수 있기 때문이에요. 책을 읽으면 다양한 장점이 있으니까 책을 많이 읽으세요. 저는 지금 여러분에게 책 읽기를 장려하고 있어요. '장려하다'는 좋은 일을 하도록 권하거나 북돋아 주는 거예요."
단서	◆ **정의** 문제를 해결하는 데 도움이 되는 사실. 📖 고대 유물은 당시 사람들의 생활을 알 수 있는 단서이다. ◆ **정보** (비슷한 말) 단초, 실마리 ● **설명** "여러분은 문제를 풀 때 어떻게 해요? 답을 찾기 위해 단서를 찾아야 해요. '단서'는 문제의 정답을 찾을 때 도움이 되는 것이에요. 단서를 찾으면 정답을 쉽게 찾을 수 있어요."

변동	◆ **정의** 상황이나 사정이 바뀌어 달라짐. **예** 여행 계획에 변동이 있으면 알려 주세요. ◆ **정보** (비슷한 말) 변화 ● **설명** "체육 대회를 해요. 우리 반이 1등을 하고 있어요. 그런데 옆 반 친구들이 응원을 열심히 해서 응원 점수를 받았어요. 그래서 옆 반이 1등이 되고 우리 반이 2등이 됐어요. 순위가 바뀌었어요. 변동되었어요. '변동'은 상황이 바뀌어서 달라지는 것을 말해요."
소재	◆ **정의** 글의 내용을 이루는 재료. **예** 영수는 평소 관심을 가졌던 소재로 소설을 썼다. ◆ **정보** (비슷한 말) 글감, 글거리 ● **설명** "여러분은 어떤 소재의 글을 좋아해요? 어떤 것에 관심이 있나요? '소재'는 글을 이루는 재료예요. 책을 안 좋아한다면 관심 있는 분야, 관심 있는 소재로 쓴 글을 먼저 읽어 보세요. 그러면 독서에 흥미가 생길 수 있어요."
해당	◆ **정의** 어떤 범위나 조건 등에 바로 들어맞음. **예** 이 규정은 남학생뿐만 아니라 여학생에게도 해당이 되는 규정이다. ● **설명** "제가 질문을 할 거예요. 해당하는 것이 있으면 손을 드세요. '해당'은 조건이나 범위에 들어맞는다는 말이에요. 저는 아침밥을 매일 먹어요. 손 드세요. 저는 아침밥을 안 먹어요. 손 드세요. 두 질문에 해당 안 되는 사람은 일주일에 아침을 몇 번 먹나요?"
비율	◆ **정의** 기준이 되는 수나 양에 대한 어떤 값의 비. **예** 교실에 앉은 학생들의 남녀 비율은 반반이다. ● **설명** "수학 선생님께서 이번 시험은 객관식 60%, 서술형 40%의 비율로 출제될 거라고 말씀하셨어요. '비율'은 수나 양에 대한 값의 비예요. 이번 수학 시험은 객관식 문제의 비율이 높아요."
차지하다	◆ **정의** 일정한 공간이나 비율을 이루다. **예** 이번 설문에서 부정적인 답변이 사십 퍼센트를 차지했다. ● **설명** "우리 반은 남학생과 여학생의 비율이 어때요? 누가 더 많아요? 남학생이 많아요? 우리 반은 남학생이 높은 비율을 차지하고 있어요. 여학생이 많아요? 우리 반은 여학생이 높은 비율을 차지하고 있어요. '차지하다'는 비율을 이루고 있다는 말이에요."
대비하다	◆ **정의** 앞으로 일어날 수 있는 어려운 상황에 대해 미리 준비하다. **예** 영수는 요즘 시험을 대비하기 위해 도서관에 다닌다. ◆ **정보** (비슷한 말) 대처하다, 준비하다 ● **설명** "여러분은 시험공부를 어떻게 해요? 어떤 사람은 시험 보기 한 달 전부터 미리 교과서를 다시 읽고 문제집을 많이 푼다고 해요. 시험을 잘 보기 위해 미리 준비해요. 시험을 대비해요. '대비하다'는 미리 준비한다는 뜻이에요."

지원하다	◆ **정의** 물질이나 행동으로 돕다. **예** 학교 측에서 우수한 학생에게 장학금을 지원하였다. ◆ **정보** (비슷한 말) 뒷받침하다 ● **설명** "여러분은 기부나 봉사를 하고 있나요? 저는 가정이 어려워서 학교를 못 가거나 밥을 못 먹는 아이들을 지원하고 있어요. '지원하다'는 물질이나 행동으로 돕는다는 말이에요."
확대하다	◆ **정의** 모양이나 규모 등을 원래보다 더 크게 하다. **예** 현미경은 눈으로 보이지 않는 작은 물질도 확대해서 보여 준다. ◆ **정보** (반대되는 말) 축소하다 ● **설명** "여러분 휴대 전화에서 사진을 크게 보고 싶어요. 어떻게 해요? (손으로 확대할 때 하는 행동을 보여 주며) 이렇게 하면 휴대 전화에서 사진을 확대해서 볼 수 있어요. '확대하다'는 모양을 전보다 크게 하는 거예요. 반대로 모양을 더 작게 하는 건 '축소하다'라고 해요."
강화하다	◆ **정의** 수준이나 정도를 높이다. **예** 대표 선수들은 다가오는 경기에 대비하여 훈련을 강화했다. ● **설명** "여러분 학교에 몇 시까지 와야 해요? 시간을 잘 지키고 있나요? 지각을 많이 해요? 만약 지각을 하는 학생들이 많아지면 우리 반의 규칙을 강화할 거예요. '강화하다'는 수준이나 정도를 높이는 거예요."

2) 교사는 학생들에게 교재 132, 133쪽에 제시된 내용을 읽게 한다.

　⬚ "정호가 사회 시험 문제를 풀려고 해요. 먼저 어떤 문제를 풀고 있는지 읽어 보세요."

　⬚ "현대 사회 문제에 관한 시험 문제예요. 시험 문제와 관련된 범주에는 무엇이 있는지 보세요."

　⬚ "사회 변동과 사회 문제와 관련된 내용은 다문화적 변화, 취업난, 저출산 그리고 고령화가 있어요. 지금부터 오른쪽에 있는 고령화에 대한 글을 읽어 보세요."

3) 교사는 학생들에게 세부 내용을 확인하는 질문을 한다.

　⬚ "고령화 사회가 뭐예요?"

　⬚ "고령화의 원인은 두 가지가 있어요. 어떤 것들이 있어요?"

　⬚ "고령화 사회에는 여러 가지 문제가 있어요. 어떤 문제가 있어요?"

　⬚ "고령화 사회를 대비하여 무엇을 해야 해요?"

4) 교사는 학생들에게 학습 기능에 대해 확인하는 질문을 한다.

　⬚ "정호는 문제를 해결하기 위해서 무엇을 했어요?"

　⬚ "단서가 되는 단어는 어느 단원에서 공부했어요?"

교사는 학습 내용을 정리하며 수업을 마무리한다.

- 교 "문제 풀기에서 문제 해결하기에 대해 배웠어요. 문제를 풀기 전에 문제에 대해 먼저 이해를 해야 해요. 문제에서 요구하는 것이 무엇인지 파악한 후에 문제를 해결하기 위한 방법을 찾을 수 있어요."

- 교 "시험 문제에서는 〈보기〉가 설명하는 현대 사회 문제가 무엇인지 묻고 있어요."

- 교 "현대 사회 문제는 취업난, 저출산, 고령화가 있고, 현대 사회는 다문화로 인해 많은 변화가 나타나고 있어요."

- 교 "정호는 〈보기〉에서 단서가 되는 단어를 확인한 후에 〈보기〉의 내용과 고령화가 관련되어 있다는 것을 찾았어요. 그래서 답이 ③번이라는 것을 알았어요. 이렇게 단서가 되는 단어나 내용을 어느 단원에서 공부했는지 떠올리면 문제를 쉽게 해결할 수 있어요."

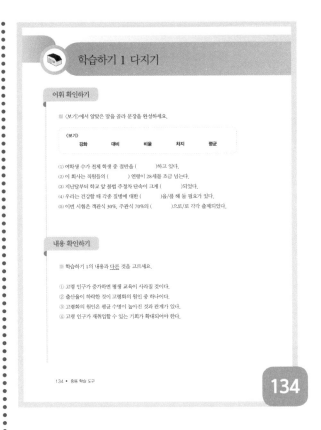

2차시 (의사소통 〈꼭 배워요〉와 연계할 경우 8차시)

[학습 목표]

- 문제 풀기에서 문제 해결하기에 대해 안다.
- 문제의 원인을 파악하고 문제를 해결할 수 있다.

어휘 확인하기 - 10분

1) 교사는 학생들에게 '어휘 확인하기' 문제를 풀게 한다.

- 교 "〈보기〉를 보세요. 앞에서 배운 어휘가 있어요."
- 교 "'강화'란 수준이나 정도를 더 높임을 의미해요."
- 교 "'대비'는 앞으로 일어날 수 있는 어려운 상황에 대해 미리 준비함, 또는 그런 준비를 말해요."
- 교 "'비율'은 기준이 되는 수나 양에 대한 어떤 값의 비를 말해요."
- 교 "'차지'는 일정한 공간이나 비율을 이루는 것을 말해요"
- 교 "'평균'은 수나 양, 정도의 중간값을 갖는 수예요."
- 교 "아래 문장을 읽고 알맞은 어휘를 골라 문장을 완성해 보세요."

2) 교사는 학생들과 함께 문제의 답을 확인한다.

> 정답
> (1) 차지 (2) 평균 (3) 강화 (4) 대비 (5) 비율

1) 교사는 학생들에게 '내용 확인하기' 문제를 풀게
한다.
🖳 "학습하기 1에서 정호가 사회 문제를 풀기 위해 고령화에
대한 글을 읽었어요. 글의 내용과 다른 것을 고르세요."

2) 교사는 학생들과 함께 문제의 답을 확인한다.
🖳 "고령화의 원인은 크게 두 가지예요. 하나는 의학 기술이
발달해서 평균 수명이 연장되었기 때문이에요. 다른 하나
는 출산율이 하락했기 때문이에요. 나이가 많아지면 일
을 그만둬야 해서 노인들은 대부분 일을 해서 돈을 벌 수
없는 경우가 많아요. 그러므로 노인들이 경제 활동을 할
수 있게 재취업의 기회를 제공해야 해요."
🖳 "재취업을 돕는 방법 중 하나는 평생 교육을 받을 수 있게
지원하는 거예요. 따라서 답은 ①번이에요."

┌─────────────────────────────────────┐
│ 정답
│ ①
│ ① 노인들이 경제 활동을 할 수 있도록 지원해 주기 위해 오히려 평
│   생 교육은 늘어날 것이다.
│ ② (133쪽 본문) '다른 하나는 아이를 잘 낳지 않아 출산율이 하락했
│   기 때문이다.'라는 내용을 보면 알 수 있다.
│ ③ (133쪽 본문) '하나는 의학 기술이 발달하면서 평균 수명이 연장
│   되었기 때문이다.'라는 내용을 보면 알 수 있다.
│ ④ (133쪽 본문) '고령화 사회를 대비해 평생 교육을 지원하거나 재
│   취업 기회를 확대하는 등 노인들이 경제 활동을 할 수 있도록 지
│   원해 줘야 한다.'라는 내용을 보면 알 수 있다.
└─────────────────────────────────────┘

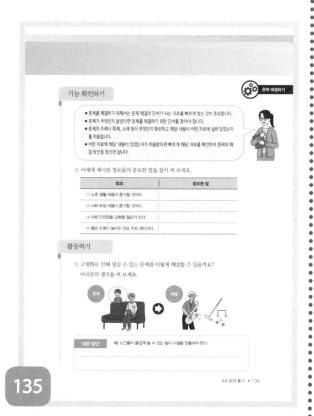

1) 학습하기 1에서 배운 '문제 해결하기' 기능을 정리
한다.
🖳 "앞에서 정호가 문제를 푸는 과정을 통해 문제 해결하기
에 대해 배웠어요. 문제를 해결하기 위해서는 먼저 문제
에서 묻고 있는 것이 무엇인지를 파악하는 것이 중요해
요. 그리고 문제를 해결하기 위한 단서를 찾아야 해요. 주
제나 화제, 소재 등을 확인하고, 그와 관련된 정보들을 찾
아 문제를 해결할 수 있어요."

2) 교사는 학생들에게 '기능 확인하기' 문제를 풀게 한다.
🖳 "아래에 제시된 정보들의 중요한 말을 찾아 써 보세요."

3) 교사는 학생들과 함께 문제의 답을 확인한다.
🖳 "첫 번째 문장을 보면 '노후 생활 비용이 증가할 것이다.'
라고 쓰여 있어요. 여기에서 중요한 말은 '노후 생활 비용',
'증가'예요. 두 번째 문장에서 중요한 말은 '사회 보장 비
용', '증가'예요. 세 번째 문장에서는 '사회 안전망', '강화'가
중요한 말이에요. 마지막 문장에서는 '평균 수명', '높아지
다', '주요 원인'이 중요해요."

┌─────────────────────────────────────┐
│ 정답
│ (1) 노후 생활 비용, 증가
│ (2) 사회 보장 비용, 증가
│ (3) 사회 안전망, 강화
│ (4) 평균 수명, 높아지다, 주요 원인
└─────────────────────────────────────┘

1) 교사는 학생들에게 '활동하기'의 방법을 설명한 후
활동을 하게 한다.
🖳 "고령화로 인해 생길 수 있는 문제들이 많이 있어요. 그림
을 보면 어떤 문제가 있는 것 같아요? 이 문제를 해결하는
방법에는 무엇이 있을까요?"
🖳 "지금부터 고령화로 인해 생길 수 있는 문제들의 해결 방
법을 써 보세요."

┌─────────────────────────────────────┐
│ **교수-학습 지침**
│ 학생들이 자신의 생각을 제대로 쓰지 못할 경우, 노인이 혼자 생
│ 활을 하면서 나타날 수 있는 문제를 먼저 이야기를 하게 하고 그
│ 문제를 해결할 수 있는 방법에 대해 생각하게 한다.
└─────────────────────────────────────┘

2) 교사는 학생들과 함께 활동의 결과를 확인한다.
🖳 "고령화로 인해 생길 수 있는 문제는 어떤 것이 있어요?"
🖳 "문제의 해결 방안은 무엇이에요?"

┌─────────────────────────────────────┐
│ 예시 답안
│ - 의료 시설을 늘린다.
│ - 노인 일자리를 늘린다.
└─────────────────────────────────────┘

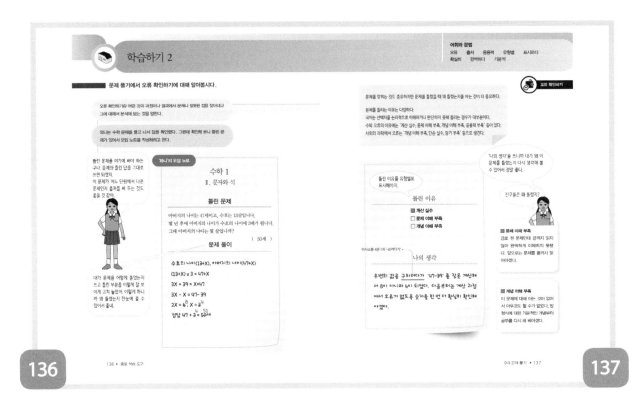

● 3차시 (의사소통 〈꼭 배워요〉와 연계할 경우 9차시)

[학습 목표]

• 문제 풀기에서 오류 확인하기에 대해 안다.

• 문제 풀기에서 오류를 확인하고 그것을 정리하는 방법에 대해 안다.

본문의 구성과 내용

• 본문은 **수학 교과의 문제 풀기 활동**에서 하게 되는 **오류 확인하기 기능**을 보여 주고 있다.

• 본문의 내용은 와니가 틀린 수학 문제를 오답 노트에 작성하고 있는 상황이다. 와니는 오답 노트를 쓰며 자신이 틀린 이유를 확인하고 그 문제에 대한 자신의 생각을 정리하고 있다.

도입 - 10분

1) 교사는 교재 130, 131쪽에서 배운 학습 활동에 대해 복습한다.

　📖 "과목별로 어떻게 공부해야 하는지 알아봤어요. 수학의 경우 어떻게 공부를 하는 것이 좋아요?"

2) 교사는 학생들에게 학습하기 2에서 배울 학습 기능을 소개한다.

　📖 "풀다가 틀린 수학 문제는 해결 과정과 정답을 정리해서 책상 앞에 붙여 두고 반복해서 풀면 같은 실수를 반복하지 않게 될 거예요."

　📖 "또한, 틀린 문제는 오답 노트를 작성해서 시간이 있을 때 자주 들여다보면 자신이 부족한 부분을 복습할 수 있어 수학 실력을 향상하는 데 많은 도움이 돼요."

　📖 "오류 확인하기란 어떤 것의 과정이나 결과에서 문제나 잘못된 점을 찾아내고 그에 대해서 분석하는 것을 말해요. 이렇게 오답을 확인하며 자신이 무엇을 모르는지, 자신의 어떤 부분이 약한지를 알 수 있어요. 자신의 부족함을 잘 알고 대비하면 같은 실수로 문제를 틀리는 일은 없을 거예요. 학습하기 2에서는 오답 노트에 틀린 문제를 정리하며 오류를 확인하는 방법을 공부할 거예요."

교수-학습 지침

익힘책 80쪽에 오답 노트를 만들어 공부하는 방법에 대한 내용이 추가로 제시되어 있다. 교사는 이를 고려하여 수업을 진행한다.

전개 - 30분

1) 교사는 다음에 제시되는 내용을 참고하여 학생들에게 어휘와 문법을 설명한다.

오류	◆ **정의** 잘못이나 실수. 📖 선생님은 글에 나타난 맞춤법의 오류를 수정하고 있다. ● **설명** "수학 문제를 풀었어요. 문제를 풀고 답지를 봤는데 많이 틀렸어요. 왜 틀렸어요? 문제를 푸는 데 오류가 있었어요. '오류'는 잘못이나 실수를 말해요."

출처	◆ **정의** 말이나 사물이 생기거나 나온 곳. **예** 논문의 출처를 찾기 위해 인터넷을 검색했다. ● **설명** "보고서를 쓸 때 필요한 자료는 인터넷이나 책에서 찾을 수 있어요. 자료를 찾아서 사용한 뒤에 보고서에는 어디에서 이 내용을 가져왔는지 출처를 남겨야 해요. '출처'는 자료가 나온 곳을 말해요."
응용력	◆ **정의** 어떤 이론이나 이미 얻은 지식을 구체적인 개개의 사례나 다른 분야의 일에 적용하여 이용할 수 있는 능력. **예** 수학 시험에는 응용력을 확인하는 문제가 출제된다. ● **설명** "수학이나 과학 문제를 보면 배운 지식을 확인하는 문제를 볼 수 있어요. 그리고 문장형 문제로 예를 들어 일생 생활에서 생긴 문제를 수학이나 과학 시간에 배운 지식을 적용해서 이용할 수 있는 능력을 확인하는 문제도 있어요. 이 문제는 응용력을 확인하는 문제예요. '응용력'은 어떤 이론이나 이미 얻은 지식을 구체적인 개개의 사례나 다른 분야의 일에 적용하여 이용할 수 있는 능력을 말해요."
유형별	◆ **정의** 공통의 성질이나 특징에 따라 나누어 구별하는 것. 또는 그러한 구별. **예** 수학 문제를 유형별로 나눠 공책에 정리했다. ● **설명** "쓰레기를 버려야 해요. 쓰레기에는 종이도 있고 캔도 있고 유리병도 있어요. 어떻게 버려요? 한 곳에 쓰레기를 모두 버리면 안 돼요. 유형별로 나눠서 따로 버려야 해요. '유형별'은 모양이나 특징이 같은 것끼리 구별하는 것을 말해요."
표시하다	◆ **정의** 어떤 사항을 알리는 내용을 겉에 드러내 보이다. **예** 나는 책을 보면서 궁금한 것은 파란색으로 표시한다. ● **설명** "시험공부를 할 때 중요한 부분에 어떻게 표시해요? 저는 형광펜으로 표시해요. '표시하다'는 '겉으로 드러내 보이다'라는 뜻이에요."
확실히	◆ **정의** 실제와 꼭 같거나 틀림없이 그러하게. **예** 열심히 공부했더니 확실히 효과가 있었다. ● **설명** "시험공부를 열심히 해서 성적이 올랐어요. 열심히 하니까 확실히 성적이 올라요. '확실히'는 '틀림이 없이 그렇게'예요."
완벽하다	◆ **정의** 흠이나 부족함이 없이 완전하다. **예** 이 단원의 수학 공식을 완벽하게 외웠다. ● **설명** "여러분이 장기 자랑에 나가요. 실수하지 않아야 해요. 실수를 하지 않으려면 완벽하게 준비해야 해요. '완벽하다'는 부족한 것 없이 완전하다는 말이에요."
기본적	◆ **정의** 근본이나 기초가 되는 것. **예** 성실한 태도와 노력은 성공의 가장 기본적인 조건이다. ● **설명** "수학을 배울 때는 기본적으로 더하기, 빼기, 곱하기, 나누기를 알고 있어야 해요. 네 가지를 알고 있어야 수학 문제를 풀 수 있어요. '기본적'은 기초가 되는 것이에요."

2) 교사는 학생들에게 교재 136, 137쪽에 제시된 내용을 읽게 한다.
- 📖 "와니는 틀린 문제를 오답 노트에 작성하려고 해요. 먼저 어떤 문제를 틀렸는지 알아봐요."
- 📖 "일차 방정식에 관한 문제예요. 지금부터 틀린 문제를 오답 노트에 어떻게 작성했는지 읽어 보세요."

3) 교사는 학생들에게 세부 내용을 확인하는 질문을 한다.
- 📖 "와니는 무슨 문제를 틀렸어요?"
- 📖 "노트에 출처를 왜 적었어요?"
- 📖 "와니는 틀린 풀이 과정을 왜 공책에 썼어요?"

4) 교사는 학생들에게 학습 기능에 대해 확인하는 질문을 한다.
- 📖 "와니가 문제를 틀린 이유가 뭐예요?"
- 📖 "와니는 자신의 생각을 오답 노트에 적었어요. 뭐라고 적었어요?"
- 📖 "'나의 생각'을 쓰면 뭐가 좋아요?"
- 📖 "와니의 친구들은 문제를 틀린 이유가 뭐예요?"

정리 - 5분

교사는 학습 내용을 정리하며 수업을 마무리한다.
- 📖 "문제 풀기에서 오류 확인하기에 대해 배웠어요. 문제를 틀렸을 때는 왜 틀렸는지를 아는 것이 중요해요."
- 📖 "오답 노트에는 틀린 문제나 정확히 잘 모르는 문제를 직접 노트에 쓰거나 그 문제를 오려서 붙일 수 있어요. 오답 노트에 자신의 문제 풀이와 정답을 비교해서 틀린 부분을 잘 보이게 고쳐 놓으면 무엇을 틀렸는지 한눈에 확인할 수 있어요. 이후 틀린 문제에 대해 반성을 하며 자신의 생각을 노트에 적을 수도 있어요."
- 📖 "와니는 수학 문제를 풀고 자신이 틀린 문제를 오답 노트에 적었어요."
- 📖 "와니는 X의 값을 구할 때 계산을 실수했어요. 47-39는 8인데 문제를 풀 때 6으로 계산해서 답을 틀렸어요."
- 📖 "그리고 다음에 똑같은 실수로 문제를 틀리지 않기 위해 오답 노트에 자신의 생각을 써서 정리했어요."
- 📖 "이렇게 오답 노트를 쓰면 문제를 왜 틀렸는지 보다 명확하게 알 수 있어요."
- 📖 "오답 노트를 쓰면서 오류를 확인하는 과정을 통해 문제에 대해 더 잘 이해할 수 있어요."

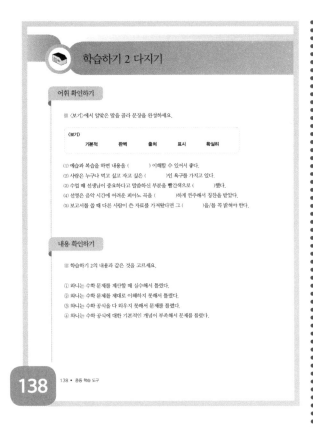

내용 확인하기 - 5분

1) 교사는 학생들에게 '내용 확인하기' 문제를 풀게 한다.

- 🖥 "학습하기 2에서 오답 노트를 만들어 오류를 확인하는 글을 읽었어요. 학습하기 2에서 배운 내용과 같은 것을 고르세요."

2) 교사는 학생들과 함께 문제의 답을 확인한다.

- 🖥 "시험 문제나 문제집을 풀면서 문제를 맞히는 것도 중요하지만 문제를 틀렸을 때 왜 틀렸는지를 아는 것이 중요해요. 문제를 틀리는 이유는 다양해요. 수학의 경우 계산 실수를 해서, 문제를 제대로 이해하지 못해서, 개념에 대한 이해가 부족해서 등 다양한 이유로 문제를 틀려요."

- 🖥 "와니의 경우에는 문제를 풀면서 단순한 계산 실수를 했어요. 그래서 문제를 틀렸기 때문에 답은 ①번이에요."

정답

①

① (137쪽 본문) '우변의 값을 구하려다가 '47-39'를 잘못 계산해서 8이 아니라 6이 되었다.'라는 내용을 보면 알 수 있다.

② 와니는 수학 문제를 제대로 이해하지 못해서 틀린 것이 아니다.

③ 와니는 수학 공식을 다 외우지 못해서 문제를 틀린 것이 아니다.

④ 와니는 수학 공식에 대한 기본적인 개념이 부족해서 문제를 틀린 것이 아니다.

● 4차시 (의사소통 〈꼭 배워요〉와 연계할 경우 10차시)

[학습 목표]

- 문제 풀기에서 오류 확인하기에 대해 안다.
- 수학의 오류를 확인하고 오답 노트를 작성할 수 있다.

어휘 확인하기 - 10분

1) 교사는 학생들에게 '어휘 확인하기' 문제를 풀게 한다.

- 🖥 "〈보기〉를 보세요. 앞에서 배운 어휘가 있어요."

- 🖥 "'기본적'이란 근본이나 기초가 되는 것을 말해요."

- 🖥 "'완벽'은 흠이나 부족함이 없이 완전하다는 뜻이에요."

- 🖥 "'출처'란 말이나 사물이 생기거나 나온 곳을 말해요."

- 🖥 "'표시'는 어떤 사항을 알리는 내용을 겉에 드러내 보이는 거예요."

- 🖥 "'확실히'는 '실제와 꼭 같거나 틀림없이 그러하게'라는 뜻이에요."

- 🖥 "아래 문장을 읽고 알맞은 어휘를 골라 문장을 완성해 보세요."

2) 교사는 학생들과 함께 문제의 답을 확인한다.

정답

(1) 확실히   (2) 기본적   (3) 표시   (4) 완벽   (5) 출처

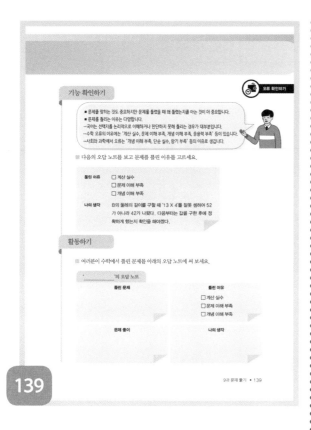

☐ "와니는 자신이 틀린 수학 문제를 오답 노트에 적으면서 문제를 왜 틀렸는지 알 수 있게 됐고 자신의 생각을 적으면서 앞으로 틀리지 않기 위해 반성을 했어요."

☐ "여러분도 수학책이나 수학 문제집에서 틀린 문제를 아래 오답 노트에 써 보세요."

교수-학습 지침

학생들이 수학 오답 노트를 작성할 수 있도록 미리 수학 교과서나 수학 문제집을 가지고 올 수 있게 한다. 오답 노트를 작성하는 동안 학생들이 올바르게 작성하는지 확인을 하며 필요할 경우 도움을 줄 수 있다.

2) 교사는 학생들과 함께 활동의 결과를 확인한다.

☐ "오답 노트를 작성했어요? 자신이 어떤 문제를 틀렸는지 그리고 어떻게 작성했는지 각자 이야기해 봐요."

기능 확인하기 - 10분

1) 학습하기 2에서 배운 '오류 확인하기' 기능을 정리한다.

☐ "앞에서 와니가 틀린 수학 문제를 오답 노트에 작성하는 과정을 통해 오류 확인하기에 대해 배웠어요. 문제를 틀리는 이유는 매우 다양해요. 국어의 경우 선택지를 논리적으로 해석하지 못해 틀리는 경우가 많아요. 수학은 계산 실수, 문제 이해 부족, 개념 이해 부족, 응용력 부족으로 틀려요. 사회나 과학의 경우 개념에 대한 이해 부족, 단순 실수, 암기 부족 등으로 문제를 틀려요. 잘 몰라서 틀린 문제는 오답 노트에 정리할 수 있어요. 그리고 어떤 오류가 있었는지 확인하면 자신에게 부족한 부분이 무엇인지 알 수 있어요. 이러한 과정은 공부 계획을 세우는 데에도 도움이 돼요."

2) 교사는 학생들에게 '기능 확인하기' 문제를 풀게 한다.

☐ "다음 오답 노트를 보고 틀린 이유를 고르세요."

3) 교사는 학생들과 함께 문제의 답을 확인한다.

☐ "오답 노트에 '13X4'를 잘못 계산하여 52가 아니라 42가 나왔다고 했어요. 그래서 틀린 이유는 계산 실수예요."

정답
계산 실수

활동하기 - 20분

1) 교사는 학생들에게 '활동하기'의 방법을 설명한 후 활동을 하게 한다.

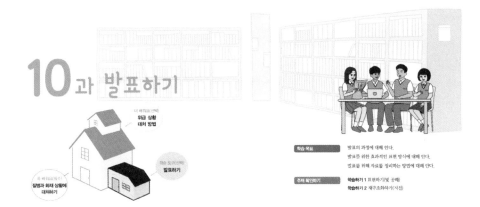

10과 발표하기

● 학습 목표

- 발표의 과정에 대해 안다.
- 발표를 위한 효과적인 표현 방식에 대해 안다.
- 발표를 위해 자료를 정리하는 방법에 대해 안다.

● 단원 내용

1. 학습 활동: 발표하기
2. 학습 기능: 표현하기
       재구조화하기
3. 학습 주제: 빛 공해
       지진

● 수업 개요

1·2차시(학습하기 1): 발표하기에서 표현하기에 대해
       안다.
3·4차시(학습하기 2): 발표하기에서 정보를 재구조화
       하기에 대해 안다.

● 어휘 및 문법

[학습하기 1]

형태, 발생하다, 장애, 악영향, 관측하다, 최소화하다,

도식, 조직도, 항목, 방식

[학습하기 2]

규모, 현황, 대응, 시스템, 연계되다, 연관되다, 기존,
조합하다, 인식, -고자

[알면 쓸모 있는 어휘(익힘책 84쪽)]

연령, 개요, 시청각, 청중, 정중하다, 마주치다

의사소통 4권 2과 〈꼭 배워요〉의 주요 내용

[어휘]

화재, 발생하다, 요청하다, 소화기, 구조하다, 지시하다, 따르다,
대피하다, 소방관, 예방, 위생, 청결을 유지하다, 환기를 시키다,
마스크, 예방 접종, 골, 공격, 관심사, 당번, 대사, 상대, 소재, 시
력, 부끄러움, 전선, 질병, 해설, 함부로, 꺾이다, 독특하다, 상쾌
하다, 흥미롭다

[문법 1] '-는다거나'

 전자 제품의 전선이 벗겨져 있다거나 꺾여 있다거나 하
       면 화재가 날 수 있어요.

[문법 2] '피동 표현'

 청소 당번은 복도 창문이 잘 닫혀 있는지 확인했어요?

[문법 3] '-을 뿐만 아니라'

 계속 눈을 비비면 가려운 증상이 더 심해질 뿐만 아니라
       시력이 나빠질 수도 있어.

[문법 4] '-던'

 나는 다른 사람이 쓰던 비누로 손을 씻으면 더 안 좋을
       거라고 생각했어.

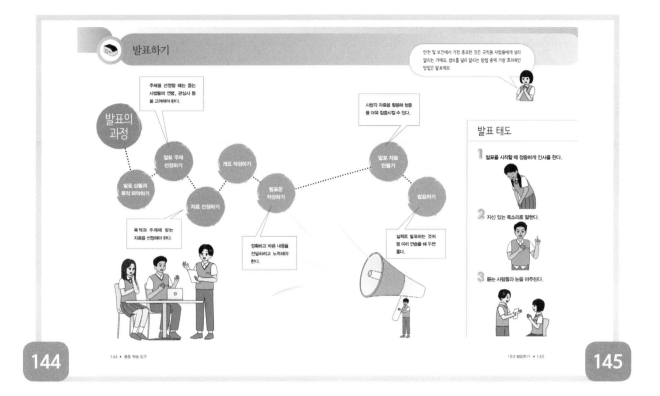

● 1차시 (의사소통 〈꼭 배워요〉와 연계할 경우 7차시)

[학습 목표]

- 발표하기에서 표현하기에 대해 안다.
- 발표하기에서 그림과 도식으로 표현하는 방법에 대해 안다.

본문의 구성과 내용

- 본문은 **국어 교과**의 **발표하기 활동**에서 하게 되는 **표현하기 학습 기능**을 보여 주고 있다.
- 본문의 내용은 호민이가 '빛 공해'에 대한 신문 기사의 내용을 발표 자료로 만드는 과정 중의 일부이다. 호민이는 발표 자료의 내용을 효과적으로 표현하는 방법을 선택하고자 한다.

도입 - 10분

1) 교사는 학생들에게 교재 144, 145쪽의 학습 활동에 대해 설명한다.
   - 🖵 "여러분은 수업 시간에 발표해 봤어요?"
   - 🖵 "발표를 하려면 어떤 준비를 해야 할까요? 발표 준비 과정에 대해 생각해 봐요."
   - 🖵 "발표하기 위해서는 우선 발표의 상황과 목적을 파악해야 해요. 그리고 발표 상황과 목적에 맞는 발표 주제를 선정해요. 주제가 선정되면 발표 목적과 주제에 맞춰 자료를 조사하고 선정해요. 자료 조사가 끝나면 발표문을 작성해야 하는데 우선 개요를 작성하고 개요에 맞춰 발표문을 작성해요. 발표문을 작성한 후에 그것을 바탕으로 발표 자료를 만들어요. 청중들이 더 집중할 수 있도록 시청각

자료를 활용하면 좋아요. 발표 자료 제작까지 모두 끝나면 이제 발표하는 일만 남아요. 발표하기 전에 미리 실제로 발표하는 것처럼 연습을 해 두면 실수를 예방할 수 있어요."
   - 🖵 "발표를 할 때는 어떻게 하는 것이 좋아요?"
   - 🖵 "발표를 시작할 때 정중하게 인사를 해야 해요. 그리고 자신 있는 목소리로 말해야 해요. 또한, 듣는 사람들과 눈을 마주치면서 발표하는 것이 좋아요."

교수-학습 지침
익힘책 85쪽에 발표문 작성하는 방법이 추가로 제시되어 있다. 교사는 이를 고려하여 수업을 진행한다.

2) 교사는 학생들에게 학습하기 1에서 배울 학습 기능을 소개한다.
   - 🖵 "발표 자료를 만들 때 자료를 효과적으로 표현하는 것이 중요해요. 학습하기 1에서는 발표할 때 표현하는 방법에 대해서 공부할 거예요."

교수-학습 지침
익힘책 86쪽에 보고서에서 자료를 표현할 때 주의할 점이 추가로 제시되어 있다. 교사는 이를 고려하여 수업을 진행한다.

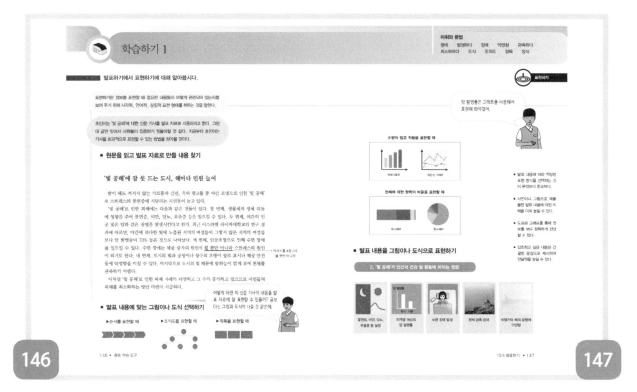

전개 - 30분

1) 교사는 다음에 제시되는 내용을 참고하여 학생들에게 어휘와 문법을 설명한다.

형태	◆ **정의** 사물의 생긴 모양. **예** 한글의 자음 글자는 그 소리를 낼 때 쓰이는 발음 기관의 형태를 본떠 만들었다. ● **설명** "여러분은 박물관에 가 본 적이 있나요? 박물관에는 여러 시대의 그릇이 있어요. 시대마다 그릇의 형태가 조금씩 달라요. '형태'는 사물의 생긴 모양을 말해요."
발생하다	◆ **정의** 어떤 일이 일어나거나 사물이 생겨나다. **예** 화재가 발생하지 않도록 주의해야 한다. ● **설명** "여러분, 복도에서 뛰면 안 돼요. 넘어져서 사고가 날 수 있어요. 사고가 발생할 수 있어요. '발생하다'는 일이 일어난다는 뜻이에요."
장애	◆ **정의** 신체 기관이 제 기능을 하지 못하거나 정신 능력이 완전하지 못한 상태. **예** 그 선수는 장애를 극복하고 경기에서 1등을 했다. ● **설명** "밤에 잠들기 힘들거나 잠은 들지만 자주 깨는 경우가 있어요. 이러한 증상을 불면증이라고 해요. 불면증과 같이 잠과 관련된 병을 수면 장애라고 해요. '장애'는 신체 기관이 제 기능을 하지 못하거나 정신 능력이 완전하지 못한 상태를 말해요."

악영향	◆ **정의** 나쁜 영향. **예** 플라스틱의 사용은 환경 파괴에 악영향을 끼칠 수 있다. ◆ **정보** (반대되는 말) 호영향 ● **설명** "요즘은 사람들이 건강을 위해서 살을 빼요. 그런데 무리하게 살 빼는 것은 몸에 나쁜 영향을 줄 수 있어요. 악영향이 될 수 있어요. '악영향'은 나쁜 영향이에요."
관측하다	◆ **정의** 자연 현상을 기계를 이용하거나 눈으로 자세히 살펴보아 어떤 사실을 짐작하거나 알아내다. **예** 기상청에서 관측한 예보에 따르면 오늘 비가 온다고 한다. ● **설명** "밤에 하늘을 보면 무엇을 볼 수 있어요? 별을 볼 수 있어요. 별자리도 관측할 수 있어요. '관측하다'는 자연 현상을 보면서 사실이나 형태 등을 알아낸다는 뜻이에요."
최소화하다	◆ **정의** 양이나 정도를 가장 적게 함. **예** 여행 비용을 최소화하기 위해 정보를 더 검색해 보기로 했다. ● **설명** "여러분은 자연을 보호하기 위해 어떤 행동을 해요? 우리가 할 수 있는 것은 물 아껴 쓰기, 일회용품 사용을 최소화하기 등이 있어요. '최소화하다'는 양이나 정도를 가장 적게 한다는 뜻이에요."

도식	◆ **정의** 어떤 것의 구조나 상태, 관계 등을 쉽게 보이기 위하여 나타낸 표나 그림. 例 그는 자신이 실험한 결과를 도식으로 그려서 정리했다. ● **설명** "보고서를 보면 표나 그림과 같은 도식을 볼 수 있어요. 도식으로 나타내면 어렵고 복잡한 내용을 쉽게 이해할 수 있어요. '도식'은 어떤 것의 구조나 상태, 관계 등을 그림이나 표로 나타낸 것이에요."
조직도	◆ **정의** 정부나 기업 따위와 같은 조직체의 구조와 권한 관계를 한눈에 알 수 있도록 나타낸 그림표. 例 조직도를 통해 직위의 상하 관계를 한눈에 확인할 수 있다. ● **설명** "학교 선생님 중 누가 가장 직위가 높아요? 학교에서는 교장 선생이 가장 직위가 높아요. (그림을 그리거나 보여 주며) 이것은 학교의 조직도예요. 조직도 보면 누가 직위가 높은지 알 수 있어요. '조직도'는 조직의 관계를 알기 쉽게 그린 그림이에요."
항목	◆ **정의** 법률이나 규정 등의 각각의 부분. 例 선생님께서 주신 청소 검사표는 다섯 개의 항목으로 이루어져 있다. ◆ **정보** (비슷한 말) 조목 ● **설명** "(신청서를 보여 주며) 방과 후 수업의 신청서예요. 여러분이 이 수업을 듣고 싶어요. 어떻게 해요? 이 부분에 표시를 하고 이름, 전화번호 등 비어 있는 항목에 쓰면 돼요. 비어 있는 부분에 쓰면 돼요. '항목'은 문서나 규정의 부분이에요."
방식	◆ **정의** 일정한 방법이나 형식. 例 나라마다 언어와 사는 방식이 다르다. ● **설명** "대부분의 나라에는 사투리가 있어요. 각 지역마다 조금씩 말을 다르게 사용해요. 한국도 사투리가 있어요. 지역마다 말하는 방식이 달라요. '방식'은 방법이나 형식을 말해요."

2) 교사는 학생들에게 교재 146, 147쪽에 제시된 내용을 읽게 한다.
- ⬛ "호민이가 발표를 위해 신문 기사를 읽고 기사에서 발표에 알맞은 내용을 찾으려고 해요. 먼저 신문 기사를 읽어 볼까요?"
- ⬛ "호민이는 기사의 내용을 도식이나 그림으로 표현하려고 해요. 어떤 내용을 도식으로 표현하는지 읽어 보세요."

3) 교사는 학생들에게 세부 내용을 확인하는 질문을 한다.
- ⬛ "빛 공해가 뭐예요?"
- ⬛ "빛 공해는 도시의 조명이 필요 이상으로 밝고 많아서 사람과 자연환경에 주는 피해를 말해요."
- ⬛ "빛 공해로 인해 다양한 피해가 나타나고 있어요. 첫 번째는 어떤 피해가 있어요?"
- ⬛ "두 번째 피해는 암과 같은 질병을 발생시킨다고 해요. 이와 관련된 어떤 연구가 있어요?"
- ⬛ "세 번째는 인공조명으로 인해 수면 장애를 일으킬 수 있다고 해요. 수면 장애는 무엇의 원인이 돼요?"

- ⬛ "네 번째는 어떤 피해가 있어요?"
- ⬛ "마지막으로 빛 공해로 인해 나타나는 피해에는 또 뭐가 있어요?"
- ⬛ "발표할 때 사용할 수 있는 그림이나 도식은 어떤 것이 있어요?"

4) 교사는 학생들에게 학습 기능에 대해 확인하는 질문을 한다.
- ⬛ "발표 내용을 표현하는 방법으로는 무엇이 있어요?"
- ⬛ "빛 공해가 인간의 건강 및 활동에 미치는 영향을 그림이나 도식으로 표현할 때 어떤 그림이나 도식을 넣었어요?"

정리 - 5분

교사는 학습 내용을 정리하며 수업을 마무리한다.
- ⬛ "발표하기에서 표현하기에 대해 배웠어요. 발표할 때는 듣는 학생들이 더 잘 이해할 수 있도록 돕기 위해 시청각 자료를 만들어요. 시청각 자료에는 발표 내용과 내용 이해를 도울 수 있는 그림이나 도식을 넣어요."
- ⬛ "그림이나 도식은 발표 내용에 알맞은 것을 선택해야 해요. 수량의 많고 적음을 표현할 때는 막대그래프나 꺾은선 그래프를 사용하고 전체에 대한 항목의 비율을 표현할 때는 띠그래프나 원그래프를 사용할 수 있어요."
- ⬛ "호민이는 신문 기사를 읽고 빛 공해가 건강이나 활동에 미치는 영향을 알맞은 그림으로 표현하고 지역별 여성의 암 발병률을 막대그래프로 보여 주고 있어요."
- ⬛ "이렇게 발표를 준비할 때 그림이나 도식을 이용하여 발표 자료를 만들면 듣는 사람들에게 자신의 의견이나 전달하고자 하는 내용을 더욱 잘 표현할 수 있어요."

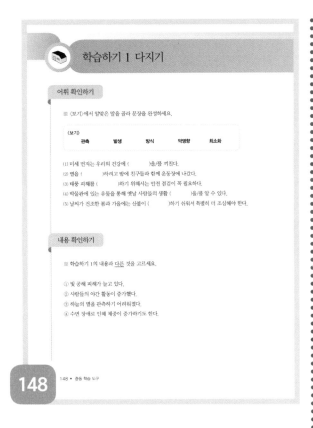

148 • 중등 학습 도구

148

● **2차시**(의사소통 〈꼭 배워요〉와 연계할 경우 8차시)

[학습 목표]
• 발표하기에서 표현하기에 대해 안다.
• 발표 자료에 알맞은 그림이나 도식을 선택할 수 있다.

어휘 확인하기 - 10분

1) 교사는 학생들에게 '어휘 확인하기' 문제를 풀게 한다.
   🔲 "〈보기〉를 보세요. 앞에서 배운 어휘가 있어요."
   🔲 "'관측'이란 눈이나 기계로 자연 현상을 자세히 살펴보아 어떤 사실을 짐작하거나 알아내는 것을 의미해요."
   🔲 "'발생'은 어떤 일이 일어나거나 사물이 생겨나는 것을 말해요."
   🔲 "'방식'은 일정한 방법이나 형식을 말해요."
   🔲 "'악영향'은 나쁜 영향이라는 뜻이에요."
   🔲 "'최소화'란 양이나 정도를 가장 적게 하는 것이에요."
   🔲 "아래 문장을 읽고 알맞은 어휘를 골라 문장을 완성해 보세요."
2) 교사는 학생들과 함께 문제의 답을 확인한다.

> **정답**
> (1) 악영향 (2) 관측 (3) 최소화 (4) 방식 (5) 발생

내용 확인하기 - 5분

1) 교사는 학생들에게 '내용 확인하기' 문제를 풀게 한다.
   🔲 "학습하기 1에서 '빛 공해'와 관련된 신문 기사를 읽고 기사의 내용을 그림이나 도식으로 표현하는 방법에 대한 글을 읽었어요. 학습하기 1의 내용과 다른 것을 고르세요."
2) 교사는 학생들과 함께 문제의 답을 확인한다.
   🔲 "빛 공해로 인해 시민들이 피해를 받고 있어요. 빛 공해는 생물체의 생체 리듬에 영향을 주거나 암을 발생시키고 수면 장애를 일으켜 체중이 증가하기도 해요. 그리고 항로 표시나 해상 안전 등에 악영향을 미칠 수 있어요. 또 도시의 빛 때문에 밤하늘이 밝게 보여 천체를 관측하기가 어렵기도 해요."
   🔲 "빛으로 인해 사람들의 야간 활동이 증가할 수는 있지만, 빛 공해로 인해 사람들의 야간 활동이 증가했다는 내용은 없어요. 그래서 답은 ②번이에요."

> **정답**
> ②
> ① (146쪽 본문) ''빛 공해'로 스트레스와 불면증에 시달리는 시민들이 늘고 있다.'라는 내용을 보면 알 수 있다.
> ② '사람들의 야간 활동이 증가했다.'라는 내용을 글에서 찾아볼 수 없다.
> ③ (146쪽 본문) '마지막으로 도시의 빛 때문에 밤하늘이 밝게 보여 천체를 관측하기 어렵다.'라는 내용을 보면 알 수 있다.
> ④ (146쪽 본문) '수면 장애는 체중 증가의 원인이 될 뿐만 아니라'라는 내용을 보면 알 수 있다.

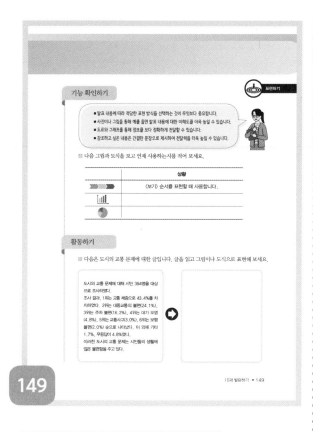

기능 확인하기 - 10분

1) 학습하기 1에서 배운 '표현하기' 기능을 정리한다.

📖 "앞에서 호민이가 발표 내용에 맞는 그림과 도식을 선택하는 과정을 통해 표현하기에 대해 배웠어요. 발표 내용에 따라 적절한 표현 방식을 선택하는 것이 중요해요. 사진이나 그림을 통해 예를 들면 정보에 대한 이해를 높일수 있어요. 도표나 그래프는 정보를 보다 정확하게 전달할 수 있어요. 강조하고 싶은 내용은 간결한 문장으로 제시하면 전달력을 더욱 높일 수 있어요."

2) 교사는 학생들에게 '기능 확인하기' 문제를 풀게한다.

📖 "학습하기 1에서 '표현하기'에 대해 배웠어요. 다음 그림과도식을 보고 언제 사용하는지를 적어 보세요."

3) 교사는 학생들과 함께 문제의 답을 확인한다.

📖 "막대그래프는 수량이 적고 많음을 표현할 때 사용해요. 그리고 원그래프는 전체에 대한 항목의 비율을 표현할 때 사용해요."

정답

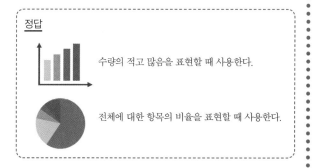

수량의 적고 많음을 표현할 때 사용한다.

전체에 대한 항목의 비율을 표현할 때 사용한다.

활동하기 - 20분

1) 교사는 학생들에게 '활동하기'의 방법을 설명한 후 활동을 하게 한다.

📖 "다음은 도시의 교통 문제에 대한 글이에요. 글을 읽고 오른쪽 빈칸에 교통 문제의 통계 자료를 알맞게 표현할 수있는 도식을 그려 보세요."

교수-학습 지침

학습자가 알맞은 도식을 선택하지 못한다면 도식에 따라 어떤것을 표현할 수 있는지 다시 확인한다.

2) 교사는 학생들과 함께 활동의 결과를 확인한다.

📖 "도시의 교통 문제에 대한 통계 자료를 어떻게 표현했어요?"

예시 답안

■ 교통 체증   ■ 대중교통의 불편
■ 주차 불편   ■ 대기 오염

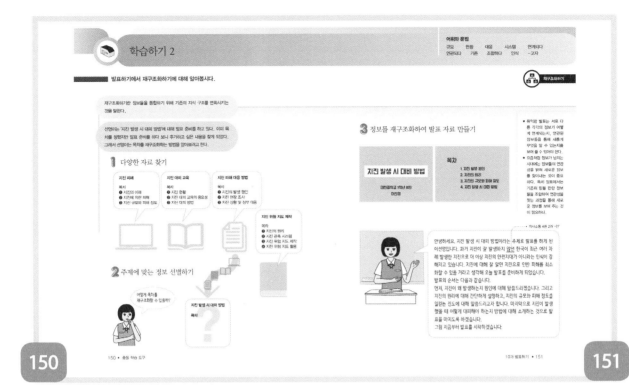

● 3차시 (의사소통 〈꼭 배워요〉와 연계할 경우 9차시)

[학습 목표]

• 발표하기에서 재구조화하기에 대해 안다.
• 발표하기에서 정보를 재구조화하는 방법에 대해 안다.

본문의 구성과 내용

• 본문은 **과학 교과**의 발표하기 활동에서 하게 되는 **재구조화하기** 학습 기능을 보여 주고 있다.
• 본문의 내용은 선영이가 지진과 관련된 주제로 발표를 준비하는 과정 중의 일부이다. 선영이는 지진에 대한 자료의 각 목차를 보고 '지진 발생 시 대피 방법'에 들어갈 적절한 내용을 선별하여 기존 목차를 재구조화하고 있다.

도입 - 10분

1) 교사는 교재 144, 145쪽에서 배운 학습 활동에 대해 복습한다.

📢 "지난 시간에 발표의 과정과 발표 태도에 대해 알아봤어요. 발표는 어떠한 태도로 해야 해요?"

📢 "발표 주제를 선정할 때 무엇을 고려해야 해요?"

📢 "발표 자료를 만들 때 무엇을 활용하면 청중을 더욱 집중시킬 수 있어요?"

2) 교사는 학생들에게 학습하기 2에서 배울 학습 기능을 소개한다.

📢 "발표를 하기 위해 준비한 자료를 효과적으로 표현하는 것도 중요하지만 준비한 자료들의 정보를 새롭게 구성하여 발표 자료를 만드는 것도 중요해요."

📢 "발표를 하기 위한 자료를 선정한 뒤 자료들 사이의 관계를 확인해요. 자료에 있는 정보들의 관계를 파악했으면 그 정보들을 조합해서 새롭게 구성해요."

📢 "이렇게 서로 다른 정보들을 통합하기 위해 기존의 지식 구조를 변화시키는 것을 재구조화하기라고 해요. 학습하기 2에서는 발표를 준비할 때 조사한 자료를 살펴보고 주제에 맞게 목차를 재구조화하는 방법을 공부할 거예요."

교수-학습 지침

익힘책 88쪽에 재구조화 시 주의할 점이 추가로 제시되어 있다. 교사는 이를 고려하여 수업을 진행한다.

전개 - 30분

1) 교사는 다음에 제시되는 내용을 참고하여 학생들에게 어휘와 문법을 설명한다.

규모	◆ **정의** 물건이나 현상의 크기나 범위. 예 이번 글쓰기 대회는 작년보다 규모가 훨씬 커졌다. ● **설명** "방학 때 학교에서 공사를 할 것 같아요. 큰 공사예요. 큰 규모의 공사예요. '규모'는 물건이나 현상의 크기나 범위를 말해요."
현황	◆ **정의** 현재의 상황. 예 우리 학교의 독서량 현황을 알아보기 위해 도서관에 갔다. ● **설명** "지금부터 여러분이 수학여행을 어디로 가고 싶어하는지 현황을 알아볼 거예요. '현황'은 현재의 상황이에요. 종이를 나눠줄 거예요. 종이에 자신이 가고 싶은 여행지를 써서 저에게 주세요."

대응	◆ **정의** 어떤 일이나 상황에 알맞게 행동을 함. **예** 사회가 빠르게 변하고 다양해질수록 변화에 대해 보다 신속한 대응이 필요하다. ● **설명** "만약 학교에 불이 났어요. 어떻게 대응해야 할까요? '대응'은 상황에 알맞게 행동하는 것을 말해요. 불이 나면 먼저 대피를 하고 소화기를 사용할 수 있으면 소화기로 불을 꺼야 해요. 그런데 불을 끄려고 하는 것은 위험할 수 있어요. 안전하게 대응하는 것이 중요해요."
시스템	◆ **정의** 어떤 기능을 실현하기 위해 관련된 요소들을 규칙에 따라 조합한 전체. **예** 컴퓨터가 고장 나서 모든 시스템이 작동하지 않는다. ● **설명** "여러분은 컴퓨터를 잘 다룰 수 있나요? 컴퓨터를 사용하면 매우 편리해요. 학교에서도 컴퓨터를 이용해서 여러분이 시험을 보면 아주 편리하게 채점을 할 수 있어요. 컴퓨터 시스템으로 채점을 할 수 있어요. '시스템'은 어떤 기능을 실제로 해 보기 위해 만든 체계예요. 컴퓨터 시스템에 문제가 생기면 기능을 사용할 수 없어요."
연계되다	◆ **정의** 서로 밀접하게 관계가 맺어지다. **예** 새로 개설한 수영 강좌는 헬스클럽 강좌와 연계되어 있다. ● **설명** "방과 후 수업에서는 학교 수업과 연계된 다양한 수업이 진행되고 있어요. 관심이 있는 학생들은 신청을 해 보세요. '연계되다'는 서로 밀접하게 관계가 맺어진다는 말이에요."
연관되다	◆ **정의** 둘 이상의 사물이나 현상 등이 서로 관계가 맺어지다. **예** 식습관은 우리 건강에 밀접히 연관되어 있다. ◆ **정보** (비슷한 말) 관련되다 ● **설명** "여러분은 좋아하는 숫자가 있어요? 한국에서는 숫자 3을 좋아해요. 숫자 3이 행운과 관계가 있다고 생각해요. 숫자 3은 행운과 연관된 숫자라고 생각해요. 한국의 엘리베이터에는 숫자 4가 없는 곳이 많아요. 숫자 4의 발음이 죽음을 뜻하는 한자의 발음과 같아요. 그래서 숫자 4가 안 좋은 것과 연된되었다고 생각하는 거예요. '연관되다'는 두 개 이상의 사물이 서로 관계가 있는 것을 말해요."
기존	◆ **정의** 이미 존재함. **예** 신제품은 기존 제품보다 훨씬 싸면서도 성능이 월등히 좋다. ● **설명** "예전에는 휴대 전화로 전화만 할 수 있었어요. 지금은 기존의 휴대 전화에 새로운 기능이 더해져서 인터넷이나 게임 등을 할 수 있어요. '기존'은 이미 실제 있는 것을 말해요."

조합하다	◆ **정의** 여럿을 한데 모아 한 덩어리로 짜다. **예** 한글은 자음 글자 14개, 모음 글자 10개로 총 1만 1172자를 조합해 낼 수 있는 문자이다. ● **설명** "(여러 가지 모양의 블록의 사진을 보여 주며) 이 블록을 가지고 몇 가지의 모양을 만들 수 있을까요? 이 블록을 다양하게 조합해서 네모, 세모 등 다양한 모양을 만들 수 있어요. '조합하다'는 여러 개를 한 곳에 모아서 하나의 새로운 것을 만든다는 말이에요."
인식	◆ **정의** 무엇을 분명히 알고 이해함. **예** 청소년에게 올바른 성 평등 인식을 심어 준다. ● **설명** "문제가 발생했을 때에는 문제를 일으킨 원인이 무엇인지 정확하게 알고 인식하는 것이 중요해요. '인식'은 무엇을 분명히 알고 이해하고 있는 것이에요."
-고자	◆ **정의** 말하는 사람이 어떤 목적이나 의도, 희망 등을 가지고 있음을 나타내는 연결 어미. **예** 우리 팀은 토요일 오전에 자료를 찾고자 도서관에서 모이기로 했다. ◆ **정보** 동사 또는 '있다', '없다', '계시다' 뒤에 붙여 쓴다. ● **설명** "여러분은 목표가 있어요? 저의 목표는 여러분에게 좋은 선생님이 되는 거예요. 저는 여러분에게 좋은 선생님이 되고자 노력해요. 의도나 희망을 이야기할 때는 '-고자'를 사용해요."

2) 교사는 학생들에게 교재 150, 151쪽에 제시된 내용을 읽게 한다.
   - "선영이는 지진 발생 시 대피 방법에 대해 발표 준비를 하고 있어요. 발표를 위해 정보를 어떻게 찾고, 각각의 정보를 어떻게 하나로 만드는지 한번 읽어 볼까요?"

3) 교사는 학생들에게 세부 내용을 확인하는 질문을 한다.
   - "과거에 한국에는 지진이 자주 발생했어요?"
   - "최근에는 지진이 여러 차례 발생했어요. 그래서 사람들은 이것에 대해 어떻게 인식하고 있어요?"
   - "선영이는 왜 지진 발생 시 대피 방법이라는 주제로 발표를 하게 됐어요?"

4) 교사는 학생들에게 학습 기능에 대해 확인하는 질문을 한다.
   - "선영이는 어디에서 자료를 찾았어요?"
   - "선영이는 무슨 자료들을 찾았어요?"
   - "선영이는 왜 발표 목차를 다시 만들려고 해요?"
   - "선영이는 지진 발생 시 대피 방법이라는 주제로 발표하려고 해요. 어떤 순서로 발표를 할 거예요?"

교사는 학습 내용을 정리하며 수업을 마무리한다.

📖 "발표하기에서 재구조화하는 방법에 대해 배웠어요. 발표를 위해 다양한 자료를 찾고, 그 자료에서 이미 구조화된 목차와 내용을 주제나 목적에 맞는 순서로 다시 구조화할 수 있어요. 또는 발표를 위해 미리 만든 목차보다 발표를 듣는 사람들에게 발표의 목적을 더 잘 전달하고 이해시킬 수 있는 구조로 다시 만들 수 있어요. 이러한 것을 재구조화라고 해요."

📖 "선영이는 발표 준비를 하다가 추가하고 싶은 내용을 찾게 되었어요. 그래서 선영이는 다양한 자료의 목차를 살펴보고 주제에 맞는 정보를 선택해서 발표 목차를 재구조화했어요."

📖 "이렇게 발표 주제를 선정하고 목차를 정했어도 자료를 찾고 개요를 작성하는 과정에서 내용을 추가하고 싶거나 목적에 더 알맞은 자료를 발견하게 되면 목차를 다시 만들 수 있어요."

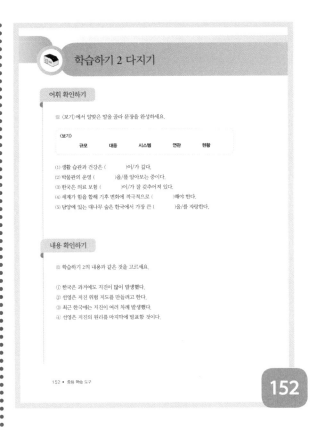

152

● 4차시 (의사소통 〈꼭 배워요〉와 연계할 경우 10차시)

[학습 목표]
• 발표하기에서 재구조화하기에 대해 안다.
• 주제에 알맞게 목차를 재구조화할 수 있다.

어휘 확인하기 - 10분

1) 교사는 학생들에게 '어휘 확인하기' 문제를 풀게 한다.

📖 "〈보기〉를 보세요. 앞에서 배운 어휘가 있어요."

📖 "'규모'란 물건이나 현상의 크기나 범위를 말해요."

📖 "'대응'이란 어떤 일이나 상황에 알맞게 행동을 하는 것을 의미해요."

📖 "'시스템'은 어떤 기능을 실현하기 위해 관련된 요소들을 규칙에 따라 조합한 전체를 말해요."

📖 "'연관'은 둘 이상의 사물이나 현상 등이 서로 관계를 맺는 것이에요."

📖 "'현황'은 현재의 상황을 말해요."

📖 "아래 문장을 읽고 알맞은 어휘를 골라 문장을 완성해 보세요."

2) 교사는 학생들과 함께 문제의 답을 확인한다.

> **정답**
> (1) 연관 (2) 현황 (3) 시스템 (4) 대응 (5) 규모

1) 교사는 학생들에게 '내용 확인하기' 문제를 풀게 한다.
   - 💬 "학습하기 2에서 발표를 준비할 때 조사한 자료를 보고 목차를 재구조화하여 발표하는 글을 읽었어요. 다음을 보고 학습하기 2에서 배운 내용과 같은 것을 고르세요."

2) 교사는 학생들과 함께 문제의 답을 확인한다.
   - 💬 "최근 한국에 지진이 수차례 발생하면서 더 이상 한국은 지진의 안전지대라고 보기 어려워졌어요. 지진이 발생했을 때 피해를 최소화하기 위해서는 어떻게 해야 할까요? 선영이는 지진 발생 시 대피 방법을 알면 피해를 최소화할 수 있을 거라고 생각하고 발표를 준비했어요. 발표는 지진의 발생 원인, 지진의 원리, 지진의 규모와 피해 정도, 지진 발생 시 대피 방법 순으로 진행하려고 해요."
   - 💬 "선영이가 발표 시작 전에 말한 것을 읽어 보면 답은 ③번이에요."

정답
③
① 한국은 과거에는 지진이 잘 발생하지 않았다.
② 선영은 지진 위험 지도를 만들지 않는다.
③ (151쪽 본문) '최근 여러 차례 발생한 지진으로 더 이상 지진의 안전지대가 아니라는 인식이 강해지고 있습니다.'라는 내용을 보면 알 수 있다.
④ 선영은 지진 발생 시 대피 방법을 마지막에 발표한다.

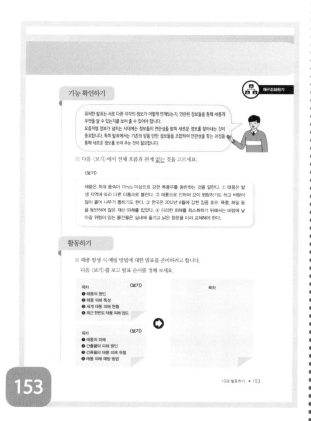

153

기능 확인하기 - 10분

1) 학습하기 2에서 배운 '재구조화하기' 기능을 정리

한다.
- 💬 "앞에서 선영이가 기존 목차의 구조를 다시 만드는 과정을 통해 재구조화하기에 대해 배웠어요. 유익한 발표는 서로 다른 각각의 정보가 어떻게 연계되는지, 연관된 정보들을 통해 새롭게 무엇을 알 수 있는지를 보여 줄 수 있어야 해요. 요즘처럼 정보가 넘치는 시대에는 정보들의 연관성을 밝혀 새로운 정보를 찾아내는 것이 중요해요. 특히 발표에서는 기존의 믿을 만한 정보들을 조합하여 연관성을 찾는 과정을 통해 새로운 정보를 보여 주는 것이 필요해요."

2) 교사는 학생들에게 '기능 확인하기' 문제를 풀게 한다.
   - 💬 "'발표하기에서 재구조화하기'에 대해 배웠어요. 다음 〈보기〉의 글을 읽고 전체 흐름과 관계없는 것을 고르세요."

3) 교사는 학생들과 함께 문제의 답을 확인한다.
   - 💬 "글의 첫 부분에서는 '태풍'이 무엇인지 정의하고 있어요. 이후 내용은 '태풍 이름의 유래', '태풍의 피해', '한국에서의 태풍 피해 사례', '태풍 피해 방안'의 순으로 글이 쓰여 있어요. 글의 구조를 보았을 때 태풍 이름의 유래는 전체 흐름과 관계가 없으니까 이 부분을 지울 수 있어요. 그래서 답은 ①번이에요."

정답
①

활동하기 - 20분

1) 교사는 학생들에게 '활동하기'의 방법을 설명한 후 활동을 하게 한다.
   - 💬 "여러분이 태풍 발생 시 예방 방법에 대해 발표를 준비하려고 해요. 두 개의 목차를 보고 어떤 순서로 발표를 할 것인지 정해 보세요."

2) 교사는 학생들과 함께 활동의 결과를 확인한다.
   - 💬 "목차를 어떻게 재구조화했어요?"
   - 💬 "왜 목차를 그런 순서로 정했어요?"

예시 답안
1 태풍의 원인
2 태풍의 피해
3 태풍의 피해 특성
4 태풍 피해 예방 방법

교수-학습 지침
교사는 학생들에게 목차의 순서와 그렇게 정한 이유를 듣는다. 학생이 정한 목차의 순서와 그 이유가 타당하지 않을 경우 교사는 학생에게 더 나은 방향을 제시해 줄 수 있다.

11과 토론하기

● 학습 목표

- 토론의 절차와 방법에 대해 안다.
- 토론에서 질문의 역할에 대해 안다.
- 토론에서 진위를 확인하는 방법에 대해 안다.

● 단원 내용

1. 학습 활동: 토론하기
2. 학습 기능: 질문하기
　　　　　진위 확인하기
3. 학습 주제: 역할 갈등
　　　　　생물 다양성 보존

● 수업 개요

1·2차시(학습하기 1): 토론하기에서 질문하기에 대해
　　　　　　　　　　안다.
3·4차시(학습하기 2): 토론하기에서 진위 확인하기에
　　　　　　　　　　대해 안다.

● 어휘 및 문법

[학습하기 1]

토론하다, 갈등, 살펴보다, 입장, 동등하다, -으십시오

[학습하기 2]

보존, 개발하다, 반박하다, 반론, 통계, 추측, 무분별하다, 단계, 여부, 신뢰성

[알면 쓸모 있는 어휘(익힘책 92쪽)]

공평하다, 공정하다, 존중하다, 비꼬다, 공격하다, 말투

의사소통 4권 3과 〈꼭 배워요〉의 주요 내용

[어휘]

다투다, 소심하다, 소질이 없다, 걱정스럽다, 괴롭다, 막막하다, 우울하다, 초조하다, 상의하다, 위로, 조언, 충고, 해결책, 결승, 소문, 전문가, 자기소개서, 졸음, 지름길, 지식, 추천서, 꼭, 막상, 쫓다, 못지않다, 순수하다, 진지하다

[문법 1] '-는 대로'

　예 내가 말하는 대로 잘라 봐.

[문법 2] '-는다면서'

　예 요즘 성적 때문에 고민이 많다면서?

[문법 3] '-고 보니'

　예 내가 너 밥 사 주려고 했는데 지갑을 열고 보니까 돈이 하나도 없지 뭐야.

[문법 4] '-을걸'

　예 그 대회에 나가려면 선생님의 추천서가 필요할걸.

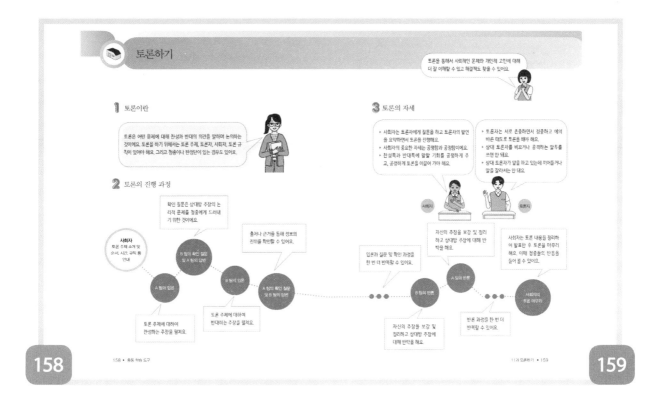

● 1차시(의사소통 〈꼭 배워요〉와 연계할 경우 7차시)

[학습 목표]

• 토론하기에서 질문하기에 대해 안다.
• 토론하기에서 질문을 하는 방법에 대해 안다.

본문의 구성과 내용

• 본문은 **사회 교과**의 **토론하기** 활동에서 하게 되는 **질문하기 학습 기능**을 보여 주고 있다.
• 본문의 내용은 '역할 갈등'을 주제로 토론을 하는 과정 중 일부이다. 사회자는 토론의 주제를 소개하며 진행을 하고 있고, A 팀의 입론과 B 팀의 질문, 다시 A 팀의 대답 순으로 토론이 진행되고 있다.

도입 - 10분

1) 교사는 학생들에게 교재 158, 159쪽의 학습 활동에 대해 설명한다.

🔲 "토론은 어떤 문제에 대해 찬성과 반대의 의견을 말하며 논의하는 것이에요. 토론을 하기 위해서는 토론 주제, 토론자, 사회자, 토론 규칙이 있어야 해요."

🔲 "토론은 먼저 사회자가 토론의 주제를 소개하고 순서, 시간, 규칙 등을 안내해요. 그다음에 A 팀이 입론을 해요. 그리고 B 팀이 A 팀의 입론에 대한 질문을 하고 A 팀은 질문에 답변을 해요. 다음은 B 팀이 입론을 해요. 그리고 A 팀이 B 팀의 입론에 대한 질문을 하고 B 팀은 질문에 답변을 해요. 이렇게 입론과 질문, 확인 과정을 한 번 더 반복할 수 있어요. 그다음은 B 팀이 반론을 해요. 그리고 A 팀이 반론을 해요. 반론 과정도 한 번 더 반복할 수 있어

요. 마지막으로 사회자는 토론 내용을 정리하여 발표한 후 토론을 마무리 해요. 토론은 이러한 순서로 진행돼요."

🔲 "토론할 때는 자세가 중요해요. 사회자가 가져야 할 자세에서 중요한 것은 공평함과 공정함이에요. 사회자는 찬성과 반대쪽에 말할 기회를 공평하게 주고, 공정하게 토론을 이끌어 가야 해요. 한쪽에만 기회를 많이 주면 안 돼요. 그리고 토론 과정에서 토론자에게 질문을 하고 토론자의 발언을 요약하면서 진행을 해요."

🔲 "토론자는 서로 존중하면서 정중하고 예의 바른 태도로 토론을 해야 해요. 상대 토론자를 비꼬거나 공격하는 말투를 쓰면 안 돼요. 그리고 상대 토론자가 말을 하고 있는데 끼어들거나 말을 잘라서는 안 돼요."

교수-학습 지침

익힘책 93쪽에 토론의 원칙(4대 원칙)이 추가로 제시되어 있다. 교사는 이를 고려하여 수업을 진행한다.

2) 교사는 학생들에게 학습하기 1에서 배울 학습 기능을 소개한다.

🔲 "토론하기에 있어 주장만큼 중요한 것이 질문이에요. 질문은 입론이나 반론이 끝난 후 할 수 있어요. 질문을 통해 상대 주장의 허점을 찾아낼 수 있어요. 학습하기 1에서는 토론을 할 때 질문하는 방법을 공부할 거예요."

교수-학습 지침

익힘책 94쪽에 질문의 유형이 추가로 제시되어 있다. 교사는 이를 고려하여 수업을 진행한다.

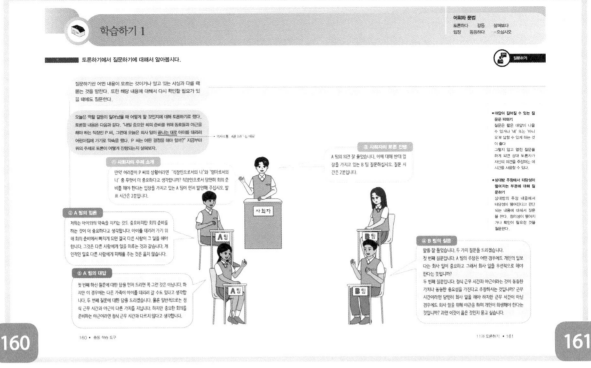

전개 - 30분

1) 교사는 다음에 제시되는 내용을 참고하여 학생들에게 어휘와 문법을 설명한다.

토론하다	◆ **정의** 어떤 문제에 대하여 여러 사람이 옳고 그름을 따지며 논의한다. 예 학생들은 수업 시간에 사교육에 대하여 열띠게 토론했다. ● **설명** "숙제를 금지해야 한다는 문제에 대해 금지해야 한다는 사람도 있고 금지하면 안 된다는 사람도 있어요. 이러한 문제에 대해 옳은지 옳지 않은지 논의하는 것을 토론한다고 해요. '토론하다'는 어떤 문제에 대하여 여러 사람이 옳고 그름을 따지며 논의하는 것이에요."
갈등	◆ **정의** 마음속에서 어떻게 할지 결정을 못 한 채 괴로워하는 것. 예 나는 쉽게 결정하지 못하는 편이라 자주 갈등에 빠진다. ● **설명** "오늘은 수업이 일찍 끝나는데 부모님께서 집에 일찍 오라고 했어요. 그런데 친구들이 수업이 끝나고 같이 놀자고 해요. 부모님 말씀도 들어야 하지만 친구와도 놀고 싶어요. 마음속에서 어떻게 할지 결정을 못 하고 있어요. 지금 갈등하고 있어요. '갈등'이란 마음속에서 어떻게 할지 결정을 못 한 채 괴로워하는 것을 말해요."
살펴보다	◆ **정의** 자세히 따져서 알아보다. 예 그는 이번 일이 어떻게 된 것인지 살펴보기 위해 경찰서로 향했다. ● **설명** "여러분 보고서를 많이 써 봤어요? 보고서를 작성하기 전에 무엇을 써야 하는지 먼저 살펴보는 것이 좋아요. '살펴보다'는 자세히 따져서 알아본다는 말이에요."

입장	◆ **정의** 바로 눈앞에 처하고 있는 처지나 상황. 또는 그런 처지에 대한 태도. 예 일부 언론의 왜곡된 보도로 회사의 입장이 어려워졌다. ● **설명** "한 가지 일에 대해 사람마다 그 일에 대한 생각이나 태도가 다 달라요. 회사에서 월급을 줄인다고 했어요. 사장님 입장에서는 돈을 아낄 수 있어서 좋아요. 회사원 입장에서는 월급이 적어서 안 좋아요. '입장'이란 바로 눈앞에 처하고 있는 처지나 상황을 말해요."
동등하다	◆ **정의** 등급이나 정도가 같다. 예 이 사회는 어떤 인종의 사람이든 차별 없이 동등하게 대우한다. ● **설명** "수업 시간에 제가 한 학생에게만 질문을 해요? 아니에요. 저는 모든 학생들에게 질문하고 모든 학생들이 대답할 수 있게 해요. 대답할 기회를 동등하게 줘요. '동등하다'는 등급이나 정도가 같다는 말이에요."
-으십시오	◆ **정의** (아주 높임으로) 듣는 사람에게 어떤 일을 정중하게 명령하거나 권유함을 나타내는 종결 어미. 예 모두 조용히 하시고 제 말을 잘 들으십시오. ● **설명** "지금 추워서 창문을 닫고 싶어요. 예의 바르게 명령하거나 어떠한 일을 하도록 할 때 '-으십시오'를 사용해요. '창문을 닫아 주십시오.'라고 말할 수 있어요. 받침이 없을 때는 '-십시오'를 사용해서 말해요."

2) 교사는 학생들에게 교재 160, 161쪽에 제시된 내용을 읽게 한다.

💬 "'역할 갈등'을 주제로 토론을 하고 있어요. 사회자는 주제 소개 및 진행을 하고 있고 A 팀은 주장, B 팀은 질문 그리고 A 팀이 질문에 대해 대답을 하고 있어요. 글 위의 번호를 보면서 순서대로 글을 읽어 볼까요?"

3) 교사는 학생들에게 세부 내용을 확인하는 질문을 한다.
- 🔲 "토론 주제가 뭐예요?"
- 🔲 "사회자는 무엇을 하고 있어요?"
- 🔲 "A 팀은 무엇을 주장하고 있어요?"
- 🔲 "A 팀은 왜 회의 준비를 하는 것이 더 중요하다고 생각해요?"
- 🔲 "B 팀의 첫 번째 질문이 뭐예요?"
- 🔲 "A 팀은 첫 번째 질문에 뭐라고 대답했어요?"
- 🔲 "B 팀의 두 번째 질문이 뭐예요?"
- 🔲 "A 팀의 두 번째 질문에 뭐라고 대답했어요?"

4) 교사는 학생들에게 학습 기능에 대해 확인하는 질문을 한다.
- 🔲 "B 팀의 첫 번째 질문에 어떻게 대답할 수 있어요?"
- 🔲 "B 팀의 두 번째 질문이 뭐예요? 왜 그렇게 질문을 했을까요?"
- 🔲 "토론에서는 어떻게 질문을 하는 것이 좋을까요?"

정리 - 5분

교사는 학습 내용을 정리하며 수업을 마무리한다.
- 🔲 "토론에서 질문하기에 대해 배웠어요. 토론에서는 대답이 길어질 수 있는 질문은 피해야 해요. 상대방이 자신의 의견을 주장하는 데 시간을 사용할 수 있기 때문이에요. 그리고 상대방이 주장한 내용에서 타당성이 떨어지는 부분에 대해 질문을 해야 해요."
- 🔲 "토론에서 사회자의 역할은 토론을 진행하는 거예요. 찬성과 반대쪽에 말할 기회를 공평하게 주고 공정하게 토론을 이끌어 가야 해요. 사회자인 영수는 먼저 토론 주제를 소개하고 A 팀에게 주장할 수 있는 발표 기회를 먼저 주었어요. 주장이 끝난 후 B 팀에게 질문할 기회를 주면서 공정하게 토론을 이끌고 있어요."
- 🔲 "A 팀은 직장인으로서의 역할이 더 중요하다고 주장하고 있어요. 엄마로서 아이와 약속을 한 것은 개인적인 일이고 그러한 일로 다른 사람에게 피해를 주는 것은 옳지 않다고 생각하기 때문이에요."
- 🔲 "B 팀은 A 팀의 주장에 두 가지 질문을 했어요. 첫 번째는 어떤 경우에도 개인의 일보다 회사 일을 우선해야 하는지 '네, 아니요'로 대답할 수 있는 단답형 질문을 했어요."
- 🔲 "B 팀의 두 번째 질문은 정식 근무가 아닌 경우에도 야근을 하며 개인이 희생해야 한다는 것인지 A 팀 주장의 합리성을 확인하는 질문을 했어요."
- 🔲 "이렇게 토론에서는 질문을 통해 상대방의 주장이 타당한지를 확인할 수 있어요."

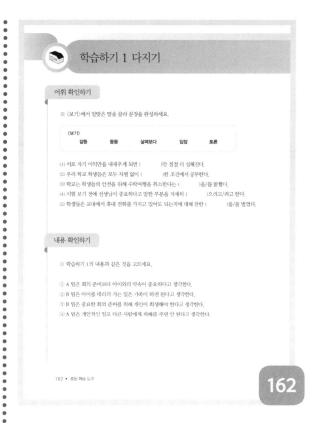

● 2차시 (의사소통 〈꼭 배워요〉와 연계할 경우 8차시)

[학습 목표]
- 토론하기에서 질문하기에 대해 안다.
- 토론에서 목적에 맞게 적절히 질문할 수 있다.

어휘 확인하기 - 10분

1) 교사는 학생들에게 '어휘 확인하기' 문제를 풀게 한다.
- 🔲 "〈보기〉를 부세요. 앞에서 배운 어휘가 있어요."
- 🔲 "'갈등'은 마음속에서 어떻게 할지 결정을 못 한 채 괴로워하는 것을 말해요."
- 🔲 "'동등'이란 등급이나 정도가 같음, 또는 그런 등급이나 정도를 뜻해요."
- 🔲 "'살펴보다'는 자세하게 따져서 알아본다는 뜻이에요."
- 🔲 "'입장'이란 바로 눈앞에 처하고 있는 처지나 상황, 또는 그런 처지에 대한 태도를 말해요."
- 🔲 "'토론'은 어떤 문제에 대하여 여러 사람이 옳고 그름을 따지며 논의하는 것을 말해요."
- 🔲 "아래 문장을 읽고 알맞은 어휘를 골라 문장을 완성해 보세요."

2) 교사는 학생들과 함께 문제의 답을 확인한다.

<u>정답</u>
(1) 갈등 (2) 동등 (3) 입장 (4) 살펴보 (5) 토론

1) 교사는 학생들에게 '내용 확인하기' 문제를 풀게 한다.

　📖 "학습하기 1에서 역할 갈등이 일어났을 때 어떻게 할 것인지에 대해 토론하는 글을 읽었어요. 학습하기 1에서 배운 내용과 같은 것을 고르세요."

2) 교사는 학생들과 함께 문제의 답을 확인한다.

　📖 "직장인 P 씨는 직장인으로서의 역할과 엄마로서의 역할 사이에서 무엇을 선택해야 할지를 고민하고 있어요. A 팀은 아이와의 약속보다는 회의를 준비하는 것이 더 중요하다고 생각해요. 왜냐하면 개인적인 일로 다른 사람에게 피해를 주는 것은 옳지 않다고 생각하기 때문이에요. B 팀은 엄마로서의 역할을 해야 한다는 입장에서 A 팀에게 질문을 하고 있어요. 따라서 답은 ④번이에요."

> **정답**
> ④
> ① A 팀은 아이와의 약속보다 회의를 준비하는 것이 중요하다고 생각한다.
> ② A 팀이 아이를 데리러 가는 일은 가족이 하면 된다고 생각한다.
> ③ B 팀은 중요한 회의 준비를 위해 개인이 희생하는 것이 옳은 것인지 A 팀에게 묻고 있다.
> ④ (160쪽 본문) '개인적인 일로 다른 사람에게 피해를 주는 것은 옳지 않습니다.'라는 내용을 보면 알 수 있다.

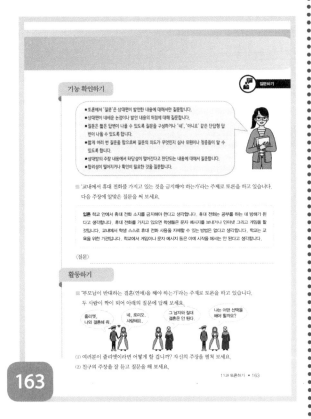

163

1) 학습하기 1에서 배운 '질문하기' 기능을 정리한다.

　📖 "앞에서 '역할 갈등'이라는 주제로 토론하는 과정을 통해 질문하기에 대해 배웠어요. 토론에서는 상대방 주장의 허점을 질문을 통해 밝힐 수 있어요. 토론을 할 때는 상대편이 길게 대답을 할 수 있는 질문은 피해야 해요. 그러므로 짧은 답변이 나올 수 있도록 질문을 구성하거나 '네', '아니요'와 같은 단답형 답변이 나올 수 있도록 해야 해요."

2) 교사는 학생들에게 '기능 확인하기' 문제를 풀게 한다.

　📖 "'교내에서 휴대 전화를 가지고 있는 것을 금지해야 하는가'라는 주제로 토론을 하고 있어요. 다음 주장하는 글을 읽고 알맞은 질문을 해 보세요."

3) 교사는 학생들과 함께 문제의 답을 확인한다.

　📖 "'교내에서 휴대 전화를 가지고 있는 것을 금지해야 하는가'라는 주제의 입론을 읽고 어떤 질문을 할 수 있어요?"

> **예시 답안**
> 집에서 급한 연락이 올 수도 있습니다. 휴대 전화를 금지한다면 이럴 때 어떻게 해야 할까요?

1) 교사는 학생들에게 '활동하기'의 방법을 설명한 후 활동을 하게 한다.

　📖 "'부모님이 반대하는 결혼(연애)을 해야 하는가'라는 주제로 토론을 하고 있어요. 두 사람이 짝이 되어 한 명은 줄리엣의 입장에서 주장을 펼쳐 보세요. 그리고 다른 한 명은 주장을 듣고 질문을 해 보세요."

> **교수-학습 지침**
> 학생들이 주장하는 것이 익숙하지 않은 경우 먼저 예를 들어 어떻게 주장할 수 있는지 보여 준다. 두 학생이 짝이 되어 활동할 경우, 서로 다른 주장을 할 수 있도록 학생들에게 지도한다. 두 학생이 활동을 원활히 하지 못할 경우, 한 학생을 지목하여 주장을 듣게 하고 나머지 친구들이 질문을 할 수 있도록 한다. 이때 서로 반대되는 주장을 들어 볼 수 있도록 교사는 학생들이 쓴 대답을 미리 확인한다.

2) 교사는 학생들과 함께 활동의 결과를 확인한다.

　📖 "여러분이 줄리엣의 입장이 되었을 때 어떠한 주장을 했어요?"

　📖 "친구의 주장에 어떠한 질문을 했어요?"

> **예시 답안**
> (1) 저는 결혼도 중요하지만 가족이 먼저라고 생각합니다. 좋아하는 남자와 결혼하는 것도 중요하지만 가족이 반대하는 결혼을 하게 되면 항상 행복하지는 못할 것 같습니다.
> (2) 가족이 원하면 좋아하지 않는 남자와 결혼도 할 수 있다는 것입니까?

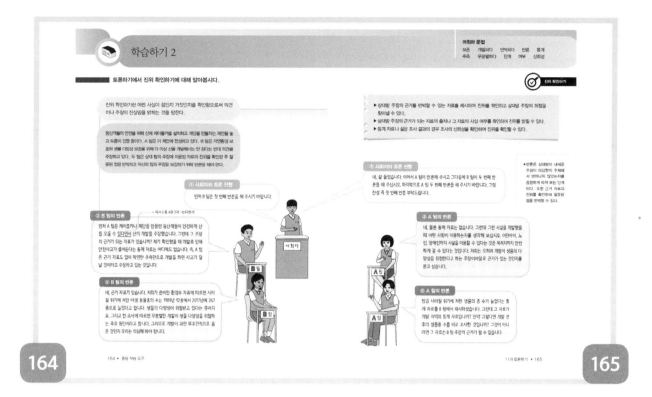

● 3차시 (의사소통 〈꼭 배워요〉와 연계할 경우 9차시)

[학습 목표]
- 토론하기에서 진위 확인하기에 대해 안다.
- 토론하기에서 진위 확인하는 방법에 대해 안다.

본문의 구성과 내용
- 본문은 과학 교과의 **토론하기 활동**에서 하게 되는 **진위 확인하기 학습 기능**을 보여 주고 있다.
- 본문의 내용은 '등산객들의 안전을 위해 산에 케이블카를 설치하고 계단을 만들자'라는 제안에 찬성과 반대의 의견으로 토론을 진행하는 과정 중 반론 단계이다. 서로의 주장에 반론을 펼치며 근거 자료에 대한 진위를 확인하고 있다.

도입 - 10분

1) 교사는 교재 158, 159쪽에서 배운 학습 활동에 대해 복습한다.
   - 📖 "어떤 문제에 대해 찬성과 반대의 의견을 말하며 논의하는 것을 뭐라고 해요?"
   - 📖 "토론을 할 때 사회자는 어떻게 해야 해요?"
   - 📖 "토론을 할 때 토론자는 무엇을 하면 안 돼요?"

2) 교사는 학생들에게 학습하기 2에서 배울 학습 기능을 소개한다.
   - 📖 "토론의 진행 과정을 보면 상대편 주장에 대해 반박하고 자신의 주장을 보강 및 정리할 수 있는 반론의 기회가 있어요. 반론에서는 상대가 주장의 근거로 내세운 정보가 믿을 만한지, 출처는 정확한지 등을 확인하여 상대방의 주장에 대해 반박을 할 수 있어요."

   - 📖 "어떤 사실이 참인지 거짓인지를 확인하여 의견이나 주장이 진실임을 밝히는 것을 진위 확인하기라고 해요. 학습하기 2에서는 토론을 할 때 상대방의 주장에 대해 진위 확인하는 방법을 공부할 거예요."

교수-학습 지침
익힘책 96쪽에 통계 자료의 신뢰성을 확인하는 방법이 추가로 제시되어 있다. 교사는 이를 고려하여 수업을 진행한다.

전개 - 30분

1) 교사는 다음에 제시되는 내용을 참고하여 학생들에게 어휘와 문법을 설명한다.

보존	◆ **정의** 중요한 것을 잘 보호하여 그대로 남김. 📋 다음 세대를 위해서는 자연의 개발보다 보존에 힘써야 한다. ◆ **정보** (비슷한 말) 보호 ● **설명** "요즘 환경 문제가 많이 있어요. 다음 세대를 위해서 어떻게 해야 할까요? 자연을 보존하는 데 힘을 써야 해요. '보존'이란 중요한 것을 잘 보호해서 그대로 남기는 것을 말해요."

개발하다	◆ **정의** 토지나 천연자원 등을 이용하기 쉽거나 쓸모 있게 만들다.
	예 정부는 버려진 땅을 찾아 공원으로 개발하기로 했다.
	● **설명** "여러분 자연 보호 지역이라는 말을 들어 봤어요? 이 지역은 자연을 보호하기 위해 개발하지 못하는 곳이에요. '개발하다'란 토지나 천연자원 등을 이용하기 쉽거나 쓸모 있게 만든다는 뜻이에요."
반박하다	◆ **정의** 어떤 의견이나 주장 등에 반대하여 말하다.
	예 영수는 발언자의 주장을 하나하나 반박했다.
	◆ **정보** (비슷한 말) 논박하다
	● **설명** "토론을 하는데 친구가 주장하는 말의 근거가 확실하지 않아요. 이러한 주장을 듣고 어떻게 할 수 있을까요? 여러분은 주장에 대한 근거가 확실하지 않다고 주장에 반대하는 의견을 낼 수 있어요. 그것을 반박한다고 해요. '반박하다'는 어떤 의견이나 주장 등에 반대하여 말한다는 뜻이에요."
반론	◆ **정의** 다른 사람의 주장이나 의견에 반대하여 말함. 또는 그런 주장.
	예 와니의 주장은 상대 토론자의 반론에 부딪쳐서 결국 받아들여지지 않았다.
	● **설명** "토론에서 자신의 주장이 항상 받아들여질까요? 자신의 주장이 상대 토론자의 반론으로 인해 결국 받아들여지지 않을 수 있어요. '반론'이란 다른 사람의 주장이나 의견에 반대하여 주장을 하는 것을 말해요."
통계	◆ **정의** 어떤 경우의 수나 횟수를 모두 합해서 일정한 체계에 따라 수치로 나타냄. 또는 그런 것.
	예 고등학생을 대상으로 한 통계 조사에 따르면, 학생들의 대부분이 수면 부족을 겪고 있는 것으로 나타났다.
	● **설명** "우리 반 친구들이 가장 좋아하는 과목이 무엇일까요? 친구들에게 좋아하는 과목이 무엇인지 물어보면 각 과목을 몇 명의 친구들이 좋아하는지 알 수 있어요. 이 자료는 '우리 반 친구들이 좋아하는 과목'의 통계 자료예요. '통계'란 어떤 경우의 수나 횟수를 모두 합해서 일정한 체계에 따라 수치로 나타낸 것을 말해요."
추측	◆ **정의** 어떤 사실이나 보이는 것을 통해서 다른 무엇을 미루어 짐작함.
	예 미래에 일어날 일을 추측하는 것은 쉽지 않다.
	● **설명** "여자와 남자가 서로 마주보고 앉아 웃으며 이야기를 하고 있어요. 여러분은 두 사람이 어떤 사이라고 생각해요? 두 사람이 즐겁게 이야기하는 모습을 보고 아주 친한 사이거나 좋아하는 사이라고 추측할 수 있어요. '추측'이란 어떤 사실이나 보이는 것을 통해서 다른 무엇을 미루어 짐작하는 것을 말해요."

무분별하다	◆ **정의** 바른 생각이나 판단을 할 줄 모르거나 하지 않다.
	예 도시의 인구 집중과 무분별한 개발을 막기 위한 규제가 필요하기도 하다.
	● **설명** "여러분은 자연을 개발하는 것에 대해 어떻게 생각해요? 우리가 생활하면서 필요하다면 자연을 개발할 수 있어요. 그런데 자연을 무분별하게 개발하면 동식물이 살아갈 곳이 없어지기 때문에 개발에 대해 바른 판단을 해야 해요. '무분별하다'란 바른 생각이나 판단을 할 줄 모르거나 하지 않는다는 뜻이에요."
단계	◆ **정의** 일이 변화해 나가는 각 과정.
	예 선생님은 나에게 지금보다 한 단계가 높은 3급에서 공부하라고 하셨다.
	● **설명** "현재 여러분의 한국어 실력은 어때요? 열심히 한국어를 공부하고 있어요? 계속 열심히 공부하면 한국어 실력이 한 단계씩 높아질 거예요. '단계'란 일이 변화해 가는 각 과정을 말해요."
여부	◆ **정의** 그러함과 그러하지 않음.
	예 현재로서는 그 사람의 참석 여부를 알 수 없다.
	● **설명** "주말에 학생들을 위한 행사가 있어요. 그런데 우리 학교 모든 학생들이 행사에 올까요? 모든 학생들이 참여할 수도 있고 아닐 수도 있어요. 현재로서는 참여 여부를 알 수 없어요. '여부'란 그러함과 그러하지 않음을 말해요."
신뢰성	◆ **정의** 굳게 믿고 의지할 수 있는 성질.
	예 잦은 고장이 제품에 대한 신뢰성을 떨어뜨렸다.
	● **설명** "여러분은 거짓말을 해 봤어요? 어떤 거짓말을 해 봤어요? 거짓말을 자주 하면 친구들이 더 이상 여러분을 믿지 않게 되면서 신뢰성을 잃을 수도 있어요. '신뢰성'이란 굳게 믿고 의지할 수 있는 성질을 말해요."

2) 교사는 학생들에게 교재 164, 165쪽에 제시된 내용을 읽게 한다.

📖 "'등산객들의 안전을 위해 산에 케이블카를 설치하고 계단을 만들자'는 제안을 놓고 토론이 진행 중이에요. 지금은 토론 단계 중 반론 단계예요."

📖 "반론 단계에서는 B 팀이 먼저 반론을 하고 A 팀이 이어서 반론을 해요. 그리고 B 팀이 다시 반론하고 A 팀이 이어서 다시 반론해요."

📖 "반론 단계에서 상대편 주장의 진위를 어떻게 확인하고 있는지 번호순으로 한번 읽어 보세요."

3) 교사는 학생들에게 세부 내용을 확인하는 질문을 한다.

📖 "지금 A 팀과 B 팀이 토론을 하고 있어요. 토론의 주제는 뭐예요?"

📖 "B 팀은 무엇을 주장하고 있어요?"

📖 "B 팀의 첫 번째 반론이 뭐예요?"

📖 "A 팀은 근거 자료가 있어요? A 팀은 B 팀의 첫 번째 반론

에 어떻게 반박하고 있어요?"

🔲 "A 팀은 첫 번째 반론이 뭐예요?"

🔲 "B 팀은 근거 자료가 있어요? 그 자료는 무엇을 이야기하고 있어요?"

🔲 "B 팀의 두 번째 반론이 뭐예요?"

🔲 "A 팀은 B 팀의 통계 자료가 주장의 근거가 될 수 없다고 이야기했어요. 왜 그렇게 이야기했어요?"

4) 교사는 학생들에게 학습 기능에 대해 확인하는 질문을 한다.

🔲 "B 팀은 첫 번째 반론에서 무엇에 대한 진위를 확인했어요?"

🔲 "A 팀은 첫 번째 반론에서 무엇에 대한 진위를 확인했어요?"

🔲 "토론에서 진위를 확인하는 방법에 또 무엇이 있어요?"

정리 - 5분

교사는 학습 내용을 정리하며 수업을 마무리한다.

🔲 "토론은 찬성과 반대로 나뉘는 주제에 대하여 각각 근거를 들어 자기의 주장을 논리적으로 펼치며 상대방을 설득하는 것이에요. 주장을 하기 위해서는 근거 자료가 있어야 해요. 상대방의 주장이 잘못되었음을 증명하여 자신의 주장과 근거를 더 강하게 할 수 있어요. 그러므로 토론에서는 주장의 근거 자료가 있는지를 확인하거나 근거 자료의 문제가 있는지 확인하는 질문을 통해 상대방 주장의 허점을 찾는 것이 중요해요."

🔲 "학습하기 2에서는 생물 다양성 보존을 위해 산을 개발해서는 안 된다는 B 팀과 등산객들의 안전을 위해 산을 개발해야 한다는 A 팀이 토론을 하고 있어요."

🔲 "지금은 토론에서 반론 단계로 서로의 주장이 타당한지, 주제에서 벗어나지 않았는지 확인하고 있어요."

🔲 "B 팀은 A 팀 주장에 근거 자료가 없다고 반론하고 있어요. A 팀은 B 팀 주장의 근거 자료가 주장과 관련이 없다고 반론하고 있어요."

🔲 "이렇게 토론에서는 근거 자료의 진위를 확인하여 상대방 주장의 허점을 찾을 수 있어요."

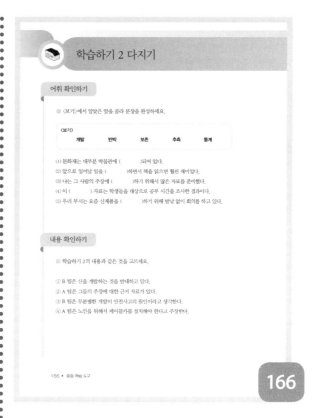

● 4차시 (의사소통 〈꼭 배워요〉와 연계할 경우 10차시)

[학습 목표]

• 토론하기에서 진위 확인하기에 대해 안다.

• 주장의 진위를 확인하고 반론을 할 수 있다.

어휘 확인하기 - 10분

1) 교사는 학생들에게 '어휘 확인하기' 문제를 풀게 한다.

🔲 "〈보기〉를 보세요. 앞에서 배운 어휘가 있어요."

🔲 "'개발'은 토지나 천연자원 등을 이용하기 쉽거나 쓸모 있게 만드는 것을 말해요."

🔲 "'반박'은 어떤 의견이나 주장 등에 반대하여 말하는 것을 의미해요."

🔲 "'보존'이란 중요한 것을 잘 보호하여 그대로 남기는 것을 말해요."

🔲 "'추측'이란 어떤 사실이나 보이는 것을 통해서 다른 무엇을 미루어 짐작하는 것을 말해요."

🔲 "'통계'는 어떤 경우의 수나 횟수를 모두 합해서 일정한 체계에 따라 수치로 나타냄, 또는 그런 것을 말해요."

🔲 "아래 문장을 읽고 알맞은 어휘를 골라 문장을 완성해 보세요."

2) 교사는 학생들과 함께 문제의 답을 확인한다.

> **정답**
> (1) 보존 (2) 추측 (3) 반박 (4) 통계 (5) 개발

1) 교사는 학생들에게 '내용 확인하기' 문제를 풀게한다.

📖 "학습하기 2에서 등산객들의 안전을 위해 산에 케이블카를 설치하고 계단을 만들자는 제안을 놓고 토론하는 과정 중에서 상대 팀 주장에 대해 반론하는 글을 읽었어요. 학습하기 2에서 배운 내용과 같은 것을 고르세요."

2) 교사는 학생들과 함께 문제의 답을 확인한다.

📖 "등산객의 안전을 위해 산에 케이블카를 설치하고 계단을 만들자는 제안을 놓고 A 팀과 B 팀이 토론을 하고 있어요. A 팀은 제안에 찬성을 하고 있어요. 케이블카를 설치하고 계단을 만들면 등산객뿐만 아니라 어린아이, 노인, 장애인까지 시설을 이용해서 목적지까지 안전하게 갈 수 있다고 주장하고 있어요. B 팀은 자연환경 보호와 생물다양성 보존을 위해 산을 개발해서는 안 된다고 반대 의견을 주장하고 있어요. 그리고 B 팀은 A 팀의 주장에는 근거 자료가 없다고 반박하고 있어요. 따라서 답은 ①번이에요."

정답
①

① (164쪽 본문) 'B 팀은 자연환경 보호와 생물 다양성 보존을 위해 더 이상 산을 개발을 해서는 안 된다는 반대 의견을 주장하고 있다.'라는 내용을 보면 알 수 있다.
② A 팀은 그들의 주장에 대한 근거 자료가 없다.
③ B 팀은 무분별한 개발이 생물 다양성을 위협하는 주요 원인이라고 했다.
④ A 팀은 케이블카를 설치하면 어린아이, 노인, 장애인까지 목적지까지 안전하게 갈 수 있다고 했다.

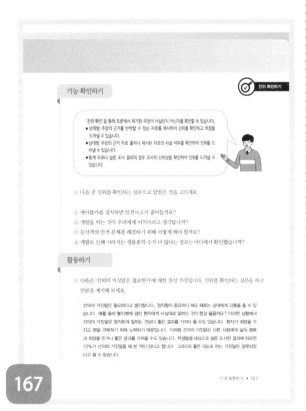

1) 학습하기 2에서 배운 '진위 확인하기' 기능을 정리한다.

📖 "앞에서 토론의 반론 과정을 통해 진위 확인하기에 대해 배웠어요. 토론에서는 상대편의 주장이나 근거 자료를 반박하면서 허점을 찾고 자기의 주장을 강하게 만드는 것이 중요해요. 그렇게 하기 위해서는 진위를 확인하는 질문을 할 수 있어야 해요. 진위를 확인하는 질문이나 상대방 주장의 근거를 반박할 수 있는 자료를 제시하여 근거 자료의 출처나 자료의 사실 여부를 확인할 수 있어요. 통계 자료나 설문 조사의 경우 조사의 신뢰성을 확인해서 진위 여부를 확인할 수 있어요."

2) 교사는 학생들에게 '기능 확인하기' 문제를 풀게한다.

📖 "다음 중 진위를 확인하는 질문으로 알맞은 것을 고르세요."

3) 교사는 학생들과 함께 문제의 답을 확인한다.

📖 "상대 팀이 주장의 근거 자료 출처나 제시된 자료의 사실 여부를 확인하여 진위를 확인할 수 있어요. 따라서 답은 ④번이에요."

정답
④

1) 교사는 학생들에게 '활동하기'의 방법을 설명한 후 활동을 하게 한다.

📖 "여러분은 '선의의 거짓말'이 무엇인지 알아요? 선의의 거짓말은 상대방을 속이기 위해서 하는 거짓말이 아니에요. 상대방을 기분 좋게 하기 위해서 또는 상대방이 걱정하지 않도록 하기 위해 하는 거짓말을 말해요."

📖 "다음 글에서는 '선의의 거짓말은 필요한가'에 대해 찬성하고 있어요. 글을 읽고 진위를 확인하는 질문을 해 보세요. 그리고 그 주장에 반론을 해 보세요."

교수-학습 지침
- 학생들이 '선의의 거짓말은 필요한가'에 대해 찬성하는 글을 읽고 내용을 이해했는지 확인하는 질문을 할 수 있다. 학생들이 이해하지 못한 경우 예를 들어 설명하여 이해를 돕는다.
- 학생들이 진위를 확인할 부분을 찾지 못하면 주장에서 근거 자료가 무엇인지 확인해 보라고 알려 줄 수 있다.

2) 교사는 학생들과 함께 활동의 결과를 확인한다.

📖 "여러분은 이 글을 읽고 진위를 확인하기 위해 어떤 질문을 했어요?"

📖 "주장에 대해 어떤 반론을 제기했어요?"

예시 답안

(진위 확인하기 질문) 학생들을 대상으로 설문 조사한 결과를 주장의 근거 자료로 활용했습니다.

1) 그런데 몇 명의 학생을 대상으로 조사한 자료입니까?
2) 이 자료의 출처는 어디입니까?
3) 이 자료는 최신 자료입니까?

(반론) 선의의 거짓말이 상대방에게 행복과 희망을 줄 수 있다고 했습니다. 하지만 좋은 의도로 하는 거짓말이어도 상대방을 속이는 일이기 때문에 결코 옳다고 말할 수 없습니다.

● 메모

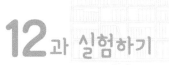

12과 실험하기

● 학습 목표

- 실험 과정에 대해 안다.
- 실험을 통해 가설을 증명하는 방법에 대해 안다.
- 실험을 통해 서로 다른 물질을 비교하는 방법에 대해 안다.

● 단원 내용

1. 학습 활동: 실험하기
2. 학습 기능: 증명하기
           비교하기
3. 학습 주제: 고대 문명의 형성
           산소와 산화

● 수업 개요

1·2차시(학습하기 1): 실험하기에서 증명하기에 대해 안다.

3·4차시(학습하기 2): 실험하기에서 비교하기에 대해 안다.

● 어휘 및 문법

[학습하기 1]

실험하다, 증명하다, 가설, 문명, 발생지, 적합하다, 인용하다, 확보하다, 정기적, -으나

[학습하기 2]

활성화, 억제하다, 방지하다, 현상, 접촉, 절차, 유사점, 측정하다

[알면 쓸모 있는 어휘(익힘책 100쪽)]

해답, 설계, 도출, 검증, 중립적, 진술

의사소통 4권 4과 〈꼭 배워요〉의 주요 내용

[어휘]

이론, 음정, 가사, 박자, 악보, 실기, 화음, 스케치하다, 칠하다, 멀리뛰기, 던지기, 윗몸 일으키기, 오래 매달리기, 손질하다, 조리하다, 단소, 뚜껑, 무리, 자격증, 요, 잔뜩, 깜박하다, 막다, 배려하다, 부딪히다, 빚다, 삐다, 숙이다, 엎드리다

[문법 1] '-을수록'

 예 자세가 좋을수록 공을 멀리 던질 수 있어.

[문법 2] '-던데'

 예 아까 보니까 스케치하던데 벌써 색까지 다 칠했어?

[문법 3] '-는 모양이다'

 예 다음 달에 태권도 대회가 열리는데 거기에 나가려고 하는 모양이야.

[문법 4] '-은 채로'

 예 뚜껑을 열어 놓은 채로 찌면 송편이 잘 안 익을 수도 있어요.

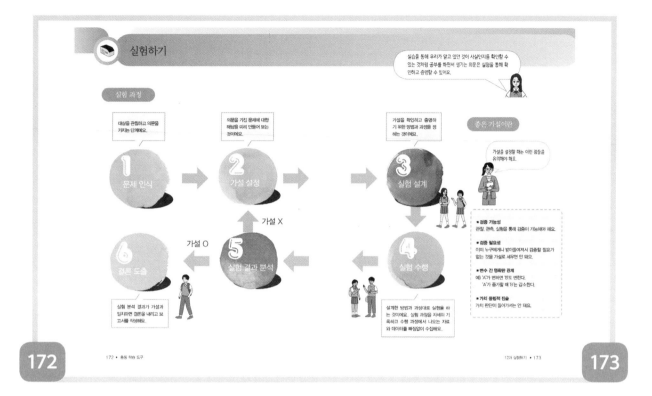

실험하기

실습을 통해 우리가 알고 있던 것이 사실인지를 확인할 수 있는 것처럼 공부를 하면서 생기는 의문은 실험을 통해 확인하고 증명할 수 있어요.

실험 과정

대상을 관찰하고 의문을 가지는 단계예요.

1 문제 인식

의문을 가진 문제에 대한 해답을 미리 만들어 보는 것이에요.

2 가설 설정

가설을 확인하고 증명하기 위한 방법과 과정을 정하는 것이에요.

3 실험 설계

좋은 가설이란

가설을 설정할 때는 이런 점들을 유의해야 해요.

- **검증 가능성**
  관찰, 관측, 실험을 통해 검증이 가능해야 해요.
- **검증 필요성**
  이미 누구에게나 받아들여져서 검증할 필요가 없는 것을 가설로 세우면 안 돼요.
- **변수 간 명확한 관계**
  예) 'A'가 변하면 'B'도 변한다.
  'A'가 증가할 때 'B'는 감소한다.
- **가치 중립적 진술**
  가치 판단이 들어가서는 안 돼요.

가설 X

5 실험 결과 분석

가설 O

6 결론 도출

실험 분석 결과가 가설과 일치하면 결론을 내리고 보고서를 작성해요.

4 실험 수행

설계한 방법과 과정대로 실험을 하는 것이에요. 실험 과정을 자세히 기록하고 수행 과정에서 나오는 자료와 데이터를 빠짐없이 수집해요.

● 1차시 (의사소통 〈꼭 배워요〉와 연계할 경우 7차시)

[학습 목표]

- 실험하기에서 증명하기에 대해 안다.
- 실험하기에서 가설을 증명하는 방법에 대해 안다.

본문의 구성과 내용

- 본문은 **역사 교과의 실험하기 활동**에서 하게 되는 **증명하기 학습 기능**을 보여 주고 있다.
- 본문의 내용은 영수가 고대 문명의 형성을 공부하면서 생긴 의문을 가설로 설정한 뒤 이를 증명하고 있는 상황이다. 영수는 가설을 증명하기 위해 사례를 수집하고 관련 서적을 인용하고 있다.

도입 - 10분

1) 교사는 학생들에게 교재 172, 173쪽의 학습 활동에 대해 설명한다.

   📖 "여러분은 과학 시간에 실험을 해 봤어요?"

   📖 "실험은 보통 '문제 인식, 가설 설정, 실험 설계, 실험 수행, 실험 결과 분석, 결론 도출'의 6가지의 과정으로 진행돼요."

   📖 "첫 번째 단계인 문제 인식은 대상을 관찰하고 의문을 가지는 단계예요. 두 번째 단계인 가설 설정은 의문을 가진 문제에 대한 해답을 미리 만들어 보는 단계예요. 세 번째 단계인 실험 설계에서는 가설을 확인하고 증명하기 위한 방법과 과정을 정해요. 네 번째, 실험 수행 단계에서는 설계한 방법과 과정대로 실험을 해요. 실험 과정을 자세히 기록하고 수행 과정에서 나오는 자료와 데이터를 빠짐없이 수집해요. 그리고 다섯 번째, 실험 결과 분석 단계에서

는 실험 결과에 따라서 마지막 단계를 이어서 진행할지, 다시 두 번째 단계인 가설 설정 단계로 돌아갈지 결정해요. 실험으로 가설이 증명되었다면 마지막 단계로, 가설을 증명하지 못했다면 새로운 가설을 설정하기 위해 가설 설정 단계로 돌아가요. 마지막으로 결론 도출 단계에서는 실험 분석 결과가 가설과 일치하면 결론을 내리고 보고서를 작성해요."

   📖 "가설 설정 시에는 몇 가지 유의해야 할 사항이 있어요. 관찰, 관측, 실험을 통해 검증이 가능해야 해요. 그리고 이미 누구에게나 받아들여져서 검증할 필요가 없는 것을 가설로 세우면 안 돼요. 또한 변수들이 명확한 관계에 있는지를 확인해야 해요. 마지막으로 가치 판단이 들어가서는 안 돼요."

교수-학습 지침

익힘책 101쪽에 과학 실험을 할 때 주의해야 하는 점과 실험 결과를 바탕으로 결론을 도출하는 방법이 추가로 제시되어 있다. 교사는 이를 고려하여 수업을 진행한다.

2) 교사는 학생들에게 학습하기 1에서 배울 학습 기능을 소개한다.

   📖 "증명하기란 어떤 일에 대한 판단이나 주장, 가설이 진실인지 아닌지 근거를 들어 밝히는 것을 말해요. 모든 실험은 어떤 가설이나 명제가 사실인지 확인하는 과정이에요. 이 과정을 통해 우리는 새로운 사실을 알기도 하고 기존에 잘못 알고 있었던 정보를 수정할 수도 있어요. 학습하기 1에서는 가설을 증명하는 방법을 공부할 거예요."

교수-학습 지침

익힘책 102쪽에 증명 자료 수집 방법이 추가로 제시되어 있다. 교사는 이를 고려하여 수업을 진행한다.

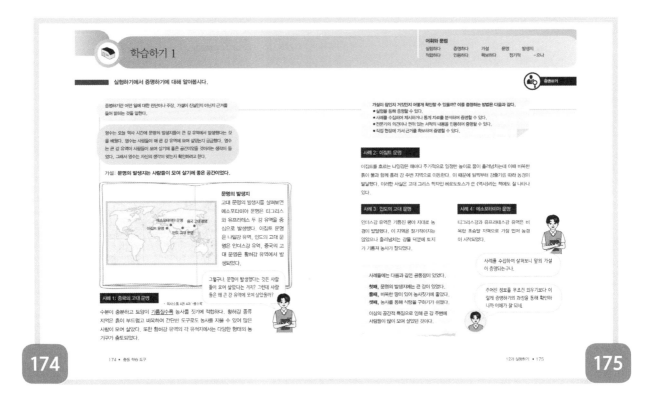

전개 - 30분

1) 교사는 다음에 제시되는 내용을 참고하여 학생들에게 어휘와 문법을 설명한다.

실험하다	◆ **정의** 과학에서 어떤 이론이 옳은지 알아보기 위해 일정한 조건이나 상황을 만들어서 그 현상을 관찰하고 측정하다. **예** 종이로 만든 배가 물에 잘 뜨는지 실험해 보기로 했다. ● **설명** "과학 시간에 교실에서 교과서를 보고 여러 가지 이론을 공부해요. 그리고 과학실에 가서 이론의 상황을 실제로 만들어 확인해요. 이론 수업 때 배운 내용을 관찰하고 측정하는 실험을 해요. '실험하다'란 과학에서 어떤 이론이 옳은지 알아보기 위해 일정한 조건이나 상황을 만들어서 그 현상을 관찰하고 측정한다는 뜻이에요."
증명하다	◆ **정의** 어떤 사건이나 내용이나 판단이 진실인지 아닌지를 증거를 들어서 밝히다. **예** 우리 연구소에서 인삼의 약효를 과학적으로 증명했다. ◆ **정보** (비슷한 말) 밝히다 ● **설명** "여러분이 우리 학교 학생이라는 점을 어떻게 알 수 있어요? 가장 간단하게 알 수 있는 방법은 학생증을 확인하는 것이에요. 학생증을 통해 여러분이 우리 학교 학생이라는 것을 증명할 수 있어요. '증명하다'란 어떤 사건이나 내용이나 판단이 진실인지 아닌지를 증거를 들어서 밝힌다는 뜻이에요."

가설	◆ **정의** 연구에서 어떤 내용을 설명하려고 예상한 것으로 아직 증명되지 않은 가정. **예** 실험이 다 끝나면 가설이 맞는지 확인할 수 있다. ◆ **정보** (비슷한 말) 가정 (반대되는 말) 진리 ● **설명** "여름에 검은색 옷을 입으면 왜 더 더울까요? 여러분은 '검은색 옷이 다른 색 옷보다 온도가 더 높다.' 또는 '검은색이 다른 색보다 빛을 잘 흡수할 것이다.' 등의 가설을 설정할 수 있어요. '가설'이란 연구에서 어떤 내용을 설명하려고 예상한 것으로 아직 증명되지 않은 가정을 말해요."
문명	◆ **정의** 사람의 물질적, 기술적, 사회적 생활이 발전한 상태. **예** 문명이 계속 발전함에 따라 인간의 삶은 편안하고 윤택해졌다. ● **설명** "여러분은 스마트폰으로 무엇을 해요? 버스가 언제 오는지 알 수 있고, 모르는 것이 있으면 인터넷으로 바로 검색할 수도 있어요. 우리의 삶은 문명이 계속 발전함에 따라 편안해졌어요. '문명'이란 사람의 물질적, 기술적, 사회적 생활이 발전한 상태를 말해요."
발생지	◆ **정의** 어떤 일이 일어나거나 사물이 생겨난 곳. **예** 지진 발생지에서 멀리 떨어진 한국에서도 약간의 지진이 일어났다. ● **설명** "여러분 지진을 알아요? 한국에서는 지진이 어디에서 일어났어요? 지진이 일어난 곳은 지진 발생지라고 해요. '발생지'는 어떤 일이 일어나거나 사물이 생겨난 곳을 말해요."

적합하다	◆ **정의** 어떤 일이나 조건에 꼭 들어맞아 알맞다. 예 우리 동호회에서 밤에 악기 연습을 하기에 적합한 장소를 찾고 있다. ● **설명** "여러분은 어디에서 공부를 해요? 도서관에서는 왜 공부하기가 좋아요? 도서관은 조용해서 공부하기에 적합해요. 축구는 어디에서 하는 게 적합할까요? '적합하다'란 어떤 일이나 조건에 꼭 들어맞아 알맞다는 뜻이에요."
인용하다	◆ **정의** 남의 말이나 글을 자신의 말이나 글 속에 끌어 쓰다. 예 그는 학회에서 유명한 학자의 이론을 인용하여 발표했다. ● **설명** "보고서를 쓸 때 인터넷이나 책 등에서 관련 자료를 찾을 수 있어요. 찾은 내용을 인용해서 보고서를 써요. '인용하다'란 남의 말이나 글을 자신의 말이나 글 속에 끌어 쓴다는 뜻이에요."
확보하다	◆ **정의** 확실히 가지고 있다. 예 보고서를 쓸 때 필요한 자료를 충분하게 확보해 두었다. ● **설명** "숙제를 할 때 필요한 자료는 어디에서 구해요? 도서관에는 다양한 자료가 많이 있어요. 그래서 도서관에 가면 숙제를 할 때 필요한 자료를 충분히 확보할 수 있어요. '확보하다'란 확실히 가지고 있다는 뜻이에요."
정기적	◆ **정의** 기한이나 기간이 일정하게 정해져 있는 것. 예 매달 넷째 주 월요일에 정기적인 학급 회의가 있다. ● **설명** "건강하게 살기 위해 어떻게 하면 좋을까요? 건강을 위해서 주말이나 정해진 시간에 정기적으로 운동을 하면 좋아요. '정기적'이란 기한이나 기간이 일정하게 정해져 있는 것을 말해요."
-으나	◆ **정의** 앞에 오는 말과 뒤에 오는 말의 내용이 서로 다름을 나타내는 연결 어미. 예 공부는 열심히 했으나 성적은 별로 잘 안 나왔어요. ◆ **정보** 'ㄹ'을 제외한 받침 있는 동사와 형용사 또는 '-었-', '-겠-' 뒤에 붙여 쓴다. '이다', 받침이 없거나 'ㄹ' 받침인 동사와 형용사 또는 '-으시-' 등의 뒤에는 '-나'를 붙여 쓴다. ● **설명** "저는 어렸을 때 골고루 반찬을 먹지 않았어요. 지금은 골고루 먹고 있어요. 어렸을 때는 골고루 반찬을 먹지 않았으나 지금은 다 잘 먹어요. '-으나'는 앞에 오는 말과 뒤에 오는 말의 내용이 서로 다름을 나타내는 문법이에요."

2) 교사는 학생들에게 교재 174, 175쪽에 제시된 내용을 읽게 한다.

📖 "영수는 고대 문명의 발생지에 대해 배우고 나서 의문이 생겼어요. 그래서 문제에 대한 가설을 세우고 그 가설이 맞는지 증명하기 위해 다양한 자료를 확인했어요."

📖 "영수가 가설을 증명하기 위해 사용한 방법이 무엇인지 한번 읽어 볼까요?"

3) 교사는 학생들에게 세부 내용을 확인하는 질문을 한다.

📖 "영수는 무엇에 대해 의문이 생겼어요?"

📖 "영수가 세운 가설이 뭐예요?"

📖 "고대 문명의 발생지는 몇 곳이에요?"

📖 "중국의 고대 문명은 어디에서 발생했어요?"

📖 "황허강 중류 지역에서 왜 문명이 발생할 수 있었어요?"

📖 "황허강 유역의 각 유적지에서는 무엇이 발견됐어요?"

📖 "이집트 문명은 어디에서 발생했어요?"

📖 "나일강 유역에서는 어떻게 농경이 발달할 수 있었어요?"

📖 "나일강 유역에서 농경이 발달했다는 것을 또 어떻게 알 수 있었어요?"

📖 "인도의 고대 문명은 어디에서 발생했어요?"

📖 "인더스강 유역에서는 어떻게 농사를 지을 수 있었어요?"

📖 "메소포타미아 문명은 어디에서 발생했어요?"

📖 "티그리스강과 유프레스강 유역은 왜 비옥한 초승달 지역이라고 불릴까요?"

📖 "지금까지 고대 문명의 발생지를 확인했어요. 어떤 공통점이 있었어요?"

4) 교사는 학생들에게 학습 기능에 대해 확인하는 질문을 한다.

📖 "영수는 어떤 방법으로 가설을 증명했어요?"

📖 "권위 있는 서적이 뭐예요?"

📖 "가설을 증명하는 방법에는 또 무엇이 있어요?"

정리 - 5분

교사는 학습 내용을 정리하며 수업을 마무리한다.

📖 "실험에서 증명하기에 대해 배웠어요. 가설을 증명하는 방법은 실험을 통해 증명하는 방법이 있어요. 그리고 가설의 내용과 관련된 실제 사례를 수집하여 증명하거나 통계 자료를 분석하여 증명할 수 있어요. 전문가의 의견이나 권위 있는 서적의 내용을 인용해서 증명할 수 있고 현장을 확인할 수 있으면 직접 가서 근거를 확보하여 증명할 수 있어요."

📖 "학습하기 1에서 영수는 고대 문명이 발생한 곳의 사례를 수집하여 자신의 가설을 증명했어요. 그리고 권위 있는 서적의 내용도 인용해서 자신의 가설이 맞음을 증명했어요. 이렇게 하나의 방법뿐만 아니라 여러 방법을 통해서 가설을 증명할 수 있어요."

📖 "고대 문명의 발생지에 대한 사례를 수집하여 확인한 결과 문명의 발생지에는 큰 강이 있었고, 비옥한 땅이 있어 농사짓기에 좋았어요. 그리고 농사를 통해 식량을 구하기 쉬웠다는 공통점이 있었어요."

📖 "그래서 문명의 발생지는 사람들이 모여 살기에 좋은 공간이었다는 영수의 가설이 증명되었어요."

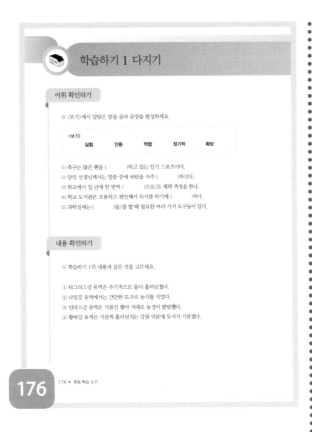

176

● 2차시 (의사소통 〈꼭 배워요〉와 연계할 경우 8차시)

[학습 목표]

• 실험하기에서 증명하기에 대해 안다.

• 주어진 정보가 사실인지 확인할 수 있는 적절한 증명 방법을 선택할 수 있다.

어휘 확인하기 - 10분

1) 교사는 학생들에게 '어휘 확인하기' 문제를 풀게한다.

   🔲 "〈보기〉를 보세요. 앞에서 배운 어휘가 있어요."

   🔲 "'실험'은 과학에서 어떤 이론이 옳은지 알아보기 위해 일정한 조건이나 상황을 만들어서 그 현상을 관찰하고 측정하는 것을 말해요."

   🔲 "'인용'은 남의 말이나 글을 자신의 말이나 글 속에 끌어쓰는 것을 말해요."

   🔲 "'적합'이란 어떤 일이나 조건에 꼭 들어맞아 알맞음을 말해요."

   🔲 "'정기적'이란 기한이나 기간이 일정하게 정해져 있는 것을 의미해요."

   🔲 "'확보'는 확실히 가지고 있음을 말해요."

   🔲 "아래 문장을 읽고 알맞은 어휘를 골라 문장을 완성해 보세요."

2) 교사는 학생들과 함께 문제의 답을 확인한다.

정답
(1) 확보   (2) 인용   (3) 정기적   (4) 적합   (5) 실험

내용 확인하기 - 5분

1) 교사는 학생들에게 '내용 확인하기' 문제를 풀게한다.

   🔲 "학습하기 1에서 문명의 발생지에 대한 자신의 가설을 증명하는 글을 읽었어요. 학습하기 1의 내용과 같은 것을 고르세요."

2) 교사는 학생들과 함께 문제의 답을 확인한다.

   🔲 "고대 문명의 발생지를 살펴보면 네 개의 문명 모두 강 유역을 중심으로 발생했어요. 각 문명 발생지의 공통점은 큰 강이 있었고, 비옥한 땅이 있어 농사짓기에 좋았다는 거예요. 그리고 농사를 통해 식량을 구하기가 쉬웠어요."

   🔲 "문명은 비슷한 조건에서 발생했다는 것을 알 수 있어요. 본문의 내용과 답을 비교해 보면 답은 ③번이에요."

정답
③
① 나일강 유역에서 주기적으로 물이 흘러넘쳤다.
② 황허강 유역에서 간단한 도구로 농사를 지을 수 있었다.
③ (175쪽 본문) '인더스 유역은 기름진 평야 지대로 농경이 발달했다.'라는 내용을 보면 알 수 있다.
④ 인더스강 유역은 정기적이지는 않으나 흘러넘치는 강물 덕분에 토지가 기름겼다.

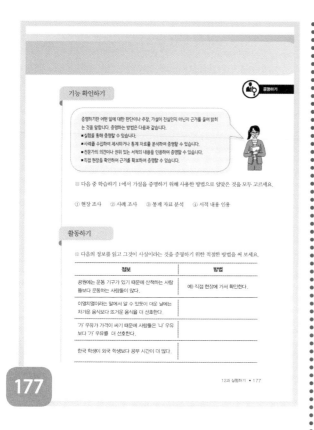

177

📺 "첫 번째 정보는 뭐예요?"

📺 "그 정보를 증명할 적절한 방법은 뭐예요?"

📺 "지금부터 나머지 정보를 읽고 그것을 증명하기 위한 방법을 써 보세요."

2) 교사는 학생들과 함께 활동의 결과를 확인한다.

📺 "두 번째 정보를 증명할 적절한 방법은 뭐예요?"

📺 "세 번째 정보를 증명할 방법은 뭐예요?"

📺 "마지막 정보는 어떻게 증명하는 것이 좋을까요?"

예시 답안
- 사례를 수집하거나 통계 자료를 분석한다.
- 직접 현장에서 우유 판매량을 확인하거나 판매 통계 자료를 확보하여 분석한다.
- 사례를 수집하거나 통계 자료를 분석한다.

기능 확인하기 - 10분

1) 학습하기 1에서 배운 '증명하기' 기능을 정리한다.

📺 "앞에서 영수가 사례를 수집하여 가설을 증명하는 과정을 통해 증명하기에 대해 배웠어요. 증명하기란 어떤 일에 대한 판단이나 주장, 가설이 진실인지 아닌지 근거를 들어 밝히는 것을 말해요. 증명하는 방법은 실험이나 사례 수집, 통계 자료 분석이 있어요. 그리고 전문가의 의견이나 권위 있는 서적 내용을 인용하거나 직접 현장을 확인하여 증명할 수 있어요."

2) 교사는 학생들에게 '기능 확인하기' 문제를 풀게 한다.

📺 "다음 중 학습하기 1에서 가설을 증명하기 위해 사용한 방법으로 알맞은 것을 모두 고르세요."

3) 교사는 학생들과 함께 문제의 답을 확인한다.

📺 "영수가 가설을 증명하기 위해 문명 발생지의 사례를 조사하고 헤로도토스의 《역사》라는 책의 내용을 인용했어요. 그래서 답은 ②번과 ④번이에요."

정답
②, ④

활동하기 - 20분

1) 교사는 학생들에게 '활동하기'의 방법을 설명한 후 활동을 하게 한다.

📺 "다음의 정보를 읽고 그것이 사실이라는 것을 증명하기 위한 적절한 방법을 쓰는 문제예요."

12과 실험하기 **135**

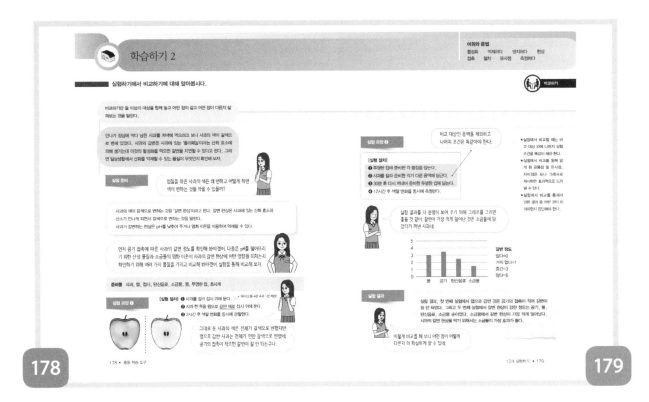

● **3차시**(의사소통 〈꼭 배워요〉와 연계할 경우 9차시)

[학습 목표]
• 실험하기에서 비교하기에 대해 안다.
• 실험하기에서 비교하는 방법에 대해 안다.

본문의 구성과 내용
• 본문은 과학 교과의 **실험하기** 활동에서 하게 되는 **비교하기 학습 기능**을 보여 주고 있다.
• 본문의 내용은 안나가 사과의 갈변 현상을 방지하는 방법을 찾기 위해 실험하는 과정이다. 실험에서 공기 접촉에 따른 사과 갈변 정도와 용액에 따른 사과 갈변 정도를 비교하고 있다.

도입 - 10분

1) 교사는 교재 172, 173쪽에서 배운 학습 활동에 대해 복습한다.
   📖 "실험 과정 중 대상을 관찰하고 의문을 가지는 단계를 뭐라고 해요?"
   📖 "가설을 설정할 때 무엇을 유의해야 해요?"

2) 교사는 학생들에게 학습하기 2에서 배울 학습 기능을 소개한다.
   📖 "실험의 과정을 살펴보면 실험을 설계하는 단계가 있어요. 이 단계에서 가설을 증명하기에 적합한 실험 방법을 설정해요. 서로 다른 성질을 가지고 있을 것으로 추측되는 사물들의 차이점을 밝혀야 할 때는 비교 실험을 하는 것이 좋아요."
   📖 "비교하기란 사물들 간의 유사점과 차이점을 확인하는

것을 말해요. 과학에서는 서로 다른 물질들의 공통점과 차이점을 확인하는 실험을 많이 해요. 학습하기 2에서는 서로 다른 물질의 성질을 비교하는 실험을 통해 비교하기의 과정과 방법을 공부할 거예요."

교수-학습 지침
익힘책 104쪽에 실험에서의 비교하기가 추가로 제시되어 있다. 교사는 이를 고려하여 수업을 진행한다.

전개 - 30분

1) 교사는 다음에 제시되는 내용을 참고하여 학생들에게 어휘와 문법을 설명한다.

활성화	◆ **정의** 무엇의 기능이나 작용이 활발해짐. 📋 이 효소는 열을 가하면 활성화된다. ● **설명** "김치는 따뜻한 곳에 두면 빨리 익어요. 김치가 따뜻한 곳에 있으면 김치에 들어 있는 효소가 활성화되기 때문이에요. '활성화'란 무엇의 기능이나 작용이 활발해지는 것을 말해요. 효소는 간장이나 치즈 등의 식품을 만드는 데 쓰이기도 해요."
억제하다	◆ **정의** 정도나 한도를 넘어서 나아가려는 것을 억눌러 멈추게 하다. 📋 우리 팀은 암세포의 증식을 억제하는 데 효과적인 약을 개발했다.

방지하다	◆ **정의** 어떤 좋지 않은 일이나 현상이 일어나지 않도록 막다. 📖 하천 오염을 방지하는 합성 세제 개발을 위한 연구가 진행되고 있다. ● **설명** "체육 시간에 축구나 농구 같은 운동을 하기 전에 무엇을 먼저 해요? 가볍게 달리거나 스트레칭을 해요. 이렇게 하면 근육의 긴장을 풀어 주고 몸을 부드럽게 만들어 줘서 부상을 방지할 수 있어요. '방지하다'란 어떤 좋지 않은 일이나 현상이 일어나지 않도록 막는다는 뜻이에요."
현상	◆ **정의** 인간이 알아서 깨달을 수 있는, 사물의 모양이나 상태. 📖 계속된 가뭄으로 곳곳에서 물 부족 현상이 나타났다. ● **설명** "여름이 되면 낮에도 덥지만, 밤에도 더워서 잠을 못 자기도 해요. 밤의 최저 기온이 25℃ 이상이어서 잠들기 어려운 것을 열대야 현상이라고 해요. '현상'이란 인간이 알아서 깨달을 수 있는, 사물의 모양이나 상태를 말해요."
접촉	◆ **정의** 서로 맞닿음. 📖 귀걸이나 목걸이는 피부와 직접 접촉되기 때문에 잘 선택해야 한다. ● **설명** "여러분, 밖에 나갔다 오면 왜 손을 깨끗하게 씻어야 할까요? 손의 접촉만으로 옮는 병이 있기 때문이에요. 그러니까 손을 깨끗하게 씻는 것이 중요해요. '접촉'이란 서로 맞닿는 것을 말해요."
절차	◆ **정의** 일을 해 나갈 때 거쳐야 하는 순서나 방법. 📖 입학 절차에 따라 서류 전형 후에 면접이 있을 예정이다. ● **설명** "도서관에서 책을 빌려 봤어요? 책을 빌릴 때 절차가 어떻게 돼요? 도서관 회원증이 있으면 책을 빌리는 절차는 많이 복잡하지 않아요. '절차'란 일을 해 나갈 때 거쳐야 하는 순서나 방법을 말해요."
유사점	◆ **정의** 서로 비슷한 점. 📖 쌍둥이는 외모뿐만 아니라 성격에서도 유사점이 많다. ● **설명** "여러분, 운동 중에서 축구와 농구를 알지요? 두 운동의 차이점은 축구는 발로 한다는 것이고 농구는 손으로 한다는 것이에요. 그러면 두 운동의 유사점은 무엇이 있을까요? '유사점'이란 서로 비슷한 점을 말해요."

● **설명** "환경 오염을 줄이기 위해서는 어떻게 해야 할까요? 환경을 오염시키는 물질이 생기는 것을 억제해야 해요. 우리는 대기 오염의 원인이 되는 배기가스를 줄이기 위해 대중교통을 이용해서 환경 오염 물질이 많이 나오는 것을 억제할 수 있어요. '억제하다'란 정도나 한도를 넘어서 나아가려는 것을 억눌러 멈추게 한다는 뜻이에요."

측정하다	◆ **정의** 일정한 양을 기준으로 하여 같은 종류의 다른 양의 크기를 재다. 📖 실험 방법을 다르게 해서 여러 번 측정했지만 결과는 똑같았다. ● **설명** "여러분 신체검사를 받아 보았어요? 신체검사를 할 때는 키가 몇인지와 몸무게가 얼마인지 등을 측정해요. '측정하다'란 일정한 양을 기준으로 하여 같은 종류의 다른 양의 크기를 잰다는 말이에요."

2) 교사는 학생들에게 교재 178, 179쪽에 제시된 내용을 읽게 한다.

　📖 "안나가 점심에 먹다 남은 사과를 저녁에 먹으려고 봤더니 사과의 색이 갈색으로 변해 있었어요. 안나는 왜 그렇게 색이 변했는지 궁금했어요. 그래서 어떻게 하면 사과의 색이 변하지 않게 할 수 있는지 실험을 해 보려고 해요."

　📖 "지금부터 안나가 어떻게 실험했는지 읽어 보세요."

3) 교사는 학생들에게 세부 내용을 확인하는 질문을 한다.

　📖 "사과의 색이 갈색으로 변하는 것을 무슨 현상이라고 말해요?"

　📖 "사과의 갈변은 어떻게 지연시킬 수 있어요?"

　📖 "안나는 몇 번의 실험을 했어요?"

　📖 "첫 번째 실험은 무엇을 실험한 거예요?"

　📖 "첫 번째 실험 절차가 어떻게 돼요?"

　📖 "첫 번째 실험 결과는 어떻게 됐어요?"

　📖 "두 번째 실험은 무엇을 실험한 거예요?"

　📖 "두 번째 실험 절차가 어떻게 돼요?"

　📖 "두 번째 실험 결과는 어떻게 됐어요?"

　📖 "사과의 갈변을 방지하기 위해 어떻게 하는 것이 가장 좋을까요?"

4) 교사는 학생들에게 학습 기능에 대해 확인하는 질문을 한다.

　📖 "실험에서 비교할 때는 비교 대상 외에 나머지 실험 조건을 똑같이 해야 해요. 첫 번째 실험에서는 무엇이 달랐어요?"

　📖 "두 번째 실험에서는 무엇이 달랐어요?"

　📖 "두 번째 실험 결과를 효과적으로 드러내기 위해 무엇으로 제시했어요?"

정리 - 5분

교사는 학습 내용을 정리하며 수업을 마무리한다.

　📖 "둘 이상의 대상을 실험할 때는 실험 수행 결과를 비교해서 어떤 점이 같고 다른지 살펴봐야 해요. 그런데 실험에서 비교를 할 때는 주의해야 하는 점이 있어요. 비교 대상 외에 나머지 실험 조건을 똑같이 해야 해요."

　📖 "학습하기 2에서 첫 번째 실험은 비교 대상인 사과를 반으로 잘라 하나는 랩으로 감싸고 다른 하나는 랩으로 감싸지 않았어요. 실험 비교 대상을 제외하고 실험 절차는

동일했어요. 두 번째 실험에서도 마찬가지로 비교 대상인 용액을 제외하고는 실험 조건이 똑같았어요. 이렇게 비교하고자 하는 대상을 제외하고는 다 동일해야 해요."

📖 "대상을 비교해서 알게 된 공통점 및 유사점, 차이점은 표나 그래프로 제시하면 효과적으로 드러낼 수 있어요. 두 번째 실험 결과를 그래프로 나타내니 차이점을 쉽게 확인할 수 있었어요."

📖 "안나는 사과의 갈변 현상을 억제하기 위해 실험을 했어요. 실험 결과를 봤을 때 사과의 공기 접촉을 차단하기 위해 랩으로 감싸거나 소금물에 담가 두는 것이 가장 효과가 좋다는 것을 알 수 있어요."

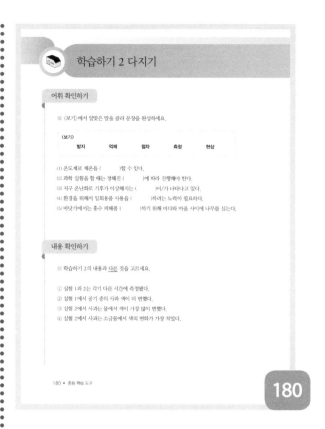

● 4차시 (의사소통 〈꼭 배워요〉와 연계할 경우 10차시)

[학습 목표]
- 실험하기에서 비교하기에 대해 안다.
- 물질의 세 가지 상태(고체, 액체, 기체)의 특징을 비교할 수 있다.

어휘 확인하기 - 10분

1) 교사는 학생들에게 '어휘 확인하기' 문제를 풀게 한다.

📖 "〈보기〉를 보세요. 앞에서 배운 어휘가 있어요."

📖 "'방지'는 어떤 좋지 않은 일이나 현상이 일어나지 않도록 막는 것을 말해요."

📖 "'억제'란 정보나 한도를 넘어서 나아가려는 것을 억눌러 멈추게 한다는 말이에요."

📖 "'절차'는 일을 해 나갈 때 거쳐야 하는 순서나 방법을 말해요."

📖 "'측정'이란 일정한 양을 기준으로 하여 같은 종류의 다른 양의 크기를 잰다는 말이에요."

📖 "'현상'은 인간이 알아서 깨달을 수 있는, 사물의 모양이나 상태를 의미해요."

📖 "아래 문장을 읽고 알맞은 어휘를 골라 문장을 완성해 보세요."

2) 교사는 학생들과 함께 문제의 답을 확인한다.

내용 확인하기 - 5분

1) 교사는 학생들에게 '내용 확인하기' 문제를 풀게 한다.
   - 📖 "학습하기 2에서 사과의 갈변을 지연할 수 있는 물질이 무엇인지 확인해 보기 위해 실험을 통해 비교하는 글을 읽었어요. 학습하기 2의 내용과 다른 것을 고르세요."

2) 교사는 학생들과 함께 문제의 답을 확인한다.
   - 📖 "안나는 사과의 색이 갈색으로 변하는 이유와 그것을 막을 수 있는 방법에 대해 알아봤어요."
   - 📖 "사과가 갈변하는 현상을 막기 위해서는 산성 물질이나 염화 이온을 이용하면 된다는 것을 알았어요. 그리고 실험 결과, 어떤 물질을 이용하느냐에 따라 갈변의 정도가 달랐어요. 본문의 내용과 답을 비교해 보면 답은 ③번이에요."

정답
③
① (178쪽 본문) '먼저 공기 접촉에 따른 사과의 갈변 정도를 확인해 봐야겠어. 다음은 pH를 떨어뜨리기 위한 산성 물질과 소금물의 염화 이온이 사과의 갈변 현상에 어떤 영향을 미치는지 확인하기 위해 여러 가지 물질을 가지고 비교해 봐야겠어.'라는 내용을 보면 알 수 있다.
② (178쪽 본문) '그대로 둔 사과의 색은 전체가 갈색으로 변했지만 랩으로 감싼 사과는 전체가 연한 갈색으로 변했네.'라는 내용을 보면 알 수 있다.
③ 실험 2에서 사과는 공기 중에서 색이 가장 많이 변했다.
④ (179쪽 본문) '갈변이 가장 적게 일어난 것은 소금물에 담갔다가 꺼낸 사과네.'라는 내용을 보면 알 수 있다.

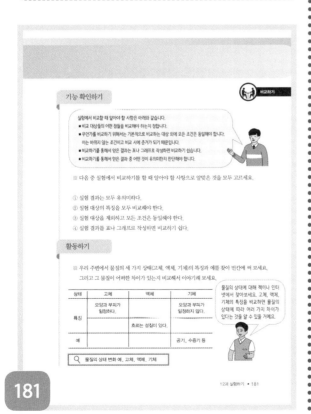

12과 실험하기 • 181

기능 확인하기 - 10분

1) 학습하기 2에서 배운 '비교하기' 기능을 정리한다.
   - 📖 "앞에서 안나가 사과를 가지고 실험을 하는 과정을 통해 비교하기에 대해 배웠어요. 실험에서 비교할 때는 비교하는 대상 외에 모든 조건은 동일해야 해요. 이는 비교 시에 기준이 되기 때문이에요. 비교하기를 통해서 얻은 결과는 표나 그래프로 작성하면 비교하기 쉬워요. 그리고 실험 결과를 확인하여 어떤 것이 유의미한지 판단해야 해요."

2) 교사는 학생들에게 '기능 확인하기' 문제를 풀게 한다.
   - 📖 "실험에서 비교하기를 할 때 알아야 할 사항으로 알맞은 것을 모두 고르세요."

3) 교사는 학생들과 함께 문제의 답을 확인한다.
   - 📖 "실험에서 비교할 때는 대상의 모든 특징을 비교하는 것이 아니라 비교하고자 하는 것을 정해서 실험을 해요. 그리고 실험 결과가 모두 유의미한 것은 아니에요. 어떤 것이 유의미한지 판단을 해야 해요. 그래서 ①번과 ②번은 틀려요. 실험에서 비교하기를 할 때 알아야 할 사항은 ③번과 ④번이에요."

정답
③, ④

활동하기 - 20분

1) 교사는 학생들에게 '활동하기'의 방법을 설명한 후 활동을 하게 한다.
   - 📖 "이번에는 물질의 세 가지 상태인 고체, 액체, 기체의 특징을 비교할 거예요. 이 물질들이 상태에 따라 어떠한 특징이 있는지 인터넷에서 찾아서 빈칸에 써 보세요."

교수-학습 지침
물질의 세 가지 상태(고체, 액체, 기체)에 대해 학생들이 아는지를 확인한다. 이후 물질의 특징과 예를 학생 스스로 표를 보고 채워 넣을 수 있게 한다. 이후 학생들이 어려워하면 돋보기가 있는 상자 내 글을 검색해 보게 한다.

2) 교사는 학생들과 함께 활동의 결과를 확인한다.
   - 📖 "고체의 특징은 무엇이에요?"
   - 📖 "주변에서 볼 수 있는 고체의 예는 무엇이 있어요?"
   - 📖 "액체의 특징은 무엇이에요?"
   - 📖 "액체의 예로는 무엇이 있어요?"
   - 📖 "기체의 특징은 무엇이에요?"
   - 📖 "물체의 세 가지 상태를 비교했을 때 어떠한 차이가 있어요?"

예시 답안
고체: 흐르는 성질이 없다.
   📖 얼음, 설탕, 소금 등
액체: 용기에 따라 모양이 변하지만, 부피는 변하지 않는다.
   📖 물, 주스, 기름 등
기체: 흐르는 성질이 있다.

13과 평가받기

● 학습 목표

- 학습 평가의 개념과 유형에 대해 안다.
- 주요 개념을 암기하는 방법에 대해 안다.
- 글을 고치고 다듬는 방법에 대해 안다.

● 단원 내용

1. 학습 활동: 평가받기
2. 학습 기능: 암기하기
   성찰하기
3. 학습 주제: 암석 분류하기
   퇴고하기

● 수업 개요

1·2차시(학습하기 1): 평가받기에서 암기하기에 대해 안다.

3·4차시(학습하기 2): 평가받기에서 성찰하기에 대해 안다.

● 어휘 및 문법

[학습하기 1]

의식적, 영역, 우수하다, 종류, 생성, 가능하다, 형식

[학습하기 2]

경험하다, 수정하다, 지시하다, 드러나다, 적절하다, 통일성, 완결성

[알면 쓸모 있는 어휘(익힘책 108쪽)]

도달하다, 성장하다, 진단, 실시하다, 문항, 조작

의사소통 4권 5과 〈꼭 배워요〉의 주요 내용

[어휘]

퀴즈 대회, 발명품 경진 대회, 경시대회, 사생 대회, 경연 대회, 글짓기, 백일장, 재학생, 공모, 부문, 본선, 예선, 통과자, 원고, 심사 위원, 심사하다, 상금, 상장, 상을 타다, 기념 촬영, 균형, 땅바닥, 수속, 의욕, 접촉, 내려다보다, 무시하다, 잠들다, 진출하다, 주저앉다, 헤매다, 서툴다, 유창하다

[문법 1] '-는 탓에'

 시험 준비로 바쁜 탓에 사생 대회 신청서를 못 썼어.

[문법 2] '-어 버리다'

 어제 공부하다가 잠들어 버렸어.

[문법 3] '-을 뻔하다'

 너무 긴장해서 실수할 뻔했어.

[문법 4] '-더라'

 영어 대회에서 말하는 거 들었는데 유창하게 잘하더라.

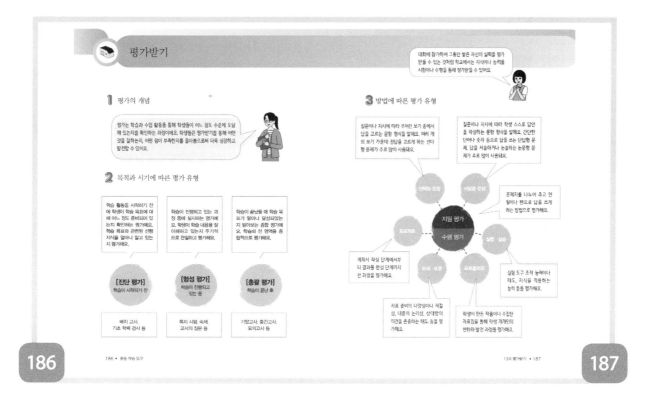

• 1차시 (의사소통 〈꼭 배워요〉와 연계할 경우 7차시)

[학습 목표]
- 평가받기에서 암기하기에 대해 안다.
- 평가받기에서 암기하는 방법에 대해 안다.

본문의 구성과 내용
- 본문은 **과학 교과**의 평가받기 활동에서 하게 되는 **암기하기 학습 기능**을 보여 주고 있다.
- 본문의 내용은 영수가 과학 경시 대회에 참가하기 위해 효과적으로 암기하는 방법을 찾고 있는 상황이다. 영수는 그동안 대회 우승자들이 어떻게 공부했는지 찾아보고 있다.

도입 - 10분

1) 교사는 학생들에게 교재 186, 187쪽의 학습 활동에 대해 설명한다.
- 🖪 "평가란 학습과 수업 활동을 통해 여러분의 능력이 어느 정도의 수준인지를 확인하는 것을 말해요."
- 🖪 "여러분이 알고 있는 평가에는 무엇이 있어요?"
- 🖪 "평가를 받기 전에 우선 학교에 어떤 시험들이 있는지 알아봐요. 일반적으로 평가가 이루어지는 시기는 학습 전, 학습 중, 학습 후로 나누어 볼 수 있어요. 학습 전에 이루어지는 평가는 여러분이 공부할 준비가 되어 있는지 확인하는 시험이에요. 학습 중에 이루어지는 평가는 매 수업 시간에 배운 내용을 제대로 아는지 확인하는 시험이에요. 학습 후에 이루어지는 평가는 여러분들이 한 학기 또는 한 학년 동안 목적했던 모든 학습을 제대로 수행했는지

확인하는 시험이에요."
- 🖪 "그리고 학교에서 보는 시험 방법에는 크게 지필 평가와 수행 평가가 있어요. 지필 평가는 여러분이 중간고사나 기말고사 때 보는 일반적인 시험을 말해요. 번호를 고르거나 짧은 문장을 답안지에 써요. 수행 평가는 어떤 과제를 전개, 진행, 해결하는 과정 및 결과를 보고 학습 능력 전반을 확인하는 평가예요. 수행 평가에는 '프로젝트, 토의·토론, 포트폴리오, 실험·실습'이 있어요."

교수-학습 지침
익힘책 109쪽에 평가지에 따른 평가의 종류, 자기 평가의 예가 추가로 제시되어 있다. 교사는 이를 고려하여 수업을 진행한다.

2) 교사는 학생들에게 학습하기 1에서 배울 학습 기능을 소개한다.
- 🖪 "평가에서는 무엇을 얼마나 암기하느냐에 따라 결과가 달라질 수 있어요. 물론 무조건 많이 외운다고 시험을 잘 볼 수 있는 것은 아니에요. 하지만 각 평가에서 요구하는 기본 개념이나 원리, 공식 등은 암기하지 않으면 시험 문제를 풀 수 없는 경우도 있어요."
- 🖪 "학습하기 1에서는 여러 과목에서 시도해 볼 수 있는 다양한 암기 방법에 대해 알아볼 거예요."

교수-학습 지침
익힘책 110쪽에 단기 기억과 장기 기억에 대한 내용이 추가로 제시되어 있다. 교사는 이를 고려하여 수업을 진행한다.

전개 - 30분

1) 교사는 다음에 제시되는 내용을 참고하여 학생들에게 어휘와 문법을 설명한다.

의식적	◆ **정의** 어떤 것을 알거나 스스로 깨달아 일부러 하는 것. 🔲 자세를 바르게 하기 위해 의식적으로 허리를 펴고 앉았다. ◆ **정보** (반대되는 말) 무의식적 ● **설명** "여러분은 하루에 얼마나 물을 마셔요? 하루에 약 2L의 물을 마시는 것이 좋다고 해요. 그런데 물을 잘 안 마시는 사람도 있어요. 그런 사람은 물을 마시기 위해 의식적으로 노력을 해요. '의식적'이란 어떤 것을 알거나 스스로 깨달아 일부러 하는 것을 말해요."
영역	◆ **정의** 힘, 생각, 활동 등이 영향을 끼치는 분야나 범위. 🔲 예술에는 음악, 미술, 무용 등 다양한 영역이 있다. ◆ **정보** (비슷한 말) 경지, 부문, 분야 ● **설명** "여러분이 주로 읽는 책이 무엇이에요? 다양한 책을 평소에 많이 읽으면 지식의 영역이 넓어질 거예요. '영역'이란 힘, 생각, 활동 등이 영향을 끼치는 분야나 범위를 말해요."
우수하다	◆ **정의** 여럿 중에서 뛰어나다. 🔲 그는 여러 과목 중에서도 특히 국어 성적이 우수했다. ● **설명** "학교에서 언제 시험을 봤어요? 여러분이 본 시험 중에서 어떤 과목의 성적이 가장 우수해요? 여러분이 가장 잘해서 성적이 우수한 과목이 있을 거예요. '우수하다'란 여럿 중에서 뛰어나다는 뜻이에요."

종류	◆ **정의** 어떤 기준에 따라 여러 가지로 나눈 갈래. 🔲 속도와 강도에 따라 바람은 여러 종류로 나뉜다. ● **설명** "여러분은 어떤 종류의 음악을 들어요? 사람마다 좋아하는 음악의 종류가 다를 거예요. 어떤 사람은 조용한 종류의 음악을 좋아하고 어떤 사람은 시끄러운 종류의 음악을 좋아할 수 있어요. '종류'란 어떤 기준에 따라 여러 가지로 나눈 것을 말해요."
생성	◆ **정의** 없던 사물이 새로 생겨남. 또는 사물이 생겨 이루어지게 함. 🔲 바람의 힘으로 전기 에너지를 생성할 수 있다. ◆ **정보** (비슷한 말) 발생 ● **설명** "얼마나 자주 운동을 해요? 근력 운동을 해 봤어요? 근력 운동은 힘을 기르기 위해 하는 운동이에요. 근력 운동을 하면 근육이 생성되고 힘이 세질 거예요. '생성'이란 없던 사물이 새로 생겨나는 것을 말해요."
가능하다	◆ **정의** 할 수 있거나 될 수 있다. 🔲 지금처럼만 공부하면 원하는 대학에 입학하는 것이 가능하다. ◆ **정보** (반대되는 말) 불가능하다 ● **설명** "여러분은 목표가 있어요? 목표를 위해서 무엇을 하고 있어요? 열심히 노력하면 여러분의 목표를 이루는 것이 가능할 것이에요. '가능하다'란 할 수 있거나 될 수 있다는 뜻이에요."

형식	◆ **정의** 일을 할 때의 일정한 절차나 양식. 또는 여러 사물이 공통적으로 갖춘 모양. 囲 이 글은 작가가 전에 쓴 글과는 다른 형식을 가지고 있다. ● **설명** "공부를 하면서 궁금한 것이 있으면 어떻게 해요? 인터넷에서 찾을 수도 있고 학교에서 선생님에게 물어볼 수도 있어요. 질문을 할 때 질문 형식의 문장을 만들어야 해요. '형식'이란 여러 사물이 공통적으로 갖춘 모양이에요."

2) 교사는 학생들에게 교재 188, 189쪽에 제시된 내용을 읽게 한다.

囲 "영수가 과학 퀴즈 대회에 참가하고 싶어 해요. 과학 퀴즈 대회 출제 문제를 확인했는데 외워야 하는 내용이 많았어요. 그래서 그동안 대회 우승자들은 어떻게 공부했는지 찾아보고 있어요."

囲 "지금부터 대회 우승자들은 어떻게 공부를 했는지 읽어 볼까요?"

3) 교사는 학생들에게 세부 내용을 확인하는 질문을 한다.

囲 "영수는 무엇을 준비하고 있어요?"

囲 "영수가 참가하고 싶은 대회는 언제 어디에서 열려요?"

囲 "그 대회에 누구나 참가할 수 있어요?"

囲 "그 대회에 참가하려면 어떻게 해야 해요?"

囲 "그 대회에 참가하려면 무엇을 공부해야 해요?"

囲 "영수는 우수한 성적을 거두기 위해 어떻게 할 거예요?"

囲 "제2회 우승자는 어떤 방법으로 암기를 했어요?"

囲 "제3회 우승자는 어떤 방법으로 암기를 했어요?"

囲 "제5회 우승자는 어떤 방법으로 암기를 했어요?"

4) 교사는 학생들에게 학습 기능에 대해 확인하는 질문을 한다.

囲 "첫 번째 암석의 종류와 암석 표본은 어떤 방법으로 외울 수 있어요?"

囲 "두 번째 암석의 특징과 암석의 이름은 어떤 방법으로 외우면 좋을까요? 왜 그렇게 생각해요?"

囲 "세 번째 사람이 암기한 방법이 뭐예요? 왜 그 방법을 선택했어요?"

정리 - 5분

교사는 학습 내용을 정리하며 수업을 마무리한다.

囲 "평가받기에서 암기하기에 대해 배웠어요. 좋은 평가를 받기 위해서는 기본적으로 암기를 잘해야 해요. 암기하는 방식은 사람마다 차이가 있어요. 그리고 공부하는 내용마다 다른 방법을 사용해서 암기를 해야 해요."

囲 "영수는 과학 퀴즈 대회에 참가하기 위해 그동안 대회 우승자들은 어떻게 공부했는지 찾아보고 우승자들의 암기 방법을 확인했어요. 순서나 이름을 외울 때는 단어들의 첫 글자를 따서 외우고 특징을 외울 때는 표나 그림으로

그리고 정리해서 외웠어요. 그리고 이야기를 만들어서 외우는 방법도 있었어요."

囲 "이렇게 다양한 암기 방법을 알고 있으면 공부할 때나 시험을 준비할 때 적절한 방법을 사용할 수 있어요."

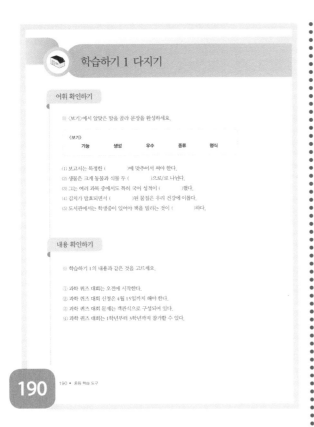

1) 교사는 학생들에게 '내용 확인하기' 문제를 풀게 한다.

　📖 "학습하기 1에서 다양한 암기 방법에 대한 글을 읽었어요. 학습하기 1의 내용과 같은 것을 고르세요."

2) 교사는 학생들과 함께 문제의 답을 확인한다.

　📖 "영수는 과학 퀴즈 대회에 참가하고 싶어 해요. 과학 퀴즈 대회는 4월 21일 오후에 중학교 체육관에서 해요. 중학교 1학년만 참가할 수 있고 참가하고 싶으면 4월 15일까지 담임 선생님께 신청하면 돼요. 출제 영역은 과학이고 범위는 중학교 1학년 과학 1~2단원이에요. 문제 유형은 O X 문제, 객관식 문제, 주관식 문제가 있어요. 따라서 답은 ② 번이에요."

정답
②
① 과학 퀴즈 대회는 오후 1시부터 5시 반까지 진행된다.
② (188쪽 본문) '4. 신청: 4월 15일까지 담임 선생님께 신청'이라는 내용을 보면 알 수 있다.
③ 과학 퀴즈 대회에는 OX 문제, 객관식 문제, 주관식 문제 등 다양한 유형의 문제가 출제된다.
④ 과학 퀴즈 대회에는 중학교 1학년 학생들만 참가할 수 있다.

● 2차시 (의사소통 〈꼭 배워요〉와 연계할 경우 8차시)

[학습 목표]

• 평가받기에서 암기하기에 대해 안다.
• 다양한 방법을 활용하여 암기를 할 수 있다.

어휘 확인하기 - 10분

1) 교사는 학생들에게 '어휘 확인하기' 문제를 풀게 한다.

　📖 "〈보기〉를 보세요. 앞에서 배운 어휘가 있어요."

　📖 "'가능'은 할 수 있거나 될 수 있는 것을 말해요."

　📖 "'생성'이란 없던 사물이 새로 생겨남, 또는 사물이 생겨 이루어지게 하는 것을 뜻해요."

　📖 "'우수'는 여럿 중에서 뛰어나다는 뜻이에요."

　📖 "'종류'는 어떤 기준에 따라 여러 가지로 나누어 놓은 것을 말해요."

　📖 "'형식'이란 일을 할 때의 일정한 절차나 양식, 또는 여러 사물이 공통적으로 갖춘 모양을 의미해요."

　📖 "아래 문장을 읽고 알맞은 어휘를 골라 문장을 완성해 보세요."

2) 교사는 학생들과 함께 문제의 답을 확인한다.

정답
(1) 형식 (2) 종류 (3) 우수 (4) 생성 (5) 가능

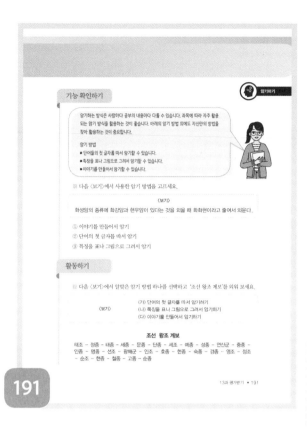

□ "여러분은 '조선 왕조 계보'를 어떤 방법으로 암기할 거예
요?"

교수-학습 지침

학생들이 암기하는 것이 익숙하지 않은 경우 먼저 예를 들어 어
떻게 암기할 수 있는지 보여 줄 수 있다. 교사가 제시한 방법으
로 학생들이 다 같이 암기해 볼 수도 있다.

2) 교사는 학생들과 함께 활동의 결과를 확인한다.

□ "어떤 암기 방법으로 조선 왕조 계보를 외웠어요?"

□ "그 암기 방법으로 외웠어요? 아니면 못 외웠어요?"

예시 답안

태정태세문단세, 예성연중인명선, 광인효현숙경영, 정순헌철
고순

기능 확인하기 - 10분

1) 학습하기 1에서 배운 '암기하기' 기능을 정리한다.

□ "앞에서 영수가 과학 퀴즈 대회 우승자들의 공부 방법을
확인하는 과정을 통해 암기하기에 대해 배웠어요. 우승자
들이 공부를 하면서 내용을 암기하는 방법은 다양했어
요. 첫 번째는 단어들의 첫 글자를 따서 암기하는 거예요.
두 번째는 특징을 표나 그림으로 그려서 암기하는 거예
요. 세 번째는 이야기를 만들어서 암기하는 방법이에요.
사람마다 선호하는 암기 방식이 다를 수 있어요. 자신만
의 방법을 찾아 활용하는 것이 중요해요."

2) 교사는 학생들에게 '기능 확인하기' 문제를 풀게
한다.

□ "'암기하기'에 대해 배웠어요. 다음 〈보기〉를 읽고 〈보기〉
에서 사용된 암기 방법이 무엇인지 찾아보세요."

3) 교사는 학생들과 함께 문제의 답을 확인한다.

□ "순서나 이름을 암기하기 좋은 방법에는 단어의 첫 글자
를 따서 외우는 방법이 있다고 했어요. '화화현'은 각 단어
의 첫 글자를 딴 것이에요."

정답
②

활동하기 - 20분

1) 교사는 학생들에게 '활동하기'의 방법을 설명한 후
활동을 하게 한다.

□ "조선 왕조 계보를 암기하려고 해요."

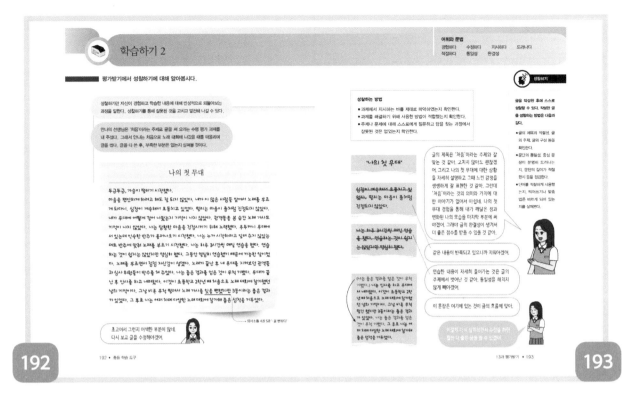

● 3차시 (의사소통 〈꼭 배워요〉와 연계할 경우 9차시)

[학습 목표]
• 평가받기에서 성찰하기에 대해 안다.
• 평가받기에서 글을 성찰하는 방법에 대해 안다.

본문의 구성과 내용
• 본문은 국어 교과의 평가하기 활동에서 하게 되는 성찰하기 학습 기능을 보여 주고 있다.
• 본문의 내용은 안나가 '처음'이라는 주제로 글을 쓰는 과제를 수행하는 중에 자신의 글에 대해 성찰하고 있는 상황이다. 안나는 글에서 부족한 부분은 없는지 스스로 살펴보고 있다.

도입 - 10분

1) 교사는 교재 186, 187쪽에서 배운 학습 활동에 대해 복습한다.
   📖 "학습과 수업 활동을 통해 학생들이 어느 정도 수준에 도달해 있는지를 확인하는 과정을 무엇이라고 해요?"
   📖 "평가에는 다양한 유형이 있어요. 방법에 따른 평가 유형을 보면 학교에서 이루어지는 평가에는 크게 지필 평가와 수행 평가가 있어요. 그중 수행 평가는 어떤 과제를 전개, 진행, 해결하는 과정 및 결과를 보고 학습 능력 전반을 확인하는 평가예요."
   📖 "수행 평가에는 프로젝트, 토의 및 토론, 포트폴리오, 실험 및 실습이 있어요."
2) 교사는 학생들에게 학습하기 2에서 배울 학습 기능을 소개한다.

📖 "성찰하기란 자신이 경험하고 학습한 내용에 대해 반성적으로 되돌아보는 과정을 말해요. 성찰하기를 통해 잘못된 것을 고치고 발전해 나갈 수 있어요."
📖 "이번 시간에서는 성찰하기를 통해 자신이 쓴 글을 어떻게 고칠 수 있는지 알아볼 거예요."

교수-학습 지침
익힘책 112쪽에 성찰 일기에 대한 내용이 추가로 제시되어 있다. 교사는 이를 고려하여 수업을 진행한다.

전개 - 30분

1) 교사는 다음에 제시되는 내용을 참고하여 학생들에게 어휘와 문법을 설명한다.

경험하다	◆ 정의 자신이 실제로 해 보거나 겪어 보다. 📑 예 사람은 다양한 사건을 경험하며 성장한다. ● 설명 "여러분은 여행을 가면 주로 무엇을 해요? 어떤 사람들은 쉬기 위해서 여행을 간다고 해요. 여행을 가서 쉬는 것도 좋지만 음식과 문화 등 다양한 것들을 경험해 보세요. '경험하다'란 자신이 실제로 해 보거나 겪어 본다는 말이에요."

수정하다	◆ **정의** 잘못된 것을 바로잡거나 다듬어서 바르게 고치다.
	예 글의 흐름과 어울리지 않는 내용을 찾아서 수정했다.
	◆ **정보** (비슷한 말) 정정하다
	● **설명** "수업 시간에 쓰기를 하거나 과제로 보고서를 작성하다가 잘못된 것을 발견하면 어떻게 해요? 글을 쓰다가 잘못된 것을 발견하면 수정해야 해요. '수정하다'란 잘못된 부분을 바르게 고친다는 뜻이에요."
지시하다	◆ **정의** 무엇을 하라고 시키는 것을 말한다.
	예 의사 선생님은 집에서 안정을 취하라고 나에게 지시하셨다.
	● **설명** "시험을 보기 전에 선생님이 옆의 친구와 자리를 더 멀리하고 앞사람과 줄을 맞추라고 시켜요. 책상 줄을 맞추라고 지시해요. '지시하다'란 무엇을 하라고 시킨다는 뜻이에요."
드러나다	◆ **정의** 감춰져 있거나 알려지지 않았던 사실이 밝혀지다.
	예 이번 사건으로 그 사람이 그동안 해 온 나쁜 일들이 하나둘씩 드러나기 시작했다.
	● **설명** "여러분은 거짓말을 해 봤어요? 거짓말을 하면 지금은 괜찮을 수 있지만 나중에 결국 사람들이 사실을 알게 될 거예요. 나중에 결국 거짓말한 사실이 드러나요. '드러나다'란 감춰져 있거나 알려지지 않았던 사실이 밝혀진다는 뜻이에요."
적절하다	◆ **정의** 아주 딱 알맞다.
	예 선영이는 선생님의 질문에 적절하게 대답했다.
	◆ **정보** (비슷한 말) 적합하다 (반대되는 말) 부적절하다
	● **설명** "여러분은 공부를 하거나 책을 읽을 때 어디에서 읽어요? 도서관은 조용하고 책도 많기 때문에 공부하기에 적절한 장소예요. '적절하다'는 아주 딱 알맞다는 말이에요."
통일성	◆ **정의** 여러 요소들이 있으면서도 전체가 마치 하나와 같이 느껴지는 성질.
	예 이 글은 여러 이야기가 무질서하게 얽혀 있어 통일성이 없다.
	● **설명** "모든 글에는 주제가 있어요. 글을 쓸 때 주제에 벗어나게 쓰면 글이 하나처럼 느껴지지 않아요. 그리고 무슨 내용인지 알 수 없어요. 예를 들어 '계절'을 주제로 글을 쓰다가 '학교생활'에 대해 글을 쓰면 글의 통일성이 떨어지게 돼요. '통일성'은 여러 요소가 있으면서도 전체가 하나와 같이 느껴지는 성질을 말해요."
완결성	◆ **정의** 완전히 끝을 맺은 상태나 특성.
	예 그는 자신이 쓰고 있는 소설의 완결성을 높이기 위해 결말을 바꿨다.
	● **설명** "글을 다 쓰고 난 후에 글을 다시 읽어 봐요? 글을 쓰고 나서 글의 완결성을 높이기 위해 꼼꼼하게 확인하면 좋아요. '완결성'이란 완전히 끝을 맺은 상태를 말해요."

2) 교사는 학생들에게 교재 192, 193쪽에 제시된 내용을 읽게 한다.

　　교 "안나가 수행 평가 과제를 하는 중이에요. 선생님이 '처음'

이라는 주제로 글을 써 오라고 하셨어요. 그래서 안나는 처음으로 노래 대회에 나갔을 때를 떠올리며 글을 썼어요. 글을 다 쓴 후 무엇을 하고 있는지 같이 읽어 볼까요?"

3) 교사는 학생들에게 세부 내용을 확인하는 질문을 한다.

　　교 "이 글의 제목이 뭐예요?"

　　교 "이 글의 주인공은 누구예요?"

　　교 "이 사람은 무대에 오르기 전에 기분이 어땠어요?"

　　교 "이 사람은 무대에서 노래를 불렀어요?"

　　교 "이 사람은 오늘 처음으로 노래를 연습했어요?"

　　교 "이 사람은 이 무대 이후에 노래 대회에 나간 적이 있어요?"

4) 교사는 학생들에게 학습 기능에 대해 확인하는 질문을 한다.

　　교 "가장 먼저 무엇에 대해 성찰했어요?"

　　교 "중간에 있는 내용을 삭제한 이유가 뭐예요?"

　　교 "왜 문장의 위치를 바꿨어요?"

정리 - 5분

교사는 학습 내용을 정리하며 수업을 마무리한다.

　　교 "평가받기에서 성찰하는 방법에 대해 배웠어요. 평가를 받기 전에 스스로 자신이 수행한 결과물을 살펴보는 성찰하기 과정이 진행돼요. 과제에서 지시하는 바를 제대로 파악했는지 확인하고, 과제를 해결하기 위해 사용한 방법이 적합했는지 확인해요. 그리고 주제나 문제에 대해 스스로에게 질문하고 답을 찾는 과정에서 잘못된 것은 없었는지 확인해요."

　　교 "글을 작성한 후에 스스로 성찰할 수 있어요. 안나는 자신이 작성한 글을 다시 보면서 어색한 부분이나 잘못된 부분을 수정했어요."

　　교 "자신이 쓴 글을 성찰할 때는 글의 제목, 주제, 구성 등이 적절한지 확인하고, 글에 통일성이 있는지, 중심 생각은 잘 드러나는지, 단어들은 적절하게 사용되었는지, 띄어쓰기나 맞춤법 등은 바르게 되어 있는지를 살펴요."

　　교 "이렇게 작성한 글을 다시 살펴보면서 수정하고 나면 훨씬 더 좋은 글이 될 수 있어요."

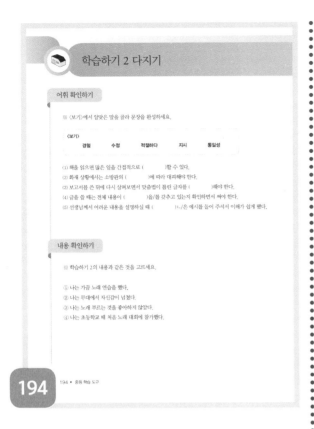

1) 교사는 학생들에게 '내용 확인하기' 문제를 풀게 한다.

🖬 "학습하기 2에서 자신이 쓴 글을 성찰하는 내용을 읽었어요. 학습하기 2에서 배운 내용과 같은 것을 고르세요."

2) 교사는 학생들과 함께 문제의 답을 확인한다.

🖬 "안나는 초등학교 2학년 때 처음으로 노래 대회에 나갔을 때를 떠올리며 글을 썼어요. 첫 무대에서 안나는 떨리는 마음이 좀처럼 진정이 되지 않았어요. 그런데 매일 노래를 연습해서 그런지 익숙한 반주가 흘러나오자 노래를 부르기 시작했고 곧 자신감이 생겼어요. 안나는 첫 무대에서 3등이라는 좋은 결과를 받았어요. 따라서 답은 ④번이에요."

```
정답
④
① 하루 3시간씩 매일 노래 연습을 했다.
② 무대에서 올라갔을 때는 떨렸으나 노래를 부르면서 점점 자신감
  이 생겼다.
③ 노래 부르는 것을 좋아하지 않았다는 내용은 글에서 나타나지 않
  는다.
④ (192쪽 본문) '이것이 초등학교 2학년 때 처음으로 노래 대회에
  참가했던 날의 기억이다.'라는 내용을 보면 알 수 있다.
```

● 4차시 (의사소통 〈꼭 배워요〉와 연계할 경우 10차시)

[학습 목표]

- 평가받기에서 성찰하기에 대해 안다.
- 작성한 글을 읽고 성찰할 수 있다.

어휘 확인하기 - 10분

1) 교사는 학생들에게 '어휘 확인하기' 문제를 풀게 한다.

🖬 "〈보기〉를 보세요. 앞에서 배운 어휘가 있어요."

🖬 "'경험'은 자신이 실제로 해 보거나 겪어 봄, 또는 거기서 얻은 지식이나 기능을 뜻해요."

🖬 "'수정'이란 잘못된 부분을 바르게 고치는 것을 말해요."

🖬 "'적절하다'는 아주 딱 알맞다는 뜻이에요."

🖬 "'지시'는 무엇을 하라고 시킴, 또는 그 내용을 말해요."

🖬 "'통일성'은 여러 요소들이 있으면서도 전체가 마치 하나와 같이 느껴지는 성질을 의미해요."

🖬 "아래 문장을 읽고 알맞은 어휘를 골라 문장을 완성해 보세요."

2) 교사는 학생들과 함께 문제의 답을 확인한다.

```
정답
(1) 경험  (2) 지시  (3) 수정  (4) 통일성  (5) 적절한
```

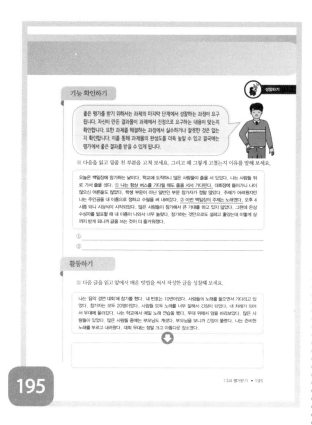

기능 확인하기 - 10분

1) 학습하기 2에서 배운 '성찰하기' 기능을 정리한다.

　📖 "앞에서 안나가 글을 쓴 후, 부족한 부분이 없는지 살펴보는 과정을 통해 성찰하기에 대해 배웠어요. 좋은 평가를 받기 위해서는 과제의 마지막 단계에서 성찰하는 과정이 요구돼요. 자신이 만든 결과물이 과제에서 진정으로 요구하는 내용이 맞는지 확인하고 과제를 해결하는 과정에서 실수를 하거나 잘못한 것은 없는지 확인하는 과정이 바로 성찰하기 과정이에요. 성찰하기를 통해 과제물의 완성도를 더욱 높일 수 있고 결국에는 평가에서 좋은 결과를 받을 수 있게 돼요."

2) 교사는 학생들에게 '기능 확인하기' 문제를 풀게 한다.

　📖 "다음을 읽고 밑줄 친 부분을 고쳐 보세요. 그리고 왜 그렇게 고쳤는지 이유를 말해 보세요."

3) 교사는 학생들과 함께 문제의 답을 확인한다.

　📖 "①번은 백일장에 참가하는 내용의 글에서 평소 버스를 기다릴 때 줄을 서서 기다린다는 이야기는 어울리지 않아요. 그래서 이 부분을 삭제해야 해요. ②번은 글의 흐름을 보았을 때 시제가 먼저 제시된 후 주제의 난이도에 대해 이야기할 수 있기 때문에 순서가 바뀌어야 해요."

　📖 "이렇게 성찰하기를 통해 글의 잘못된 부분들을 수정할 수 있어요."

정답

① 삭제. 버스를 기다리는 이야기는 현재 주제인 백일장에 참가하는 날과 맞지 않기 때문이다.

② 이번 백일장의 시제는 노래였다. 주제가 어려웠지만 나는 주인공을 내 이름으로 정하고 수필을 써 내려갔다.

→ 글의 흐름을 보았을 때 시제가 먼저 제시된 후 주제의 난이도에 대해 이야기할 수 있기 때문에 순서를 변경해야 한다.

활동하기 - 20분

1) 교사는 학생들에게 '활동하기'의 방법을 설명한 후 활동을 하게 한다.

　📖 "학습하기 2에서 수행 평가를 위해 쓴 글에 부족한 부분은 없는지 성찰하였어요. 이번에는 다음 글을 읽고 앞에서 배운 방법을 사용해 작성한 글을 성찰해 보세요."

2) 교사는 학생들과 함께 활동의 결과를 확인한다.

　📖 "어떤 부분을 고쳤는지 지금부터 확인해 봐요."

정답

- '참가자는 모두 20명이었다.' 뒤에 '내 번호는 10번이었다.'를 써야 자신의 번호가 몇 명 중에 10번이었는지를 알 수 있게 되므로 자리를 바꾼다.
- '나는 학교에서 매일 노래 연습을 했다.': 글의 흐름에 맞지 않은 내용이므로 삭제한다.
- '대회 무대는 정말 크고 아름다운 장소였다.': 무대의 아름다움은 글의 흐름에 맞지 않는 내용이므로 삭제한다.

14과 예습하기

● 학습 목표

- 효과적인 예습 방법을 안다.
- 앞으로 일어날 일이나 이어질 내용을 예측할 수 있다.
- 어떤 일이나 내용에 대해 의문을 가질 수 있다.

● 단원 내용

1. 학습 활동: 예습하기
2. 학습 기능: 예측하기
                의문 형성하기
3. 학습 주제: 예측하며 읽기
                식의 계산

● 수업 개요

1·2차시(학습하기 1): 예습하기에서 예측하기에 대해
                        안다.
3·4차시(학습하기 2): 예습하기에서 의문 형성하기에
                        대해 안다.

● 어휘 및 문법

[학습하기 1]

예측하다, 특이하다, 심각성, 영향력, 암시하다, 발견하다

[학습하기 2]

의문, 형성하다, 명료화하다, 동일하다, 요구하다

[알면 쓸모 있는 어휘(익힘책 116쪽)]

필요성, 목차, 본문, 강조되다

의사소통 4권 6과 〈꼭 배워요〉의 주요 내용

[어휘]

적성, 언어 능력, 수리 능력, 공간 지각 능력, 신체적 능력, 예술적 능력, 추리 능력, 어휘력, 상상력, 분석적, 객관적, 재빠르다, 활동적, 손재주, 창의력, 논리적, 판단력, 담요, 비바람, 전문적, 항목, 마냥, 아무래도, 한결, 고려하다, 늦추다, 반품하다, 비우다, 인정받다, 웬만하다, 험하다

[문법 1] '-는 데다가'

　　　 그 직업은 사회적으로 인정받는 데다가 보람도 느낄 수 있어.

[문법 2] '-든지'

　　　 앞으로 방과 후 수업을 가든지 학원에 다니든지 해 봐.

[문법 3] '사동 표현'

　　　 지식을 넓혀 주는 데다가 어휘력도 풍부하게 해 주니까.

[문법 4] '-나 싶다'

　　　 난 직업을 선택할 때 무엇보다 적성이 가장 중요하지 않나 싶은데.

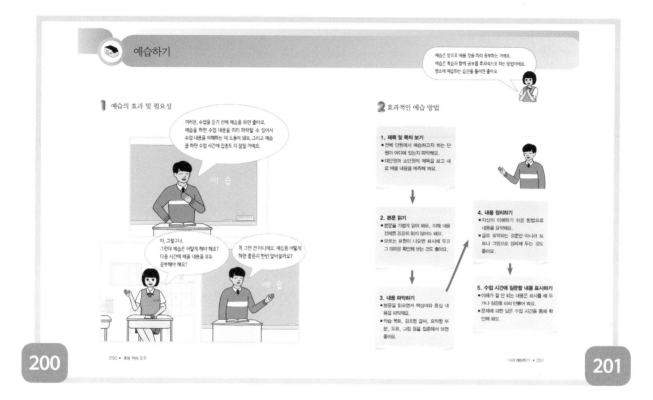

● **1차시**(의사소통 〈꼭 배워요〉와 연계할 경우 7차시)

[학습 목표]

• 예습하기에서 예측하기에 대해 안다.
• 예습하기에서 책의 내용을 예측하는 방법에 대해 안다.

본문의 구성과 내용

• 본문은 **국어 교과의 예습하기 활동**에서 하게 되는 **예측하기 학습 기능**을 보여 주고 있다.
• 본문의 내용은 《고릴라는 핸드폰을 미워해》라는 책을 읽기 전에 '예측하며 읽기'를 하는 과정의 일부이다. 선영이는 책의 표지부터 한 장 한 장 넘기며 이 책의 내용을 예측해 보고 있다.

도입 - 10분

1) 교사는 학생들에게 교재 200, 201쪽의 학습 활동에 대해 설명한다.

📖 "예습은 앞으로 배울 것을 미리 공부하는 거예요. 예습은 복습과 함께 공부를 효과적으로 하는 방법의 하나예요. 평소에 예습하는 습관을 들이면 공부하는 데에 도움이 돼요."

📖 "예습은 어떻게 하는 것이 좋을까요?"

📖 "예습할 때는 우선 전체 단원에서 예습하고자 하는 단원이 어디에 있는지 파악해요. 그리고 대단원과 소단원의 제목을 보고 새로 배울 내용을 예측해요."

📖 "본문은 읽을 때는 전체를 다 읽지 않아도 돼요. 가볍게 읽어 봐요. 그리고 모르는 표현이 나오면 표시해 두고 그 의미를 확인해 보는 것도 좋아요."

📖 "본문을 읽으면서 내용을 파악할 때는 핵심어와 중심 내용을 파악해요. 학습 목표, 강조된 글씨, 요약된 부분, 도표, 그림 등을 집중해서 보면 좋아요. 이후에 자신이 이해하기 쉬운 방법으로 내용을 요약해요. 요약할 때는 도표나 그림으로 정리해 두는 것도 좋아요."

📖 "예습하면서 이해가 잘 안 되는 내용은 표시해 두거나 질문을 미리 만들어서 수업 시간에 질문을 통해 확인해 봐요."

교수-학습 지침

익힘책 117쪽에 과목별 예습 방법이 추가로 제시되어 있다. 교사는 이를 고려하여 수업을 진행한다.

2) 교사는 학생들에게 학습하기 1에서 배울 학습 기능을 소개한다.

📖 "예측하기란 지금까지의 상황을 잘 살펴서 이후에 일어날 일이나 이어질 내용을 예상하는 것을 말해요. 이렇게 자신이 앞으로 무슨 공부를 해야 할지, 무슨 공부를 하게 될지 예측하는 것을 통해 공부의 효율을 높일 수 있어요."

📖 "예습을 한 후에 수업 시간에 자신의 예측이 맞았는지 틀렸는지 확인하는 과정을 통해 여러분은 자신의 학습을 더욱 능동적으로 만들 수 있어요. 또한 수업에도 더욱 적극적으로 참여하게 되고 공부하는 동안 집중력도 높일 수 있어요."

📖 "학습하기 1에서는 책의 내용을 예측하는 방법에 대해 알아볼 거예요."

교수-학습 지침

익힘책 118쪽에 제시된 예측하며 책 읽기의 장점과 주의할 점에 대한 내용이 추가로 제시되어 있다. 교사는 이를 고려하여 수업을 진행한다.

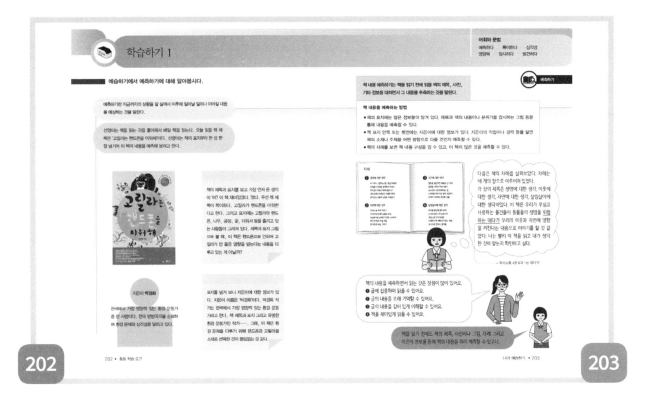

전개 - 30분

1) 교사는 다음에 제시되는 내용을 참고하여 학생들에게 어휘와 문법을 설명한다.

예측하다	◆ **정의** 앞으로의 일을 미리 추측하다. **예** 글의 큰 제목이나 소제목들을 보고 내용을 예측할 수 있다. ● **설명** "오늘 날씨가 어때요? 그러면 내일은 날씨가 좋을까요? 아니면 날씨가 안 좋을까요? 기상청에서는 날씨가 좋은지 안 좋은지 또는 비가 오는지 눈이 오는지 등 날씨를 미리 추측해서 사람들에게 알려 줘요. 기상청은 미래의 날씨를 예측하여 알려 줘요. '예측하다'란 앞으로의 일을 미리 추측한다는 뜻이에요."
특이하다	◆ **정의** 보통의 것에 비해 뚜렷하게 다르다. **예** 그 동물은 꼬리 모양이 무척 특이하다. ◆ **정보** (비슷한 말) 특수하다 ● **설명** "여러분 한국의 온돌에 대해 알아요? 한국의 온돌 문화는 다른 나라에는 없어요. 그래서 외국인들이 볼 때는 특이하다고 생각할 수 있어요. '특이하다'란 보통의 것과 비교하여 특별히 다르다는 말이에요."
심각성	◆ **정의** 매우 깊고 중대하며 절박한 성질. **예** 정부는 에너지 부족의 심각성을 인식하고 대체 에너지를 개발해야 한다. ● **설명** "미세 먼지가 많은 날은 밖에서 운동하거나 돌아다니기가 힘들어요. 우리는 대기 오염의 심각성을 깨닫고, 어떻게 하면 미세 먼지를 줄일 수 있는지 대책을 마련하려고 노력해야 해요. '심각성'이란 어떤 일의 상태나 정도가 매우 심한 것을 말해요."

영향력	◆ **정의** 어떤 것의 효과나 작용이 다른 것에 미치는 힘. **예** 아이들의 성장에 있어 부모가 끼치는 영향력은 매우 크다. ● **설명** "요즘은 신문보다 텔레비전이나 인터넷으로 정보를 많이 얻어요. 신문에 비해 인터넷이나 텔레비전이 더 많은 정보를 가지고 있기 때문이에요. 신문보다 인터넷이나 텔레비전의 영향력이 훨씬 커요. '영향력'이란 어떤 사물의 효과나 작용이 다른 것에 미치는 힘을 말해요."
암시하다	◆ **정의** 직접 드러나지 않게 가만히 알리다. **예** 잎에 윤기가 흐르지 않는 것은 식물의 뿌리가 건강하지 않은 상태임을 암시한다. ● **설명** "교실 분위기가 안 좋은데 친구가 웃으면서 교실로 들어와요. 여러분은 그 친구에게 말을 하지 않고 눈짓으로 교실 분위기를 알려 줄 수 있어요. 지금 반 분위기를 친구에게 암시할 수 있어요. '암시하다'란 드러나지 않게 알린다는 뜻이에요."
발견하다	◆ **정의** 아직 찾아내지 못했거나 세상에 알려지지 않은 것을 처음으로 찾아내다. **예** 그는 축구를 하면서 자신의 재능을 새로 발견하게 되었다. ● **설명** "여러분은 자신이 잘하는 게 무엇인지 알아요? 아직 자신이 무엇을 잘하는지 모를 수도 있어요. 자신의 재능은 많은 경험을 통해 발견할 수 있을 거예요. '발견하다'란 아직 찾아내지 못했거나 세상에 알려지지 않은 것을 처음으로 찾아낸다는 뜻이에요."

2) 교사는 학생들에게 교재 202, 203쪽에 제시된 내용을 읽게 한다.

　🗂 "선영이가 《고릴라는 핸드폰을 미워해》라는 책의 내용을 예측해 보려고 해요. 선영이는 이 책의 내용을 어떻게 예

측해 나가는지 제시된 내용을 순서대로 읽어 볼까요?"

3) 교사는 학생들에게 세부 내용을 확인하는 질문을
한다.
- 🔲 "선영이는 책의 제목을 보고 가장 먼저 무슨 생각을 했어요?"
- 🔲 "책의 표지에는 무엇이 그려져 있어요?"
- 🔲 "선영이는 책의 제목과 표지를 보고 무슨 내용의 책일 거라고 예측했어요?"
- 🔲 "이 책을 쓴 사람은 누구예요?"
- 🔲 "이 책을 쓴 사람은 무슨 일을 하고 있어요?"
- 🔲 "선영이는 작가 소개를 읽은 후 이 책이 무슨 내용일 거라고 예측했어요?"
- 🔲 "이 책은 몇 개의 장으로 이루어져 있어요?"
- 🔲 "첫 번째 장의 제목이 뭐예요?"
- 🔲 "두 번째 장의 제목이 뭐예요?"
- 🔲 "세 번째 장의 제목이 뭐예요?"
- 🔲 "네 번째 장의 제목이 뭐예요?"
- 🔲 "선영이는 각 장의 제목을 보고 각 장의 제목들이 공통적으로 말하는 주제가 무엇이라고 생각했어요?"

4) 교사는 학생들에게 학습 기능에 대해 확인하는 질문을 한다.
- 🔲 "책의 내용을 예측할 때 책의 어디를 먼저 보면 도움이 돼요?"
- 🔲 "책의 내용을 예측할 수 있는 방법은 또 무엇이 있을까요?"
- 🔲 "책을 읽기 전에 책의 내용을 예측하면 뭐가 좋을까요?"

정리 - 5분

교사는 학습 내용을 정리하며 수업을 마무리한다.
- 🔲 "예습하기에서 예측하기에 대해 배웠어요. 예습은 공부를 하는 효과적인 방법 중 하나예요. 예습을 할 때는 앞으로 일어날 일이나 배울 내용이 무엇인지 미리 예측해 보는 것이 좋아요. 예측하기를 통해 집중력을 높일 수도 있고, 더 오래 기억할 수도 있어요. 그리고 내용을 깊이 있게 이해할 수 있고, 공부에 대한 재미도 느낄 수 있어요."
- 🔲 "책의 내용을 예측할 때는 표지나 목차를 봐요. 표지에는 많은 정보들이 담겨 있어요. 책의 내용이나 분위기를 암시하는 그림 등을 통해 내용을 예측할 수 있어요."
- 🔲 "일반적으로 책 표지 안쪽에는 지은이에 대한 정보가 있어요. 지은이의 출생 정보나 경력 등을 알면 책의 소재나 주제를 어떤 방향으로 다룰지 예측할 수 있어요."
- 🔲 "목차가 있다면 목차를 통해서도 내용의 많은 부분을 예측할 수 있어요. 목차의 소제목들을 통해 책의 구성을 확인할 수 있고, 이를 통해 책의 내용을 예측해요."
- 🔲 "선영이는 제목, 표지 정보, 작가 정보를 통해 책의 내용을 예측했어요."

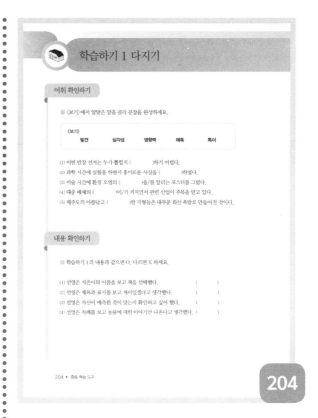

204 • 중등 학습 도구

204

● 2차시 (의사소통 〈꼭 배워요〉와 연계할 경우 8차시)

[학습 목표]
- 예습하기에서 예측하기에 대해 안다.
- 책의 정보를 보고 내용을 예측할 수 있다.

어휘 확인하기 - 10분

1) 교사는 학생들에게 '어휘 확인하기' 문제를 풀게 한다.
- 🔲 "〈보기〉를 보세요. 앞에서 배운 어휘가 있어요."
- 🔲 "'발견'이란 아직 찾아내지 못했거나 세상에 알려지지 않은 것을 처음으로 찾아내는 것을 말해요."
- 🔲 "'심각성'은 매우 깊고 중대하며 절박한 성질이에요."
- 🔲 "'영향력'은 어떤 것의 효과나 작용이 다른 것에 미치는 힘, 또는 그 크기나 정도를 말해요."
- 🔲 "'예측'이란 앞으로의 일을 미리 추측하는 것을 말해요."
- 🔲 "'특이'는 보통의 것에 비해 뚜렷하게 다르다는 거예요."
- 🔲 "아래 문장을 읽고 알맞은 어휘를 골라 문장을 완성해 보세요."

2) 교사는 학생들과 함께 문제의 답을 확인한다.

> **정답**
> (1) 예측 (2) 발견 (3) 심각성 (4) 영향력 (5) 특이

1) 교사는 학생들에게 '내용 확인하기' 문제를 풀게 한다.
   📺 "학습하기 1에서 책을 읽기 전에 책의 내용을 예측하는 방법에 대한 글을 읽었어요. 아래 문장을 읽고 학습하기 1에서 배운 내용과 같으면 O, 다르면 X 하세요."

2) 교사는 학생들과 함께 문제의 답을 확인한다.
   📺 "선영이는 《고릴라는 핸드폰을 미워해》라는 책의 표지를 보면서 재미있겠다고 생각했어요. 책의 표지, 지은이 정보, 차례를 보고 이 책의 내용을 예측했어요. 선영이는 이 책이 환경 문제를 다루고 있고 우리가 무심코 사용하는 물건들이 동물들의 생명, 그리고 우리의 이웃과 자연에 영향을 끼친다는 내용일 것 같다고 예측하며 빨리 책을 읽고 자신의 생각이 맞는지 확인하고 싶어 했어요."
   📺 "따라서 (1)번과 (4)번은 내용과 다르고 (2)번과 (3)번은 내용과 같아요."

정답
(1) X (2) O (3) O (4) X
(1) 선영이는 책의 제목과 표지를 보고 재미있겠다고 생각해 이 책을 선택했다.
(2) (202쪽 본문) '책의 제목과 표지를 보고 가장 먼저 든 생각이 '어? 이 책 재미있겠다.'였다.'라는 내용을 보면 알 수 있다.
(3) (203쪽 본문) '나는 빨리 이 책을 읽고 내가 생각한 것이 맞는지 확인하고 싶다.'라는 내용을 보면 알 수 있다.
(4) 선영이는 책의 차례를 보고 우리가 무심코 사용하는 물건들이 동물들의 생명을 위협하고 우리의 이웃과 자연에 영향을 끼친다는 내용일 것 같다고 예측했다.

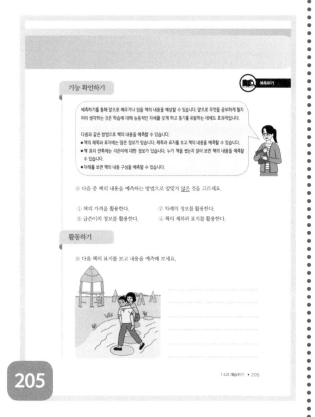

1) 학습하기 1에서 배운 '예측하기' 기능을 정리한다.
   📺 "앞에서 선영이가 책을 읽기 전에 책의 내용을 추측하는 과정을 통해 예측하기에 대해 배웠어요. 선영이는 책의 내용을 책의 제목, 표지, 지은이 소개, 차례 등을 보고 예측했어요. 예측하기를 통해 앞으로 배우거나 읽을 책의 내용을 예상할 수 있어요. 무엇을 공부하게 될지 미리 생각하는 것은 학습에 대해 능동적인 자세를 갖게 하고 동기를 유발하는 데에도 효과적이에요."

2) 교사는 학생들에게 '기능 확인하기' 문제를 풀게 한다.
   📺 "학습하기 1에서 '예측하기'에 대해 배웠어요. 다음 중 책의 내용을 예측하는 방법으로 알맞지 않은 것을 고르세요."

3) 교사는 학생들과 함께 문제의 답을 확인한다.
   📺 "책의 가격으로는 책의 내용을 예측할 수 없어요."
   📺 "책의 제목과 표지, 글쓴이에 대한 정보, 차례 정보 등을 통해 책의 내용을 예측할 수 있어요. 따라서 답은 ①번이에요."

정답
①

1) 교사는 학생들에게 '활동하기'의 방법을 설명한 후 활동을 하게 한다.
   📺 "아래에 책의 표지가 있어요. 책의 표지를 보고 내용을 예측해 보세요."

교수-학습 지침
교사는 학생들이 주어진 정보를 최대한 활용하여 말할 수 있도록 도움을 준다. 이때 학생들이 모르거나 궁금해하는 단어를 가르쳐 줘도 좋다. 또한 책의 표지를 보고 내용을 예측할 수 있도록 주어진 정보에 대해 다양한 방식으로 접근하게 안내한다.

2) 교사는 학생들과 함께 활동의 결과를 확인한다.
   📺 "여기가 어디예요? 누가 있어요?"
   📺 "두 사람은 무엇을 하고 있어요?"
   📺 "책의 내용을 어떻게 예측했는지 발표해 보세요."

예시 답안
소년과 소녀가 개울을 건너고 있어요. 소나기가 그친 뒤라서 물이 불어나 있어요. 그래서 소년이 소녀를 등에 업어요. 소년이 소녀를 좋아하는 것 같아요. 그래서 소녀의 발이 젖을까 봐 소녀를 업어 줘요. 이 책은 소년이 소녀를 짝사랑하는 이야기인 것 같아요.

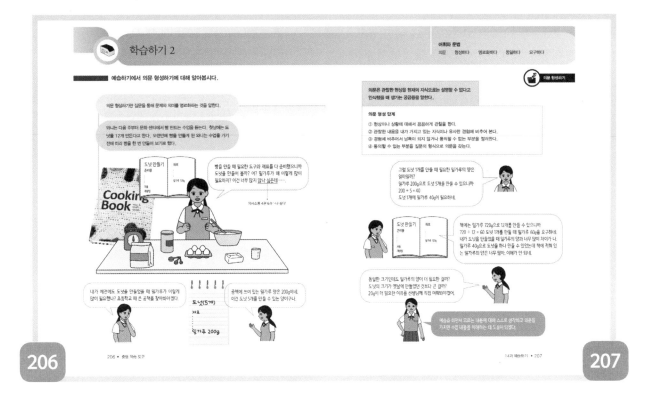

● 3차시 (의사소통 〈꼭 배워요〉와 연계할 경우 9차시)

[학습 목표]

• 예습하기에서 의문 형성하기에 대해 안다.
• 예습하기에서 의문 형성하는 방법에 대해 안다.

본문의 구성과 내용
• 본문은 **수학 교과의 예습하기 활동**에서 하게 되는 **의문 형성하기 학습 기능**을 보여 주고 있다.
• 본문의 내용은 와니가 문화 센터에서 빵 만들기 수업을 듣기 전 예습을 하고 있는 상황이다. 자신이 과거에 배운 방법과 과정을 되돌아보며 이상하다고 느끼는 부분에 대해 의문을 형성하고 있다.

도입 - 10분

1) 교사는 교재 200, 201쪽에서 배운 학습 활동에 대해 복습한다.
   💬 "지난 시간에 예습에 대해 알아봤어요. 예습이 무엇이에요?"
   💬 "예습을 할 때는 어떻게 하는 것이 좋아요?"
   💬 "책의 내용을 읽은 후에 정리는 어떻게 하는 것이 좋아요?"
2) 교사는 학생들에게 학습하기 2에서 배울 학습 기능을 소개한다.
   💬 "예습하면서 모르는 것이 있으면 수업 시간에 질문할 수 있어요. 잘 이해가 안 되는 내용에 대해서 표시를 해 두거나 질문을 미리 만들면 좋아요. 문제에 대한 답은 수업 시

간을 통해 확인해 봐요."
   💬 "의문 형성하기란 질문을 통해 문제와 의미를 명료화하는 것을 말해요."
   💬 "예습은 단순히 앞으로 배울 것에 대해 미리 보는 것이 아니에요. 해당 지식을 왜 배워야 하며 그것이 자신이 기존에 알고 있던 지식과 무엇이 다르고 무엇을 새로 알아야 하는지 등의 의문을 형성하는 과정이 요구돼요."
   💬 "의문을 형성하는 것은 자연스럽게 학습을 능동적으로 만들며 수업 시간에 질문을 하도록 만들어요."
   💬 "학습하기 2에서는 예습할 때 생기는 문제에 대해 의문 형성하는 방법을 공부할 거예요."

교수-학습 지침
익힘책 120쪽에 예습에서 의문 형성하기에 대한 내용이 추가로 제시되어 있다. 교사는 이를 고려하여 수업을 진행한다.

1) 교사는 다음에 제시되는 내용을 참고하여 학생들에게 어휘와 문법을 설명한다.

의문	◆ **정의** 어떤 것에 대해 의심스럽게 생각함. 또는 의심스러운 문제나 사실. ◉ **예** 창의적인 사람들은 모두가 당연하다고 생각하는 것에 의문을 가지고 그것을 풀기 위해 노력한다. ● **설명** "공부를 하면서 자신이 생각하는 것과 정답이 다르거나 내용에 대해 생각이 다를 때가 있어요. 이렇게 의문이 생기면 선생님께 여쭤보세요. '의문'이란 어떤 것에 대해 의심스럽게 생각하는 것 또는 그러한 문제나 사실을 말해요."
형성하다	◆ **정의** 어떤 모습이나 모양을 갖추다. ◉ **예** 서로 교류가 없었던 두 나라는 각기 다른 문화를 형성해 왔다. ● **설명** "공부를 할 때 보통 어디에서 해요? 도서관이나 독서실에서 공부를 하면 잘돼요? 집에서 공부를 할 때 독서실 같은 분위기를 형성하기 위해 책상에 칸막이를 설치할 수 있어요. '형성하다'란 어떤 모습이나 모양을 갖춘다는 뜻이에요."
명료화하다	◆ **정의** 뚜렷하고 분명하게 되다. 또는 그렇게 하다. ◉ **예** 이 글의 예시는 글쓴이의 추상적이고 모호한 생각을 보다 명료화했다. ● **설명** "수업을 시작할 때 오늘 여러분이 무엇을 배울지 분명하게 알려 주면 여러분은 오늘 수업에서 무엇을 배우는지 잘 알 수 있어요. 제가 오늘 배울 내용을 명료화하여 알려 줘요. '명료화하다'란 뚜렷하고 분명하게 되다. 또는 그렇게 한다는 뜻이에요."
동일하다	◆ **정의** 별다른 차이점이 없이 똑같다. ◉ **예** 모든 학생은 동일한 교육 과정에 따라 동일한 수업을 받는다. ◆ **정보** (비슷한 말) 같다 ● **설명** "다음 주에 체육 대회가 있어요. 그래서 달리기 시합의 반 대표를 뽑으려고 해요. 제가 누가 반 대표가 되면 좋을지 반 학생들에게 물어봤는데 모두 *** 학생을 말했어요. 반 학생들의 생각이 모두 동일해요. '동일하다'란 차이점이 없이 똑같다는 뜻이에요."
요구하다	◆ **정의** 필요하거나 받아야 할 것을 달라고 청하다. ◉ **예** 소비자들은 구입한 제품이 불량품이라면서 환불을 요구했다. ● **설명** "보통 인터넷에서 물건을 사거나 마트에서 음식을 사요. 그런데 인터넷에서 산 물건이 고장이 나거나 마트에서 산 음식의 맛이 이상해요. 어떻게 해야 할까요? 바로 환불해 달라고 요구해야 해요. '요구하다'란 필요하거나 받아야 할 것을 달라고 청한다는 뜻이에요."

2) 교사는 학생들에게 교재 206, 207쪽에 제시된 내용을 읽게 한다.

🔲 "와니가 다음 주부터 문화 센터에서 빵 만드는 수업을 들어요. 와니는 문화 센터에서 첫 수업에 대한 안내문을 받았어요. 첫날에는 도넛 12개를 만든다고 해요. 와니는 빵을 오랜만에 만들어서 걱정이 돼요. 그래서 수업에 가기 전에 미리 빵을 만들어 보려고 해요. 예습을 하면 수업에 뒤처지지 않고 잘 따라갈 수 있기 때문이에요. 와니가 빵을 만들며 의문을 만들어 가는 과정에 대해 같이 읽어 볼까요?"

3) 교사는 학생들에게 세부 내용을 확인하는 질문을 한다.

🔲 "와니는 무슨 빵을 만들어요?"

🔲 "그 빵을 만들려면 무엇이 필요해요?"

🔲 "밀가루는 얼마나 필요해요?"

🔲 "와니는 이 빵을 처음 만들어 봐요?"

🔲 "그때는 도넛을 몇 개 만들었어요?"

🔲 "그때는 밀가루가 얼마나 필요했어요?"

🔲 "지금 도넛 하나를 만드는 데 필요한 밀가루는 몇 g(그램)이에요?"

🔲 "옛날에 도넛을 만들 때 사용한 밀가루의 양과 지금 필요한 밀가루의 양이 같아요?"

🔲 "와니는 의문을 해결했어요?"

🔲 "와니는 의문을 어떻게 해결하려고 해요?"

4) 교사는 학생들에게 학습 기능에 대해 확인하는 질문을 한다.

🔲 "와니는 도넛을 만들면서 어떤 의문을 가졌어요?"

🔲 "와니는 왜 이상하다고 생각하게 됐어요?"

🔲 "의문을 해결하기 위해 어떻게 하기로 했어요?"

교사는 학습 내용을 정리하며 수업을 마무리한다.

🔲 "예습하기에서 의문 형성하는 방법에 대해 배웠어요. 예습을 하면서 의문을 형성하는 것은 중요해요. 의문은 자신의 현재 지식으로 설명할 수 없는 내용이나 왜 이렇게 해야 하는지, 왜 이런 결과가 나오는지 등 예습한 내용에 대한 궁금증을 말해요. 의문을 형성하는 방법은 다음과 같아요."

🔲 "첫째, 현상이나 상황에 대해서 꼼꼼하게 관찰을 해요. 둘째, 관찰한 내용을 내가 가지고 있는 지식이나 유사한 경험에 비추어 봐요. 셋째, 경험에 비추어서 납득이 되지 않거나 동의할 수 없는 부분을 정리해요. 넷째, 동의할 수 없는 부분을 질문의 형식으로 의문을 가져요."

🔲 "학습하기 2에서 와니는 다음 주 문화 센터에서 배울 도넛을 미리 만들어 보기 위해 재료 준비를 했어요. 그런데 준비를 하면서 밀가루의 양이 많다는 생각이 들었어요. 예전에 도넛을 만들었을 때보다도 밀가루의 양이 많았어요. 와니는 '동일한 크기인데도 밀가루의 양이 더 필요한 걸까?', '도넛의 크기가 옛날에 만들었던 것보다 큰 걸까?'라는 의문을 형성했어요."

🔲 "예습을 할 때 모르는 내용에 대해 스스로 생각하고 의문을 가지는 것이 앞으로 배울 내용을 이해하는 데 도움이 될 거예요."

학습하기 2 다지기

어휘 확인하기

■ 〈보기〉에서 알맞은 말을 골라 문장을 완성하세요.

〈보기〉				
동일	명료화	요구	의문	형성

(1) 이번 사회 시험 점수는 지난번 점수와 (   )하다.
(2) 청소년기는 가치관을 (   )하는 중요한 시기이다.
(3) 학생들의 계속된 (   )으로/로 학생 식당 메뉴를 크게 개선했다.
(4) 수학의 개념을 말로 표현해 보면 개념을 (   )하는 데 도움이 된다.
(5) 나는 공부를 하다가 (   )이/가 생기면 친구나 선생님께 물어보곤 한다.

내용 확인하기

■ 학습하기 2의 내용과 같으면 O, 다르면 X 하세요.

(1) 와니는 도넛 5개를 만들 것이다.   (   )
(2) 와니는 빵을 만드는 방법이 궁금했다.   (   )
(3) 와니는 첫 수업에서 도넛을 만들 것이다.   (   )
(4) 와니는 초등학교 때 도넛을 만든 적이 있다.   (   )

● 4차시 (의사소통 〈꼭 배워요〉와 연계할 경우 10차시)

[학습 목표]
- 예습하기에서 의문 형성하기에 대해 안다.
- 자신이 경험한 것에 대해 의문을 형성할 수 있다.

어휘 확인하기 - 10분

1) 교사는 학생들에게 '어휘 확인하기' 문제를 풀게한다.
   📖 "〈보기〉를 보세요. 앞에서 배운 어휘가 있어요."
   📖 "'동일'이란 차이점이 없이 똑같은 것을 말해요."
   📖 "'명료화'는 뚜렷하고 분명하게 됨, 또는 그렇게 한다는 것을 의미해요."
   📖 "'요구'란 필요하거나 받아야 할 것을 달라고 청하는 것이에요."
   📖 "'의문'은 어떤 것에 대해 의심스럽게 생각함, 또는 의심스러운 문제나 사실을 말해요."
   📖 "'형성'이란 어떤 모습이나 모양을 갖춘다는 말이에요."
   📖 "아래 문장을 읽고 알맞은 어휘를 골라 문장을 완성해 보세요."
2) 교사는 학생들과 함께 문제의 답을 확인한다.

> 정답
> (1) 동일 (2) 형성 (3) 요구 (4) 명료화 (5) 의문

내용 확인하기 - 5분

1) 교사는 학생들에게 '내용 확인하기' 문제를 풀게한다.
   📖 "학습하기 2에서 예습이나 무언가를 미리 준비를 하면서 생기는 문제에 대해 의문을 형성하는 방법에 대한 글을 읽었어요. 아래 문장을 읽고 학습하기 2에서 배운 내용과 같으면 O, 다르면 X 하세요."
2) 교사는 학생들과 함께 문제의 답을 확인한다.
   📖 "와니는 문화 센터에서 빵 만드는 수업을 들을 거예요. 첫 수업에서 도넛 12개를 만든다고 해요. 오랜만에 빵을 만드는 것이어서 수업을 듣기 전에 미리 빵을 만들어 보려고 했는데 자신의 생각보다 밀가루가 많이 필요했어요. 와니는 초등학교 때 도넛을 만든 적이 있어요. 그때 적어놓은 공책을 보고 밀가루의 양을 비교해 봤는데 밀가루 양이 달랐어요. 그래서 수업 때 밀가루의 양이 더 필요한 이유를 선생님께 직접 여쭤보려고 해요."
   📖 "따라서 (1)번과 (2)번은 내용과 다르고, (3)번과 (4)번은 내용과 같아요."

> 정답
> (1) X (2) X (3) O (4) O
> (1) 다음 주에 문화센터에서 도넛 5개를 만들 것이다.
> (2) 와니는 초등학생 때 도넛 만들기를 배운 적이 있다. 오랜만에 빵을 만들게 되어 걱정이 되어 예습을 하게 되었다.
> (3) (206쪽 본문) '첫날에는 도넛을 12개 만든다고 한다.'라는 내용을 보면 알 수 있다.
> (4) (206쪽 본문) '내가 예전에도 도넛을 만들었을 때 밀가루가 이렇게 많이 필요했나? 초등학교 때 쓴 공책을 찾아봐야겠다.'라는 내용을 보면 알 수 있다.

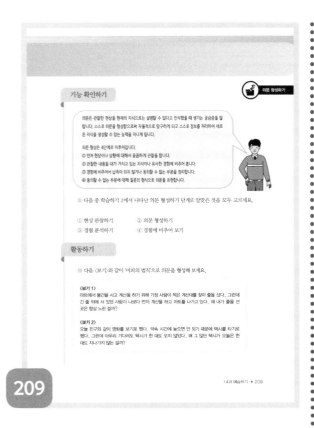

1) 교사는 학생들에게 '활동하기'의 방법을 설명한 후 활동을 하게 한다.

    📺 "머피의 법칙에 대해 들어 봤어요? 머피의 법칙은 자신이 하는 일이 원하지 않는 방향으로만 가는 것을 말해요. 다음 〈보기〉를 먼저 읽어 보세요. 그리고 〈보기〉와 같이 '머피의 법칙'으로 의문을 형성해 보세요."

2) 교사는 학생들과 함께 활동의 결과를 확인한다.

    📺 "여러분은 어떤 일을 겪어 봤어요?"

> **예시 답안**
> - 시험공부를 열심히 했는데 실수로 한 쪽을 빼놓고 공부를 안 했다. 그런데 공부를 안 한 쪽에서 시험 문제가 많이 나와서 시험을 망치게 되었다. 왜 꼭 공부를 안 한 쪽에서 시험 문제가 나올까?
> - 빵에 잼을 발라 먹으려고 했는데 떨어뜨렸다. 그런데 잼을 바른 쪽으로 빵이 떨어져서 먹을 수가 없었다. 왜 꼭 잼을 바른 쪽이 바닥으로 떨어질까?

기능 확인하기 - 10분

1) 학습하기 2에서 배운 '의문 형성하기' 기능을 정리한다.

    📺 "앞에서 와니가 예습하는 과정을 통해 의문 형성하기에 대해 배웠어요. 의문은 관찰한 현상을 현재의 지식으로는 설명할 수 없는 문제나 의심 등으로 인식했을 때 생기는 궁금증을 말해요. 예습할 때 스스로 의문을 형성하면 자율적으로 탐구하게 되고, 스스로 정보를 처리하여 새로운 지식을 생성할 수 있는 능력을 가질 수 있어요."

2) 교사는 학생들에게 '기능 확인하기' 문제를 풀게 한다.

    📺 "학습하기 2에서 의문 형성하기에 대해 배웠어요. 학습하기 2에서 나타난 의문 형성하기 단계를 모두 고르세요."

3) 교사는 학생들과 함께 문제의 답을 확인한다.

    📺 "와니는 도넛을 만들기 위해 필요한 재료를 보면서 밀가루의 양이 많다는 것을 알았어요. 이것은 '현상 관찰하기'예요. 그리고 와니는 초등학교 때 경험을 떠올리며 자신이 공책에 적은 것을 찾아서 확인했어요. 이것은 '경험 분석하기'예요. 마지막으로 와니는 동일한 크기인데 밀가루의 양이 더 필요한지에 대해 의문을 형성했어요. 따라서 정답은 ①번, ②번, ④번이에요."

> **정답**
> ①, ②, ④

● 메모

● 메모

15과 체험하기

● 학습 목표

- 체험의 유형에 대해서 안다.
- 묘사하는 글을 쓰는 방법에 대해 안다.
- 위치를 기술하는 방법에 대해 안다.

● 단원 내용

1. 학습 활동: 체험하기
2. 학습 기능: 묘사하기
               기술하기
3. 학습 주제: 수화
               좌표와 그래프

● 수업 개요

1·2차시(학습하기 1): 체험하기에서 묘사하기에 대해
                            안다.
3·4차시(학습하기 2): 체험하기에서 기술하기에 대해
                            안다.

● 어휘 및 문법

[학습하기 1]

의사소통, 해석되다, 우려, 최대한, 일정하다

[학습하기 2]

기술하다, 조직적, 고정되다, 기준점, 객관적, 분야, 명시되다

[알면 쓸모 있는 어휘(익힘책 124쪽)]

공동체, 대가, 실행, 실천, 폭넓다, 처리

> **의사소통 4권 7과 〈꼭 배워요〉의 주요 내용**
>
> **[어휘]**
>
> 내외, 보조, 기부하다, 모금, 어르신, 캠페인, 띠, 두르다, 필수품, 나르다, 지원하다,동화책, 아동, 김장, 일손, 수면, 액수, 외갓집, 이왕, 취재, 편, 한창, 헌혈, 마땅히, 모처럼, 머물다, 놀랍다, 썰렁하다, 안타깝다, 후회스럽다
>
> **[문법 1]** '-을 따름이다'
>
>   **예** 제가 마땅히 해야 할 일을 했을 따름인걸요.
>
> **[문법 2]** '-는 김에'
>
>   **예** 헌혈 캠페인에 참가하는 김에 헌혈도 하고 싶은데요.
>
> **[문법 3]** '-었던'
>
>   **예** 네가 예전에 읽었던 책을 주면 좋을 것 같은데.
>
> **[문법 4]** '-고 해서'
>
>   **예** 주말에 바쁘기도 하고 김치를 담가 본 적도 없고 해서 나는 안 가려고 해.

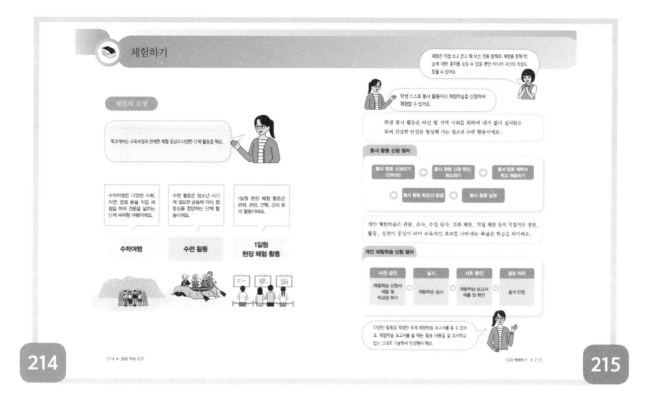

214 • 중등 학습 도구

15과 체험하기 • 215

● **1차시**(의사소통 〈꼭 배워요〉와 연계할 경우 7차시)

[학습 목표]
- 체험하기에서 묘사하기에 대해 안다.
- 체험하기에서 경험한 것을 묘사하는 방법에 대해 안다.

본문의 구성과 내용
- 본문은 **국어 교과**의 **체험하기 활동**에서 하게 되는 **묘사하기 학습 기능**을 보여 주고 있다.
- 본문의 내용은 체험학습에서 배운 '수화'를 묘사하고 있는 상황이다. 체험학습 활동을 하면서 배운 수화 몇 가지를 기록하고 있다.

도입 - 10분

1) 교사는 학생들에게 교재 214, 215쪽의 학습 활동에 대해 설명한다.
   - 📖 "체험 활동의 유형에 대해 알아봐요."
   - 📖 "여러분은 학교생활을 하는 동안 수학여행, 수련 활동, 현장 체험 활동 등의 다양한 체험 활동을 하게 될 거예요."
   - 📖 "수학여행은 다양한 사회, 자연, 문화 등을 직접 체험을 하여 견문을 넓히는 단체 숙박형 여행이에요."
   - 📖 "수련 활동은 청소년 시기에 필요한 공동체 의식, 협동심을 함양하는 단체 활동이에요."
   - 📖 "1일형 현장 체험 활동에서는 관광, 관람, 견학, 강의 등의 활동을 해요."
   - 📖 "여러분 스스로 봉사 활동이나 체험학습을 신청하여 체험할 수도 있어요."

   - 📖 "봉사 활동을 할 때는 인터넷에서 신청을 하고 봉사 활동 계획서를 학교에 제출해요. 학교에 제출한 후에 확인서를 받고 봉사 활동을 하면 돼요."
   - 📖 "개인 체험학습을 하려면 학교에 체험학습을 신청한 후에 허락을 받아야 해요. 이후에 체험학습 보고서를 작성해서 제출하고 확인을 받으면 출석으로 인정을 해 줘요."

교수-학습 지침
익힘책 125쪽에 체험학습 방법에 대한 내용이 추가로 제시되어 있다. 교사는 이를 고려하여 수업을 진행한다.

2) 교사는 학생들에게 학습하기 1에서 배울 학습 기능을 소개한다.
   - 📖 "다양한 활동을 체험한 후에는 일반적으로 체험 보고서를 써요. 체험 보고서에는 활동 정보, 과정, 느낀 점 등을 써요."
   - 📖 "활동 과정을 쓸 때는 체험한 것을 생생하게 묘사할 필요가 있어요. 체험 보고서는 해당 체험을 하지 않는 사람도 읽고 이해할 수 있게 써야 해요."
   - 📖 "묘사하기란 대상의 모양이나 모습을 본 그대로 그림을 그리듯이 표현하는 것을 말해요. 묘사하기를 통해 자신이 체험한 것을 다른 사람에게 잘 전달할 수 있어요."
   - 📖 "학습하기 1에서는 체험하기에서 묘사하는 방법에 대해 공부할 거예요."

교수-학습 지침
익힘책 126쪽에 묘사와 설명에 대한 내용이 추가로 제시되어 있다. 교사는 이를 고려하여 수업을 진행한다.

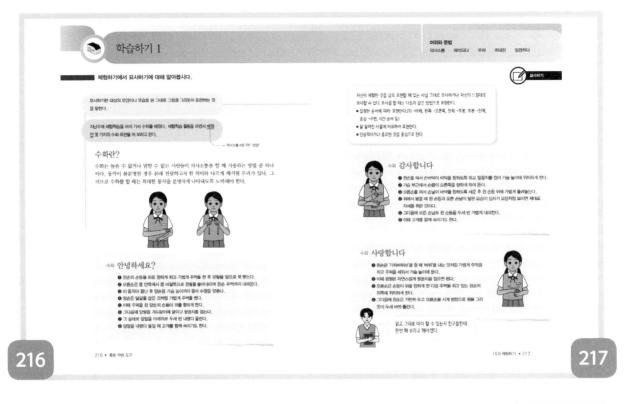

전개 - 30분

1) 교시는 다음에 제시되는 내용을 참고하여 학생들에게 어휘와 문법을 설명한다.

의사소통	◆ **정의** 생각이나 말 등이 서로 통함. **예** 벌은 꿀이 어디에 있는지 춤을 춰 다른 벌들과 의사소통을 한다. ● **설명** "외국에서 그 나라의 언어를 모르면 자신의 생각이나 감정을 제대로 전달하기 힘들어요. 외국인과 의사소통을 하기 위해서는 언어를 배워야 해요. '의사소통'이란 생각이나 말 등이 서로 통하는 거예요."
해석되다	◆ **정의** 표현된 내용이 이해된 상태에서 설명되다. **예** 이 말은 상황에 따라 여러 가지 뜻으로 해석될 수 있다. ● **설명** "외국어로 된 책을 읽을 때 문장이 어려우면 우리말로 적혀 있는 책을 읽으면 이해할 수 있어요. 우리말로 해석된 책을 찾아서 읽어 보세요. '해석되다'란 표현된 내용이 이해된 상태에서 설명된다는 뜻이에요."
우려	◆ **정의** 근심하거나 걱정함. 또는 그 근심이나 걱정. **예** 환경 보호 단체는 앞으로 발생할 문제점에 대하여 우려를 표시했다. ● **설명** "부모님은 자식들의 건강에 대해 어떻게 생각할까요? 항상 자식들이 건강한지, 어디가 아프지는 않은지 걱정을 하세요. 부모님은 자식의 건강을 우려해요. '우려'란 근심하거나 걱정하는 것을 말해요."

최대한	◆ **정의** 일정한 조건에서 가능한 한 가장 많이. **예** 평가를 할 때는 최대한 공정하게 하는 것이 중요하다. ◆ **정보** (반대되는 말) 최소한 ● **설명** "시험에서 긴장하면 그동안 공부한 실력을 다 발휘할 수 있을까요? 아니에요. 자신의 실력을 최대한 발휘하려면 긴장하지 않는 것이 좋아요. 그래야 좋은 점수를 받을 수 있어요. '최대한'이란 '일정한 조건에서 가능한 한 가장 많이'라는 뜻이에요."
일정하다	◆ **정의** 전체적인 흐름이나 절차가 규칙적이다. **예** 지구는 태양 주위를 일 년을 주기로 일정하게 돈다. ◆ **정보** 주로 '일정한', '일정하게'로 쓴다. ● **설명** "여러분 1교시는 항상 몇 시에 시작해요? 그리고 1교시는 몇 시에 끝나요? 수업이 시작하고 끝나는 시간은 항상 일정해요. '일정하다'란 전체적인 흐름이나 절차가 규칙적이라는 뜻이에요."

2) 교사는 학생들에게 교재 216, 217쪽에 제시된 내용을 읽게 한다.

📖 "지난주에 다녀온 체험학습에서 배운 수화 중 몇 가지를 기록하고 있어요. 제시된 내용을 순서대로 읽어 볼까요?"

3) 교사는 학생들에게 세부 내용을 확인하는 질문을 한다.

📖 "수화가 뭐예요?"

📖 "수화로 '안녕하세요?'를 말할 수 있어요?"

📖 "수화로 '안녕하세요!'를 말할 때 왼손의 손등은 어디로 향하게 해야 해요?"

📖 "수화로 '안녕하세요?'를 말할 때 주먹을 꽉 쥐어야 해요?"

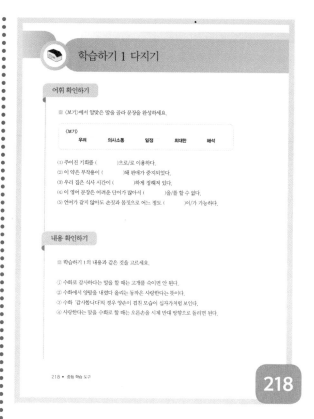

ⓟ "수화로 '안녕하세요?'를 말할 때 양팔은 어떻게 하고 있어야 해요?"

ⓟ "수화로 '안녕하세요?'를 말할 때 고개는 어떻게 하면 좋아요?"

ⓟ "수화로 '감사합니다'를 말할 때 위에서 보면 손 모양이 어떤 모양으로 보여요?"

ⓟ "수화로 '감사합니다'를 말할 때 오른손의 어느 부분으로 왼손 손등을 두세 번 가볍게 내리쳐야 해요?"

ⓟ "수화로 '사랑합니다'를 말할 때 왼손 주먹은 어떻게 쥐어야 해요?"

ⓟ "수화로 '사랑합니다'를 말할 때 오른손을 어느 방향으로 돌려요?"

4) 교사는 학생들에게 학습 기능에 대해 확인하는 질문을 한다.

ⓟ "'안녕하세요?', '감사합니다', '사랑합니다'에서 사용된 묘사의 방법은 뭐예요?"

ⓟ "묘사하는 방법에는 또 무엇이 있어요?"

정리 - 5분

교사는 학습 내용을 정리하며 수업을 마무리한다.

ⓟ "체험하기에서 묘사하기에 대해 배웠어요. 체험한 결과를 기록하는 보고서를 작성할 때, 체험 당시의 상황 등을 자세히 묘사하여 쓸 수 있어요. 더 자세히 쓸수록 내용을 정확하게 잘 전달할 수 있어요."

ⓟ "묘사를 할 때는 일정한 순서에 따라 표현해야 읽는 사람이 이해하기 쉬워요."

ⓟ "잘 알려진 사물에 비유하여 표현하면 글을 읽는 사람이 더욱 이해하기 좋아요."

ⓟ "모든 것을 다 묘사할 필요는 없어요. 인상적이거나 중요한 것을 중심으로 표현을 해요."

ⓟ "학습하기 1에서는 수화 동작을 묘사하여 기록했어요. 묘사한 내용을 보면서 수화 동작을 그대로 따라 할 수 있어요."

● 2차시 (의사소통 〈꼭 배워요〉와 연계할 경우 8차시)

[학습 목표]
- 체험하기에서 묘사하기에 대해 안다.
- 대상의 모습을 보고 묘사할 수 있다.

어휘 확인하기 - 10분

1) 교사는 학생들에게 '내용 확인하기' 문제를 풀게 한다.

ⓟ "〈보기〉를 보세요. 앞에서 배운 어휘가 있어요."

ⓟ "'우려'는 근심하거나 걱정함, 또는 그 근심이나 걱정을 말해요."

ⓟ "'의사소통'은 생각이나 말 등이 서로 통한다는 뜻이에요."

ⓟ "'일정'은 전체적인 흐름이나 절차가 규칙적이다는 말이에요."

ⓟ "'최대한'은 '일정한 조건에서 가능한 한 가장 많이'라는 뜻이에요."

ⓟ "'해석'이란 표현된 내용을 이해하고 설명함, 또는 그 내용을 말해요."

ⓟ "아래 문장을 읽고 알맞은 어휘를 골라 문장을 완성해 보세요."

2) 교사는 학생들과 함께 문제의 답을 확인한다.

정답
(1) 최대한 (2) 우려 (3) 일정 (4) 해석 (5) 의사소통

1) 교사는 학생들에게 '내용 확인하기' 문제를 풀게 한다.

　📖 "학습하기 1에서 체험학습에 가서 배웠던 수화를 묘사하는 글을 읽었어요. 아래 문장을 읽고 학습하기 1에서 배운 내용과 같은 것을 고르세요."

2) 교사는 학생들과 함께 문제의 답을 확인한다.

　📖 "수화는 들을 수 없거나 말할 수 없는 사람들이 의사소통할 때 사용하는 언어예요. 수화의 동작이 불분명할 경우 본래 전달하고자 한 의미와 다르게 해석될 수 있어요."

　📖 "본문에서 배운 세 개의 수화 동작을 정확하게 설명한 것은 ③번이에요."

┌─────────────────────────────────
정답
③
① 감사하다는 말을 할 때 고개를 숙이기도 한다.
② 수화에서 양팔을 내렸다 올리는 동작은 '안녕하세요?'의 의미이다.
③ (217쪽 본문) '위에서 봤을 때 왼 손등과 오른 손날이 닿은 모습이 십자가 모양처럼 보이면 제대로 자세를 취한 것이다.'라는 내용을 보면 알 수 있다.
④ 왼손은 가만히 두고 오른손을 시계 방향으로 원을 그리듯이 돌려야 한다.
└─────────────────────────────────

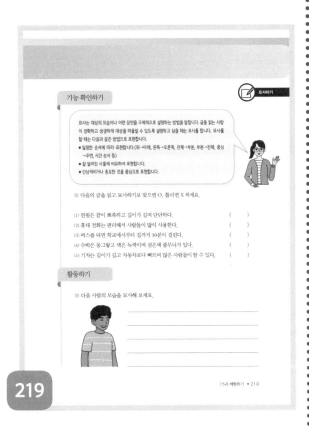

219

15과 체험하기 • 219

1) 학습하기 1에서 배운 '묘사하기' 기능을 정리한다.

　📖 "앞에서 수화 동작을 글로 써 보는 과정을 통해 묘사하기

에 대해 배웠어요. 묘사는 대상의 모습이나 어떤 장면을 구체적으로 설명하는 방법을 말해요. 글을 읽는 사람이 정확하고 생생하게 대상을 떠올릴 수 있도록 설명하고 싶을 때는 묘사를 해요. 묘사하는 방법은 다양해요. 일정한 순서에 따라 표현하기도 하고 잘 알려진 사물에 비유하여 표현하기도 해요. 그리고 인상적이거나 중요한 것을 중심으로 표현하기도 해요. 일정한 순서라는 것은 위에서 아래, 왼쪽에서 오른쪽, 전체에서 부분, 부분에서 전체, 중심에서 주변, 시간 순서 등 다양해요."

2) 교사는 학생들에게 '기능 확인하기' 문제를 풀게 한다.

　📖 "'묘사하기'에 대해 배웠어요. 다음의 글을 읽고 묘사하기로 맞으면 O, 틀리면 X 하세요."

3) 교사는 학생들과 함께 문제의 답을 확인한다.

　📖 "현상에 대한 사실 정보를 기술하거나 사실을 객관적으로 기술하는 것, 자신의 생각을 그대로 기술하는 것은 묘사하기가 아니에요. 묘사하기는 어떤 사물이나 상황의 생김새, 모양, 색깔 등을 감각으로 느낄 수 있을 때 사용해요."

┌─────────────────────────────────
정답
(1) O (2) X (3) X (4) O (5) O
└─────────────────────────────────

1) 교사는 학생들에게 '활동하기'의 방법을 설명한 후 활동을 하게 한다.

　📖 "학습하기 1에서는 수화 표현을 일정한 순서에 따라 묘사했어요. 지금부터 다음 그림 속 사람의 생김새를 보고 그 사람의 생김새를 묘사해 보세요."

┌─────────────────────────────────
교수-학습 지침
교사는 학생들에게 남학생을 묘사할 때 필요한 어휘들을 미리 제시한 후 활동을 진행해도 좋다. 게임처럼 돌아가며 남학생의 특징을 한 가지씩 이야기하게 하는 것도 학습에 대한 흥미를 유발하는 데에 도움이 될 것이다.
└─────────────────────────────────

2) 교사는 학생들과 함께 활동의 결과를 확인한다.

　📖 "여러분은 그림 속 사람의 생김새를 어떻게 묘사했어요? 같이 확인해 봐요."

┌─────────────────────────────────
예시 답안
(1) 남학생이 꽃처럼 활짝 웃고 있어요. 얼룩말과 같은 느낌의 줄무늬 티셔츠를 입고 있어요. 눈썹은 연필로 칠한 것처럼 새까맣고 눈은 작아요. 코는 작지만 오뚝한 편이에요. 입은 하마처럼 크고 얼굴을 검은콩처럼 까만 편이에요. 얼굴 모양은 달걀을 닮았어요. 귀가 크고 머리는 파마한 것처럼 곱슬거리는 곱슬머리에요.
└─────────────────────────────────

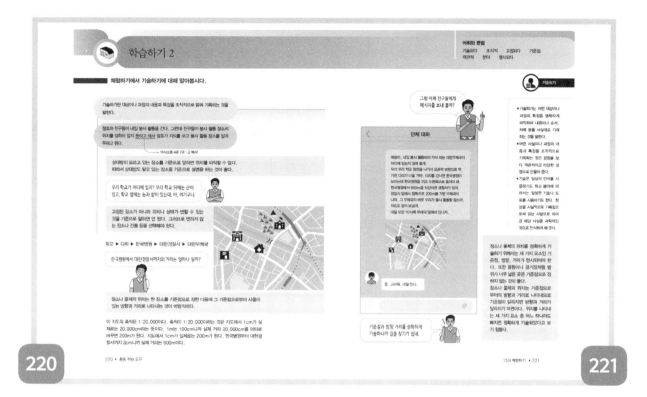

● 3차시 (의사소통 〈꼭 배워요〉와 연계할 경우 9차시)

[학습 목표]

• 체험하기에서 기술하기에 대해 안다.
• 체험하기에서 위치를 기술하는 방법에 대해 안다.

본문의 구성과 내용

• 본문은 **사회 교과의 체험하기 활동**에서 하게 되는 **기술하기 학습 기능**을 보여 주고 있다.
• 본문의 내용은 봉사 활동을 할 장소에 대해 알려 주기 위해 위치를 기술하는 내용을 다루고 있다. 정호는 지도를 보고 길을 찾아오는 방법에 대해 설명할 것이다.

도입 - 10분

1) 교사는 교재 214, 215쪽에서 배운 학습 활동에 대해 복습한다.
   📖 "지난 시간에 체험의 유형과 봉사 활동 및 체험학습 신청 방법에 대해 배웠어요."
   📖 "체험의 유형에는 무엇이 있어요?"
   📖 "봉사 활동 신청은 어떻게 해야 해요?"
   📖 "개인 체험학습은 어떻게 신청해야 해요?"
2) 교사는 학생들에게 학습하기 2에서 배울 학습 기능을 소개한다.
   📖 "체험학습을 한 후에는 보고서를 작성해서 학교에 제출해야 해요. 보고서에는 체험학습에 대한 내용이 잘 기술되어야 해요."

📖 "기술하기란 대상이나 과정의 내용과 특징을 조직적으로 밝혀 기록하는 것을 말해요. 우선 어떤 대상이나 과정의 특징을 명확하게 파악하는 것이 중요해요. 그리고 내용이나 순서, 차례 등을 사실대로 쓰면 돼요."
📖 "학습하기 2에서는 체험하기에서 기술하기에 대해 공부할 거예요."

교수-학습 지침

익힘책 128쪽에 대상을 기술하는 방법에 대한 내용이 추가로 제시되어 있다. 교사는 이를 고려하여 수업을 진행한다.

전개 - 30분

1) 교사는 다음에 제시되는 내용을 참고하여 학생들에게 어휘와 문법을 설명한다.

기술하다	◆ **정의** 어떤 사실을 있는 그대로 적다. 📝 역사를 기술한 내용을 보면 당시 사람들의 삶을 알 수 있다. ● **설명** "체험학습이나 봉사 활동을 해 봤어요? 체험학습이나 봉사 활동을 하면 보고서를 작성해서 학교에 제출해야 해요. 이때 내용은 자세하고 정확하게 기술해야 해요. '기술하다'란 어떤 사실을 있는 그대로 적는다는 뜻이에요."

조직적	◆ **정의** 일이나 행동 등이 체계가 짜여 있는 것. 📖 글쓰기를 할 때에는 내용을 조직적으로 구성해야 한다. ● **설명** "여러분은 글을 쓸 때 어떻게 해요? 글을 쓸 때는 처음, 중간, 끝 또는 서론, 본론, 결론의 단계로 내용을 구성하는 것이 중요해요. 글의 내용을 조직적으로 구성하는 것이 중요해요. '조직적'이란 일이나 행동 등이 체계가 짜여 있는 것을 말해요."
고정되다	◆ **정의** 한곳에서 움직이지 않다. 또는 움직이지 않게 되다. 📖 관중들의 시선은 무대 위 가수에게 고정되어 있었다. ● **설명** "책을 읽을 때 책장이 넘어가면 읽기가 불편해요. 그럴 때 어떻게 해요? 책장에 클립과 같은 것을 끼우면 고정되어 넘어가지 않아요. '고정되다'란 한곳에서 움직이지 않다. 또는 움직이지 않게 된다는 뜻이에요."
기준점	◆ **정의** 측정하거나 수량을 셀 때 기준이 되는 점. 📖 섭씨는 물이 어는 온도를 영 도로 하여 기준점으로 잡는다. ● **설명** "여러분 온도계를 알아요? 온도계는 현재의 온도가 몇인지 알려 주는 것이에요. 온도계는 0도를 기준점으로 해서 그 위로는 영상, 그 아래로는 영하라고 해요. '기준점'이란 측정하거나 수량을 셀 때 기준이 되는 점을 말해요."
객관적	◆ **정의** 개인의 생각이나 감정에 치우치지 않고 사실이나 사물을 있는 그대로 보거나 생각하는 것. 📖 객관적인 입장에서 볼 때 우리 팀이 상대 팀에게 이길 확률이 높다. ◆ **정보** (반대되는 말) 주관적 ● **설명** "토론에서 여러분이 무엇인가를 주장할 때는 자기 혼자만의 생각이 아닌 객관적인 사실을 근거로 삼아야 해요. '객관적'이란 개인의 생각이나 감정에 치우치지 않고 사실이나 사물을 있는 그대로 보거나 생각하는 것을 말해요."
분야	◆ **정의** 사회 활동을 어떠한 기준에 따라 나눈 범위나 부분 중의 하나. 📖 사람마다 관심 있는 분야가 다르다. ◆ **정보** (비슷한 말) 부문, 영역, 경지 ● **설명** "앞으로 하고 싶은 일이나 전공을 선택할 때는 자신의 관심 분야가 무엇인지 아는 것이 중요해요. '분야'란 사회 활동을 어떠한 기준에 따라 나눈 범위나 부분 중의 하나를 말해요."
명시되다	◆ **정의** 글로 분명하게 드러나 보이다. 📖 안내문에 센터 이용 시간이 명시되어 있지 않아 전화를 걸어 문의하였다. ● **설명** "도서관 앞 안내문에는 이용 시간이 명시되어 있어요. 그래서 안내문을 보면 몇 시부터 몇 시까지 이용할 수 있는지 알 수 있어요. '명시되다'란 글로 분명하게 드러나 보인다는 뜻이에요."

2) 교사는 학생들에게 교재 220, 221쪽에 제시된 내용을 읽게 한다.

🗺 "정호는 친구들과 봉사 활동을 가기로 했어요. 그런데 친구들이 봉사 활동 장소를 정확히 알지 못해서 친구들에게 알려 줘야 해요. 지도를 보고 길을 찾아오는 방법에 대해 친구들에게 설명할 거예요. 같이 읽어 볼까요?"

3) 교사는 학생들에게 세부 내용을 확인하는 질문을 한다.

🗺 "위치를 설명하기 위해 기준을 정할 때 주의해야 할 점이 뭐예요?"

🗺 "정호의 학교 주변에 뭐가 있어요?"

🗺 "위치를 설명할 때 고정된 장소를 기준으로 말해야 하는 이유가 뭐예요?"

🗺 "정호의 학교에서 봉사 활동 장소까지 갈 때 어떤 장소나 건물 등이 있어요?"

🗺 "이 지도의 축척은 얼마예요?"

🗺 "이 지도에서 1cm는 실제 거리로 바꾸면 몇 m예요?"

🗺 "한국병원에서 대한경찰서까지 지도에서 몇 cm 떨어져 있어요?"

🗺 "한국병원에서 대한경찰서까지 실제 거리가 얼마나 돼요?"

4) 교사는 학생들에게 학습 기능에 대해 확인하는 질문을 한다.

🗺 "위치를 설명할 때 중요한 세 가지 요소는 무엇이에요?"

🗺 "기준을 정할 때 무엇을 주의해야 해요?"

정리 - 5분

교사는 학습 내용을 정리하며 수업을 마무리한다.

🗺 "체험하기에서 기술하기에 대해 배웠어요. 기술하기는 어떤 대상이나 과정의 특징을 명확하게 파악하여 내용이나 순서, 차례 등을 사실대로 기재하는 것을 말해요. 체험한 내용을 기술할 때는 어디에서 누구와 언제, 어떤 목적으로 체험을 했는지, 체험 과정은 어떠했는지, 체험 결과는 어떠했는지 등을 기술할 수도 있어요."

🗺 "정호는 친구들에게 지도를 보고 봉사 활동 장소를 알려 주었어요. 친구들이 모두 알고 있는 학교를 기준으로 방향과 거리를 알려 주고 봉사 활동 장소인 대한우체국까지 오는 방법을 알려 주었어요."

🗺 "이렇게 기준점과 방향, 거리를 정확하게 기술하면 길을 찾기 훨씬 쉬워요."

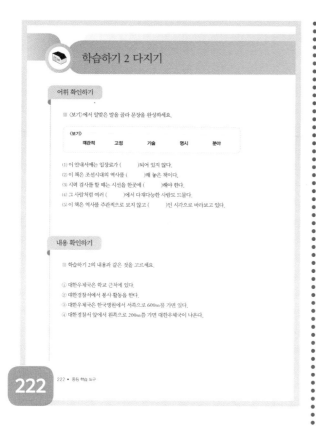

1) 교사는 학생들에게 '내용 확인하기' 문제를 풀게
   한다.
   - "학습하기 2에서 봉사 활동 장소에 대해 기술하여 친구들
     에게 알려 주는 글을 읽었어요. 다음을 보고 학습하기 2
     의 내용과 같은 것을 고르세요."

2) 교사는 학생들과 함께 문제의 답을 확인한다.
   - "정호는 친구들에게 봉사 활동 장소를 알려 줬어요. 친구
     들이 장소를 잘 찾아올 수 있도록 학교를 기준으로 설명
     을 했어요. 학교에서 오른쪽 방향으로 가면 다리가 나와
     요. 다리를 건너면 한국병원이 보이고 병원을 끼고 오른
     쪽으로 600m쯤 가면 대한경찰서가 있어요. 경찰서 앞에
     서 왼쪽으로 200m쯤 가면 대한우체국이 나와요. 따라서
     답은 ④번이에요."

정답
④
① 대한우체국은 대한경찰서 근처에 있다.
② 대한우체국에서 봉사 활동을 한다.
③ 대한우체국은 대한경찰서 앞에서 왼쪽으로 200m쯤 가면 있다.
④ (221쪽 본문) '경찰서 앞에서 왼쪽으로 200m쯤 가면 우체국이 나
   와.'라는 내용을 보면 알 수 있다.

● 4차시 (의사소통 〈꼭 배워요〉와 연계할 경우 10차시)

[학습 목표]

• 체험하기에서 기술하기에 대해 안다.
• 글을 읽고 기술할 수 있다.

어휘 확인하기 - 10분

1) 교사는 학생들에게 '어휘 확인하기'문제를 풀게 한다.
   - "〈보기〉를 보세요. 앞에서 배운 어휘가 있어요."
   - "'객관적'이란 개인의 생각이나 감정이 치우치지 않고 사
     실이나 사물을 있는 그대로 보거나 생각하는 것이에요."
   - "'고정'은 한곳에서 움직이지 않음, 또는 움직이지 않게 하
     는 것을 말해요."
   - "'기술'은 어떤 사실을 있는 그대로 적음, 또는 그런 기록
     이에요."
   - "'명시'는 글로 분명하게 드러나 보이는 것이에요."
   - "'분야'란 사회 활동을 어떠한 기준에 따라 나눈 범위나
     부분 중의 하나를 말해요."
   - "아래 문장을 읽고 알맞은 어휘를 골라 문장을 완성해 보
     세요."

2) 교사는 학생들과 함께 문제의 답을 확인한다.

정답
(1) 명시 (2) 기술 (3) 고정 (4) 분야 (5) 객관적

223

기부의 장점을 기술해 보세요."

2) 교사는 학생들과 함께 활동의 결과를 확인한다.

📺 "재능 기부가 뭐예요?"

📺 "여러분이 기술한 재능 기부의 장점은 무엇이에요?"

> 예시 답안
> - 자신이 자신 있는 분야이기 때문에 더 잘할 수 있다.
> - 보람을 느낄 수 있다.
> - 자신의 재능을 향상시키는 계기가 되기도 한다.

기능 확인하기 - 10분

1) 학습하기 2에서 배운 '기술하기' 기능을 정리한다.

📺 "앞에서 정호가 봉사 활동 장소를 알려 주는 과정을 통해 기술하기에 대해 배웠어요. 친구들에게 봉사 활동 장소를 정확하게 알려 줘야 친구들이 목적지에 제대로 도착할 수 있어요. 그래서 기술하는 내용은 무엇보다 객관적이고 타당해야 해요. 그러기 위해서는 어떤 사실이나 과정의 내용과 특징을 조직적으로 기록해야 하고, 때에 따라서는 전문 용어나 일정한 기호, 도표 등을 사용해야 해요. 기술하기 방식을 사용하면 읽는 사람이 해당 사실을 더 과학적인 것으로 인식하게 해 줘요."

2) 교사는 학생들에게 '기능 확인하기' 문제를 풀게 한다.

📺 "장소나 물체의 위치를 기술할 때 포함되어야 하는 요소로 알맞은 것을 고르세요."

3) 교사는 학생들과 함께 문제의 답을 확인한다.

📺 "장소나 물체의 위치를 정확하게 기술하기 위해서 필요한 요소가 있어요. 바로 기준점, 방향, 거리예요."

> 정답
> ③

활동하기 - 20분

1) 교사는 학생들에게 '활동하기'의 방법을 설명한 후 활동을 하게 한다.

📺 "다음의 글은 기부에 대한 내용이에요. 다음을 읽고 재능

● 메모

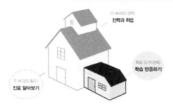

16과 학습 반응하기

● 학습 목표

- 학습 반응하기의 의미와 양상에 대해 안다.
- 판단을 위한 준거를 설정할 수 있다.
- 어떤 대상에 대한 가치를 판단할 수 있다.

● 단원 내용

1. 학습 활동: 학습 반응하기
2. 학습 기능: 준거 설정하기
　　　　　　　가치 판단하기
3. 학습 주제: 진로의 디자인과 준비
　　　　　　　생활 속 수학

● 수업 개요

1·2차시(학습하기 1): 학습 반응하기에서 준거 설정하기에 대해 안다.
3·4차시(학습하기 2): 학습 반응하기에서 가치 판단하기에 대해 안다.

● 어휘 및 문법

[학습하기 1]
반응하다, 준거, 만족도, 성취, 안정성, 자율성, 계발, 사

회적, 나열, 절대적, 상대적, 선호하다

[학습하기 2]
학문, 밀접하다, 분배하다, 적용하다, 유용하다, 합리적, 지표, 규범적, 확률, 실용성, 전제

[알면 쓸모 있는 어휘(익힘책 132쪽)]
끄덕이다, 호응하다. 따지다, 찡그리다, 지적하다, 받아들이다

의사소통 4권 8과 〈꼭 배워요〉의 주요 내용

[어휘]
일반 고등학교, 특수 목적 고등학교, 특성화 고등학교, 진학하다, 수시, 정시, 대학 수학 능력 시험, 논술, 면접시험, 전공하다, 국어 국문학, 사학, 정치 외교학, 경제학, 수학, 화학, 기계 공학, 컴퓨터 공학, 의학, 간호학, 디자인학, 음악학, 취업, 따다, 현장 실습, 경력, 경쟁력, 기술, 소수, 어학, 작동, 썩, 여간, 공지하다, 불구하다, 새우다, 선호하다, 느긋하다

[문법 1] '-는 반면에'
　　예 취업을 일찍부터 준비할 수 있는 반면에 다양한 공부를 할 시간이 적어.

[문법 2] '-더라도'
　　예 성적이 좋더라도 면접을 보지 않으면 합격할 수가 없어.

[문법 3] '-다시피'
　　예 너도 알다시피 난 공부에 흥미가 없잖아.

[문법 4] '-곤 하다'
　　예 시간이 날 때마다 패션 잡지를 들여다보곤 해.

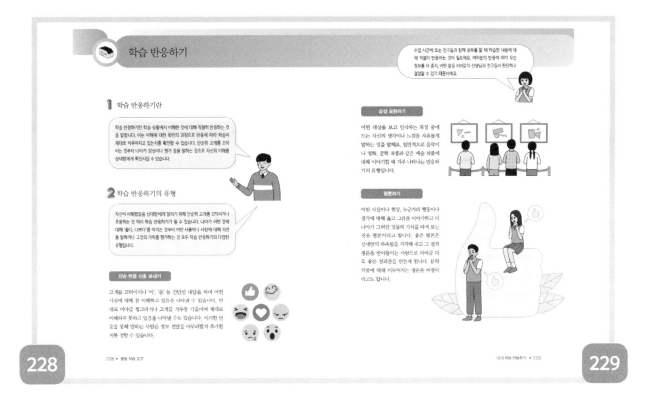

● 1차시 (의사소통 〈꼭 배워요〉와 연계할 경우 7차시)

[학습 목표]

- 학습 반응하기에서 준거 설정하기에 대해 안다.
- 학습 반응하기에서 준거를 설정하는 방법에 대해 안다.

본문의 구성과 내용

- 본문은 **직업과 진로 교과**의 **학습 반응하기** 활동에서 하게 되는 **준거 설정하기 학습 기능**을 보여 주고 있다.
- 본문의 내용은 안나가 직업을 선택할 때 중요하게 생각하는 준거를 설정하는 과정이다. 안나는 사람들이 직업을 선택할 때 고려하는 직업 선택 준거를 찾아보고 자신에게 맞는 준거를 설정하여 어떤 직업이 자신에게 어울리는지 확인하고 있다.

도입 - 10분

1) 교사는 학생들에게 교재 228, 229쪽의 학습 활동에 대해 설명한다.

- 🎞 "학습 반응하기란 학습 상황에서 이해한 것에 대해 적절히 반응하는 것을 말해요."
- 🎞 "반응에 따라 학습이 제대로 이루어지고 있는지를 확인할 수 있어요."
- 🎞 "학습 반응하기의 유형으로는 고개를 끄덕이거나 '아', '음' 등 간단한 대답을 하며 어떤 사실에 대해 잘 이해하고 있음을 나타내는 단순 반응 신호 보내기가 있어요. 그리고 어떤 대상을 보고 인식하는 과정 중에 드는 생각이나 느낌을 자유롭게 말하는 감상 표현하기도 있어요. 또 어떤

사실이나 현상, 누군가의 행동이나 생각에 대해 옳고 그름을 이야기하고 더 나아가 그러한 것들의 가치를 따져 보는 평론하기가 있어요."

교수-학습 지침

익힘책 133쪽에 학습 반응하기에서 듣기의 중요성 및 목적에 따른 듣기 방법 그리고 바람직한 듣기 자세에 대한 내용이 추가로 제시되어 있다. 교사는 이를 고려하여 수업을 진행한다.

2) 교사는 학생들에게 학습하기 1에서 배울 학습 기능을 소개한다.

- 🎞 "이번 단원에서는 준거 설정하기에 대해 공부할 거예요. 준거 설정하기란 사물의 정도나 성격 등을 알기 위한 근거나 기준을 정하는 것을 말해요."
- 🎞 "준거를 설정하는 과정을 통해 학습 내용의 특성을 파악할 수 있고, 개념이나 용어들의 정의를 알 수 있으며 논리적으로 사고하는 능력도 키울 수 있어요."
- 🎞 "또한 적절한 준거에 따라 평가하고 반응하는 것은 해당 평가나 반응을 받아들이는 사람에게 그 내용이 타당하다고 생각하게 해 줘요."
- 🎞 "학습하기 1에서는 학습 반응하기에서 준거 설정하기에 대해 공부할 거예요."

교수-학습 지침

익힘책 134쪽에 준거의 설정 방법 및 준거의 유형에 대한 내용이 추가로 제시되어 있다. 교사는 이를 고려하여 수업을 진행한다.

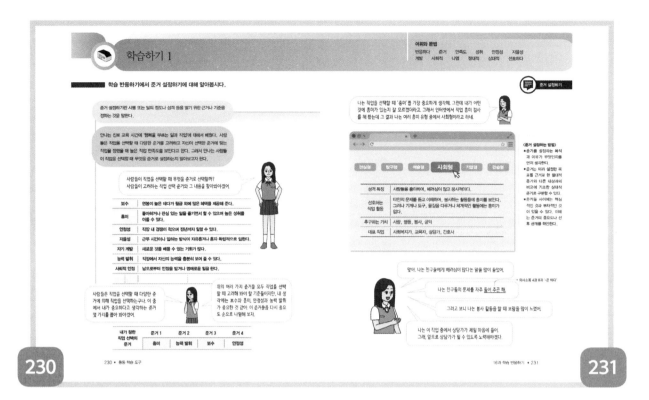

전개 - 30분

1) 교사는 다음에 제시되는 내용을 참고하여 학생들에게 어휘와 문법을 설명한다.

반응하다	◆ 정의 어떤 자극에 대하여 일정한 동작이나 태도를 보이다. 예 청소년들은 유행에 민감하게 반응한다. ● 설명 "알레르기를 알아요? 봄에는 꽃가루가 많이 날려요. 그래서 꽃가루 알레르기가 있는 사람은 봄이 되면 꽃가루에 반응하여 재치기를 하거나 콧물이 나오기도 해요. '반응하다'란 어떤 자극에 대하여 일정한 동작이나 태도를 보인다는 뜻이에요."
준거	◆ 정의 사물의 정도나 성격 등을 알기 위한 근거나 기준. 예 법률은 사회의 질서를 유지하는 데 준거로 사용된다. ◆ 정보 (비슷한 말) 표준 ● 설명 "여러분은 공부를 열심히 해서 상을 받은 적이 있어요? 성적을 아주 잘 받으면 학교에서 상을 줘요. 그 상을 받을 수 있는 기준은 성적이에요. 시험 성적에 준거해서 상을 줘요. '준거'란 사물의 정도나 성격 등을 알기 위한 근거나 기준을 말해요."
만족도	◆ 정의 무엇에 대하여 기대하거나 필요한 것이 얼만큼 이루어졌다고 느끼는 정도. 예 직원들은 원하는 일을 맡았을 때 회사 생활에 대하여 높은 만족도를 보인다. ● 설명 "여러분은 수업에 대해 어떻게 생각해요? 선생님들은 여러분의 교육 만족도를 높이기 위해 다양한 방법을 연구해요. '만족도'란 무엇에 대하여 기대하거나 필요한 것이 얼마나 이루어졌다고 느끼는 정도를 말해요."

성취	◆ 정의 목적한 것을 이룸. 예 목표의 성취도 중요하지만 과정의 중요성도 그에 못지않다. ● 설명 "여러분은 어떤 목표가 있어요? 목표를 성취하기 위해서는 강한 의지가 필요해요. '성취'란 목적한 것을 이루어 내는 것을 말해요."
안정성	◆ 정의 바뀌어 달라지지 아니하고 일정한 상태를 유지하는 성질. 예 사춘기에는 심리적 안정성이 부족하기 쉽다. ● 설명 "여러분은 직장을 선택할 때 무엇이 중요해요? 많은 사람들이 직장을 선택할 때 안정성을 고려해요. '안정성'이란 바뀌어 달라지지 않고 일정한 상태를 유지하는 성질을 말해요."
자율성	◆ 정의 남의 지배나 구속을 받지 않고 스스로의 원칙에 따라 자신의 행동을 통제하는 성질. 예 아이에게 스스로 할 기회를 주지 않고 자꾸 시키기만 하면 자율성이 길러지지 않는다. ● 설명 "공부를 할 때는 다른 사람이 시켜서 하는 것이 아니라 스스로 해야 해요. 학교에서는 여러분의 자율성을 높여 주는 교육을 통해 스스로 공부할 수 있도록 해야 해요. '자율성'이란 남의 지배나 구속을 받지 않고 스스로의 원칙에 따라 자신의 행동을 통제하는 성질을 말해요."
계발	◆ 정의 지능이나 재능, 사상 등을 일깨워 발전시킴. 예 요즘 젊은이들은 자기 계발을 하기 위해 끊임없이 노력한다. ◆ 정보 (비슷한 말) 개발 ● 설명 "여러분, 자기 계발이 무엇인지 알아요? 자기 계발은 자신의 행복이나 성공을 위해 언어를 배우고 독서를 하며 여행을 하는 것 등을 말해요. '계발'이란 지능이나 재능, 사상 등을 일깨워 발전시키는 것을 말해요."

사회적	◆ **정의** 사회에 관계되는 것이나 사회성을 지닌 것. **예** 현대에는 근대에 비해 여성의 사회적인 지위가 향상되었다. ● **설명** "요즘 사회적인 문제에는 뭐가 있어요? '사회적'은 사회에 관계되는 것이나 사회성을 지닌 것을 말해요. 따라서 사회에 관계되는 문제를 사회적 문제라고 말할 수 있어요."
나열	◆ **정의** 차례대로 죽 벌여 늘어놓음. **예** 논문은 단순히 지식을 나열하는 글이 아니라 논리적 구성을 가지는 글이어야 한다. ● **설명** "보고서는 단순히 조사한 자료를 차례대로 나열하는 것이 아니에요. 어떠한 순서로 작성할 것인지 목차를 정해서 써야 해요. 여기에서 '나열'이란 차례대로 죽 벌여 늘어놓은 것을 말해요."
절대적	◆ **정의** 비교하거나 상대될 만한 것이 없는 것. **예** 세상이 변해도 절대적인 진리는 변하지 않는다. ● **설명** "우리 반 학생들이 프로 축구 선수들과 축구 시합을 하면 절대적으로 불리할 것이에요. '절대적'이란 비교하거나 상대될 만한 것이 없는 것을 말해요."
상대적	◆ **정의** 서로 맞서거나 비교되는 관계에 있는 것. **예** 사람의 외모 판단의 기준은 상대적인 것이다. ● **설명** "행복의 기준이 무엇일까요? 행복에 대한 사람들의 판단 기준은 작은 것일 수도 있고 큰 것일 수도 있어요. 이렇게 행복에 대한 기준은 상대적이에요. '상대적'이란 서로 맞서거나 비교되는 관계에 있는 것을 말해요."
선호하다	◆ **정의** 여럿 가운데서 어떤 것을 특별히 더 좋아하다. **예** 한국 사람들은 남향으로 된 건물을 선호한다. ● **설명** "공부를 할 수 있는 장소는 많이 있어요. 그런데 사람마다 선호하는 장소는 달라요. '선호하다'란 여럿 가운데서 어떤 것을 특별히 더 좋아하는 것을 말해요."

2) 교사는 학생들에게 교재 230, 231쪽에 제시된 내용을 읽게 한다.

🖥 "안나가 사람들이 직업을 선택할 때 무엇을 준거로 선택하는지 먼저 알아보고 자신만의 준거를 설정해 볼 거예요. 그럼 제시된 내용을 순서대로 읽어 볼까요?"

3) 교사는 학생들에게 세부 내용을 확인하는 질문을 한다.

🖥 "사람들이 직업을 선택할 때 어떤 준거들을 고려해요?"

🖥 "보수를 고려하는 이유는 뭐예요?"

🖥 "흥미를 고려하는 이유는 뭐예요?"

🖥 "사람들은 왜 안정성을 고려할까요?"

🖥 "직업을 선택할 때 왜 자율성을 고려해요?"

🖥 "자기 계발을 고려하는 이유는 뭐예요?"

🖥 "사람들은 직업을 선택할 때 능력 발휘를 왜 고려한다고 해요?"

🖥 "직업을 선택할 때 사회적인 인정을 고려하는 이유가 뭐예요?"

🖥 "안나는 직업 흥미 검사를 했어요. 결과는 어떤 유형에 속해요?"

🖥 "그 유형의 사람들은 어떤 성격적 특징이 있어요?"

🖥 "그 유형의 사람들이 선호하는 직업 활동에는 뭐가 있어요?"

🖥 "그 유형의 사람들이 추구하는 가치가 뭐예요?"

🖥 "그 유형의 사람들에게 적합한 대표 직업이 뭐예요?"

4) 교사는 학생들에게 학습 기능에 대해 확인하는 질문을 한다.

🖥 "안나가 정한 직업 선택의 준거에는 무엇이 있어요?"

🖥 "안나가 정한 직업 선택의 준거는 무엇을 고려해서 설정했어요?"

🖥 "안나가 가장 중요하게 생각하는 준거는 뭐예요?"

정리 - 5분

교사는 학습 내용을 정리하며 수업을 마무리한다.

🖥 "학습 반응하기에서 준거 설정하기에 대해 배웠어요. 준거란 판단이나 평가를 위한 근거나 기준을 말해요. 좋은 선택을 하기 위해서는 반드시 적절한 준거가 있어야 해요. 다양한 것을 생각해서 준거를 설정하고 그 후에 준거를 고려하여 최종 선택을 해야 해요."

🖥 "안나는 사람들이 직업을 선택할 때 고려하는 직업 선택의 준거를 살펴봤어요. 이후 안나는 자신이 중요하게 생각하는 준거를 설정하고 '상담가'라는 직업을 선택하게 되었어요."

🖥 "선택이나 판단이 필요한 일에 준거를 설정하면 좋은 결정을 하는 데 도움이 될 거예요."

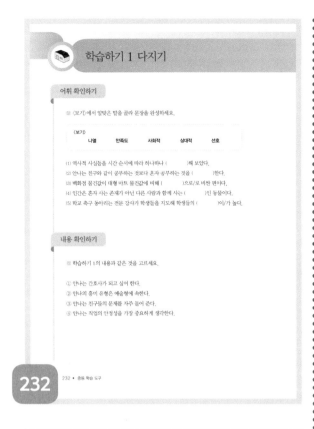

● 2차시 (의사소통 〈꼭 배워요〉와 연계할 경우 8차시)

[학습 목표]

- 학습 반응하기에서 준거 설정하기에 대해 안다.
- 직업 선택의 준거를 설정할 수 있다.

어휘 확인하기 - 10분

1) 교사는 학생들에게 '어휘 확인하기' 문제를 풀게 한다.
- 🔲 "〈보기〉를 보세요. 앞에서 배운 어휘가 있어요."
- 🔲 "'나열'이란 차례대로 죽 벌여 늘어놓는 것을 말해요."
- 🔲 "'만족도'는 무엇에 대하여 기대하거나 필요한 것이 얼마큼 이루어졌다고 느끼는 정도를 말해요."
- 🔲 "'사회적'이란 사회에 관계되는 것이나 사회성을 지닌 것을 말해요."
- 🔲 "'상대적'은 서로 맞서거나 비교되는 관계에 있는 것을 말해요."
- 🔲 "'선호'란 여럿 가운데서 어떤 것을 특별히 더 좋아한다는 뜻이에요."
- 🔲 "아래 문장을 읽고 알맞은 어휘를 골라 문장을 완성해 보세요."

2) 교사는 학생들과 함께 문제의 답을 확인한다.

> **정답**
> (1) 나열 (2) 선호 (3) 상대적 (4) 사회적 (5) 만족도

내용 확인하기 - 5분

1) 교사는 학생들에게 '내용 확인하기' 문제를 풀게 한다.
- 🔲 "학습하기 1에서 안나가 사람들이 직업을 선택할 때 무엇을 준거로 설정하는지 알아보고 자신의 직업 선택의 준거를 설정하는 글을 읽었어요. 학습하기 1에서 배운 내용과 같은 것을 고르세요."

2) 교사는 학생들과 함께 문제의 답을 확인한다.
- 🔲 "사람들은 직업을 선택할 때 다양한 준거를 고려하고 자신이 선택한 준거에 맞는 직업을 선택했을 때 높은 직업 만족도를 보인다고 해요. 그래서 안나는 사람들이 직업을 선택할 때 무엇을 준거로 설정하는지 알아봤어요."
- 🔲 "안나는 자신이 직업을 선택할 때 흥미를 가장 중요하게 생각하지만 어떤 것에 흥미가 있는지 잘 몰라서 직업 흥미 검사를 했어요."
- 🔲 "안나의 직업 흥미 검사 결과는 사회형으로 나왔어요. 안나는 자신이 평소에 친구들의 문제를 자주 들어주는 편이고 봉사 활동을 할 때 가장 보람을 느낀다는 것을 알았어요. 그래서 앞으로 상담가가 될 수 있도록 노력한다고 했어요. 따라서 답은 ③번이에요."

> **정답**
> ③
> ① 안나는 상담가가 되고 싶어 한다.
> ② 안나는 사회형에 속한다.
> ③ (231쪽 본문) '나는 친구들의 문제를 자주 들어 주곤 해.'라는 내용을 보면 알 수 있다.
> ④ 안나는 직업을 선택할 때 흥미를 가장 중요하게 생각한다.

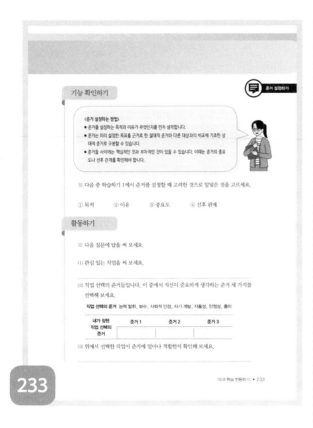

기능 확인하기 - 10분

1) 학습하기 1에서 배운 '준거 설정하기' 기능을 정리한다.

   📖 "앞에서 안나가 사람들의 직업 선택 준거가 무엇인지 알아보는 과정을 통해 준거 설정하기에 대해 배웠어요. 준거는 미리 설정한 목표를 근거로 절대적인 준거와 다른 대상과의 비교에 기초한 상대적인 준거로 구분할 수 있어요. 준거를 설정할 때는 준거를 설정하는 목적과 이유가 무엇인지 먼저 생각해야 해요. 그리고 준거를 설정하는 시점이 명확해야 해요. 준거들 사이에는 핵심적인 것과 부차적인 것이 있을 수 있으니 준거의 중요도나 선후 관계를 확인해서 설정해야 해요."

2) 교사는 학생들에게 '기능 확인하기' 문제를 풀게 한다.

   📖 "학습하기 1에서 안나가 준거를 설정할 때 고려한 것을 고르세요."

3) 교사는 학생들과 함께 문제의 답을 확인한다.

   📖 "안나는 직업 선택의 준거를 보고 자신이 중요하다고 생각하는 준거를 뽑았어요. 그리고 뽑은 준거를 다시 중요도 순으로 나열해 보자고 말하고 있어요. 따라서 정답은 ③번 중요도 순이에요."

> 정답
> ③

1) 교사는 학생들에게 '활동하기'의 방법을 설명한 후 활동을 하게 한다.

   📖 "여러분은 어떤 직업에 관심이 있어요? 관심 있는 직업을 써 보세요."

   📖 "직업 선택의 준거들 중에서 자신이 중요하게 생각하는 준거 세 가지를 선택하세요."

   📖 "위에서 선택한 직업이 준거에 얼마나 부합하는지 확인해 보세요."

> **교수-학습 지침**
> 교사는 자신의 직업 선택의 준거를 들어 교사라는 직업이 그 준거에 얼마나 부합하는지 예를 들어 설명할 수 있다.

2) 교사는 학생들과 함께 활동의 결과를 확인한다.

   📖 "여러분은 어떤 직업에 관심이 있어요?"

   📖 "여러분이 선택한 직업의 준거가 뭐예요?"

   📖 "위에서 선택한 직업이 준거에 얼마나 적합해요?"

> 예시 답안
> (1) 교사
> (2) 능력 발휘, 사회적 인정, 안정성
> (3) - 교사는 자신이 맡은 수업 시간에 능력을 최대한 발휘할 수 있다. 그런데 일반 회사와 달리 승진을 할 수 있는 다양한 직급은 없다.
> - 교사라는 직업은 사회적으로 인정을 받을 뿐만 아니라 여러 직업 중 대표적인 안정적인 직업 중 하나이다.

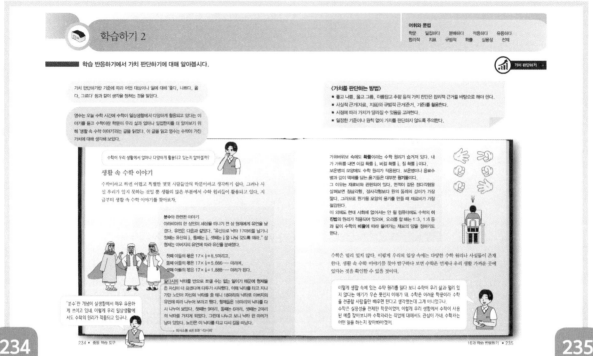

● **3차시**(의사소통 〈꼭 배워요〉와 연계할 경우 9차시)

[학습 목표]

• 학습 반응하기에서 가치 판단하기에 대해 안다.
• 학습 반응하기에서 가치 판단하는 방법에 대해 안다.

본문의 구성과 내용

• 본문은 수학 교과의 학습 반응하기 활동에서 하게 되는 **가치 판단하기 기능**을 보여 주고 있다.
• 본문의 내용은 영수가 수학이 우리 생활에서 얼마나 다양하게 활용되고 있는지 확인하고 있는 상황이다. 영수는 수학이 우리의 삶과 얼마나 밀접한지를 확인하며 수학이라는 학문의 가치를 판단하고 있다.

도입 - 10분

1) 교사는 교재 228, 229쪽에서 배운 학습 활동에 대해 복습한다.
   🖵 "학습 반응하기 유형에는 무엇이 있어요?"
   🖵 "단순 반응 신호 보내기가 뭐예요?"
   🖵 "감상 표현하기가 뭐예요?"
   🖵 "평론하기가 뭐예요?"

2) 교사는 학생들에게 학습하기 2에서 배울 학습 기능을 소개한다.
   🖵 "예술 작품을 감상하며 무엇에 감동하고 공감했는지를 표현하거나 사물의 가치, 우열, 선악 따위를 평가하여 논할 때 가치를 판단하게 돼요."

🖵 "가치 판단하기란 기준에 따라 어떠한 대상이나 일에 대해 '좋다, 나쁘다, 옳다, 그르다' 등과 같이 생각을 정하는 것을 말해요."

🖵 "학습하기 2에서는 학습 반응하기에서 가치 판단하기에 대해 공부할 거예요."

교수-학습 지침

익힘책 136쪽에 가치 판단과 사실 판단에 대한 내용이 추가로 제시되어 있다. 교사는 이를 고려하여 수업을 진행한다.

전개 - 30분

1) 교사는 다음에 제시되는 내용을 참고하여 학생들에게 어휘와 문법을 설명한다.

학문	◆ **정의** 어떤 분야를 체계적으로 배워서 익힘. 또는 그런 지식. 🖵 김 선생님은 한 분야를 삼십 년 이상 연구해 오셔서 이 분야의 학문이 매우 깊다. ● **설명** "여러분은 대학에서 무엇을 전공하고 싶어요? 대학에 가면 선택한 학문을 깊게 배울 수 있어요. '학문'이란 어떤 분야를 체계적으로 배워서 익히거나 그러한 지식을 말해요."

밀접하다	◆ **정의** 아주 가깝게 마주 닿아 있다. 또는 그런 관계에 있다. ⬛ 현대 사회의 생산과 소비는 정보와 밀접하게 결합된 양상을 띠고 있다. ● **설명** "컴퓨터와 스마트폰은 우리의 생활과 밀접하게 관련되어 있어요. 체험 후 보고서를 작성할 때는 컴퓨터로 작성하고 자료를 검색할 때 스마트폰을 이용하기도 해요. '밀접하다'란 아주 가깝게 마주 닿아 있다는 뜻이에요."
분배하다	◆ **정의** 몫에 따라 나누어 주다 ⬛ 단체전 상금은 모든 선수들에게 골고루 분배했다. ◆ **정보** (비슷한 말) 배분하다 ● **설명** "여기에 공책이 10권 있어요. 공책을 학생 5명에게 나누어 주려고 해요. 몇 권씩 분배해야 할까요? 2권씩 주면 돼요. '분배하다'란 몫에 따라 나누어 준다는 말이에요."
적용하다	◆ **정의** 필요에 따라 적절하게 맞추어 쓰거나 실시하다. ⬛ 이 문제는 방정식 원리를 적용하면 금방 풀릴 것이다. ● **설명** "수학 문제를 풀려면 어떻게 해야 해요? 수학 문제는 수업 시간에 배운 공식을 적용해서 풀 수 있어요. '적용하다'란 필요에 따라 적절하게 맞추어 쓴다는 뜻이에요."
유용하다	◆ **정의** 쓸모가 있다. ⬛ 냉장고는 여름철에 음식물을 상하지 않게 하는 데에 유용하게 사용된다. ◆ **정보** (반대되는 말) 무용하다 ● **설명** "도서관에 가면 책이 많이 있어요. 그중에서 여러분이 원하는 책을 어떻게 찾을 수 있을까요? 도서관 컴퓨터를 이용하거나 도서 목록을 보면 책을 찾는 데 매우 유용해요. '유용하다'란 쓸모가 있다는 말이에요."
합리적	◆ **정의** 논리나 이치에 알맞은 것. ⬛ 교사들은 사교육비 절감을 위해 입시 제도가 합리적으로 개선되어야 한다고 주장했다. ● **설명** "학교 앞에 분식집이 있어요? 그 분식집이 맛이나 양으로 봤을 때 가격이 어때요? 비싸요? 또는 합리적이에요? '합리적'이란 논리나 이치에 알맞은 것을 말해요. 따라서 맛이나 양으로 봤을 때 가격이 괜찮으면 합리적이라고 생각할 수 있어요."
지표	◆ **정의** 방향이나 목적, 기준 등을 나타내는 표지. ⬛ 사람은 언제나 남을 도우며 살아야 한다는 생각은 내 삶의 지표가 되어 지금의 나를 만들었다. ● **설명** "여러분은 존경하는 사람이 있어요? 그 사람처럼 되려면 어떻게 해야 해요? 존경하는 사람을 삶의 지표로 삼을 수 있어요. '지표'란 방향이나 목적, 기준 등을 나타내는 표지를 말해요."

규범적	◆ **정의** 한 사회의 구성원으로서 따르고 지켜야 할 원리나 행동 양식이 되는 것. ⬛ 어른을 공경하는 것이 한국 사회의 규범적인 질서이다. ● **설명** "한국에서는 어른을 공경하는 것이 매우 중요한 규범적 가치예요. 그래서 버스에서도 나이가 많은 어르신을 보면 자리를 양보해요. '규범적'이란 한 사회의 구성원으로서 따르고 지켜야 할 원리나 행동 양식이 되는 것을 말해요."
확률	◆ **정의** 일정한 조건 아래에서 어떤 일이 일어날 수 있는 가능성의 정도. 또는 그 정도를 계산한 수치. ⬛ 동전을 던져서 앞면이 나올 확률은 이분의 일이다. ● **설명** "여러분은 어떤 운동을 좋아해요? 축구는 많은 학생들이 좋아하는 운동이에요. 학교에서 축구를 할 때 잘하는 반과 시합을 하면 이길 확률이 높아요? 이길 확률이 높지 않아요. 여기에서 '확률'이란 어떤 일이 일어날 수 있는 가능성의 정도를 말해요."
실용성	◆ **정의** 실제적인 쓸모가 있는 성질. ⬛ 이 가방은 수납할 공간도 많고 가벼워 실용성이 높다. ● **설명** "요즘 이렇게 작고 귀여운 가방이 유행이에요. 그런데 너무 작아서 가방 안에 책이나 휴대 전화 등 필요한 물건을 넣을 수 없어요. 이 가방은 실용성이 떨어져요. '실용성'은 실제적인 쓸모가 있는 성질을 말해요."
전제	◆ **정의** 어떤 사물이나 현상을 이루기 위하여 먼저 내세우는 것. ⬛ 나는 어떤 전제 조건도 달지 않고 친구를 도와주기로 했다. ● **설명** "시험에서 좋은 성적을 받기 위해서는 어떻게 해야 해요? 매일 열심히 공부하는 것이 전제되어야 좋은 성적을 받을 수 있어요. '전제'는 어떤 사물이나 현상을 이루기 위하여 먼저 내세우는 것을 말해요."

2) 교사는 학생들에게 교재 234, 235쪽에 제시된 내용을 읽게 한다.

⬛ "영수가 오늘 수학 시간에 수학이 일상생활에서 다양하게 활용되고 있다는 이야기를 들었어요. 수학이란 학문이 우리 삶과 얼마나 밀접한지를 더 알아보기 위해 '생활 속 수학 이야기'라는 글을 읽었어요. 이 글을 읽고 영수는 수학이 가진 가치에 대해 생각해 보고 있어요. 그럼 같이 읽어 볼까요?"

3) 교사는 학생들에게 세부 내용을 확인하는 질문을 한다.

⬛ "유산을 분배하는 데에 활용된 수학은 뭐예요?"

⬛ "왜 세 아들은 아버지가 주신 유산을 분배하다가 싸우게 되었어요?"

⬛ "누가 싸움을 멈출 수 있도록 도움을 주었어요?"

⬛ "첫째 아들은 몇 마리의 낙타를 받았어요?"

⬛ "둘째 아들은 몇 마리의 낙타를 받았어요?"

💬 "셋째 아들은 몇 마리의 낙타를 받았어요?"

　　💬 "가위바위보에 활용된 수학은 뭐예요?"

　　💬 "보온병에 활용된 수학은 뭐예요?"

　　💬 "우리가 흔히 사용하는 컴퓨터에 활용된 수학은 뭐예요?"

　　💬 "요리를 할 때는 어떤 수학 내용이 활용돼요?"

4) 교사는 학생들에게 학습 기능에 대해 확인하는 질
　문을 한다.

　　💬 "생활 속 수학 이야기를 읽은 후 영수는 수학이 가치가 있
　　다고 생각했어요?"

　　💬 "왜 그렇게 생각했어요?"

정리 - 5분

교사는 학습 내용을 정리하며 수업을 마무리한다.

　　💬 "학습 반응하기에서 가치 판단하기에 대해 배웠어요. 가
　　치 판단하기란 기준에 따라 어떤 대상이나 일에 대해 '좋
　　다, 나쁘다, 옳다, 그르다' 등과 같이 생각을 정하는 것을
　　말해요."

　　💬 "영수는 평소 수학이라고 하면 어렵고 특별한 몇몇 사람
　　들만의 학문이라고 생각했어요. 그런데 일상생활에서 수
　　학이 다양하게 활용되는 것을 알고 수학의 가치에 대해
　　다시 생각하게 되었어요."

　　💬 "이렇게 근거를 활용하여 어떤 일에 대한 가치를 판단할
　　수 있어요."

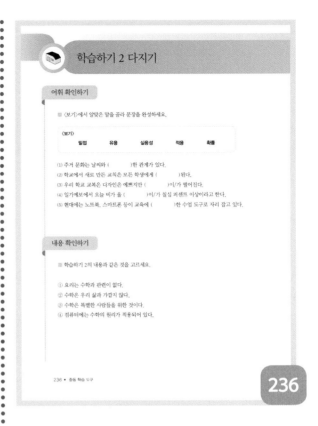

● 4차시 (의사소통 〈꼭 배워요〉와 연계할 경우 10차시)

[학습 목표]

• 학습 반응하기에서 가치 판단하기에 대해 안다.

• 인물에 대한 가치를 판단할 수 있다.

어휘 확인하기 - 10분

1) 교사는 학생들에게 '어휘 확인하기' 문제를 풀게
　한다.

　　💬 "〈보기〉를 보세요. 앞에서 배운 어휘가 있어요."

　　💬 "'밀접'이란 아주 가깝게 마주 닿아 있음, 또는 그런 관계
　　에 있는 것을 말해요."

　　💬 "'유용'이란 쓸모가 있는 것을 말해요."

　　💬 "'실용성'은 실제적인 쓸모가 있는 성질이에요."

　　💬 "'적용'은 필요에 따라 적절하게 맞추어 쓰거나 실시하는
　　뜻해요."

　　💬 "'확률'은 일정한 조건 아래에서 어떤 일이 일어날 수 있는
　　가능성의 정도, 또는 그 정도를 계산한 수치를 말해요."

　　💬 "아래 문장을 읽고 알맞은 어휘를 골라 문장을 완성해 보
　　세요."

2) 교사는 학생들과 함께 문제의 답을 확인한다.

> **정답**
> (1) 밀접　(2) 적용　(3) 실용성　(4) 확률　(5) 유용

1) 교사는 학생들에게 '내용 확인하기' 문제를 풀게 한다.

　📖 "학습하기 2에서 수학이 가지는 가치에 대해 판단하는 글을 읽었어요. 아래 문장을 읽고 학습하기 2에서 배운 내용과 같은 것을 고르세요."

2) 교사는 학생들과 함께 문제의 답을 확인한다.

　📖 "수학이라고 하면 어려운 학문이라고 생각하기 쉬워요. 그러나 수학은 일상생활에서 다양하게 활용되고 있어요. 무언가를 분배하거나 가위바위보에서 이기거나 비길 확률을 계산할 수 있어요. 보온병 모양이 원기둥인 이유에도 수학적 원리가 적용되어 있어요. 뿐만 아니라 컴퓨터나 요리에도 수학이 활용되고 있어요."

　📖 "수학은 특별한 사람들만을 위한 것이 아니에요. 조금 더 신경을 쓰고 찾아보면 일상생활에서 다양하게 수학을 활용하는 모습을 볼 수 있을 거예요. 따라서 이 문제의 답은 ④번이에요."

> 정답
> ④
> ① 요리에는 수학의 비율이 활용되어 있어 수학과 관련이 있다.
> ② 수학은 우리 삶과 멀리 있지 않다.
> ③ 수학은 어려운 학문이라 수학을 전공할 사람들만 배우면 된다고 생각했는데 그게 아니었다.
> ④ (235쪽 본문) '이 외에도 현대 사회에 없어서는 안 될 컴퓨터에도 수학의 이진법의 원리가 적용되어 있으며'라는 내용을 보면 알 수 있다.

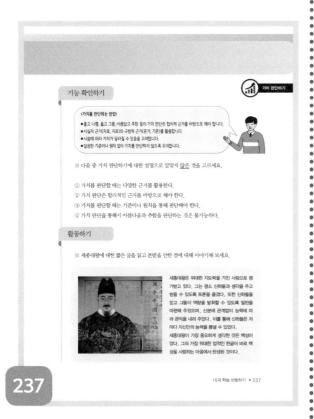

1) 학습하기 2에서 배운 '가치 판단하기' 기능을 정리한다.

　📖 "앞에서 영수가 우리 생활에서 수학이 얼마나 다양하게 활용되고 있는지 알아보는 과정을 통해 가치 판단하기에 대해 배웠어요. 어떤 일이나 대상이 가치가 있는지 없는지를 판단하기 위해서는 일정한 기준이 필요해요. 그 기준에 따라 '좋다, 나쁘다, 옳다, 그르다, 아름답다, 추하다' 등과 같이 생각을 정할 수 있어요. 가치는 기준에 따라 또는 시대에 따라 달라질 수 있어요. 가치가 이렇게 달라질 수 있다는 것을 고려하고 판단해야 해요."

2) 교사는 학생들에게 '기능 확인하기' 문제를 풀게 한다.

　📖 "다음 중 가치 판단하기에 대한 설명으로 알맞지 않은 것을 고르세요."

3) 교사는 학생들과 함께 문제의 답을 확인한다.

　📖 "좋고 나쁨, 옳고 그름, 아름답고 추함 등의 가치 판단은 합리적 근거를 바탕으로 해야 한다고 해요. 그래서 '가치 판단을 통해서 아름다움과 추함을 판단하는 것은 불가능하다.'라는 말은 틀렸어요. 따라서 답은 ④번이에요."

> 정답
> ④

1) 교사는 학생들에게 '활동하기'의 방법을 설명한 후 활동을 하게 한다.

　📖 "그림을 보세요. 이 사람이 누군지 알아요?"

　📖 "세종대왕은 무엇으로 유명해요?"

　📖 "세종대왕에 대한 짧은 글을 읽고 본받을 만한 점에 대해 이야기해 보세요."

2) 교사는 학생들과 함께 활동의 결과를 확인한다.

　📖 "세종대왕의 어떠한 점을 본받을 만해요?"

> 예시 답안
> 소통, 능력을 중시하는 인재 등용 원칙, 애민 정신

익힘책 교수-학습 지침

익힘책 1과

[11쪽] 학습 도구 어휘 및 문법 확인하기

1. 제시된 문장을 읽고 알맞은 어휘를 골라 문장을 완성하는 문제이다.

(1) ② 고려하여

여행지의 날씨가 어떤지 생각해서 옷을 챙겼다는 의미이다. 따라서 날씨를 생각한다는 의미와 비슷한 것이 답이 되어야 한다.

(2) ② 기준

서울의 강남과 강북이 한강과 어떤 관계가 있는지 알아본다.

(3) ③ 예상하기

양 팀의 축구 실력이 비슷해서 누가 이길지 모른다. 이기는 팀이 어딘지 미리 생각해 본다는 의미를 가진 단어가 답이 되어야 한다.

2. 제시된 어휘나 표현에 목표 문법을 적용하여 문장을 완성하는 문제이다. 목표 문법 '-으니'는 앞 내용이 뒤 내용에 대한 이유나 원인, 판단의 근거임을 나타내는 연결 어미이다.

(1) 부족하니

'부족하다'와 같이 받침이 없을 때에는 '-니'를 사용하여 '부족하니'와 같이 쓴다.

(2) 오니

'오다'와 같이 받침이 없을 때에는 '-니'를 사용하여 '오니'라고 쓴다.

3. 제시된 문장을 읽고 〈보기〉에서 알맞은 문법을 골라 문장을 완성하는 문제이다.

(1) 에 대해

회의에서 무슨 이야기를 했는지 이야기한 대상을 나타내는 문법이 답이 되어야 한다.

(2) 에 따라

방학 때 어떻게 생활할 것인지 어떤 상황이나 사실에 근거하여 뒤의 행동이 일어날 수 있다는 것을 나타내는 문법이 답이 되어야 한다.

[12쪽] 학습 활동 확인하기

1. 계획서 작성하기에 대한 설명으로 맞는 것과 틀린 것을 고르는 문제이다.

(1) O

교재 18쪽의 '계획서의 의미'에서 '계획서에 일의 목적과 목표, 절차와 순서, 방법 등을 잘 적어 두면 일을 효율적으로 할 수 있어요.'라는 내용을 보면 알 수 있다.

(2) X

계획서의 구성과 내용은 어떤 계획서를 쓰느냐에 따라 구성과 내용이 조금씩 달라지기도 하므로 틀린 내용이다.

(3) O

교재 18쪽의 '계획서 예시'를 보면 알 수 있다.

2. 계획서를 작성할 때 필요한 내용을 순서에 맞게 쓰는 문제이다.

(ㄹ) → (ㄱ) → (ㄴ) → (ㄷ)

교재 19쪽의 계획서의 구성과 방법을 보면 계획서 작성 순서를 알 수 있다.

[14쪽] 학습 기능 익히기

제시된 글을 읽고 세부 목표로 알맞지 않은 것이 무엇인지를 찾는 문제이다.

①

계획표의 목표인 '전체 과목 90점 이상 받기'의 세부 목표로 알맞지 않은 것은 '기말고사 일정을 확인하기'이다. 기말고사의 일정을 확인한다고 해서 전체 과목을 90점 이상 받을 수 없기 때문이다.

[15쪽] 학습 기능 더 익히기

모둠 활동 하기에서 세부 목표 설정하기 학습 기능이 어떻게 구현되는지 확인할 수 있는 문제로, 우리 반 학생 모두가 같이 축제에 참가하기 위해 할 수 있는 활동에 대한 세부 목표를 설정하는 상황이 담겨 있다. 활동 방법 및 진행 절차는 다음과 같다.

1) 교사는 학생들에게 축제 계획서의 목적에 대해 질문한다.
2) 교사는 학생들에게 축제 계획서의 목표에 대해 질문한다.
3) 교사는 모둠을 나눠 실제 모둠 활동을 진행하게 한다. 모둠 활동을 진행하기 전에 모둠 활동의 목적과 목표를 학생들이 숙지할 수 있도록 지도한다.
4) 교사는 학생들에게 제시된 세부 목표를 읽게 하고 이외에 어떤 세부 목표를 세울 수 있는지 모둠 활동을 통해 모둠별로 세부 목표를 설정하게 한다.
5) 교사는 학생들과 함께 활동의 결과를 확인한다.

> **예시 답안**
> - 모두가 함께할 수 있는 장소를 찾는다.
> - 다 같이 모일 수 있는 시간을 확인한다.

[16쪽] 학습 기능 익히기

제시된 그림을 보고 어떤 사항을 고려하여 순서를 정했는지 찾는 문제이다.

②

수학을 잘 못해서 수학 공부 일정이 많다. 수학을 잘 못하는 자신의 상황을 고려하여 순서를 정한 것이다.

[17쪽] 학습 기능 더 익히기

협동 학습 학기에서 순서 정하기 학습 기능이 어떻게 구현되는지 확인할 수 있는 문제로, 지역 문화재에 대해 공부할 수 있는 여러 장소 중 어디부터 가는 것이 좋을지 순서를 정하는 상황이 담겨 있다. 활동 방법 및 진행 절차는 다음과 같다.

1) 교사는 학생들이 글을 읽게 한다.
2) 교사는 학생들에게 각 장소의 특징에 대해 질문한다.
3) 교사는 학생들에게 안나, 호민, 와니가 순서를 어떻게 정했는지 써 보게 한다.
4) 교사는 학생들과 함께 문제의 답을 확인한다.

> **정답**
> (1) 문화재
> (2) 박물관과 사진 전시회, 문화재
> (3) 박물관, 사진 전시회, 문화재

익힘책 2과

[19쪽] 학습 도구 어휘 및 문법 확인하기

1. 제시된 문장을 읽고 알맞은 어휘를 골라 문장을 완성하는 문제이다.

(1) ④ 집중할

'주변이 시끄러울 때 공부할 수 없다.'라는 의미가 되는 것이 답이 되어야 한다.

(2) ① 관련

홍수, 가뭄, 태풍과 지구 온난화의 관계를 생각해 봐야 한다.

(3) ③ 요청하는

스스로 해결하기 어려울 때 다른 사람에게 도움을 부탁한다는 의미가 되는 것이 답이 되어야 한다.

2. 제시된 어휘나 표현에 목표 문법을 적용하여 문장을 완성하는 문제이다. 목표 문법 '-으며'는 두 가지 이상의 동작이나 상태가 함께 일어남을 나타내는 연결 어미이다.

(1) 흔들며

'흔들다'와 같이 ㄹ받침의 단어와 쓸 때는 '-며'를 사용하여 '흔들며'라고 쓴다.

(2) 하며

'하다'와 같이 받침이 없는 단어와 쓸 때는 '-며'를 사용하여 '하며'라고 쓴다.

3. 밑줄 친 부분과 의미가 반대인 표현을 고르는 문제이다.

② 반대했다

'동의하다'는 같은 의견을 가진다는 뜻이다. 문맥을 보면 경험이 중요하다는 친구의 의견과 자신의 의견이 같다는 뜻이다. 따라서 의견이 같지 않고 다르다는 의미를 가진 어휘가 답이 되어야 한다.

4. 밑줄 친 부분과 의미가 비슷한 표현을 고르는 문제이다.

③ 의논했다

'의논하다'는 어떤 문제에 대해 서로 의견을 나눈다는 의미가 있다.

[20쪽] 학습 활동 확인하기

협동 학습에 대한 설명으로 맞는 것과 틀린 것을 고르는 문제이다.

(1) O

교재 32쪽의 협동 학습의 기본 원칙에서 '자기 팀이 과제를 완수하고 학습 목표에 도달할 수 있도록 각자 맡은 역할을 충실히 수행하고 적극적으로 참여해야 해요.'라는 내용을 보면 알 수 있다.

(2) X

각자 조사한 자료는 서로 교환하여 공유해야 하므로 틀린 내용이다.

(3) O

교재 32쪽의 협동 학습의 기본 원칙에서 '자료와 정보를 교환하여 공유하고, 서로 도움을 주고받으면서 수행해야 해요.'라는 내용을 보면 알 수 있다.

2. 협동 학습의 어느 과정에 해당하는 내용인지 찾는 문제이다.

☑ 조정하기

교재 33쪽의 협동 학습 진행 과정에서 '조정하기'에 대한 내용을 보면 알 수 있다.

[22쪽] 학습 기능 익히기

제시된 대화를 읽고 제안을 가장 잘한 사람이 누구인지를 찾는 문제이다.

③

제안하기는 일을 더 좋은 방향으로 이끌기 위해 의견을 내는 것을 말한다. 제안할 때는 제안을 하는 근거와 함께 말해야 한다. 또한 제안하기는 상대방이 내 의견에 무조건 따르도록 하는 것이 아니다.

[23쪽] 학습 기능 더 익히기

토론하기에서 제안하기 학습 기능이 어떻게 구현되는지 확인할 수 있는 문제로, 주제에 대한 토론을 진행하기 전에 주장에 대해 무슨 근거를 가지고 말하면 좋을지 제안하는 상황이 담겨 있다. 활동 방법 및 진행 절차는 다음과 같다.

1) 교사는 학생들이 글을 읽게 한다.
2) 교사는 학생들에게 토론의 주제가 무엇인지 질문한다.
3) 교사는 학생들에게 제시된 제안을 읽게 하고 이외에 어떤 제안을 할 수 있는지 써 보게 한다.
4) 교사는 학생들과 함께 활동의 결과를 확인한다.

> 예시 답안
> 좋은 생각이야. 그리고 줄임말을 사용하면 서로 통하는 느낌이 들어 사이가 매우 가까워질 수 있다는 것도 근거가 될 수 있을 것 같아.

[24쪽] 학습 기능 익히기

제시된 글을 읽고 조정을 잘한 사람이 누구인지 찾는 문제이다.

④

쉽게 조정할 수 있는 부분이라도 함께 의논을 통해 결정해야 한다. 조정 결과가 나오지 않을 때는 나중으로 미루거나 주변

사람에게 도움을 요청해도 된다. 조정할 때는 자신의 의견을 강하게 말하는 것은 좋지 않다.

[25쪽] 학습 기능 더 익히기

토론하기에서 조정하기 학습 기능이 어떻게 구현되는지 확인할 수 있는 문제로, 토론을 시작하기 전에 어떤 주장을 할 것인지 의견을 조정하는 상황이 담겨 있다. 활동 방법 및 진행 절차는 다음과 같다.

1) 교사는 학생들이 대화를 읽게 한다.
2) 교사는 학생들에게 제시된 주장을 읽게 하고 제시되어 있는 주장을 조정하게 한다.
3) 교사는 학생들과 함께 활동의 결과를 확인한다.

> 정답
> - CCTV는 사람들에게 주의를 주기 때문에 싸움, 안전사고 등 여러 가지 학교 문제가 생기지 않게 미리 막을 수 있다.
> - 사고가 생겼을 때 CCTV를 확인해서 사고의 잘못이 누구에게 있는지 확인할 수 있다.

익힘책 3과

[27쪽] 학습 도구 어휘 및 문법 확인하기

1. 제시된 문장을 읽고 알맞은 어휘를 골라 문장을 완성하는 문제이다.

   (1) ③ 요약한

   '간단히'와 '자료'를 보았을 때 자료를 간단히 만든다는 의미를 가진 것이 답이 되어야 한다.

   (2) ③ 정책

   정부에서 문제를 해결하기 위해 발표한 방법이 답이 되어야 한다.

   (3) ② 사례

   '환경 문제'와 '지구 온난화, 기후 변화'의 관계를 살펴본다. 환경 문제의 예로 지구 온난화와 기후 변화 등을 들수 있다.

2. 제시된 어휘나 표현에 목표 문법을 적용하여 문장을 완성하는 문제이다. 목표 문법 '에 비해'는 비교의 대상 또는 기준을 나타내는 표현이다.

   (1) 학생 수에 비해

   (2) 저학년 학생에 비해

   '에 비해'는 명사와 함께 사용한다. 앞의 명사에 받침이 있을 때나 없을 때 모두 '에 비해'를 그대로 사용한다.

3. 밑줄 친 부분과 의미가 비슷한 표현을 고르는 문제이다.

   (1) ② 전달했다

   '전하다'는 어떤 소식, 생각 등을 상대에게 알린다는 뜻이다. 따라서 어떤 이야기를 다른 사람에게 알린다는 뜻을 가진 것이 답이 되어야 한다.

   (2) ③ 삭제해야

   '지우다'는 쓰거나 그린 것 등을 도구를 사용해서 안 보이게 없앤다는 뜻이다. '삭제하다'는 없애거나 지운다는 의미를 가지고 있다.

[28쪽] 학습 활동 확인하기

1. 보고서 작성 과정을 순서에 맞게 쓰는 문제이다.

   (㉠) → (㉢) → (㉣) → (㉡)

   교재 46쪽의 보고서 작성 과정을 보면 보고서를 작성하는 과정을 보면 알 수 있다.

2. 계획서를 작성할 때 필요한 내용을 순서에 맞게 쓰는 문제이다.

   (1) O

   교재 47쪽의 보고서의 구성 중 끝 부분에서 '자료의 출처를 반드시 제시해야 한다.'라는 내용을 보면 알 수 있다.

   (2) O

   교재 47쪽의 보고서의 구성 중 중간 부분에서 '분석한 내용을 요약하고 정교화해서 제시한다.'라는 내용을 보면 알수 있다.

   (3) X

   수집한 자료에 대한 결과는 보고서의 중간 부분에 제시해야 한다.

[30쪽] 학습 기능 익히기

제시된 글을 읽고 글에서 중요한 단어를 찾아 글의 요약문을 완성하는 문제이다.

그녀가 그린 **(곤충 그림을 닭이 먹으려고 했다는)** 이야기를 통해 그녀의 **(그림 솜씨가 얼마나 훌륭했는지를)** 알 수 있다.

글에서 중요한 단어를 찾고, 중요한 단어를 가지고 요약문을 완성한다. 제시되어 있는 요약문에서 '그녀가 그린'과 '이야기'를 보았을 때 첫 번째 칸에는 그녀가 그린 그림에 대한 이야기를 써야 한다. 그다음에 마지막 칸에는 이 이야기를 통해서 알수 있는 것이 무엇인지를 써야 한다.

[31쪽] 학습 기능 더 익히기

필기하기에서 요약하기 학습 기능이 어떻게 구현되는지 확인할 수 있는 문제로, 설명문에 대한 글을 요약하는 상황이 담겨 있다. 활동 방법 및 진행 절차는 다음과 같다.

1) 교사는 학생들이 글을 읽게 한다.
2) 교사는 학생들에게 설명문의 정의에 대해 질문한다.
3) 교사는 학생들에게 설명문의 특징에 대해 질문한다.
4) 교사는 학생들에게 글에서 중요한 단어를 찾아 설명문의 정의와 설명문의 특성을 요약하게 한다.
5) 교사는 학생들과 함께 활동의 결과를 확인한다.

> **예시 답안**
> 1. 설명문의 정의: 설명문은 정보 전달을 목적으로 어떤 대상에 대한 지식이나 정보를 이해하기 쉽게 풀어서 쓴 글이다.
> 2. 설명문의 특성: 첫째 설명문은 객관적이어야 한다.
>   둘째 설명문의 내용은 정확해야 한다.
>   셋째 설명문은 읽는 사람이 이해하기 쉽게 작성해야 한다.

[32쪽] 학습 기능 익히기

제시된 글을 보고 글에서 사용한 정교화하기 방법을 고르는 문제이다.

③

국내의 놀이공원에서 실제로 어떤 방법으로 매출을 올렸는지 예를 들어 자세히 설명하는 부분이다.

[33쪽] 학습 기능 더 익히기

점검하기에서 정교화하기 학습 기능이 어떻게 구현되는지 확인할 수 있는 문제로, 옷차림에 대한 보고서의 완성도를 높이기 위해 글을 정교화하는 상황이 담겨 있다. 활동 방법 및 진행 절차는 다음과 같다.

1) 교사는 학생들이 글을 읽게 한다.
2) 교사는 학생들에게 따뜻한 색의 예와 차가운 색의 예에는 무엇이 있는지 질문한다.
3) 교사는 학생들에게 따뜻한 색과 차가운 색의 예를 써 보게 한다.
4) 교사는 학생들과 함께 문제의 답을 확인한다.

> **정답**
> 빨간색, 주황색, 노란색 등은 따뜻한 색의 예이다. 반대로 차가운 색에는 파란색, 남색, 보라색 등이 있다.

익힘책 4과

[35쪽] 학습 도구 어휘 및 문법 확인하기

1. 제시된 문장을 읽고 알맞은 어휘를 골라 문장을 완성하는 문제이다.

   (1) ① 기록했다

   공책에 할 수 있는 것이 답이 되어야 한다.

   (2) ① 공유하기

   수집한 정보가 맞는 내용인지 확인한 다음에 다른 사람에게 전달해야 한다.

   (3) ④ 태도

   '수업 시간에 조는 학생', '다른 친구와 이야기하는 학생'의 어떤 것이 좋지 않은지가 답이 되어야 한다.

2. 제시된 어휘나 표현에 목표 문법을 적용하여 문장을 완성하는 문제이다. 목표 문법 '-음'은 앞의 말이 명사의 기능을 하게 하는 어미이다.

   (1) 보고서에 그림 자료를 추가해야 함.

   '하다'와 같이 받침이 없을 때는 '-ㅁ'을 사용하여 '함'이라고 쓴다.

   (2) 토의를 하면 다양한 의견을 알 수 있음.

   '있다'와 같이 받침이 있을 때는 '-음'을 사용하여 '있음'이라고 쓴다.

3. 밑줄 친 부분과 의미가 비슷한 표현을 고르는 문제이다.

   (1) ② 이동해야

   '옮기다'는 한곳에서 다른 곳으로 이동하게 한다는 뜻을 가지고 있다.

   (2) ② 단체

   '집단'은 여럿이 모여서 이룬 단체라는 뜻이다.

[36쪽] 학습 활동 확인하기

1. 모둠 활동 하기에 대한 설명으로 맞는 것과 틀린 것을 고르는 문제이다.

   (1) O

   교재 60쪽의 5번 모둠 활동 하기에서 '혼자 하는 것이 아니고 같이 하는 것이기 때문에 자신의 역할을 잘 알고 최선을 다해야 해요.'라는 내용을 보면 알 수 있다.

   (2) X

   모둠 활동을 진행하다가 중간에 역할이나 일정 등을 바꿔도 된다.

   (3) O

   교재 61쪽의 6번 중간 점검 하기에서 '모둠 활동이 목표를 향해 잘 가고 있는지 돌아보고 부족한 내용을 찾아야 해요.'라는 내용을 보면 알 수 있다.

2. 모둠 활동의 좋은 점으로 알맞지 않은 것을 고르는 문제이다.

③

모둠 활동은 혼자 하는 것이 아니고 같이 하는 것이기 때문에 자신의 역할을 잘 알고 최선을 다해야 한다.

[38쪽] 학습 기능 익히기

제시된 대화를 읽고 정보 수집하기 및 공유하기를 제일 잘한 사람을 고르는 문제이다.

④

수집한 정보를 공유할 때는 먼저 정보의 사실성과 가치에 대해 스스로 판단을 한 다음에 공유할 가치가 있는 정보를 중심으로 공유해야 한다.

[39쪽] 학습 기능 더 익히기

평가받기에서 정보 수집하기 및 공유하기 학습 기능이 어떻게 구현되는지 확인할 수 있는 문제로, 환경 사람 동영상 만들기 대회에 대한 정보를 수집하고 공유하는 상황이 담겨 있다. 활동 방법 및 진행 절차는 다음과 같다.

1) 교사는 학생들이 대화를 읽게 한다.
2) 교사는 학생들에게 대회에 대한 정보를 질문한다.
3) 교사는 학생들이 대회에 대한 정보를 찾아 쓰게 한다.
4) 교사는 학생들이 수집한 정보를 서로 공유하게 한다.
5) 교사는 학생들과 함께 활동의 결과를 확인한다.

> **예시 답안**
> 나는 이전 대회에서 상을 받은 사람들의 인터뷰 자료를 찾아봤어. 인터뷰를 보면 새로운 내용의 영상, 다른 팀과 차별되는 특징 등이 평가에 중요한 부분인 것 같아.

[40쪽] 학습 기능 익히기

제시된 글을 보고 토의하기에 대한 설명으로 알맞은 것을 고르는 문제이다.

④

토의할 때는 소수의 의견이라도 충분히 살펴봐야 한다. 토의는 자신의 의견이 선택되도록 자기 의견을 주장하는 것이 아니다. 토의는 가장 바람직한 해결 방안을 찾기 위해 의견을 주고받는 것이다. 하나의 의견으로 결정하기 힘들 때는 다수결의 방법을 사용하여 결정할 수 있다. 따라서 의견이 다양하고 많으면 더 좋다.

[41쪽] 학습 기능 더 익히기

계획서 작성하기에서 토의하기 학습 기능이 어떻게 구현되는지 확인할 수 있는 문제로, 어떤 봉사 활동을 할지 계획서를 작성하면서 토의하는 상황이 담겨 있다. 활

동 방법 및 진행 절차는 다음과 같다.

1) 교사는 학생들이 대화를 읽게 한다.
2) 교사는 학생들이 하고 싶은 봉사 활동과 그 이유를 쓰게 한다.
3) 교사는 학생들이 어떤 봉사 활동을 할지 계획서를 작성하며 토의하게 한다.
4) 교사는 학생들과 함께 활동의 결과를 확인한다.

> **정답**
> - 우리 동네 길거리에 버려진 쓰레기를 줍는 봉사 활동은 어때? 거리도 가깝고 언제든지 할 수 있어서 좋은 것 같아.
> - 우리가 그동안 해 보지 않은 새로운 봉사 활동은 어때? '목소리 기부'가 뭔지 들어 봤어? '목소리 기부' 봉사는 앞을 보지 못하는 사람들을 위해 책을 읽어 주는 봉사 활동이야.

익힘책 5과

[43쪽] 학습 도구 어휘 및 문법 확인하기

1. 제시된 문장을 읽고 알맞은 어휘를 골라 문장을 완성하는 문제이다.

(1) ① 유추할

단어의 뜻을 몰라도 앞뒤 내용을 통해 단어의 뜻을 알 수 있다는 의미를 가진 것이 답이 되어야 한다.

(2) ① 보완해서

보고서의 내용을 수정하고 부족한 부분을 넣는다는 의미를 가진 것이 답이 되어야 한다.

(3) ③ 발휘하지

다리를 다쳐서 자신의 실력을 보여 주지 못했다는 의미를 가진 것이 답이되어야 한다.

2. 제시된 어휘나 표현에 목표 문법을 적용하여 문장을 완성하는 문제이다. 목표 문법 '-음으로써'는 앞에 오는 말이 뒤에 오는 말의 이유가 됨을 나타내는 조사이다.

(1) 풀어 봄으로써

'풀어 보다'와 같이 받침이 없을 때는 '-ㅁ으로써'를 사용하여 '풀어 봄으로써'와 같이 쓴다.

(2) 노력함으로써

'노력하다'와 같이 받침이 없을 때는 '-ㅁ으로써'를 사용하여 '노력함으로써'와 같이 쓴다.

3. 밑줄 친 부분과 의미가 비슷한 표현을 고르는 문제이다.

(1) ④ 조심해야

'주의하다'는 마음속 깊이 생각하고 조심한다는 의미이다.

(2) ③ 종합해서

'종합하다'는 관련되는 여러 가지를 모아 하나로 합친다는 의미가 있다.

[44쪽] 학습 활동 확인하기

1. 책 읽기 전에 하는 활동으로 맞는 것과 틀린 것을 고르는 문제이다.

(1) O

교재 74쪽의 '책 읽기 전'의 내용을 보면 알 수 있다.

(2) X

내 삶에 적용해 보는 것은 책을 읽은 후에 하는 것이다.

(3) X

글의 내용을 요약하고 주제를 찾는 것은 책을 읽은 후에 하는 것이다.

(4) O

교재 74쪽의 '책 읽기 전'의 내용을 보면 알 수 있다.

2. 좋은 책을 고르는 방법으로 알맞은 것을 고르는 문제이다.

②

교재 75쪽의 '좋은 책을 고르는 방법'의 내용을 보면 알 수 있다.

[46쪽] 학습 기능 익히기

주제 찾기에 대한 설명으로 알맞은 것을 고르는 문제이다.

④

중심 내용은 세부 내용 모두 포괄할 수 있는 내용이어야 한다. 글에서 핵심적인 단어나 표현을 찾으면 중심 내용을 찾을 수 있다. 모든 문단마다 주제를 나타내는 어휘가 꼭 있을 필요는 없다. 글의 목적을 알면 글의 주제를 찾는 데에 도움이 된다.

[47쪽] 학습 기능 더 익히기

예습하기에서 주제 찾기 학습 기능이 어떻게 구현되는지 확인할 수 있는 문제로, 한국의 전래 동화를 읽고 글의 주제를 찾는 상황이 담겨 있다. 활동 방법 및 진행 절차는 다음과 같다.

1) 교사는 학생들이 글을 읽게 한다.
2) 교사는 학생들에게 각 문단의 중심 내용을 질문한다.
3) 교사는 학생들에게 글의 주제에 대해 질문한다.
4) 교사는 학생들이 각 문단의 중심 내용과 주제를 쓰게 한다.
5) 교사는 학생들과 함께 활동의 결과를 확인한다.

> **예시 답안**
> - 첫 번째 문단: 나무꾼이 나무를 하다가 자신의 도끼를 연못에 빠뜨렸다.
> - 두 번째 문단: 산신령이 나타나 금도끼와 은도끼 중 어느 것이 나무꾼의 것이냐고 물었다.
> - 세 번째 문단: 나무꾼은 자신의 도끼가 쇠도끼라고 진실을 말해서 산신령에게 금도끼와 은도끼를 모두 상으로 받았다.
> - 글의 주제: 거짓말을 하지 않고 정직하게 살면 복이 온다.

[48쪽] 학습 기능 익히기

추론의 방법과 그에 대한 설명으로 알맞은 것끼리 연결하는 문제이다.

(1) 주장과 근거 사이의 인과관계로 추론한다.　●━━━● 인과적 추론

(2) 일반적인 원칙이나 지식으로 결론을 추론한다.　●　　● 사례에 의한 추론

(3) 유사한 사례가 많은 경우 그것을 일반화하여 추론한다.　●　　● 원칙에 의한 추론

(4) 비슷한 두 가지 사례를 비교하여 하나가 맞다면 다른 하나도 맞다고 유추하여 추론한다.　●━━━● 유추에 의한 추론

주장과 근거 사이의 인과 관계, 즉 원인과 결과의 관계를 보고 추론하는 것은 '인과적 추론'이라고 한다. 사람들이 일반적으로 알고 있는 원칙이나 지식을 가지고 결론을 추론하는 것은

'원칙에 의한 추론'이라고 한다. 비슷한 사례가 많을 때, 이 사례들을 일반화해서 추론하는 것은 '사례에 의한 추론'이라고 한다. 마지막으로 두 가지의 비슷한 사례를 비교할 때 사례 A가 맞으면 사례 B도 맞는다고 유추해서 추론하는 것은 '유추에 의한 추론'이라고 한다.

[49쪽] 학습 기능 더 익히기

실험하기에서 추론하기 학습 기능이 어떻게 구현되는지 확인할 수 있는 문제로, 빛의 굴절 실험을 하며 실험 결과가 어떻게 나올지 추측하는 상황이 담겨 있다.

활동 방법 및 진행 절차는 다음과 같다.
1) 교사는 학생들이 글을 읽게 한다.
2) 교사는 학생들에게 실험 과정에 대해 질문한다.
3) 교사는 학생들이 실험 결과를 쓰게 한다.
4) 교사는 학생들과 함께 문제의 답을 확인한다.

정답
모으위ㅏ

익힘책 6과

[51쪽] 학습 도구 어휘 및 문법 확인하기

1. 제시된 문장을 읽고 알맞은 어휘를 골라 문장을 완성하는 문제이다.

   (1) ② 분류할

   '생물은 동물과 식물로 나눌 수 있다.'라는 의미를 가진 것이 답이 되어야 한다.

   (2) ③ 질서

   버스를 타기 위해 사람들이 어떻게 줄을 서 있는지, 줄을 서 있는 모습을 표현하는 단어가 답이 되어야 한다.

   (3) ③ 요소

   '우리 몸을 이루는 중요한 조건은 물이다.'라는 의미가 되는 것이 답이 되어야 한다.

   (4) ② 상상해

   10년 뒤, 현재에는 알 수 없는 미래의 모습을 생각해 본다는 의미를 가진 것이 답이 되어야 한다.

   (5) ② 시대

   100년 전부터 지금까지의 시간을 나타내는 것이 답이 되어야 한다.

2. 밑줄 친 부분과 의미가 반대인 표현을 고르는 문제이다.

   (1) ③ 공통점

   나와 동생은 성격도 다르고 취미도 다르다. 차이점과 반대로 같은 점을 의미하는 어휘가 답이 되어야 한다.

   (2) ④ 평범한

   '독특하다'는 다른 것과 비교하여 특별히 다르다는 뜻이다. 특별히 다르지 않다는 의미를 가진 어휘가 답이 되어야 한다.

[52쪽] 학습 활동 확인하기

코넬식 노트 필기 방법의 각 영역과 그 부분에 들어갈 내용을 찾아 쓰는 문제이다.

> ㉠ 제목 영역: ⓑ 단원명이나 수업의 주제를 적는다.

> ㉣ 핵심 개념 영역:
> ⓓ 핵심 개념을 핵심 단어나 질문으로 표현한다.

> ㉡ 노트 정리 영역:
> ⓒ 수업을 들으면서 수업 내용을 메모한다.

> ㉢ 요약정리 영역: ⓐ 중요한 내용을 요약한다.

교재 89쪽의 필기 방법의 예시: 코넬식 노트 필기 방법을 보면 각 영역과 그 부분에 들어갈 내용을 알 수 있다.

[54쪽] 학습 기능 익히기

메모하기를 잘한 사람을 고르는 문제이다.

①

동그라미, 별표, 화살표 등의 간단한 기호를 사용해서 메모해도 된다. 메모는 들으면서 중요하다고 생각하는 내용을 적는 것이다. 잘 아는 내용이라면 단서가 되는 말만 적는다. 모든 내용을 다 적다가 중요한 내용을 못 쓸 수도 있으므로 간략하게 적는 것이 좋다. 그리고 메모할 때는 자신이 알아볼 수 있게 적어야 한다.

[55쪽] 학습 기능 더 익히기

책 읽기에서 메모하기 학습 기능이 어떻게 구현되는지 확인할 수 있는 문제로, '생각의 차이'에 대한 글을 읽으면서 메모하는 상황이 담겨 있다. 활동 방법 및 진행 절차는 다음과 같다.

1) 교사는 학생들이 글을 읽으면서 떠오르는 생각, 궁금한 점, 중요한 단어 등을 메모하면서 읽게 한다.

2) 활동의 결과를 확인한다. 이때 교사는 학생들이 어떤 방법으로 메모했는지 질문할 수 있으며 메모한 내용을 학생들이 서로 비교하게 할 수 있다.

3) 교사는 학생들과 함께 활동의 결과를 확인한다.

예시 답안
- 나: 호랑이와 원숭이
- ★대상 사이의 관계 중요시
- 이 실험과 비슷한 또 다른 실험이 있을까?

[56쪽] 학습 기능 익히기

제시된 글을 읽고 행성을 분류한 기준을 고르는 문제이다.

④

태양계에서 가장 작은 수성, 지구와 비슷한 크기의 금성, 지구의 반 정도 되는 화성, 지구보다 11배 큰 목성, 목성 다음으로 큰 토성, 지구보다 4배 큰 천왕성과 해왕성이라는 글을 보면 크기를 기준으로 한 것을 알 수 있다.

[57쪽] 학습 기능 더 익히기

복습하기에서 분류하기 학습 기능이 어떻게 구현되는지 확인할 수 있는 문제로, 수업 시간에 배운 과일의 특징에 따라 분류하는 상황이 담겨 있다. 활동 방법 및 진행 절차는 다음과 같다.

1) 교사는 학생들에게 각 과일의 특징에 대해 질문한다.

2) 교사는 학생들에게 과일을 분류할 기준을 쓰고 기준에 따라 과일을 분류하게 한다.

3) 답을 확인한다.

4) 교사는 학생들과 함께 활동의 결과를 확인한다.

예시 답안

분류 기준	빨간색	주황색	노란색	초록색
껍질 색깔	사과, 딸기	감, 귤	배, 레몬, 참외	수박

분류 기준	10개 미만	10개 이상
씨의 개수	사과, 배, 감, 레몬, 귤	딸기, 수박, 참외

익힘책 7과

[59쪽] 학습 도구 어휘 및 문법 확인하기

1. 제시된 문장을 읽고 알맞은 어휘를 골라 문장을 완성하는 문제이다.

   (1) ② 단위

   한국의 화폐와 원(₩)사이의 관계를 나타내는 어휘가 답이 되어야 한다.

   (2) ③ 분석했다

   설문 조사 결과를 나이별로 나누어서 할 수 있는 것이 답이 되어야 한다.

   (3) ② 유지하기

   운동을 하면 건강이 계속된다는 의미를 가진 것이 답이 되어야 한다.

   (4) ③ 적응하는

   다른 나라의 음식에 익숙해지는 것이 어렵다는 의미이다.

2. 밑줄 친 부분과 의미가 비슷한 표현을 고르는 문제이다.

   ② 성질

   '속성'은 사물이 처음부터 가지고 있는 특징이나 성질이라는 의미이다.

3. 밑줄 친 부분과 의미가 반대인 표현을 고르는 문제이다.

   ② 정신적인

   '물질적'은 물건, 돈과 같은 물질에 관련된 것이다. 눈에 보이는 돈과 물건이 아닌 눈에 보이지 않는 '정신'에 대한 것이 답이 되어야 한다.

[60쪽] 학습 활동 확인하기

1. 복습의 중요성 및 효과로 알맞지 않은 것을 고르는 문제이다.

   ③

   교재 102, 103쪽의 '복습의 중요성 및 효과'를 보면 알 수 있다.

2. 복습 계획 및 방법에 대한 설명으로 맞는 것과 틀린 것을 고르는 문제이다.

   (1) X

   적은 양이라도 꾸준히 복습하는 것이 좋다.

   (2) O

   교재 103쪽의 복습 계획에서 '가장 효과적인 복습 주기는 10분, 1일, 7일, 30일이다.'라는 내용을 보면 알 수 있다.

   (3) O

   교재 103쪽의 복습 방법에서 '교과서 다시 읽기', '공책 정리

하기'의 내용을 보면 알 수 있다.

[62쪽] 학습 기능 익히기

구성 요소와 속성 확인하기에 대한 설명으로 맞는 것과 틀린 것을 고르는 문제이다.

   (1) O

   교재 104쪽의 '구성 요소와 속성 확인하기란 대상이 어떤 부분들로 이루어져 있는지를 알고 그것들의 특징을 분명하게 확인하는 것을 말한다.'라는 내용을 보면 알 수 있다.

   (2) X

   구성 요소와 속성 확인하기는 구성 요소가 갖는 특징을 파악하는 것과 관계가 있다.

   (3) O

   교재 105쪽의 구성 요소와 속성 확인하는 방법에서 '이때 핵심적인 속성과 부가적인 속성으로 나눌 수 있다.'라는 내용을 보면 알 수 있다.

[63쪽] 학습 기능 더 익히기

점검하기에서 구성 요소와 속성 확인하기 학습 기능이 어떻게 구현되는지 확인할 수 있는 문제로, 식물 탐구 활동을 잘 진행하고 있는지 점검하면서 대한 구성 요소와 속성을 확인하는 상황이 담겨 있다. 활동 방법 및 진행 절차는 다음과 같다.

   1) 교사는 학생들이 글을 읽게 한다.
   2) 교사는 학생들에게 탐구 계획서를 보고 무엇을 점검할 수 있는지 질문한다.
   3) 교사는 학생들이 점검표를 완성하게 한다.
   4) 교사는 학생들과 함께 활동의 결과를 확인한다.

   > **예시 답안**
   > 3. 식물에 대한 자료를 충분히 수집했는가?
   > 4. 일정에 맞춰 탐구를 진행했는가?

[64쪽] 학습 기능 익히기

핵심 정리하기의 방법을 순서에 맞게 쓰는 문제이다.

   (㉡) → (㉠) → (㉢)

   핵심을 정리할 때는 먼저 주제를 확인하고 주제와 관련된 어휘와 표현을 찾는다. 그다음에 주제와 관련 어휘 및 표현의 관계를 파악하며 핵심 내용을 정리한다.

[65쪽] 학습 기능 더 익히기

책 읽기에서 핵심 정리하기 학습 기능이 어떻게 구현되는지 확인할 수 있는 문제로, '칭찬의 힘'에 대한 글을 읽고 글의 핵심 내용을 정리하는 상황이 담겨 있다. 활동 방법 및 진행 절차는 다음과 같다.

1) 교사는 학생들이 글을 읽게 한다.
2) 교사는 학생들에게 무엇에 대한 내용인지 질문한다.
3) 교사는 학생들에게 핵심 어휘와 표현이 무엇인지 질문한다.
4) 교사는 학생들에게 글의 핵심 내용이 무엇인지 질문한다.
5) 교사는 학생들과 함께 활동의 결과를 확인한다.

예시 답안
1. 칭찬의 힘
2. 칭찬, 자신감, 진심, 용기, 힘, 엄청나다
3. 진심으로 하는 칭찬은 용기와 자신감을 주는 엄청난 힘을 가지고 있다.

익힘책 8과

[67쪽] 학습 도구 어휘 및 문법 확인하기

1. 제시된 문장을 읽고 알맞은 어휘를 골라 문장을 완성하는 문제이다.

(1) ③ 심리적으로

첫 번째로 발표하면 부담되는 것이 답이 되어야 한다.

(2) ② 변화

환절기는 계절이 바뀌는 시기를 말한다. 환절기에 감기에 걸리기 쉬운 이유는 날씨가 아침저녁으로 달라지기 때문이다. 달라진다는 의미를 가진 것이 답이 되어야 한다.

(3) ① 공존하고

오래된 건물과 새 건물, 과거와 현재가 함께 있다는 의미를 가진 것이 답이 되어야 한다.

2. 밑줄 친 부분과 의미가 비슷한 표현을 고르는 문제이다.

(1) ① 모습

'양상'은 사물이나 현상의 모양이나 상태라는 의미를 가지고 있다.

(2) ④ 종류

'유형'은 특징이나 모양 등이 비슷한 것끼리 묶은 것을 말한다. 어떤 기준에 따라 여러 가지로 나눈 것인 '종류'와 비슷한 의미를 가진다.

3. 밑줄 친 부분과 의미가 반대인 표현을 고르는 문제이다.

(1) ③ 외부

'내부'는 사물의 안쪽을 의미하므로 사물의 바깥쪽이라는 의미를 가진 단어가 답이 되어야 한다.

(2) ③ 필연적인

의도하지 않은, 우연적인 만남과 반대 의미를 가진 반드시 그럴 수밖에 없는 것이라는 의미를 가진 것이 답이 되어야 한다.

[68쪽] 학습 활동 확인하기

1. 다음에서 설명하는 문서의 이름을 쓰는 문제이다.

점검표

교재 116쪽의 '점검표' 내용을 보면 점검표의 의미를 알 수 있다.

2. 학습에서의 자기 점검 하기에서 점검하지 않아도 되는 사항을 고르는 문제이다.

④

학습에서의 점검하기는 배운 내용이나 학습한 정도를 확인하는 것을 말한다. 따라서 함께 학습하는 사람의 특징에 대해서 점검할 필요는 없다.

[70쪽] 학습 기능 익히기

제시된 글을 읽고 안나가 할 수 있는 말로 알맞지 않은 것을 고르는 문제이다.

④

양상을 확인하면 현재 나의 상태와 현재 상황이 어떤 흐름 속에 있는지 확인할 수 있다. 현재의 양상을 확인함으로써 미래의 모습도 예상할 수 있다. 현재의 모습과 함께 과거의 모습까지 살펴보면 양상을 제대로 이해할 수 있다.

[71쪽] 학습 기능 더 익히기

체험하기에서 양상 확인하기 학습 기능이 어떻게 구현되는지 확인할 수 있는 문제로, 달을 관찰하여 작성한 체험 보고서를 보고 달의 양상을 확인하는 상황이 담겨 있다. 활동 방법 및 진행 절차는 다음과 같다.

1) 교사는 학생들이 보고서를 읽게 한다.
2) 교사는 학생들이 달의 모양과 위치가 어떻게 달라지는지 쓰게 한다.
3) 교사는 학생들에게 달의 모양이 어떻게 달라지는지 질문한다.
4) 교사는 학생들에게 달의 위치가 어떻게 달라지는지 질문한다.
5) 교사는 학생들과 함께 문제의 답을 확인한다.

> 예시 답안
> 1. 처음에는 보이지 않다가 오른쪽부터 나타나기 시작한다. 점점 왼쪽으로 커지면서 동그라미 모양으로 가득 찬다. 그다음에 달의 오른쪽부터 없어지기 시작한다.
> 2. 달은 동쪽에서 떠서 남쪽을 지나 서쪽으로 진다.

[72쪽] 학습 기능 익히기

관계의 유형과 그에 대한 설명으로 알맞은 것끼리 연결하는 문제이다.

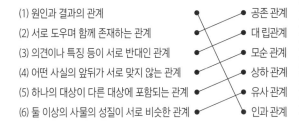

(1) 원인과 결과의 관계 · · 공존 관계
(2) 서로 도우며 함께 존재하는 관계 · · 대립관계
(3) 의견이나 특징 등이 서로 반대인 관계 · · 모순 관계
(4) 어떤 사실의 앞뒤가 서로 맞지 않는 관계 · · 상하 관계
(5) 하나의 대상이 다른 대상에 포함되는 관계 · · 유사 관계
(6) 둘 이상의 사물의 성질이 서로 비슷한 관계 · · 인과 관계

[73쪽] 학습 기능 더 익히기

예습하기에서 관계 파악하기 학습 기능이 어떻게 구현되는지 확인할 수 있는 문제로, '인간과 자연의 관계'에 대해 예습하며 '인간과 자연'이 어떤 관계가 있는지 찾아보는 상황이 담겨 있다. 활동 방법 및 진행 절차는 다음과 같다.

1) 교사는 학생들이 글을 읽게 한다.
2) 교사는 학생들이 각 글에 나타난 '인간과 자연'의 관계에 대해 쓰게 한다.
3) 교사는 학생들에게 **1**번 글에서 나타난 '인간과 자연'의 관계에 대해 질문한다.
4) 교사는 학생들에게 **2**번 글에서 나타난 '인간과 자연'의 관계에 대해 질문한다.
5) 교사는 학생들과 함께 문제의 답을 확인한다.

> 정답
> **1** ㅂ
> 도시화가 원인이 되어 그 결과 홍수가 난다고 한다. 원인과 결과의 관계 즉, '인과 관계'를 말한다.
> **2** ㄱ
> 최근 인간과 자연이 서로 잘 어울리는 도시, 함께 살아가기 위해 노력한다고 한다. 서로 도우며 함께 존재하는 관계인 '공존 관계'를 말한다.

익힘책 9과

[75쪽] 학습 도구 어휘 및 문법 확인하기

1. 제시된 문장을 읽고 알맞은 어휘를 골라 문장을 완성하는 문제이다.

(1) ① 방안

문제를 해결할 좋은 방법이나 계획이 떠오르지 않는다는 말이다. 따라서 방법이나 계획의 의미를 가진 단어가 답이 되어야 한다.

(2) ② 비율

한국의 전체 인구에서 65세 이상 노인 인구의 수와 다른 나이의 인구의 수를 비교하였을 때 노인 인구의 수가 점점 높아지고 있다는 말이다. 따라서 기준이 되는 수나 양에 대한 값의 비를 뜻하는 단어가 답이다.

(3) ③ 출처

책이나 인터넷의 자료를 보고 보고서를 작성할 수 있다. 이때 사용한 자료는 꼭 어디에서 가지고 왔는지 보고서에 써야 한다. 따라서 말이나 사물이 생기거나 나온 곳을 의미하는 단어가 정답이다.

2. 밑줄 친 부분과 의미가 비슷한 표현을 고르는 문제이다.

(1) ③ 완벽하게

평소 계획을 잘 세우는 그는 한 번 시작한 일은 빈틈없이 해낸다고 한다. '빈틈없다'는 부족하거나 허술한 점이 없다는 의미이다. 이 의미와 비슷한 단어가 답이 되어야 한다.

(2) ③ 지원해

부모님은 우리가 공부를 할 수 있도록 경제적으로 뒷받침해 주셨다고 한다. 부모님께서 자녀가 공부를 할 수 있도록 많은 도움을 주신다. '뒷받침하다'는 뒤에서 지지하고 도와준다는 의미이다. 이 의미와 비슷한 단어가 답이 되어야 한다.

3. 밑줄 친 부분과 의미가 반대인 표현을 고르는 문제이다.

(1) ① 강화되었을

'약화되다'는 힘이나 기능 등이 약해진다는 의미이다. 문맥을 보면 질병은 몸의 면역 기능이 약해졌을 때 생긴다는 뜻이다. 따라서 약해지지 않고 강해진다는 의미를 가진 어휘가 답이 되어야 한다.

(2) ④ 확대하자는

'축소하다'는 양, 부피 등을 줄여서 작게 한다는 의미이다. 문맥을 보면 환경 보호를 위해 일회용품의 사용을 줄여서 작게 하자는 뜻이다. 따라서 더 크게 한다는 의미를 가진 어휘가 답이 되어야 한다.

[76쪽] 학습 활동 확인하기

1. 과목별 공부법에 대한 설명으로 빈칸에 들어갈 알맞

은 단어를 찾아 쓰는 문제이다.

(1) 용어

교재 131쪽의 '용어의 개념을 명확히 알고 암기하기' 내용을 보면 알 수 있다.

(2) 탐구 활동

교재 131쪽의 '탐구 활동과 이미지를 통해 개념 익히기' 내용을 보면 알 수 있다.

(3) 단락

교재 130쪽의 '본문에서 글의 종류와 주제, 단락의 중심 문장 파악하기' 내용을 보면 알 수 있다.

(4) 공식

교재 130쪽의 '공식을 외울 때 단순히 암기하지 말고 그것이 나오기까지의 과정을 이해하기' 내용을 보면 알 수 있다.

[78쪽] 학습 기능 익히기

제시된 글을 읽고 문제를 해결하기 위한 단서를 찾는 문제이다.

> **예시 답안**
> 단서: 겨울 방학, 오스트레일리아, 시드니, 남반구, 반팔 티셔츠, 반바지, 선크림

남반구에 위치하여 한국과 계절이 반대이기 때문에 오스트레일리아 시드니는 현재 여름이다. 따라서 문제를 해결할 때 필요한 단서는 '겨울 방학, 오스트레일리아, 시드니, 남반구, 반팔 티셔츠, 반바지, 선크림'이다.

[79쪽] 학습 기능 더 익히기

협동 학습 하기에서 문제 해결하기 학습 기능이 어떻게 구현되는지 확인할 수 있는 문제로, 환경 문제와 관련된 그림을 보고 친구들과 협동 학습을 통해 문제를 해결하는 상황이 담겨 있다. 활동 방법 및 진행 절차는 다음과 같다.

1) 교사는 학생들에게 그림을 보고 어떤 환경 문제인지 질문한다.

2) 교사는 학생들에게 그림에 나타난 환경 문제의 원인에 대해 질문한다.

3) 교사는 모둠을 나눠 학생들에게 대기 오염과 수질 오염의 원인을 분석하고 해결 방안을 제시하게 한다. 이때 협동 학습이 이루어지도록 교사는 학생들에게 역할을 나누어 주거나 서로 역할을 설정하여 협동 학습이 이루어지게 한다.

4) 교사는 학생들과 함께 활동의 결과를 확인한다.

예시 답안

환경 문제	원인 분석	해결 방안
대기 오염	대기 오염은 공장과 자동차의 매연이 원인이다.	- 자동차보다는 대중교통을 이용한다. - 공장에 공기 정화기를 설치한다.
수질 오염	수질 오염은 공장의 폐수와 생활에서 사용하는 세제, 샴푸 등이 원인이다.	- 공장에 폐수 처리장을 설치한다. - 세제 대신에 비누를 사용한다. - 샴푸를 적게 사용한다.

[80쪽] 학습 기능 익히기

제시된 문제를 보고 틀린 이유를 찾아 표시하는 문제이다.

☑ 어휘력 부족

틀린 문제를 보면 '수지, 외환, 지급, 흑자, 적자' 등의 단어에 밑줄이 그어져 있고 모르겠다는 의미로 물음표가 있다. 그리고 '나의 생각'을 보면 '어려운 용어가 많아서 문제를 이해하지 못했다.'라고 쓰여 있다. 따라서 답은 '어휘력 부족'이다.

[81쪽] 학습 기능 더 익히기

학습 반응하기에서 오류 확인하기 학습 기능이 어떻게 구현되는지 확인할 수 있는 문제로, 과학 시간에 선생님이 관찰 활동으로 볼록 렌즈를 통해 사물을 관찰하는 방법을 알려 주고 학생들이 관찰한 내용을 기록하는 상황이 담겨 있다. 활동 방법 및 진행 절차는 다음과 같다.

1) 교사는 학생들에게 선생님의 말을 읽게 한다.
2) 교사는 학생들에게 정호, 선영, 와니의 관찰 결과를 읽게 한다.
3) 교사는 학생들에게 누구의 관찰 결과에 어떤 오류가 있는지 적게 한다.
4) 교사는 학생들과 함께 문제의 답을 확인한다.

정답

이름	선영
이유	볼록 렌즈로 물체를 가까이에서 보면 크게 보인다.

익힘책 10과

[83쪽] 학습 도구 어휘 및 문법 확인하기

1. 제시된 문장을 읽고 알맞은 어휘를 골라 문장을 완성하는 문제이다.

(1) ① 악영향

운동을 지나치게 하는 것은 건강에 안 좋다는 의미가 되는 것이 답이 되어야 한다.

(2) ② 장애

사람들은 밤에 잠을 자야 한다. 그런데 빛 공해로 인해 밤에 잠을 못 자서 수면 기능이 제 기능을 하지 못한다는 의미가 되는 것이 답이 되어야 한다.

(3) ④ 현황

학생들이 스마트폰을 하루에 얼마나 사용하는지 현재의 상황을 조사한다는 의미가 되는 것이 답이 되어야 한다.

2. 제시된 어휘나 표현에 목표 문법을 적용하여 문장을 완성하는 문제이다. 목표 문법 '-고자'는 말하는 사람이 어떤 목적이나 의도, 희망 등을 가지고 있음을 나타내는 표현이다.

(1) 이루고자

앞말의 받침이 있을 때, 없을 때 모두 '-고자'를 사용한다. '이루다'와 '-고자'를 같이 쓰면 '이루고자'가 된다.

(2) 만들고자

'만들다'와 '-고자'를 같이 쓰면 '만들고자'가 된다.

3. 밑줄 친 부분과 의미가 비슷한 표현을 고르는 문제이다.

(1) ④ 형태

'형태'는 사물의 생긴 모양이라는 의미이다.

(2) ① 관련된

'관련되다'는 둘 이상의 사람, 사물, 현상 등이 서로 영향을 주고받도록 관계를 맺고 있다는 의미이다.

[84쪽] 학습 활동 확인하기

1. 발표의 과정을 순서에 맞게 쓰는 문제이다.

Ⓐ → (ⓑ) → (ⓒ) → (ⓛ) → ⓔ → (ⓓ) → (ⓖ)

교재 144, 145쪽의 발표의 과정을 보면 순서를 알 수 있다.

2. 발표 태도에 대한 설명으로 맞는 것과 틀린 것을 고르는 문제이다.

(1) O

교재 145쪽의 발표 태도에서 '발표를 시작할 때 정중하게 인사를 한다.'를 보면 맞는 내용임을 알 수 있다.

(2) O

교재 145쪽의 발표 태도에서 '자신 있는 목소리로 말한다.'
를 보면 맞는 내용임을 알 수 있다.

(3) X

발표를 할 때는 듣는 사람과 눈을 마주쳐야 하므로 틀린
내용이다.

[86쪽] 학습 기능 익히기

제시된 글을 읽고 내용을 전달하는 방법으로 알맞은 것
끼리 연결하는 문제이다.

(1) 지구 온난화의 정의   글로 표현

(2) 사막화 지역의 모습   그래프로 표현

(3) 지구의 평균 기온의 변화   그림이나 사진으로 표현

발표 보조 자료를 만들 때는 시청각 자료를 이용할 수 있다. 지
구 온난화의 정의는 시청각 자료로 내용을 전달하기 어렵다.
따라서 '글로 표현'과 연결해야 한다. 사막화 지역의 모습을 보
여 주기 위해서는 그림이나 사진이 좋다. 지구의 평균 기온의
변화는 평균 기온이 높아지고 있는지 낮아지고 있는지를 보여
주기 위해 그래프로 표현하는 것이 좋다.

[87쪽] 학습 기능 더 익히기

보고서 쓰기에서 표현하기 학습 기능이 어떻게 구현되
는지 확인할 수 있는 문제로, 과학 실험 결과 보고서를
작성하면서 실험 결과를 한눈에 알아볼 수 있게 표현하
려고 하는 상황이 담겨 있다. 활동 방법 및 진행 절차
는 다음과 같다.

1) 교사는 학생들이 글을 읽게 한다.
2) 교사는 학생들에게 무엇을 실험한 것인지 질문한다.
3) 교사는 학생들에게 실험 결과를 한눈에 알아볼 수 있도록
    도식으로 표현하게 한다.
4) 교사는 학생들과 함께 활동의 결과를 확인한다.

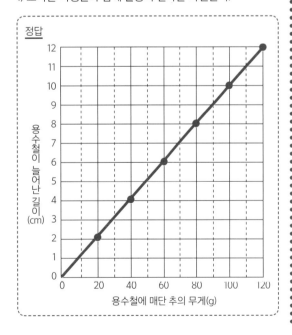

정답

[88쪽] 학습 기능 익히기

발표를 하기 위해 조사한 자료를 재구조화해 발표 주제
에 맞게 목차를 짜 보는 문제이다.

정답
1. 환경 오염의 정의 및 종류
2. 대기 오염, 수질 오염, 토양 오염이 환경에 미치는 영향
3. 환경 오염을 해결하기 위한 정부의 노력
4. 환경 보호를 위해 우리가 할 수 있는 일

정호는 조사한 자료를 보고 환경 오염의 개념에 대해 먼저 설
명하고, 환경 오염이 왜 문제인지, 이를 해결하기 위해 현재 무
엇을 하고 있는지, 우리가 할 수 있는 것은 무엇인지의 순서로
할 것을 제안하고 있다. 이를 토대로 목차의 순서를 짜면 된다.

[89쪽] 학습 기능 더 익히기

복습하기에서 재구조화하기 학습 기능이 어떻게 구현
되는지 확인할 수 있는 문제로, 수업 시간에 배운 내용
을 복습하면서 교과서의 내용과 수업 시간에 필기한 내
용을 공책에 정리하려는 상황이 담겨 있다. 활동 방법
및 진행 절차는 다음과 같다.

1) 교사는 학생들이 글을 읽게 한다.
2) 교사는 학생들에게 교과서의 내용과 필기한 내용을 재구조
    화하여 정리하게 한다.
3) 교사는 학생들과 함께 활동의 결과를 확인한다.

예시 답안
1. 신재생 에너지: 신에너지 + 재생에너지
   신에너지: 기존의 화석 연료를 다르게 바꾸어 이용하는 에너지
   재생에너지: 자연의 햇빛, 강수 등 다르게 바꾸어 이용하는
   에너지
   신재생 에너지에는 태양광 발전, 풍력 발전, 조력 발전 연료
   전지 등이 있다.
2. 신재생 에너지의 필요성: 화석 연료의 양이 정해져 있고 화석
   연료가 다시 만들어지는 데 시간이 오래 걸린다는 문제점이
   있다.

익힘책 11과

[91쪽] 학습 도구 어휘 및 문법 확인하기

1. 제시된 문장을 읽고 알맞은 어휘를 골라 문장을 완성하는 문제이다.

   (1) ② 반론

   토론이나 토의를 할 때 상대방의 주장이 완벽해서 반대 의견을 말하기 어렵다는 의미가 되는 것이 답이 되어야 한다.

   (2) ② 보존하기

   환경을 위해 우리가 할 수 있는 일들을 토의하고 있기 때문에 환경 보호와 관련된 것이 답이 되어야 한다.

   (3) ① 갈등

   부모와 자녀가 진학에 대한 생각이 서로 달라서 부딪친다는 의미가 되는 것이 답이 되어야 한다.

2. 제시된 어휘나 표현에 목표 문법을 적용하여 문장을 완성하는 문제이다. 목표 문법 '-으십시오'는 아주높임 표현으로 듣는 사람에게 어떤 일을 정중하게 명령하거나 권유함을 나타내는 표현이다.

   (1) 넣으십시오

   '넣다'와 '-으십시오'를 함께 쓰면 '넣으십시오'와 같이 쓴다.

   (2) 조용히 해 주십시오

   '조용히 해 주다'와 '-으십시오'를 함께 쓰면 '조용히 해 주십시오'와 같이 쓴다.

3. 밑줄 친 부분과 의미가 비슷한 표현을 고르는 문제이다.

   (1) ② 동등한

   '동등하다'는 등급이나 정도가 같다는 의미가 있다.

   (2) ② 입장

   '입장'은 바로 눈앞에 처하고 있는 처지나 상황. 또는 그런 처지에 대한 태도를 의미한다.

[92쪽] 학습 활동 확인하기

1. 토론에서 다음의 역할을 하는 사람이 누구인지 고르는 문제이다.

   ☑ 사회자

   교재 158쪽의 토론의 진행 과정을 보면 '사회자'의 역할임을 알 수 있다.

2. 토론의 자세에 대한 설명으로 맞는 것과 틀린 것을 고르는 문제이다.

   (1) X

   토론자는 상대 토론자를 비꼬거나 공격하는 말투를 쓰면 안 된다.

   (2) X

사회자는 토론 과정에서 토론자에게 질문하지만, 질문을 많이 할 필요가 없다.

(3) O

교재 159쪽의 '토론자의 발언을 요약하면서 토론을 진행한다.'라는 내용을 보면 알 수 있다.

[94쪽] 학습 기능 익히기

제시된 글을 읽고 하고 싶은 질문을 쓰는 문제이다.

> **예시 답안**
> · 인터넷 실명제를 실시하면 악플이 사라질 것이라고 생각합니까?
> · 인터넷 실명제를 실시하면 표현의 자유가 제한된다고 생각하지 않습니까?

[95쪽] 학습 기능 더 익히기

발표하기에서 질문하기 학습 기능이 어떻게 구현되는지 확인할 수 있는 문제로, 발표를 보고 질문을 하는 상황이 담겨 있다. 활동 방법이 및 진행 절차는 다음과 같다.

1) 교사는 학생들에게 글을 읽게 한다.
2) 교사는 학생들에게 발표의 주제가 무엇인지 질문한다.
3) 교사는 학생들에게 발표를 보고 어떠한 질문을 할 수 있는지 써 보게 한다.
4) 교사는 학생들과 함께 활동의 결과를 확인한다.

> **예시 답안**
> · 청소년이 SNS를 사용하는 또 다른 이유는 뭐가 있습니까?
> · SNS를 사용하는 비율이 점점 높아진다고 했는데 어떻게 변화하고 있는지 알려 줄 수 있습니까?
> · 청소년의 SNS 사용이 어른들의 SNS 사용과는 어떤 차이가 있습니까?

[96쪽] 학습 기능 익히기

제시된 글을 읽고 글의 내용을 전달하는 방법으로 알맞은 것끼리 연결하는 문제이다.

> **정답**
> (1) 대한산에서 발생한 안전사고의 횟수는? — 안전사고 통계 자료
> (2) 대한산에서 케이블카가 생긴다면 이용할 것인가? — 방문객 설문 조사
> (3) 산의 지형상 케이블카 설치가 가능한가? — 전문가와 인터뷰

통계는 횟수를 모두 합해 일정한 방법으로 그 수치를 나타낸 것이다. 따라서 대한산에서 발생한 안전사고의 횟수는 안전사고 통계 자료를 통해 전달하는 것이 적절하다. '대한산에 케이블카가 생긴다면 이용할 것인가'에 대한 자료는 누가 케이블카를 이용할지 생각하면 된다. 따라서 방문객 설문 조사를 하면 된다. '산의 지형상 케이블카 설치가 가능한가'는 산의 지형

에 대해서 자세히 알고 있는 사람에게 물어봐야 한다. 따라서 전문가의 인터뷰 자료와 연결하면 된다.

[97쪽] 학습 기능 더 익히기

학습 반응하기에서 진위 확인하기 학습 기능이 어떻게 구현되는지 확인할 수 있는 문제로, 수업 시간에 선생님께서 질문한 날씨가 생활에 미치는 영향에 대해 답을 하기 전에 답할 내용이 사실인지 진위를 확인하려고 하는 상황이 담겨 있다. 활동 방법 및 진행 절차는 다음과 같다.

1) 교사는 학생들이 글을 읽게 한다.
2) 교사는 학생들에게 안나의 답이 무엇인지 그리고 자료 출처와 자료 내용은 무엇인지 물어본다.
3) 교사는 학생들이 자료를 찾아서 질문에 답해 보게 한다.
4) 교사는 학생들과 함께 활동의 결과를 확인한다.

> **교수-학습 지침**
> 교사는 학습 기능 더 익히기 설명 시 포털 사이트에 '날씨와 생활 관계'를 검색하게 한다.

예시 답안

나: 기후 변화로 김장철도 늦어진다고 해요.	
자료 출처	뉴스, 기후 변화로 김장철도 늦어진다?(2018년 11월 25일)
자료 내용	기후 변화로 김장 시기도 대체로 늦어지는 추세다. 서울은 1920년대에는 11월 21일이었는데 2000년대 들어 12월 3일로 알맞은 시기가 12일 정도 늦어졌다. 국립기상과학원에서 지난 106년 동안 한반도 기후 변화를 연구한 결과에서도 겨울이 109일에서 91일로 크게 준 것으로 나타났으나 겨울의 시작 시점도 5일 늦어진 것으로 분석됐다.

익힘책 12과

[99쪽] 학습 도구 어휘 및 문법 확인하기

1. 제시된 문장을 읽고 알맞은 어휘를 골라 문장을 완성하는 문제이다.

   (1) ③ 증명했다

   과학적인 실험을 통해 하고자 하는 것이 무엇인지 생각해 봐야 한다.

   (2) ② 절차

   실험 도구를 다루다가 다칠 수 있어서 조심히 다루어야 한다. 실험을 할 때는 주의해야 하는 사항에 대해서 알고 정해진 방법이나 순서에 따라서 진행해야 한다는 의미가 되는 것이 답이 되어야 한다.

   (3) ④ 현상

   여름밤에는 최저 기온이 25℃ 넘는 열대야 상태가 자주 나타난다는 의미가 되는 것이 답이 되어야 한다.

   (4) ③ 접촉

   눈병에 걸렸는데 병을 옮길 수 있으므로 다른 사람과 닿는 것을 피해야 한다는 의미가 되는 것이 정답이 되어야 한다.

2. 제시된 어휘나 표현에 목표 문법을 적용하여 문장을 완성하는 문제이다. 목표 문법 '-으나'는 앞에 오는 말과 뒤에 오는 말의 내용이 서로 다름을 나타내는 표현이다.

   (1) 내리나

   '내리다'와 같이 받침이 없을 때는 '-나'를 사용하여 '내리나'라고 쓴다.

   (2) 읽었으나

   '읽다'와 같이 받침이 있을 때는 '-으나'를 사용하여 '읽으나'라고 쓴다. 또는 과거에 이루어졌음을 명확히 나타내기 위해 '읽었으나'와 같이 쓸 수 있다.

3. 밑줄 친 부분과 의미가 비슷한 표현을 고르는 문제이다.

   ② 적합하다

   '적합하다'는 어떤 일이나 조건에 꼭 들어맞아 알맞다는 의미가 있다.

[100쪽] 학습 활동 확인하기

1. 실험의 과정을 순서에 맞게 고르는 문제이다.

   ⓒ → (ⓔ) → ⓑ → (㉠) → (ⓓ) → (ⓒ)

   교재 172, 173쪽에서 실험 과정에 대한 내용을 보면 알 수 있다.

2. 실험 과정 중 어느 과정에 해당하는 내용인지 고르는 문제이다.

   ①

교재 172, 173쪽의 실험 과정을 보면 '가설 설정'에 대한 내용임을 알 수 있다.

[102쪽] 학습 기능 익히기

제시된 통계 자료를 보고 증명할 수 없는 사실을 고르는 문제이다.

③

통계 자료를 보고 중학생의 희망 직업 선호도를 알 수 있다. 통계 자료를 비교하여 2017년과 2018년도의 직업 순위가 무엇인지, 두 자료를 비교하여 새롭게 선호하는 직업은 무엇인지 그리고 어떤 직업이 선호도가 낮아졌는지 등을 알 수 있다. 그런데 왜 이러한 직업을 선택했는지는 통계 자료를 통해서는 알 수가 없다.

[103쪽] 학습 기능 더 익히기

모둠 활동 하기에서 증명하기 학습 기능이 어떻게 구현되는지 확인할 수 있는 문제로, 모둠 활동으로 '한옥'에 대해 조사하면서 한옥의 모양이 지역마다 다른 것을 알게 되고 이에 대해 가정한 내용을 증명하기 위해 사례를 조사하는 상황이 담겨 있다. 활동 방법 및 진행 절차는 다음과 같다.

1) 교사는 학생들이 글을 읽게 한다,

2) 교사는 학생들에게 모둠 활동에서 설정한 가정이 무엇인지 질문한다.

3) 교사는 학생들에게 익힘책 103쪽의 그림과 인터넷의 자료를 참고하여 빈칸에 가정을 증명할 수 있는 내용을 써 보게 한다.

4) 교사는 학생들과 함께 활동의 결과를 확인한다.

정답
· 남부 지방은 날씨가 비교적 따뜻해서 바람이 잘 통하는 일자(一) 모양으로 집을 지었대.
· 위의 세 가지 사례를 통해 한옥의 모양이 다른 것은 기후와 상관이 있다는 가정은 증명되었다.

[104쪽] 학습 기능 익히기

제시된 글과 그림을 보고 무엇을 비교하기 위한 실험인지 고르는 문제이다.

①

문제의 실험은 마찰력의 크기를 비교하는 실험이다. 그림을 보면 나무판의 개수가 다르게 되어 있다. 개수가 많을수록 무게가 많이 나가서 마찰력이 더 크게 작용할 것이다. 실험에서 비교하고자 하는 것은 무게에 따른 마찰력의 크기이다.

[105쪽] 학습 기능 더 익히기

필기하기에서 비교하기 학습 기능이 어떻게 구현되는지 확인할 수 있는 문제로, 과학 시간에 필기한 내용을

표로 정리해서 두 대상의 특징을 비교하려는 상황이 담겨 있다. 활동 방법 및 진행 절차는 다음과 같다.

1) 교사는 학생들이 글을 읽게 한다.

2) 교사는 학생들에게 필기 내용을 보고 표에 내용을 정리하게 한다.

3) 교사는 학생들과 함께 활동의 결과를 확인한다.

정답

	동물	식물
움직임	스스로 움직임.	스스로 움직일 수 없음.
영양분	다른 생물을 먹어서 얻음.	광합성을 통해 만듦.
번식	새끼나 알	씨나 포자
외부 자극에 대한 반응	반응이 빠름.	반응이 느림.
분류	척추동물과 무척추동물로 나뉨.	꽃식물과 민꽃식물로 나뉨.

익힘책 13과

[107쪽] 학습 도구 어휘 및 문법 확인하기

제시된 문장을 읽고 알맞은 어휘를 골라 문장을 완성하는 문제이다.

(1) ④ 우수하여

한국산 가전제품이 전 세계에서 인기가 높은 이유는 품질에 있다는 내용이다. 전 세계적으로 가전제품의 인기를 높이기 위해서는 품질이 어떠해야 하는지 생각해 봐야 한다.

(2) ① 가능할

이 제품은 매장에서 살 수 있을 뿐만 아니라 인터넷에서도 같은 물건을 살 수 있다는 의미가 되는 것이 답이 되어야 한다.

(3) ④ 형식

보고서를 작성할 때 내용도 중요하지만 작성하는 방식도 중요하다는 의미가 되는 것이 답이 되어야 한다.

(4) ④ 적절하다

가족 간의 사랑을 주제로 한 영화를 가족들이 함께 볼 때 어떠한지 생각해 봐야 한다.

2. 밑줄 친 부분과 의미가 비슷한 표현을 고르는 문제이다.

(1) ③ 드러나

'드러나다'는 가려져 있던 것이 보이게 된다는 의미가 있다.

(2) ② 수정할

'수정하다'는 잘못된 것을 바로잡거나 다듬어서 바르게 고친다는 의미가 있다.

(3) ① 경험한

'경험하다'는 자신이 실제로 해 보거나 겪어 본다는 의미가 있다.

[108쪽] 학습 활동 확인하기

평가에 대한 내용과 알맞은 평가 유형을 연결하는 문제이다.

1) 학습이 시작되기 전 얼마나 알고 있는지 확인하는 평가 · · 총괄 평가

2) 학습 중에 주기적으로 관찰하고 확인하는 평가 · · 형성 평가

3) 학습이 끝난 후 확인하는 종합 평가 · · 진단 평가

교재 186쪽의 목적과 시기에 따른 평가 유형을 보면 알 수 있다.

2. 평가의 유형 중 어떤 평가에 관한 내용인지 알맞은 것을 고르는 문제이다.

②

교재 187쪽의 방법에 따른 평가 유형을 보면 '프로젝트'에 대한 내용임을 알 수 있다.

[110쪽] 학습 기능 익히기

계절별 별자리를 암기하기 위해 사용한 방법을 찾는 문제이다.

③

문제에서 '처녀자리', '목동자리', '사자자리'를 암기할 때는 '처녀와 목동이 사자에게 쫓긴다.'라고 하고 '독수리자리', '백조자리', '거문고자리'를 암기할 때는 '거문고 소리에 독수리와 백조가 춤을 춘다.'라고 암기했다. 이 암기 방법은 이야기를 만들어서 외우는 방법이다.

[111쪽] 학습 기능 더 익히기

문제 풀기에서 암기하기 학습 기능이 어떻게 구현되는지 확인할 수 있는 문제로, 과학 문제를 풀기 위해서 내용을 암기하는 상황이 담겨 있다. 활동 방법 및 진행 절차는 다음과 같다.

1) 교사는 학생들이 글을 읽게 한다.
2) 교사는 학생들에게 어떻게 암기하는 것이 좋은지 질문한다.
3) 교사는 학생들에게 암기 방법과 내용을 써 보게 한다.
4) 교사는 학생들과 함께 활동의 결과를 확인한다.

> **예시 답안**
> 암기 방법: 노래로 외우기
> (산토끼 노래)
> 산개 성단은 불규칙 모양이고요.
> 파란색 고온에 나이는 적대요.
> 구상 성단은 공 모양이고요.
> 붉은색 저온에 나이는 많대요.

[112쪽] 학습 기능 익히기

제시된 대화를 읽고 밑줄 친 부분에 해당하는 단계로 알맞은 것을 고르는 문제이다.

③

밑줄 친 부분은 '어색한 표현은 없는지 주제, 목적, 목차에 맞게 썼는지 다시 살펴서 수정하고 있어'이다. 여기에 해당하는 단계는 '고쳐 쓰기'이다.

[113쪽] 학습 기능 더 익히기

체험하기에서 성찰하기 학습 기능이 어떻게 구현되는지 확인할 수 있는 문제로, 봉사 활동 결과 보고서를 보고 부족한 내용과 필요 없는 내용을 중심으로 성찰하려는 상황이 담겨 있다. 활동 방법 및 진행 절차는 다음과 같다.

1) 교사는 학생들이 글을 읽게 한다.

2) 교사는 학생들에게 봉사 활동 결과 보고서를 보고 부족한 내용과 필요 없는 내용을 성찰하게 한다.

3) 교사는 학생들과 함께 활동의 결과를 확인한다.

정답
부족한 내용
- 어디에서 봉사 활동을 했는지 장소가 없다.
- 봉사 활동 목적에 대해 자세히 적지 않았다.
필요 없는 내용
- 봉사 활동 결과 보고서에 교통편은 필요 없는 내용이다.

익힘책 14과

[115쪽] 학습 도구 어휘 및 문법 확인하기

1. 제시된 문장을 읽고 알맞은 어휘를 골라 문장을 완성하는 문제이다.

(1) ② 요구했다

인터넷에서 책을 샀는데 책이 찢어진 채로 오면 환불을 요청해서 돈을 되돌려 받을 수 있다. 받아야 할 것을 달라고 하는 의미가 되는 것이 답이 되어야 한다.

(2) ① 발견했다

수첩을 찾는데 안 보이면 수첩을 잃어버렸다고 생각을 할 것이다. 그런데 사물함을 정리하다가 수첩을 찾았다는 의미가 되는 것이 답이 되어야 한다.

(3) ④ 형성하기

처음 만난 사람과 좋은 관계를 이루고 싶다는 의미가 되는 것이 답이 되어야 한다.

2. 밑줄 친 부분과 의미가 비슷한 표현을 고르는 문제이다.

(1) ③ 동일하지만

'동일하다'는 비교해 본 결과 별다른 차이점이 없이 똑같다는 의미가 있다.

(2) ④ 예상했다

'예측하다'는 앞으로의 일을 미리 추측한다는 의미가 있다.

3. 밑줄 친 부분과 의미가 반대인 표현을 고르는 문제이다.

(1) ④ 특이해서

'평범하다'는 뛰어나거나 특별한 점이 없이 보통이라는 뜻이다. 그 배우의 이름은 너무 평범해서 기억하기가 쉽지 않다고 한다. 따라서 이름이 평범하지 않고 뚜렷하게 다르다는 의미를 가진 어휘가 답이 되어야 한다.

(2) ③ 의문

'확신'은 굳게 믿음. 또는 그런 마음을 말한다. 많은 사람들은 일을 실행하기 전에 될 수 있다는 확신을 가지고 행동을 한다. 그런데 일을 시작하기도 전에 '그 일이 잘 될까?'라는 생각을 가지고 있는 사람들도 있다. 따라서 확신이 아닌 의심스럽게 생각한다는 의미를 가진 어휘가 답이 되어야 한다.

[116쪽] 학습 활동 확인하기

1. 예습하기에 대한 설명으로 알맞지 않은 것을 고르는 문제이다.

④

교재 200쪽의 선영과 선생님의 대화를 보면 예습은 다음 시간에 배울 내용을 모두 공부하는 것이 아니라는 것을 알 수 있다.

2. 효과적인 예습 방법에 대한 설명으로 맞는 것과 틀린 것을 고르는 문제이다.

(1) X

예습을 할 때는 본문을 가볍게 읽어 본다. 이때 내용 전체를 꼼꼼히 읽지 않아도 된다.

(2) O

교재 201쪽의 '잘 이해가 안 되는 내용은 표시를 해 두거나 질문을 미리 만들어 봐요.'라는 내용을 보면 알 수 있다.

(3) O

교재 201쪽의 '대단원과 소단원의 제목을 보고 새로 배울 내용을 예측해 봐요.'라는 내용을 보면 알 수 있다.

[118쪽] 학습 기능 익히기

제시된 글을 읽고 책의 내용을 예측할 때 책의 무엇을 활용하였는지를 고르는 문제이다.

③

이 책의 제목은 《마당을 나온 암탉》이다. 제시된 내용은 이 책을 구성하고 있는 장의 제목으로 책의 차례를 보면서 내용을 예측한 것을 알 수 있다.

[119쪽] 학습 기능 더 익히기

문제 풀기에서 예측하기 학습 기능이 어떻게 구현되는지 확인 할 수 있는 문제로, 과학 수업 시간에 배운 내용에서 시험에 나올 문제를 예측하려는 상황이 담겨 있다. 활동 방법 및 진행 절차는 다음과 같다.

1) 교사는 학생들이 글을 읽게 한다.
2) 교사는 학생들에게 무슨 내용인지 질문한다.
3) 교사는 학생들에게 어떤 시험 문제가 나올지 예측하여 쓰게 한다.
4) 교사는 학생들과 함께 활동의 결과를 확인한다.

> **예시 답안**
> · 우주 식품이란 무엇인가요?
> · 우주 식품은 어떻게 만들까요?
> · 동결 건조란 무엇인가요?
> · 한국의 음식 중에서 우주 식품으로 개발된 것은 무엇이 있나요?

[120쪽] 학습 기능 익히기

제시된 내용과 의문 형성하기 단계가 알맞게 연결된 것을 고르는 문제이다.

②

와니는 전에 인터넷에서 찾아 메모해 놓았던 도넛 만들기 방법을 확인해 보았다. 이 단계는 의문 형성하기 단계 중 '경험에 비추어 보기' 단계이다.

[121쪽] 학습 기능 더 익히기

실험하기에서 의문 형성하기 학습 기능이 어떻게 구현되는지 확인할 수 있는 문제로, 실험을 통해 물이 얼기 전과 물이 완전히 언 후에 부피를 측정하는 상황이 담겨 있다. 활동 방법 및 진행 절차는 다음과 같다.

1) 교사는 학생들에게 글을 읽게 한다.
2) 교사는 학생들에게 물이 얼기 전과 물이 완전히 언 후에 무엇이 달라졌는지 질문한다.
3) 교사는 학생들에게 실험 결과를 보고 의문을 형성해 보게 한다.
4) 교사는 학생들과 함께 활동의 결과를 확인한다.

> **예시 답안**
> 의문 ① 물이 얼기 전과 물이 완전히 언 후에 무게는 왜 동일할까?
> 의문 ② 물이 얼기 전과 물이 완전히 언 후에 부피는 왜 다를까?

익힘책 15과

[123쪽] 학습 도구 어휘 및 문법 확인하기

1. 제시된 문장을 읽고 알맞은 어휘를 골라 문장을 완성하는 문제이다.

(1) ④ 최대한

화재가 나면 현장에 그대로 있으면 위험해서 빨리 화재 장소에서 벗어나야 한다. 연기 아래에는 비교적 맑은 공기가 있으니 자세를 낮추고 대피해야 한다. 따라서 현장을 벗어날 때는 가능한 한 빨리 벗어나야 한다는 답이 되어야 한다.

(2) ① 고정되어

액자가 보통 벽에 어떻게 있는지 생각하면 된다. 액자가 벽에서 움직이지 않는다는 의미가 되는 것이 답이 되어야 한다.

(3) ③ 일정하게

냉장고의 온도가 '변하지 않고 한결같다.'라는 의미가 되는 것이 답이 되어야 한다.

(4) ③ 조직적

농구 선수 다섯 명이 다 따로 움직이는 것이 아니고 일정한 체계에 따라 움직인다는 의미가 되는 것이 답이 되어야 한다.

2. 밑줄 친 부분과 의미가 비슷한 표현을 고르는 문제이다.

(1) ④ 해석될

'해석되다'는 문장으로 표현된 내용이 이해된 상태에서 설명된다는 의미가 있다.

(2) ④ 우려한다

'우려하다'는 근심하거나 걱정한다는 의미가 있다.

3. 밑줄 친 부분과 의미가 반대인 표현을 고르는 문제이다.

① 객관적인

'주관적'은 자신의 생각이나 관점을 기준으로 하는 것을 말한다. 문맥을 보면 기사를 작성할 때 개인의 생각이나 감정에 치우치지 않도록 주의해야 한다는 뜻이다. 따라서 사물을 있는 그대로 보거나 생각한다는 의미를 가진 어휘가 답이 되어야 한다.

[124쪽] 학습 활동 확인하기

1. 학교 체험 활동에 대한 설명으로 맞는 것과 틀린 것을 고르는 문제이다.

(1) X

수련 활동은 청소년 시기에 필요한 공동체 의식, 협동심을 함양하는 단체 활동이다.

(2) O

교재 214쪽의 1일형 체험 활동에 대한 내용을 보면 알 수 있다.

(3) O

교재 214쪽의 수학여행에 대한 내용을 보면 알 수 있다.

2. 봉사 활동 신청 절차를 순서에 맞게 쓰는 문제이다.

ⓒ → (ⓛ) → (㉠) → (⑩) → (㉣)

교재 215쪽의 봉사 활동 신청 절차를 보면 알 수 있다.

[126쪽] 학습 기능 익히기

제시된 글을 읽고 글에서 사용된 묘사하기 방법이 무엇인지 고르는 문제이다.

②

글에서 아이들의 모습을 아기 토끼들이 엄마 품에 옹기종기 모여 있는 것 같다고 묘사했다. 이는 잘 알려진 사물에 비유하여 묘사한 것이다.

[127쪽] 학습 기능 더 익히기

발표하기에서 묘사하기 학습 기능이 어떻게 구현되는지 확인할 수 있는 문제로, '내가 가 본 최고의 여행지'에 대한 발표문을 쓰기 위해 여행 사진을 자세히 묘사하는 상황이 담겨 있다. 활동 방법 및 진행 절차는 다음과 같다.

1) 교사는 학생들이 글을 읽게 한다.
2) 교사는 학생들에게 사진 속에 어떠한 것이 있고 사람들은 무엇을 하고 있는지 질문한다.
3) 교사는 학생들에게 사진을 묘사해서 써 보게 한다.
4) 교사는 학생들과 함께 활동의 결과를 확인한다.

> **예시 답안**
> 저는 작년에 친구들과 부산에 있는 해수욕장에 갔습니다. 그곳은 어린아이부터 나이 많은 사람들까지 다양한 사람들이 걷고 있었습니다. 해변에는 빨간색, 파란색, 노란색이 있는 파라솔들이 줄을 지어 늘어져 있었습니다. 바다에는 튜브를 타고 노는 사람들과 수영을 하는 사람들이 가득했습니다. 바다 근처에 큰 건물이 많았습니다. 높은 건물들이 바다를 둘러싸고 있는 것 같았습니다. 파란 바다와 반짝이는 햇빛이 너무 멋졌습니다.

[128쪽] 학습 기능 익히기

제시된 지도에 대해 설명한 (가)와 (나)의 글 중 기술하기 방식으로 쓴 것을 고르는 문제이다.

(가)

기술하기는 대상이나 과정의 내용과 특징을 조직적으로 밝혀 기록하는 것을 말한다. (나)의 글은 묘사하기 방식을 글을 쓴 것이다. 따라서 기술하기 방식으로 쓴 것은 (가)이다.

[129쪽] 학습 기능 더 익히기

보고서 쓰기에서 기술하기 학습 기능이 어떻게 구현되는지 확인할 수 있는 문제로, '녹색 댐'에 대한 보고서를 작성하기 위해 녹색 댐의 다양한 효과에 대해 기술하려는 상황이 담겨 있다. 활동 방법 및 진행 절차는 다음과 같다.

1) 교사는 학생들이 글을 읽게 한다.
2) 교사는 학생들에게 녹색 댐의 의미와 녹색 댐의 다양한 효과에 대해 질문한다.
3) 교사는 학생들에게 녹색 댐의 다양한 효과에 대해 기술하게 한다.
4) 교사는 학생들과 함께 활동의 결과를 확인한다.

> **예시 답안**
> 녹색 댐은 다양한 효과가 있다.
> 첫 번째는 홍수 조절 기능이다. 많은 비가 내릴 때 홍수의 발생을 방지한다.
> 두 번째는 가뭄 완화 기능이다. 비가 오랫동안 오지 않아도 계곡의 물이 마르지 않게 한다.
> 세 번째는 수질을 깨끗하게 하는 수질 정화 기능이다.
> 마지막은 산사태 예방이다. 흙과 모래의 유출을 방지하여 산사태를 예방한다.

익힘책 16과

[131쪽] 학습 도구 어휘 및 문법 확인하기

제시된 문장을 읽고 알맞은 어휘를 골라 문장을 완성하는 문제이다.

(1) ① 실용성

그릇이 모양은 예쁜데 잘 깨진다고 한다. 그릇이 잘 깨지면 쓸모가 없다. 따라서 이러한 의미를 가진 단어가 답이 되어야 한다.

(2) ② 분배했다

생일 케이크를 똑같이 나누어 친구들에게 준다는 의미를 가진 단어가 답이 되어야 한다.

(3) ② 선호한다

학생들은 노트북을 가지고 다니는 경우가 많다. 그런데 노트북이 무거우면 가지고 다니기 안 좋기 때문에 가벼운 제품을 특별히 더 좋아한다는 의미를 가진 단어가 답이 되어야 한다.

(4) ② 반응

김 작가의 신작 소설에 대해 독자들이 긍정적이라고 한다. 소설을 읽고 독자들이 긍정적인 태도를 보인다는 의미를 가진 단어가 답이 되어야 한다.

2. 밑줄 친 부분과 의미가 비슷한 표현을 고르는 문제이다.

③ 준거

'준거'는 사물의 정도나 성격 등을 알기 위한 근거나 기준이라는 의미가 있다.

3. 밑줄 친 부분과 의미가 반대인 표현을 고르는 문제이다.

(1) ③ 유용하다

'쓸모없다'는 쓸 만한 가치가 없다는 뜻이다. 문맥을 보면 이 참고서는 내용이 너무 간단해서 혼자 공부할 때는 쓸 만한 가치가 없다는 뜻이다. 따라서 쓸모가 없지 않고 쓸모가 있다는 의미를 가진 단어가 답이 되어야 한다.

(2) ③ 절대적

'상대적'은 서로 맞서거나 비교되는 관계에 있는 것이라는 뜻이다. 문맥을 보면 한국 농구 팀 선수들은 보통 사람과 비교하면 키가 크나 미국 선수들과 비교하였을 때 작은 편이라는 뜻이다. 따라서 비교하거나 상대될 만할 것이 없다는 의미를 가진 어휘가 답이 되어야 한다.

[132쪽] 학습 활동 확인하기

1. 학습 반응하기에 대한 설명으로 맞는 것과 틀린 것을 고르는 문제이다.

(1) X

표정을 찡그리는 것은 제대로 이해하지 못하고 있음을 나타낸다.

(2) X

학습 반응하기는 단순히 고개를 끄덕이는 것부터 나아가 감상이나 평가 등을 말하는 것이다.

(3) O

교재 229쪽의 감상 표현하기에 대한 내용을 보면 알 수 있다.

2. 제시된 글을 읽고 학습 반응하기의 유형 중 무엇에 대한 설명인지 고르는 문제이다.

☑ 평론하기

교재 229쪽의 평론하기에 대한 내용을 보면 알 수 있다.

[134쪽] 학습 기능 익히기

준거 설정하기에 대한 설명으로 맞는 것과 틀린 것을 고르는 문제이다.

(1) O

교재 231쪽 <준거를 설정하는 방법>에 대한 내용을 보면 알 수 있다.

(2) O

교재 231쪽 <준거를 설정하는 방법>에 대한 내용을 보면 알 수 있다.

(3) X

준거는 미리 설정한 목표를 근거로 한 절대적 준거와 다른 대상과의 비교에 기초한 상대적 준거로 구분할 수 있다.

[135쪽] 학습 기능 더 익히기

계획서 작성하기에서 준거 설정하기 학습 기능이 어떻게 구현되는지 확인할 수 있는 문제로, 독서 활동 계획서를 작성하면서 어떠한 책을 읽으면 좋을지 책을 선정하기 위한 준거를 설정하는 상황이 담겨 있다. 활동 방법 및 진행 절차는 다음과 같다.

1) 교사는 학생들이 글을 읽게 한다.
2) 교사는 학생들에게 평소에 어떠한 책을 많이 읽는지 질문한다.
3) 교사는 학생들에게 책을 선정하는 준거를 설정하게 한다.
4) 교사는 학생들과 함께 활동의 결과를 확인한다.

예시 답안

고려 사항	기준
내용	- 나에게 너무 높은 수준의 책은 아닌가? - 누구나 공감할 수 있는 주제인가?
작가	- 많은 사람들이 알고 있는 작가인가? - 교과서에 나온 작가인가?

[136쪽] 학습 기능 익히기

다음 중 가치 판단과 관련된 내용으로 맞는 것과 틀린 것을 고르는 문제이다.

(1) O
(2) X
(3) O
(4) O
(5) X
(6) X

'가치 판단'은 주관적인 가치와 관련이 있다. 기준에 따라 어떤 대상이나 일에 대해 '좋다, 나쁘다, 옳다, 그르다' 등과 같이 생각을 정하는 것을 말한다. 가치 판단과 관련된 것은 '노란색 개나리는 예쁘다.', '여기는 경치가 정말 좋다.', '와니는 친구들 중 가장 성실하다.'이다. '와니는 우리 반 반장이다.', '분리 배출을 안 하는 것은 환경을 오염시키는 일이다.', '수호는 어제 무거운 짐을 들고 가시는 할머니를 도와드렸다.'는 자신의 주관적인 가치에 따라 판단한 것이 아닌 사실을 말하고 있다.

[137쪽] 학습 기능 더 익히기

평가받기에서 가치 판단하기 학습 기능이 어떻게 구현되는지 확인할 수 있는 문제로, 미술 수행 평가를 위해 재활용품을 활용해 화분을 만들고 선생님과 반 친구들 앞에서 작품의 가치를 평가받는 상황을 담고 있다. 활동 방법 및 진행 절차는 다음과 같다.

1) 교사는 학생들이 글을 읽게 한다.
2) 교사는 학생들에게 그림과 같이 재활용품을 활용해 만드는 것에 대해 어떻게 생각하는지 질문한다.
3) 교사는 학생들에게 작품의 가치를 판단하고 쓰게 한다.
4) 교사는 학생들과 함께 활동의 결과를 확인한다.

예시 답안

작품의 가치: 이 작품은 재활용품을 활용해서 환경 보호에 도움을 줄 수 있고, 보통의 화분의 모양이 아닌 자신이 원하는 대로 꾸밀 수 있어서 가치가 있는 것 같다.

● 메모

● 메모

기획·담당 연구원 —

정혜선 국립국어원 학예연구사
이승지 국립국어원 연구원
박지수 국립국어원 연구원

집필진 —

책임 집필

심혜령 배재대학교 국어국문·한국어교육학과 교수

공동 집필
내용 집필

박석준 배재대학교 국어국문·한국어교육학과 교수
김윤주 한성대학교 크리에이티브인문학부 교수
문정현 배재대학교 미래역량교육부 교수
이미향 영남대학교 국제학부 교수
이숙진 경희대학교 국제교육원 객원교수
이은영 전북대학교 언어교육부 강사
홍종명 한국외국어대학교 한국어교육과 교수
오현아 강원대학교 국어교육과 교수
이선중 경희대학교 국제교육원 객원교수
황성은 배재대학교 글로벌교육부 교수

연구 보조원

최성렬 배재대학교 대학원 한국어교육학과 박사 과정
김미영 우석대학교 한국어교육지원센터 강사
박현경 명지대학교 국제교류원 강사
이창석 배재대학교 대학원 한국어교육학과 석사 수료
정나현 배재대학교 한국어교육원 강사
김준석 배재대학교 대학원 한국어교육학과 석사 과정
김세정 한남대학교 한국어교육원 강사
김경미 건양대학교 국제교류원 한국어교육센터 강사
한재필 배재대학교 한국어교육원 강사
박수미 배재대학교 대학원 한국어교육학과 석사 수료

내용 검토

조영철 인천담방초등학교 교사
송정희 대덕중학교 교사
주명진 인천영종고등학교 교사
김진희 대구북동중학교 교사

중학생을 위한
표준 한국어 교사용 지도서
학습 도구

ⓒ 국립국어원 기획 | 심혜령 외 집필

초판 1쇄 인쇄 | 2020년 3월 5일
초판 1쇄 발행 | 2020년 3월 10일

기획 | 국립국어원
지은이 | 심혜령 외
발행인 | 정은영
책임 편집 | 최명지
디자인 | 박현정, 황은영, 최은숙
일러스트 | 조은혜
사진 제공 | 셔터스톡

펴낸 곳 | 마리북스
출판 등록 | 제2019-000292호
주소 | (04053) 서울특별시 마포구 와우산로29길 37 301호(서교동)
전화 | 02)336-0729   팩스 | 070)7610-2870   이메일 | mari@maribooks.com
인쇄 | (주)현문자현

ISBN 979-11-89943-47-9 (54710)
      979-11-89943-42-4 (set)